山阴年鉴

2023

中共山阴县委党史研究室
山阴县地方志研究室 编

方志出版社
Publishing House of Local Records

图书在版编目（CIP）数据

山阴年鉴. 2023 / 中共山阴县委党史研究室，山阴县地方志研究室编. —北京 ：方志出版社，2023.12
ISBN 978-7-5144-6084-1

Ⅰ. ①山… Ⅱ. ①中… ②山… Ⅲ. ①山阴县—2023—年鉴 Ⅳ. ①Z522.54

中国国家版本馆 CIP 数据核字(2023)第 253046 号

责任编辑：范静
责任校对：张玉霞
责任印制：梅中英
出 版 者：方志出版社
地　　址：北京市朝阳区潘家园东里 9 号（国家方志馆 4 层）
邮　　编：100021
网　　址：http://www.zgfzcb.cn
发　　行：方志出版社图书营销中心（010-67110500）
印　　刷：山西基因包装印刷科技股份有限公司
开　　本：889 毫米×1194 毫米　1/16
印　　张：23
字　　数：605 千字
版　　次：2023 年 12 月第 1 版
印　　次：2023 年 12 月第 1 次印刷
定　　价：320.00 元

《山阴年鉴（2023）》编纂领导小组

组　　长：王世杰　高瑞龙
副 组 长：王国文　张文平
成　　员：郭东申　樊晋阳　杨江芬　赵晋虎　李德华　白永平　叶　青
朱志勇　麻鹏斗　郭正大　张建斌　孙培峰　牛　跃

《山阴年鉴（2023）》编辑部

主　　编：牛　跃
编辑人员：梁志伟　郗晓宇　李　霞　石海雁　赵美珍　李淑琴
杨彩虹　闫晓莉　贯常春　赵丽娟　何晓娟　安永玲
图片提供：中共山阴县委宣传部

序

《山阴年鉴(2023)》摄要选萃，行文简洁、颇具“内容门类之区分，由繁而日趋于简，其所叙述范围，则由俭而日扩于丰”的年鉴特点，是一卷不可多得的山阴县年度综合性资料文献。值此付梓之际，我们代表县委、县政府对《山阴年鉴(2023)》的顺利出版表示祝贺！向付出辛勤劳动的全体编纂人员及社会各界人士致以诚挚的谢意！

古人云：“治天下者以史为鉴；治郡国者以志为鉴。”年鉴工作已经成为地方志工作的重要组成部分，成为中华民族优秀文化传统的有机组成部分，其存史、育人、资政作用日益彰显。年鉴编纂工作有助于推动中华优秀传统文化传承发展，对全面建设社会主义现代化国家提供更多智力支持和历史借鉴，既可以更好地利用年鉴这种年度资料性文献，及时记录本地区在全面建设社会主义现代化国家伟大征程中取得的新成绩和新经验、出现的新情况和新问题；也可以更好地积累地情、国情资料，为推动经济社会高质量发展和深化改革提供智力支持和动力牵引，为推进国家治理体系和治理能力现代化提供历史借鉴。

《山阴年鉴(2023)》作为镌刻山阴县历史年轮的综合性资料，坚持存史为先、资政为要、教化为本，集中、全面、客观地反映了2022年度山阴县经济社会发展的基本成果，为各级领导决策提供了价值较高的历史资料和科学依据。希望年鉴工作者继续秉承责任意识、前瞻意识、服务意识与时俱进，潜心钻研，用辛勤的汗水，编纂出更具权威性、更具全面性、更具史料性的高品质年鉴！

是为序。

中共山阴县委书记　王世杰

山阴县人民政府县长　高瑞龙

编辑说明

一、《山阴年鉴（2023）》以马克思列宁主义、毛泽东思想、邓小平理论、“三个代表”重要思想、科学发展观、习近平新时代中国特色社会主义思想为指导，坚持辩证唯物主义和历史唯物主义的立场、观点和方法，存真求实，全面、客观、系统记载山阴县自然、政治、经济、文化、社会等各个领域的年度基本情况，反映其发展变化。

二、《山阴年鉴》是由中共山阴县委、山阴县人民政府组织，中共山阴县委党史研究室（山阴县地方志研究室）主持编纂的地方综合年鉴。

三、《山阴年鉴(2023)》记述时限为2022年1月1日至12月31日，特载内容除外。

四、《山阴年鉴(2023)》遵循年鉴采用分类编排法，以类目、分目、条目组成框架结构的主体部分。全书设特载、大事记、中国共产党山阴县委员会、山阴县人民代表大会、山阴县人民政府、中国人民政治协商会议山阴县委员会、中国共产党山阴县纪律检查委员会 山阴县监察委员会、群众团体、军事、法治、经济管理与监督、农林水牧、工业、住房和城乡建设 环境保护、交通运输 通信、财税 金融、商务 商贸、文化 旅游 广电、教育 科技、卫生 医疗、社会生活、乡镇开发区、组织机构及负责人名单、2022年受奖情况。限于框架与实际之差异，个别条目略有交叉，但角度不同，互为参见，保证内容的相对完整。

五、《山阴年鉴(2023)》涉及数据由于行业和地区统计口径等方面的原因，个别条目互有不一致之处，当以山阴县统计局发布的统计数字为准。统计资料数据除农林水牧、区县概览类目外均使用法定计量单位。

六、《山阴年鉴(2023)》稿件由山阴县各级党、政、军机关和企业事业单位提供。统计资料由山阴县统计局提供。

七、《山阴年鉴(2023)》设有比较完整的检索系统，书前是详细的目录，然后正文。条目按照字体区分，不设章节。本书行文中的标点符号用法、数字用法、计量单位均遵守国家相关规定。

八、《山阴年鉴(2023)》书内所有彩页图片均由中共山阴县委宣传部提供，所有图片拍摄于2022年。

①白草口长城
②宏伟的石砌长城
③晨曦中的长城

①昔日风回头
②雾锁广武长城
③月亮门

①

②

① 广武国际滑雪场
② 广武国际滑雪场索道
③ 汉墓广场

③

① 长城步道
② 蝴蝶谷飞瀑
③ 蝴蝶谷步道
④山阴县桑干河国家湿地公园

① 千佛寺
② 清净胜地瑞云寺
③ 晨曦中的化悲岩寺
④ 王家屏纪念园雕塑

〉〉〉城市建设

① 碧御园小区门前绿化广场
② 城市驿站
③ 洪涛大街

① 桑干河畔
② 山阴县城夜景
③ 山阴一中
④ 山阴县医疗集团人民医院

① 铁东民福小区
② 同太南路
③ 移民搬迁村（金玉花园）
④ 县城鸟瞰图

① 2022 年 5 月，洪济屯村非遗项目踢鼓拉花表演现场
② 2022 年 7 月 7 日，非物质文化遗产剪纸活动现场
③ 非遗文化之花馍喜迎二十大
④庆祝党的二十大胜利召开剪纸

①2022 年 7 月 11 日，山阴县首家家政服务公司联合工会成立，67 名新就业形态家政服务员加入工会组织

②2022 年 8 月 14 日，山阴县“千企万岗促就业，筑梦青春赢未来”大型人才招聘会

③2022 年 6 月 21 日，山西省首批科技博士服务团到山阴县大型义诊活动

① 2022 年春节人民广场灯展

② 2022 年春节，洪涛大街灯火通明照新年

①交警队执法人员规范非机动车行驶
②垃圾分类
③电动车充电桩车位

① 2022 年 6 月 23 日，水利局小区老旧小区改造后面貌
② 老旧小区财政苑小区改造
③ 2022 年 8 月 17 日，“两下两进两拆双修”线路改造
④ 2022 年 8 月 17 日，中商街道路改造

① 河阳新村玉马缝纫合作社

② 玉马小区假睫毛加工

③ 众福缘员工加工产品

① 2022 年 4 月 12 日，北王庄村春耕备耕

② 2022 年 5 月 29 日，山阴县农特产品企业商会召开第六次农产品交流会

③ 2022 年 9 月 13 日，县委书记王世杰（前排左一），县委副书记、县长高瑞龙（二排左二）等县领导参观丰收节现场农产品展销区

④ 2022 年 9 月 13 日，山阴县在合盛堡乡黄花梁富硒有机旱作农业基地举办庆祝 2022 年中国农民丰收节活动

① 2022 年 9 月 23 日，北周庄镇庆祝中国农民丰收节
② 2022 年 11 月 8 日，玉井镇艾草种植
③ 2022 年 11 月 25 日，马营乡水泉村墙体粉刷（民生工程）
④ 2022 年 11 月 25 日，马营乡水泉村自来水入户

① 2022 年 12 月 8 日，农牧场现代农业科技研究院蔬菜大棚西红柿种植
② 采摘丰收的辣椒
③ 下喇叭乡织女泉村美丽乡村

① 丰收节上笑开颜
② 合盛堡乡富硒有机旱作农业基地谷子丰收
③ 谷子机械化收割
④ 惠牧源谷子加工
⑤ 下喇叭乡小杂粮加工基地
⑥ 下喇叭乡山西木禾生物料品有限公司厂房

① 2022 年 4 月 7 日，山阴县 2022 年基础设施项目集中开复工活动启动仪式在山阴县桑干河湿地公园举行，县委书记王世杰（前排左五），县委副书记、县长高瑞龙（前排左六）等县领导出席启动仪式

② 2022 年 5 月 12 日，召开全市开发区（示范区）工作现场推进会，在山阴县经济技术开发区召开，朔州市委书记姜四清（前排左一），市委副书记、市长吴秀玲（前排左二），县委书记王世杰（二排左一）观摩了山阴经济技术开发区部分重点项目

③ 2022 年 3 月 23 日，山阴县在经济技术开发区举行 2022 年项目集中开复工启动仪式（山阴县分会场）

① 2022 年 9 月 5 日，全省开发区 2022 年第三次“三个一批”活动暨太忻一体化经济区建设推进会朔州分会场“开工一批”奠基仪式

② 华昱园区俯瞰

③ 山西超牌煅烧高岭土有限公司

① 广武国际滑雪场施工现场
② 山阴县旧广武城基础设施建设
③ 山阴县场馆建设

〉〉〉教育教学

① 2022 年 6 月 1 日，第四小学庆“六一”暨妇联爱心捐赠活动现场

② 2022 年 6 月 1 日，山阴县第六小学校庆祝国际“六一”儿童节

③ 2022 年 6 月 1 日，山阴县第三小学校庆祝国际“六一”儿童节

④ 2022 年 6 月 1 日，山阴县第五小学“六一”会演现场

⑤ 2022 年 6 月 1 日，山阴新洋学校庆祝国际“六一”儿童节

① 2022 年 6 月 6 日，县委书记王世杰（左三）视察高考考务工作

② 2022 年 8 月 19 日，山阴一中阳光分班

③ 2022 年 9 月 13 日，山阴县庆祝第三十八个教师节大会

④ 2022 年 6 月 20 日，山西省初中学业水平考试山阴一中考点

⑤ 2022 年 9 月 3 日，山阴县举行第四届“请老乡 回故乡 建家乡”捐资助学暨优秀生奖励活动仪式

〉〉〉法治建设

① 2022年4月30日，朔州市公安机关开展“扫黑恶、治电诈、打盗窃、禁毒品护民生”专项行动暨“塞上卫士”巡逻防控体系启动仪式（山阴分会场）

② 2022年5月16日，山阴县委政法委开展《信访工作条例》普法宣传活动

③ 2022年5月26日，山阴县司法局司法人员到晋能集团山阴冶金有限公司开展“调解七进”活动

④ 2022年6月2日，山阴县委政法委和山阴县总工会主办的“奔跑新时代 领航新征程”2022年山阴县政法系统长跑活动成功举办

① 2022 年 7 月 28 日，“喜迎二十大，忠诚保平安”山阴县《反有组织犯罪法》暨综治保险集中宣传活动在岱岳镇政府广场隆重举行

② 2022 年 10 月 21 日，山阴县政法系统隆重举办以“喜庆二十大 · 奋进新征程”为主题的平安杯知识竞赛

③ 2022 年 11 月 14 日，山阴县桥西派出所首届“洪涛邻里节”暨平安辖区创建活动启动

〉〉〉文体活动

① 2022 年 5 月 22 日，新编廉政历史剧《王家屏》在县影剧院展演

② 2022 年 6 月 24 日，山阴县总工会举办“喜迎二十大 奋进新征程”2022 年“华昱杯”职工篮球赛

③ 2022 年 8 月 1 日，县总工会、县卫健体局、县人民武装部政治工作科联合举办的“喜迎二十大 奋进新征程”山阴县 2022 年军民乒乓球联谊赛在县体育馆开幕

④ 2022 年 8 月 9 日，以“喜迎二十大 奋进新征程”为主题的 2022 年山阴县全民健身日广场舞展演拉开帷幕

① 2022 年 8 月 11 日，县委书记王世杰（台上右六）等县领导参加下喇叭乡全民户外运动季启动仪式
② 2022 年 8 月 11 日，下喇叭乡举行篮球友谊赛
③ 2022 年 8 月 11 日，下喇叭乡传统民俗体育抽陀螺
④ 2022 年 8 月 20 日，山阴县举行首届“华夏煤业杯”环（桑干河国家湿地公园）河阳湖自行车公开赛开幕式
⑤ 2022 年 9 月 3 日，由县卫健体局主办，县总工会协办的“喜迎二十大 · 奋进新征程”山阴县羽毛球混合团体邀请赛在县体育馆正式开幕

〉〉〉宣传活动

①2022 年 1 月 10 日，山阴县公安局积极开展以“人民至上 110，勇毅护航新征程”为主题的集中宣传活动

②2022 年 2 月 2 日，山阴县举办以“珍爱湿地，人与自然和谐共生”为主题的世界湿地日宣传活动

③2022 年 3 月 12 日，山阴县林业局、老干部局联合开展“3 · 12”植树节暨森林草原防火宣传活动

④2022 年 5 月 12 日，山阴县组织开展第一次全国自然灾害综合风险普查宣传活动

⑤2022 年 6 月 9 日，山阴县开展第 15 个纪念“6 · 9”国际档案日宣传活动

⑥2022 年 6 月 16 日，山阴县开展安全生产月宣传活动

① 2022 年 6 月 24 日，县委书记王世杰（左三），县委副书记、县长高瑞龙（左四）等县领导出席山阴县“6 · 26”国际禁毒日宣传活动暨平安守护社会面巡逻防控启动仪式

② 2022 年 7 月 26 日，朔州市委常委、统战部部长、宣传部部长彭雁（右三）到山阴县开展拥军优属慰问活动，县委副书记、县长高瑞龙（左三）陪同

③ 2022 年 7 月 4 日，山阴县委统战部举行“喜迎党的二十大 统战政策基层行 银辉宣传进万家”宣讲团成立仪式

① 2022 年 8 月 19 日，山阴县举行中医药文化宣传周暨《中医医药》《山西省中医药条例》宣传活动

② 2022 年 9 月 15 日，山阴县“喜迎二十大 科普向未来”全国科普日系列活动启动仪式

③ 2022 年 9 月 5 日，山阴县开展以“网络安全为人民网络安全靠人民”为主题的国家网络安全宣传周山阴活动启动仪式

① 2022年5月10日，县委书记王世杰（前排右二）在广武镇人民政府调研综治中心建设工作
② 2022年5月26日，市政协副主席吴文莉（二排右三）调研山阴县就进一步完善社会兜底保障救助体系和工作机制进行调研
③ 2022年6月10日，山西省纪委监委驻审计厅纪检监察组组长芮辰文（前排左三）一行到山阴中电新能源进行调研督导，县委书记王世杰（前排左四）参加

①

②

③

①

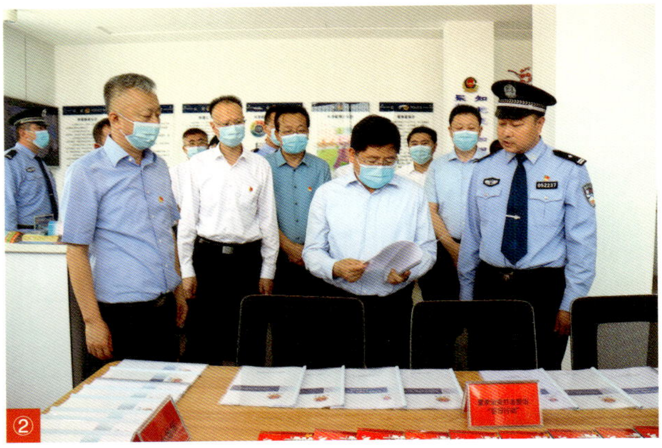
②

③

④

① 2022 年 6 月 27 日，县委书记王世杰（前排右二）在玉井镇热源厂实地查看项目开工建设情况

② 2022 年 8 月 17 日，朔州市委书记姜四清（右二）到山阴县综治中心调研党的二十大安保工作，县委书记王世杰（左一）参加

③ 2022 年 8 月 19 日，县委副书记、县长高瑞龙（前排左三）在湿地公园检察应急演练

④ 2022 年 8 月 30 日，朔州市政协党组成员、副主席李旭清（右二）在朔州市骏宝宸农业科技有限公司调研山阴农业发展情况，县政协主席郭兆文（右一）参加

① 2022 年 8 月 31 日，县委书记王世杰（前排左一）在赢胜（山西）陶瓷纤维有限公司调研

② 2022 年 9 月 23 日，省自然资源厅副厅长赵晓华（前排左二），县委书记王世杰（前排左三）在沈庄窝村调研煤矸石治理

③ 2022 年 9 月 29 日，县委书记王世杰（前排右二）在中煤华昱调研能源保供工作

④ 2022 年 10 月 12 日，朔州市委副书记、市长吴秀玲（前排左一）在中煤顺通北祖煤业公司调研能源保供、二十大安保维稳工作，县委书记王世杰（二排左一）、县委副书记、县长高瑞龙（二排左二）参加

⑤ 县委书记王世杰（前排左三）到薛圐圙乡调研指导工作

〉〉〉政务会议

① 2022 年 1 月 18 日，山阴县召开中共山阴县委十五届五次全体会议暨县委经济工作会议

② 2022 年 5 月 23 日，山阴县第十七届人民代表大会第三次会议开幕

① 2022 年 7 月 1 日，山阴县委副书记、县长高瑞龙（主席台左二）主持召开全县自建房安全专项整治工作调度会

② 2022 年 5 月 23 日，中国人民政治协商会议第十届山阴县委员会第二次会议隆重开幕

① 2022 年 2 月 17 日，中国共产党山阴县第十五届纪律检查委员会召开第二次全体会议

② 2022 年 3 月 16 日，山阴县经济技术开发区召开全市重大项目开复工山阴经济技术开发区部署会

目 录

山阴县人民代表大会

山阴县人民政府

中国人民政治协商会议山阴县委员会

中国共产党山阴县纪律检查委员会
山阴县监察委员会

群众团体

军　事

法　治

经济管理与监督

农林水牧

交通运输　通信

财税　金融

商务　商贸

文化　旅游　广电

教育　科技

乡镇开发区

组织机构及负责人名单

2022 年受奖情况

特　载

党建引领 赋能提质
全方位推动高质量发展

——在全县抓党建促基层治理能力提升动员暨培训会议上的讲话（节选）

中共山阴县委书记 王世杰

（2022 年 3 月 24 日）

一、切实提高政治站位，把基层治理摆在突出重要位置

党的十八大以来，习近平总书记在多个重要会议和场合，都对基层治理问题作出重要论述、提出明确要求，五年来三次视察山西，期间，对加强基层党建、基层治理工作作出一系列重要指示，这些都为推进党建引领基层治理指明了方向，提供了根本遵循，我们必须长期坚持、坚决落实。

省委坚持大抓基层的鲜明导向，将抓基层、强基础、固基本作为全方位推动高质量发展的重要内容，确定今年为“基层治理提升年”，在全省开展抓党建促基层治理能力提升专项行动，这是省委贯彻落实习近平总书记考察调研山西重要指示精神，进一步为基层赋能加压立制，全面提升基层治理能力，全方位推动高质量发展的一项重大部署。

市委在 3 月 22 日召开了全市抓党建促基层治理能力提升动员暨培训会议，全面部署和安排了全市基层党建和基层治理工作，对我们各级党组织和广大党员干部提出了更高要求。

县委高度重视基层治理工作，自觉扛起基层治理重大政治责任。去年以来，以抓好乡村换届为契机，全力抓好“全科网格”建设为突破口，以强有力的举措提升了基层党建质量、增强了基层发展动能。一是基层干部队伍得到优化。全县圆满完成乡、村（社区）集中换届工作，先后选拔 43 名 35 岁以下优秀年轻干部进入乡镇领导班子，村（社区）换届选举实现了年龄、学历“一降一升”“一肩挑”占比全市第一。选派 20 名 35 岁以下、全日制本科以上学历机关干部到村担任党组织书记，招聘 70 名大学毕业生到村（社区）工作，党的基层力量得到进一步加强。二是基层组织建设水平得到加强。将基层党建考核作为重中之重，严格一票否决。对 13 个软弱涣散村（社区）党组织进行集中整顿，全面推动村集体经济提质增效，全县 197 个行政村全部实现集体经济收入 5 万元及以上，其中 10 万元以上的有 132 个，占比 67%，战斗堡垒作用进一步发挥。三是基层治理能力得到提升。我县作为全省“全科网格”建设试点县，在经费保障、制度建设、规范管理等方面积极探索，配备专职网格员 133 名，兼职网格员 132 名，走出了一条“配齐网格队伍、建强综治中心、落实制度机制”的“山阴路径”，实现了工作人员到位、管理主体到位、运行机制到位。四是群众获得感得到增强。以开展“我为群众办实事”活动为抓手，充分发挥基层党组织战斗堡垒作用、党员先锋模范作用和党员领导干部表率作用，全县共排查各类问题 421 个，提出指导意见 332 个；走访村企 350 多个，解决实际问题 281 个。全县各单位共解决人民群众反映的热点问题 1483 件，为群众办实事 7807 件，切实解决群众“急难愁盼”的问题，增强了人民群众的获得感幸福感安全感。

但同时我们也要看到，在基层党建和基层

治理中，还存在一些突出问题，必须下大力气加以解决。

一是“有钱办事”的问题没有根本解决。有的村还存在债务，多数村集体经济发展质量不高，67%的村集体经济来源靠企业补偿、土地租赁、光伏发电等收入，产业性收入占比较少，结构不优等现象还较为突出。二是基层治理存在短板，近四分之一的村党务村务“两面公开墙”还没有达到规范标准，在构建区域化大党建中，还没有将社区党建、单位党建、行业党建拧成“一股绳”，在资源共享、环境共建、互利共赢方面推进措施不多。三是干部党员队伍结构不优。农村党员年龄偏大、学历偏低问题突出，2021年共发展农村（社区）党员62名，截至年底，全县208个行政村（社区）近5年没有发展党员的就有60个，占比28.8%。个别村（社区）情况较复杂，党员难发展、发展难的问题没有得到有效解决。四是基础建设不到位。部分社区党群服务中心作用发挥不充分，存在功能设置不够科学合理、利用率偏低的问题，目前还有2个社区合署办公，1个新建社区场所没有得到解决。农牧场社区，2020年已经成立了，但是现在才完成选址工作。

今年是党的二十大胜利召开之年，基层不仅是中坚力量，更是重要基础和保障，进一步夯实基层基础工作，以优异成绩迎接党的二十大胜利召开具有深远意义。要从践行“两个维护”的政治高度出发，从全方位推动高质量发展大局出发，真正把基层治理摆在更加突出的重要位置，把开展好此次专项行动作为重要政治任务，加快推动基层效能全面提升，努力开创基层党建引领基层治理新局面。

二、点上突破整体推进，高质量完成专项行动各项目标任务

3月22日召开的全市抓党建促基层治理能力提升动员暨培训会议，针对我市实际做了安排部署，市委书记姜四清同志围绕“抓能力、建网格、促发展、强阵地、抓落实”做了具体要求。今天的会议，向大家印发了《推进抓党建促基层治理能力提升的工作方案》《山阴县抓党建促乡村治理能力提升实施细则（试行）》《关于集中开展抓党建促基层治理能力提升专项行动实施方案》《乡镇党委抓党建促基层治理能力提升考核实施细则（试行）》，全面明确了此次专项行动的总体目标、原则要求、任务举措、考核标准等。下一步关键是要主动对标对表，以坚决态度、务实举措推动各项任务落地见效。

（一）赋能提质，基层队伍要过硬。抓党建促基层治理能力提升的实现，离不开一支本领过硬、能打胜仗的基层干部队伍。要把选优建强基层干部队伍摆在重要位置，强化整体统筹、加大选拔力度、综合选育管用，切实提升整体效能。一要优化乡镇领导班子结构，选优配强乡镇领导班子，熟悉乡土民情、有丰富农村工作经历的“老乡镇”干部将是乡镇领导班子人选的重要考量。健全从乡镇“5方面人员”中选拔乡镇领导干部的常态化机制。同时要建立健全乡镇班子考核机制，真正把符合《实施细则》要求、适应新时代基层形势任务的优秀干部用到合适岗位。对群众反映强烈的干部违规借调、“走读”等问题，县委组织部要加强督导，发现一起、查处一起，不断形成震慑。二要选优配强村（社区）党组织书记队伍，俗话说，村看村，户看户，百姓看支部。各乡镇党委要把村（社区）党组织书记作为重要干部资源和执政骨干，切实选好、管好、用好。要着眼发展壮大农村集体经济，注重从本村产业带头人、致富能手、外出务工经商人员、退役军人中选任村党组织书记。同时要加大在上述人员中发展党员力度，原则上每个村每2年至少发展1名党员，特别是涉及近5年没发展党员的农村党组

织，要在2023年全部破零，每年新发展的农村党员35岁以下的不得低于50%，着力破解党员年龄结构老化、发展质量不高等难题。要完善选派机关事业单位干部到村担任党组织书记常态化工作机制，加强对村（社区）党组织书记的备案管理。积极响应“乡村振兴万人计划”，2年内实现每个村招聘至少1名30周岁及以下，本科及以上学历的大学生到村工作全覆盖。对工作表现良好、符合任职条件的通过法定程序选入村“两委”班子，培养成熟的选任为村党组织书记。三要强化乡镇综合行政执法队伍建设，配齐配强专门执法人员，畅通获取执法资格渠道，鼓励支持乡镇干部考取执法资格证，充实加强执法力量。各乡镇要统筹好辖区内各领域执法力量和派出执法机构，加快组建统一的综合行政执法队伍，以乡镇名义开展执法工作，严格落实“一支队伍管执法”要求。各派出执法机构工作人员年度考核、干部任免奖惩必须事先征求乡镇党委意见。凡派出执法机构不服从乡镇调配造成严重后果的，要严肃追究派出机构及所在职能部门责任。同时，调整完善乡镇综合行政执法事项清单，加强对乡镇综合行政执法工作的监督。

（二）系统推进，基层基础要夯实。抓党建促基层治理能力提升，重点要从抓能力、建网格、促发展、强阵地4方面入手，切实解决干部治理能力不强、组织根系扎得不深、物质支撑不够有力、阵地功能不优等问题。一要精准培训、提升能力。不断提升乡村干部队伍能力素质。《实施细则》已经对县、乡两级开展培训的时间节点、班次频率、主要内容和方式方法等作了安排，一定要按照既定任务做好统筹协调和课程设置等，确保取得实效。我建议在实际培训工作中，不仅要有专家名师讲座，也要选择部分基层党组织书记聚焦和工作相关的主题进行授课，既是对其本人工作的一次总结提升，也有利于分享基层工作中的好经验好做法，实现广大基层干部共同学习、共同进步。二要建好网格、深化治理。我县作为全省“全科网格”建设试点县，为全市提供了可推广可复制的实践样板。下一步要建强网格党组织，原则上一个网格设立1个党支部或党小组，以行政村（社区）为单位划分网格的，网格党支部书记由村（社区）党组织书记担任；划分多个网格的，网格党支部书记（党小组组长）由村（社区）党组织成员或党员骨干担任。党员全部编入网格党组织，不断健全组织体系。各乡镇要对网格员日常工作进行考核评价。村（社区）要组织网格员开展日常巡查走访，了解掌握社情民意，及时处理矛盾问题。三要壮大经济、夯实基础。各乡镇党委要结合乡村振兴战略，大力实施“村级集体经济壮大提质行动”，制定专项发展规划。对乡村振兴任务重的村、集体经济薄弱村空壳村，由县级领导牵头，逐村研究落实发展措施，让每个村都能长出“金疙瘩”，实现村集体经济破10万的目标任务。四要注重城市、建强阵地。《实施细则》重点对加强社区党群服务中心建设提出了要求，要认真抓好落实。这方面不仅人力、物力、财力保障要跟得上，督导检查也要跟得上。有的群众反映，个别社区党群服务中心长期关停，只有上级领导检查调研时才开放。这样的事如果属实，必然极大地影响党和政府在社区居民中的形象。县委组织部一定要对阵地建设情况开展常态化督导督查，确保各类场所建得好、用得好，得到人民群众一致认可。

三、加大考核问责力度，确保专项行动见行见效

开展好此次专项行动是一项系统工程，各级各部门要统一思想认识，准确把握要求，高标、高效推进各项工作，定期检点、定期考评，

确保各项任务真正落实、落细、落到位。

一是强化统筹协调，狠抓责任落实。县委在党建工作领导小组下，设立抓党建促乡村治理能力提升工作办公室和抓党建促基层治理能力提升专项行动工作办公室，两个办公室均设在县委组织部，纪检监察、宣传、统战、政法、民政、住建、农业农村、乡村振兴等部门为办公室成员单位。各乡镇党委要成立相应的工作机构，抓好总体谋划、加强工作协同、落实分工职责，形成一级抓一级、层层抓落实的责任体系。乡村两级书记坚决扛起第一责任人责任，全力推进具体任务落地落实，要把责任压实到人、落实到事，层层夯实责任链条，确保取得实效。

二是明确步骤安排，精准稳妥推进。抓党建促基层治理能力提升专项行动从本月开始至12月结束，共安排了前期准备、动员培训、对照检查、整改落实、建章立制、总结提升六个阶段。采取分领域摸清底数、分层次拿出办法、分阶段观摩晾晒、分区域形成经验，精准推进、稳扎稳打。

三是加强考评调度，促进担当作为。《实施细则》明确要建立定期分析研判、领导包联、清单报告公示、监督举报等制度，聚焦考核考评明确了开展先进乡镇、先进村（社区）评比等机制。在最终评价上，要采取定量考核、组织评价、群众评议相结合的方式，其中定量考核占30%、组织评价占30%、群众评议占40%，一系列制度都很完备。县委进一步明确，对于此次专项行动成效突出、工作显著并创造出先进经验的，要大力褒奖、提拔重用。对于工作严重落后、影响全县进度的，给予岗位调整。这一点很明确，就是要拿事实说话、拿结果说话。

今天的会议之后，县委将组建6个督导组分别深入一线实地督导。各督导组要坚持问题导向、结果导向，紧盯重点任务，深入乡、村开展精准督导，加强对相关政策文件的宣讲和解读，及时发现和解决苗头性、倾向性、潜在性问题，注意发现基层治理的好经验好做法，挖掘选树一批可学可看可借鉴的先进典型。各乡镇党委也要加强对专项行动的督查指导，及时发现解决问题。

四是强化宣传引导，营造浓厚氛围。要充分运用报纸、网站、电视台、电台等各类媒体，进行专题专栏集中报道。重点是要深入阐释习近平总书记关于基层治理的重要论述，大力宣传我县抓党建促基层治理能力提升的实际效果，积极选树专项行动中涌现的先进典型、特色亮点，营造良好舆论氛围，促进专项行动健康有序开展。

政府工作报告（节选）

——在山阴县第十七届人民代表大会第四次会议上

县委副书记、县长高瑞龙

（2023年4月3日）

一、2022年工作回顾

2022年，是党的二十大召开之年，也是山阴发展史上极不寻常、极不平凡的一年。一年来，面对严峻复杂的发展形势和疫情、汛情带来的不利影响，在市委、市政府和县委的坚强领导下，全县上下深入学习党的十九大、二十大精神和习近平总书记考察调研山西重要讲话重要指示精神，坚决贯彻党中央“疫情要防住、经济要稳住、发展要安全”重大要求，全面落实省、市、县委工作部署，高效统筹疫情防控和经济社会发展，统筹发展和安全，全方位推动高质量发展，圆满完成年初确定的各项目标任务，交出一份难中有为、干中有成、稳中有进的发展答卷。

一年来，我们争先进位精准施策，综合实力全面提升。锚定高质量发展总体目标，坚持全局思维、系统思维和统筹思维，抬高标杆、争先进位，全力推动各项工作干在实处、走在前列，主要经济指标位居全市第一方阵。全县地区生产总值完成225.3亿元，人均GDP超过11万元。固定资产投资完成52.1亿元，同比增长12%，全市排名第一。一般公共预算收入完成25亿元，同比增长38.5%，总量全市第一。规模以上工业增加值增速2.6%，贡献率全市第一。

一年来，我们优化结构蓄势增能，产业转型提质增效。协同推动一二三产业融合发展，实施500万元以上投资项目205项，总投资318亿元，转型项目完成投资占工业投资比重达到86.4%，产业结构进一步优化。煤电产业持续巩固，完成华夏、安平、水泉等6座煤矿产能核增1050万吨，建成智能化工作面14个，生产原煤4230万吨，完成保供任务2505万吨，完成11家洗煤厂二级以上标准化建设，发电80.9亿度，煤电托底稳盘作用持续显现。新兴产业态势强劲，恒科6万吨锂电池负极材料一期、赢胜10万吨绝热隔音材料、致德环保设备项目建成投产，超牌20万吨煅烧高岭土三期生产线正在调试，屹创20万吨纳米碳酸钙项目开工建设，新材料产业成链集群发展。文旅产业升温扩面，广武长城博物馆装修改造、长城遗址遗迹和旧广武历史文化名村基础设施等项目有序推进，长城一号旅游公路主干道实现通车。广武滑雪场一期工程当年建设、当年运营，日均接待游客2000多人次，“冰雪”经济持续“升温”。服务业蓬勃发展，全面落实中央及省、市关于促进服务业恢复发展的一揽子政策措施，服务业增加值达到91.3亿元。发放消费券1525万元，拉动消费7600万元以上。大力发展“早市经济”“夜市经济”，新建县城便民经营点5个，入驻流动商户790个，城市“烟火气”进一步提升。开发区发展凝势蓄力，投资7.2亿元，实施12个续建和新建基础设施项目，路、水、气、暖、电等“九通一平”不断完善。保障开发区运行经费3000万元，足额兑现职工绩效工资。滚动开展“三个一批”活动，签约项目9个、开工项目5个、投产项目5个。

一年来，我们聚焦“三农”稳基固本，乡

村振兴全面推进。认真落实乡村振兴“二十字”总方针，着力推动农业全面提升、农村全面进步、农民全面发展。现代农业发展壮大，完成高标准农田建设4.9万亩，农业机械化率达到86.7%，示范引进长杂谷466号、黑金刚紫薯等20余个新品种，粮食播种面积85万亩，粮食产量5.86亿斤，实现九连增。种植露地蔬菜2万亩，蔬菜产量6万吨，建成马营庄乡冷链物流蔬菜基地。种植优质牧草21万亩，收贮40万吨。支持骏宝宸农业公司建成全省最大的饲草交易平台。实施国家奶业生产能力提升整县推进项目，鲜奶产量达到30万吨，单产增长7%。生猪饲养量24万头，肉羊33万只。和美乡村持续推进，投入1.1亿元，实施12个乡镇36个村和美乡村建设。争取1250万元，完成白坊村全省乡村振兴示范村建设。投入1.7亿元，完成县乡公路改造39公里，乡村路网结构进一步优化。完成农厕改造2300户、农村房屋抗震加固改造740户。投入3.9亿元，完成玉井和马营区域集中供热项目，为13座煤矿、4个村、1424户村民提供平价清洁热源，农村人居环境持续改善。坚决守住返贫底线，紧盯6205户14694人已脱贫人口、298户758人监测对象，实施产业项目88个，脱贫人口人均纯收入达到13778元，高于监测线120%。

一年来，我们建管并重双向发力，城市面貌更新蝶变。市政设施日臻完善，投资7亿元，完成洪涛大街东延1.1公里、岱岳镇八村一区街巷硬化87公里、垃圾处理厂库容量扩建60万立方；新建隔压站投入运行，完成热电联供集中供热一级管网扩容36公里、50个换热站建设和7000户居民智能化改造，县城集中供热覆盖面进一步扩大。城市品位不断提升，实施老旧小区改造，图书馆、文化馆、档案馆、博物馆、会展中心、应急指挥中心等场馆工程铺开建设，健身步道与自行车赛道建成使用，完成县城街道绿化9.7万平方米，县城面貌进一步改善。城市管理优化升级，理顺涉及群众反映的城市治理事项即办机制，确保第一时间有人管、有人修。建成城北综合市场，店外经营、路边乱停乱放车辆等现象得到明显整治。理顺大地公司垃圾清运考核管理机制，投资600万元配备湿扫车、干扫车、垃圾分类运转车11辆，设置垃圾分类厅46座，完成143条背街小巷垃圾清理。

一年来，我们简政放权优化服务，营商环境明显好转。紧盯问题导向、需求导向、结果导向，落实“三无”“三可”要求，对标对表先进，全面优化营商环境，考核排名位于全市前列。“放管服”改革不断深化，持续开展“五减”行动，依法取消审批10项、审批改备案6项、实行告知承诺26项、优化审批服务31项。惠企政策顶格落实，严格执行全省市场主体倍增48条、要素服务保障78条、工业70条、服务业61条、中小企业35条等助企纾困政策，为各类中小微企业全量减税降费近4亿元。扎实开展市场主体“稳存量、扩增量、提质量”行动，市场主体净增4461户，增长27.7%。政务服务全面提升，持续深化政务服务“双全双百”工程，优化“办不成事反映窗口”运行机制，规范12345政务服务热线“接诉即办”、政府班子亲批督办、部门乡镇限时核处工作机制。全年12345受理转办工单11326件，办结11187件，按时办结率98.8%。房屋产权登记确权颁证清零工作荣获3项省级表彰。引资引智平台拓宽，扎实开展“筑巢引凤”行动，组建成立太原山阴商会，经省民政厅备案正式运行，进一步延伸了招商引资和招才引智的“触角”与“半径”。

一年来，我们用情用力改善民生，群众福祉持续增进。全年民生支出达到25亿元，同比增长20.4%。教育质量持续提升，优先保证教育投入，拨付教育经费3.4亿元，同比增长13.8%。加强教师队伍建设，招聘14名优秀教师。狠抓高中教育质量提升，中考前100名学生留县就读78名，高考二本及以上达线人数314人，实现了“低进高出、高进优出”。健康水平不断提高，卫生健康投入2.7亿元，同比增长11.5%。加强分级诊疗体系建设，建成胸痛、卒中、创伤、危重孕产妇、危重新生儿急救、微创介入等“10大中心”，招聘充实30名医护人员，乡村两级医疗卫生机构达标率均超90%。着力打造县人民医院心内、神内、骨科、呼吸科，县中医院脾胃科等特色专科品牌，知名度远扬周边县区，全县整体医疗水平不断提升。社保体系日益完善，社保和就业支出6.2亿元，同比增长22%。完成82个村卫生室医保骨干网络接入工程，城乡居民基本医疗保险、大病保险、医疗救助三重报销实现“一站式”结算。新建乡镇就业服务站12个，城镇新增就业3174人，农村劳动力转移就业5168人。

一年来，我们居安思危严守底线，社会大局安全稳定。坚持统筹发展和安全，营造高质量发展良好环境。安全生产稳定向好，持续开展安全生产大排查大整治“百日攻坚”、大检查大整治大提升和“回头看”三大专项行动，严格落实煤矿和非煤矿山安全生产挂牌督办“五个一”责任制，各行业排查整改风险隐患3420条。生产安全亡人事故起数和死亡人数分别下降33.3%、60%。安全生产和消防工作考核连续两年被评为优秀等次，安全生产形势持续向好。生态环境明显改善，统筹推进“控煤、治污、管车、降尘”源头治理，全年空气质量达标331天，较上年增加18天，综合质量指数同比下降6.9%，改善幅度全市第二。完成3个入河排污口排查整治和5个建制村农村生活污水治理。加快林草保护生态修复，完成国土绿化4.7万亩、小流域综合治理6390亩、封禁治理1.2万亩。疫情防控有力有效，压紧压实疫情防控“四方责任”，落实落细各项防控措施，有效应对多轮疫情冲击。投入9700余万元，全面提升人防、物防、技防能力水平，实现全省疫情防控“优等生”目标。严格落实国家第十版防控方案和疫情防控新十条，因时因势优化疫情防控措施，全面提升“保健康、防重症”能力，疫情防控实现平稳转段。社会秩序平稳有序，以全省转型综改牵引性集成改革和党建引领基层网格治理“双试点”为核心，大力推行综治保险，成功走出基层治理山阴路径。投资近亿元推进“平安山阴”建设，招录专职巡防队员50名，建成“综合指挥室”6个、社区警务室17个。深入开展信访积案化解、打击“电诈”“盗抢骗”“食药环”等专项行动和夏季治安打击整治“百日行动”，构建“大数据+网格化”治理机制，加强社会面巡逻防控，全年刑事案件发生274起，同比下降23.5%，盗抢骗案件发生34起，同比下降43.3%，群众安全感明显提升，连续两年被评为省级平安县。加强国防动员体系建设，军民融合深度发展，完成省级双拥模范县创建。

一年来，我们依法行政规范行政，自身建设全面加强。坚持把党的领导贯穿政府工作始终，持续提升政府治理体系和治理能力现代化水平。依法行政扎实推进，严格落实“三重一大”集体决策制度，实施重大项目职能部门和法律顾问联审制度，严格执行政府投资项目审批管理制度，强化出台文件、制定决策、签订合同的合法性和公平竞争审查。依法接受人大及其常委会监督，自觉接受政协民主监督，办理人大代表建议114件、政协委员提案140件。治理效能明显提升，“13710”督查督办平台高效运行，督办事项57项。不断提高资金使用效率，政府投资项目以财力控规模，优先保民生、保运转、保考核，强化预算约束和绩效管理，

"三公"经费持续压减。廉政防线更加牢固，严格落实中央八项规定及其实施细则精神，持之以恒纠治"四风"。强化重点领域、重要部门、关键岗位廉政风险防控。加强政府债务管控，坚决遏制新增政府隐性债务，守住了不发生系统性风险底线。

此外，统计、通信、气象、人防、社区建设等取得新成绩；军民融合、民族宗教、外事侨务、档案史志、妇女儿童、退役军人服务保障、老龄及残疾人等各项事业呈现新气象！

在肯定成绩的同时，也要清醒地认识到，山阴县发展不平衡不充分的问题依然突出，高质量发展面临不少困难和挑战。经济发展过多依赖煤炭产业、过多倚重煤炭价格，煤电产业占工业产值比重仍高居80%以上，5家煤矿面临资源枯竭，可开采年限不到5年，长期积累的结构性、体制性、素质性矛盾仍未有效破解；长板锻造不够，优势还不凸显，立足本地"打深井"，深入挖掘、整合、延伸、转化存量比较优势，形成产业优势、发展优势还远远不够；城乡基本公共服务设施依然存在短板，管理服务体系亟需完善；教育、医疗和科技创新人才支撑不够，高端人才和紧缺人才的引进和培育亟需提升，对外开放水平不高；干部队伍的能力素质还不适应新形势新任务要求，在事关高质量发展的重大问题上站位和认识不够、标准和能力不高、责任心和事业心不强。对此，我们一定要高度重视，直面问题，认真解决。

二、2023年工作安排

2023年，是全面贯彻落实党的二十大精神的开局之年，是实施"十四五"规划承上启下的关键之年。做好全年各项工作任务艰巨、责任重大。

党的二十大擘画了全面建设社会主义现代化国家的宏伟蓝图，习近平总书记赋予山西建设国家资源型经济转型综改试验区、开展能源革命综合改革试点"两大任务"，这是我们必须完成的历史使命和时代命题；省委、省政府聚焦全省发展大局，提出事关全省高质量发展的12个重大问题，进一步明确到2030年基本完成资源型经济转型、到2035年基本实现现代化的目标任务，这是我们必须扛起的重大责任和政治担当；市委、市政府围绕加快建设现代化的塞上绿都奋斗目标，作出了打造七大重点产业链、抓好十个方面工作的具体安排，这是我们必须坚持的发展方向和工作重点；县委围绕打造"灵秀古城"、建设"新韵山阴"战略目标，明确了"三个主体功能区""九大基地"战略核心，这是我们必须落实的奋斗目标和具体任务。为此，我们必须紧紧抓住历史性窗口期和战略性机遇期，应势而动、顺势而为，奋力朝着全方位高质量发展方向破浪前行、扬帆远航。

今年政府工作的总体要求是：坚持以习近平新时代中国特色社会主义思想为指导，全面贯彻落实党的二十大精神，深入贯彻习近平总书记考察调研山西重要讲话重要指示精神，坚持稳中求进工作总基调，完整、准确、全面贯彻新发展理念，主动服务和融入新发展格局，着力推动高质量发展，更好统筹疫情防控和经济社会发展，更好统筹发展和安全，全面深化改革开放，大力提振市场信心，同步推进产业转型和数字转型，突出做好稳增长、稳就业、稳物价工作，推动经济运行整体好转，实现质的有效提升和量的合理增长，加快打造"灵秀古城"、建设"新韵山阴"，为全面建设社会主义现代化国家开好局起好步作出山阴贡献。

综合考虑各方面因素，今年经济社会发展的主要预期目标是：地区生产总值增长7%左右，在实际工作中努力争取更好结果；固定资产投资增长11%以上，社会消费品零售总额增长8.5%左右，一般公共预算收入增长5.5%，规上工业增加值增长7.5%左右，城镇居民人均可支配收入与经济增长基本同步，农村居民人均可支配收入高于经济增长水平。各项约束性指标不折不扣完成省市下达任务。

围绕全年目标任务，重点抓好九个方面的工作：

（一）坚定不移抓实关键要件，持续用力将比较优势转化为发展动能。把发挥和运用比较优势作为抓好经济工作的关键要件之首，找准发力点，全力锻长板，推动经济发展实现质量变革、效率变革、动力变革。

放大资源优势，强化转型升级新引擎。煤炭产业是我县的支柱产业，是税收的主要来源，是就业的重要保障，也是转型的基础支撑。全县煤炭可采储量78亿吨，在全市排第2位，在全省79个产煤县排27位。煤炭产量超4000万吨，在全市排第2位，全省排第6位。电力总装机容量251.3万千瓦，华能2×100万千瓦煤电项目和一批新能源项目建成后，全县电力总装机容量将达到500万千瓦左右，煤炭原材料优势转化成的电价成本优势将进一步凸显，为发展类似恒科、赢胜等高载能项目，承接大功率矿山机械、新能源装机、应急装备等制造业项目，形成后发优势提供了条件和可能。今年，我们要重点对接宝武太钢铬铁合金、中信集团汽车轮毂制造等项目。除了煤电优势，山阴还有储量500亿吨的石灰石，钙含量最高达54.5%，是长江以北地区品位最好的钙基原材料，可延伸转化为单氰胺、双氰胺、硫脲等钙化工产品，可广泛应用于橡胶、塑料、造纸、涂料、生物制药、化妆品等行业。今年，我们将大力组织本地石灰石生产企业主动走出去，积极对接山东青州等全国先进钙石产业链主区域，推动本地企业延链、补链、强链，走精细化、高端化发展的路子，将石灰石产业培育成继煤炭产业之后的又一支柱产业。

放大乳业优势，释放产业品牌新能量。山阴地处北纬39度黄金奶源带和雁门关农牧交错带核心区，做大做强乳品产业，我们至少有五大优势。一是品牌优势。有全省最大的乳品加工企业古城集团，自1976年建厂以来，研发生产奶粉、鲜奶、酸奶、巴氏灭菌奶、含乳饮品五大系列品牌，被誉为“养育山西几代人的好乳品”，年营销规模连续三年达到12亿元。二是基地优势。全县奶牛存栏8万头，数量占全市1/2、全省1/4，在全省县区排首位，入园率全省最高，乳业全产业链产值达35亿元。三是产能优势。日处理鲜奶能力最高可达830吨，稳居全省第一。全市乳品质量检测中心去年落户我县。四是产业链优势。依托全省最大的饲草交易平台，初步形成饲草种植、奶牛养殖、乳品加工产业链。五是政策优势。去年我们争取到了国家奶业提升整县推进项目，全省仅有我们和应县。省委明确提出，支持古城乳业发展壮大，提升乳品产量、拉长产业链条，全力推动畜牧业高质量发展。综合这些优势，今年，我们要紧紧抓住申报建设省级乳业专业镇契机，支持古城乳业拓展市场、拓宽渠道、做大做强，建设高品质现代乳品产业园区，同步积极引进优秀合作主体，加快上市进程，打响擦亮“北方奶都”品牌。

挖掘文旅优势，拓展转型发展新路径。全县文旅资源禀赋得天独厚，拥有国保级文物3处、省级文物2处、市级文物9处。随着广武长城国家文化公园加快建设，桑干河国家湿地公园成功申报，为发展文旅产业打下了重要基础。推进文旅产业，要全面贯彻“保护第一、加强管理、挖掘价值、有效利用、让文物活起来”的新时代文物工作方针，围绕落实县委“一区一圈一带一廊”总体思路，具体在“五个一体化”融合发展上下功夫：一是推动与忻州雁门关景区一体化。落实好《山西省“十四五”

文化旅游会展康养产业发展规划的通知》，按照“存量不变、增量分成”的办法，推动广武长城国家文化公园与忻州代县雁门关景区一体开发、同步建设、协调发展。推进广武滑雪场二期工程，加快长城遗址遗迹基础设施、旧广武历史文化名村基础设施、新广武1段长城保护修缮等项目建设。二是推动规划、投资、建设、运营一体化。文旅产业投入大、见效慢、专业性强，在规划和建设的同时，应同步考虑持续投入和后续经营的问题。袁家村团队成功打造了忻州古城景区，曲江文旅团队成功打造了西安大雁塔景区。我们要积极与这些成熟运营团队对接，让专业团队做专业的事。三是推动“吃住行游购娱”要素一体化。以申报4A级景区为牵引，统筹完善景区游客接待中心、停车场、驿站等功能要素，推进特色酒店民宿、户外营地建设，完成10.5公里长城一号旅游公路连接线工程。充分挖潜县内芦花鸡、土鸡蛋、奶制品、小杂粮等特色土菜精细做法，做足山阴味道。筹备第二届长城文化论坛，开展长城文化旅游节系列活动。四是推动文旅康养一体化。抓住全省“十四五”期间规划布局建设50个文旅康养示范区政策机遇，充分利用广武长城国家文化公园、桑干河湿地公园、县城南部地热资源丰富等优势，谋划推进月亮湖等文旅康养项目建设。五是推动景区景点一体化。通过长城一号旅游公路集点连线成面，打造广武长城—南洲书院—化悲岩寺—蝴蝶谷—瑞云寺—王家屏纪念园等主题线路。

发挥区位优势，构建内外循环新格局。山阴是全省“两市六县”的重要交通和物流节点，是山西连接京冀蒙的必经之地，也是对接环渤海经济圈和雄安新区的重要通道。境内拥有3个火车站、4个高速口、11条交通轴线，总通车里程达到1800多公里，百平方公里拥有公路114公里，万人拥有公路94公里，这两项指标均居全省前列。我们要依托交通区位优势，融入太忻一体化、乌大张金三角、大同陆港型国家物流枢纽和国家综合交通枢纽城市建设，加快发展现代物流产业，积极构建生产、运输、储备、中转整体推进的现代物流体系和服务业体系。今年重点对接华远陆港集团，推动发展公路普货物流、冷链物流、集装箱物流、铁路运输一体化多式联运物流业。

用好政策优势，开创化工产业新局面。2017年9月，国务院出台了《关于支持山西省进一步深化改革促进资源型经济转型发展的意见》；2016年5月，国家发改委和工信部出台了《关于实施制造业升级改造重大工程包的通知》，明确全国七大现代煤化工基地之一的晋北（朔州）现代煤化工基地落户山阴。这些政策优势，为我们发展现代煤化工产业，加快资源型经济转型提供了政策利好。我们要准确把握、用足用好政策，推动煤炭从燃料向原料、材料和终端产品转变，延长产业链、提高附加值。今年要做好化工园区申报认定和开发区调区工作。

（二）坚定不移推进转型发展，持续用力加快构建现代化产业体系。统筹推进传统产业改造提升和新兴产业发展壮大，形成多点产业支撑、多元优势互补、多极市场承载、内在竞争力充分的产业体系。

推动能源产业绿色低碳发展。以能源领域“五个一体化”为牵引，统筹抓好煤电清洁低碳发展和多元化利用、综合储运这篇大文章。坚决扛起能源保供政治责任，加快煤炭产能核增和先进产能释放，完成剩余5座煤矿960万吨产能核增后续手续办理，实现全县煤炭产能4390万吨，不折不扣完成2505万吨保供任务。聚焦煤炭和煤电一体化，开工建设华能2×100万千瓦“上大压小”煤电项目，积极发展布局大容量高参数先进煤电机组。聚焦煤电和新能源一体化，推动华能100兆瓦农光互补光伏储能发电、格盟100兆瓦农光储氢一体化项目并网发电，国华能投100兆瓦采煤沉陷区生态综合治理+光伏储氢、华朔独立储能、华能风光火储多能互补独立储能电站项目开工建设。聚焦煤炭和煤化工一体化，推动吉能国际200万吨低阶煤分级分质梯级利用示范项目、金朔300万吨低阶煤提质综合利用及15万吨煤焦油轻化项目尽早开工。聚焦煤炭产业和数字技术一体化，推进煤矿智能化建设，完成五家沟煤业智能化矿井建设和华夏、台东山、南阳坡等8处智能化掘进面建设，先进产能占比达到100%。聚焦煤炭产业和降碳技术一体化，密切关注二氧化碳捕集利用与封存技术前沿动态，积极争取全省碳捕集、碳封存、二氧化碳催化转化合成化学品和高值碳材料技术攻关试点示范项目。

推动新兴产业成链集群发展。瞄准碳基、钙基、固废综合利用三大主攻方向，推动晋煜泰8万吨陶瓷纤维、金琛5万吨煅烧高岭土深加工、嵋山5万吨降解塑料地膜等项目达产达效；加快超牌四期20万吨煅烧高岭土、屹创20万吨纳米碳酸钙、锦鼎5.5亿立方冷制天然气等项目建设进度；争取省环资协会300万吨煤矸石资源化利用示范项目落地，培育固废资源化循环利用全产业链。完成80座5G基站建设，全县5G基站达到369座，拓展采掘业、建筑业、农业等领域数字平台融合应用场景。

打造开发区建设升级版。发挥开发区主阵地作用，提升“九通一平”承载力。完成东区路网、供热、变电站、标准化厂房等在建项目；开工建设东区工业供水、生活用水、电力管廊、东西区连接线等项目；积极争取资金谋划实施西区基础设施建设一期工程。发挥开发区主引擎作用，深化“承诺制+标准地+全代办”三改集成，全方位依法赋予开发区管理权限，建立精简高效便捷的管理运行机制，提升“区内事区内办”效率。以开展“三个一批”活动为支撑，抓好新兴产业谋划储备，推动在建项目投产达效，实现工业增加值增速15%、工业投资增速25%的目标，支持开发区重返全省第一方阵。

（三）坚定不移推进消费升级，持续用力挖掘市场优势和释放内需潜力。把恢复和扩大消费摆在经济发展的优先位置，坚持“挖潜、扩规、育新”并举，深入开展服务业提质增效“十大行动”，全面激发消费潜力。推动生产性服务业专业化。鼓励更多煤炭企业发展集装箱多式联运，谋划建设贺家窑村、城东仓储、城北仓储3个物流园区。实施农村寄递物流全覆盖提质工程，促进工业品下乡、农产品进城。推动生活性服务业品质化。推进批零住餐等传统商贸服务业升级，抓好夜间经济、地摊经济，支持农产品和食品加工企业发展预制菜产业。推动新兴服务业多样化。加快“六个数字平台”建设，完成投资2000万元的古城乡村e镇项目建设，打造8个电商直播基地，推广“中央厨房+线下配送”经营模式，补齐现代服务业发展短板。多措并举提振消费。落实国家及省市促消费政策，加大对中小微企业、个体工商户、生活困难群体帮扶力度。合理布局城市商圈，加快中图农旅商贸港、未来城商贸综合体等项目建设，规划建设汽修汽贸园区。开展系列促消费活动，投放新一轮电子消费券1000万元和“爱心消费券”400万元，鼓励引导居民在本地消费。拓展零售实体线上线下消费渠道，发展直播带货、数字消费等新业态，促进商业、文旅等消费跨界融合。

（四）坚定不移优化营商环境，持续用力激发市场主体发展活力。市场经济是“候鸟经济”，哪里环境好，市场主体和项目就往哪里跑。要把握“三无”“三可”要求，推进营商环境3.0版改革落实，深入开展营商环境创新提升行动。

做好市场主体的“加法”。开展“市场主体

提升年”活动，推动市场主体扩数量、提质量、增效益、优结构。投入中小企业专项资金662万元，对首次“达规入统”的工业企业和当年通过省级认定的“专精特新”企业、规范化股份制改造企业、“双创”基地，分别给予5万元奖励。年内新增市场主体3815家，全县市场主体达到24390家；新增规上工业企业10家，全县规上工业企业达到95家。

做好审批流程的“减法”。聚焦企业需求，在精简审批流程、提高审批效率上下功夫。持续开展“五减”行动，按照省市要求，取消无据事项、消除模糊条款、清除循环证明，实现应减尽减。深入推进“证照分离”，严格落实73项改革事项清单，涉企经营许可事项更多实行告知承诺制，提升证照发放效率，逐步实现“一证准营”。

做好政务服务的“乘法”。深化政务服务“双全双百”工程，实现更多个人服务和企业生产经营高频事项快速办结。提升线下窗口和线上专区服务效率，规范打造“7×24小时不打烊超市”，推进教育医疗、社保养老等民生业务“跨域通办”“一网通办”。高效运行“办不成事反映窗口”，实施“好差评”二维码评价，优化运行机制，倒逼办事效能提升。优化升级12345政务服务平台，做好与一体化政务服务平台、110报警服务平台互融互通，完善“一窗受理、限时办理、及时反馈”工作机制，不断提升企业和群众满意度。

做好企业难题的“除法”。顶格落实国家和省市助企纾困政策，完善惠企政策直达机制，对中小微企业减税降费，对个体工商户和小微企业经营性贷款延期还本付息，对创业者创业担保贷款给予全额贴息。搭建政银企交流平台，解决企业发展面临的土地、融资、人才等难题。健全企业家投诉、举报、保护机制，全力构建“亲清”统一的新型政商关系。

（五）坚定不移推进城乡融合，持续用力拓展高质量发展空间。加快以县城为重要载体的新型城镇化，全面推进乡村振兴，构建优势互补的城乡一体化发展体系。

加快推动县城提档升级。统筹生产、生活、生态、安全需要，打造宜居、韧性、智慧城市。推进城市更新，实施河阳大道南延至洗朔线、荣乌高速山阴北口至西二环道路连接线工程，畅通县城南北出口。继续完善重点区域雨污分流、污水排放、供热管网等设施，继续实施部分老旧小区改造。提升城市功能，加快推进图书馆、文化馆、博物馆、会展中心、应急指挥中心等场馆建设，同步谋划场馆建成后运营工作。加强城市管理，扎实推进卫生城市创建。整治市容秩序，落实“门前五包”责任制，新建跨线立交桥便民市场，抓好环境卫生、占道经营、车辆乱停等综合治理。整治城市垃圾，新购一批清洁机械设备，强化背街小巷和饭店餐厨垃圾清理，主干道机扫率达到100%。整治物业秩序，开展无证经营、乱收费等物业管理专项整治行动，理顺物业管理机制。整治交通秩序，加强学校、医院、居民小区、主要街道等公共场所停车管理，新增车位350个，有效缓解停车难题。

全面推进乡村振兴。聚焦产业、人才、文化、生态、组织“五个振兴”，一体推进农业农村现代化，实现乡村由表及里、形神兼备的全面提升。把粮食稳产增产作为头等大事。落实粮食安全和耕地保护党政同责，坚持“藏粮于地、藏粮于技”，严守113万亩耕地红线，稳定85万亩粮食播种面积，其中玉米种植50万亩、杂粮种植22万亩。提升“水、地、种、技、机、管”农业基础设施和要素保障水平，完成3万亩高标准农田改造，推进2万亩盐碱地退化耕地治理；扩大优质品种示范推广，提高粮食单产，确保粮食产量稳定在6亿斤左右。把产业振兴作为重中之重。按照县委提出的"南奶、北肉""南果蔬、中玉米、北杂粮"产业布局，加快发展"特""优"农业。纵深推进有机旱作农业示范基地和谷子绿色增产增效千亩示范片建设，种植渗水地膜谷子8万亩，积极申报山阴富硒小米市级专业镇，支持鑫霏、惠牧源、惠民等杂粮加工企业做大做优做精。推进雁门关农牧交错带核心区和"北肉"交易平台建设，优质饲草种植面积稳定在20万亩，开工建设5000吨畜禽屠宰深加工项目、畜禽粪污无害化处理和资源化利用项目。大力发展设施农业，改造普通塑料大棚430亩，新建日光温室大棚70亩。加快建设现代农业产业园和农产品出口园区，以古城乳业、鑫霏农业、雁门香米业为龙头，发展壮大农产品精深加工产业。把建设宜居宜业和美乡村作为应有之义。实施乡村建设行动，继续投入1亿元，重点围绕乡镇政府所在地、常住人口多、旅游公路、交通要道沿线农村打造一批和美乡村。完成3.1公里"四好农村路"建设，完成农村危房改造动态清零任务。加快补齐农村防疫、养老、教育、医疗等基本公共服务短板。把深化农村改革作为重要法宝。稳妥推进农村"三块地"改革，全面开展农村集体土地确权登记，扎实推进农技农经农机"三支队伍"改革，规范农村集体"三资"管理。支持发展适度规模经营，加快培育家庭农场、农民合作社等新型经营主体，发展农业生产托管服务2万亩，推动小农户与现代农业有效衔接。把巩固拓展脱贫攻坚成果作为底线任务。全面落实促进脱贫人口增收各项政策措施，紧盯脱贫不稳定、边缘易致贫、突发严重困难户等重点群体，持续巩固提升"三保障"和饮水安全保障水平。用好2814万元衔接乡村振兴补助资金，实施13个基础设施和25个产业项目，持续带动脱贫群众稳定增收。

（六）坚定不移推进科教兴县，持续用力强化创新驱动和人才支撑。坚持教育优先、创新驱动、人才引领"三位一体"统筹推进，不断塑造发展新动能新优势。

更高标准办好人民满意教育。把教育摆在优先发展的位置，确保教育经费只增不减，投入4.4亿元全力推动教育高质量发展。普惠发展学前教育，完成县第三、第四幼儿园基础设施配套建设，秋季正式招生，普惠性学前教育覆盖率达到80%以上。优质均衡发展义务教育，统筹城乡教育资源，优化学校布局，推进均衡编班，深化巩固"双减"成果，完成3所乡镇学校整合任务，开工建设第十小学。提质发展高中教育，抓好新高考综合改革，千方百计提升教学水平和质量，力争中考前100名学生留县80名以上，高考二本以上达线450名以上。融合发展职业教育，积极争取上级资金，谋划推进技工学校和公共实训基地建设，提升职教中心办学水平，开展校企合作，完成"订单式""工匠班"专业培养500人。培优塑强教育队伍，强化管理、校长、教师三支队伍建设，加强师德师风建设，深化"县管校聘"改革，优化城乡教师队伍配备结构，招聘优秀教师50名，返聘退休省市名师10名。

更实举措打造科技创新体系。聚焦高科技、新兴产业等重点领域，加快打造创新生态，全面提升产业转型能级。培育创新主体，落实省24条、市18条优惠政策，实施规上企业研发活动全覆盖创新升级活动，培育"专精特新"企业8家、"股份制改造"企业3家、"双创"基地2家、高新技术企业1家。搭建创新平台，鼓励引导规上企业与高校、科研院所、大型企业合作，打造华昱、玉竹、古城、鑫霏等科研众创空间，重点推进煤基、钙基、固废综合利用和现代农牧业核心关键技术产业化转化。

更大力度加强改进人才工作。坚持"育、引、留"并重，加快提升人才数量与质量，为全方位推动高质量发展提供人才支撑和智力支持。用好人才存量。请老乡、回故乡、建家乡，支持太原山阴商会持续发挥作用，谋划组建北京商会等一批驻外招才引智工作站，搭建本土人才引育平台，引导山阴籍在外优秀人才带技术、带资金、带项目回乡创业。拓展人才增量。持续深化省校合作，拓宽12大基地合作领域，建设创新创业团队研发中心，柔性引进一流科研院所专家人才，充实智库力量。用好公开招考、人才引进两大机制，建设6个特色人才工作站，引进补充县内紧缺的高层次、高技能名师、名医。发挥第二批博士服务团成员示范带动作用，打造人才创新发展高地。做好待遇保障。围绕"待遇留人、事业留人"，加强人才住房、医疗、子女教育等服务保障，对企业、学校、医院等新聘用的博士研究生、硕士研究生、新录用的本科毕业生，每年分别给予6万元、2.4万元、1.2万元生活补助；对企业引进的行业领域急需紧缺高层次人才、专精尖高端技术人才等提供落户安家费3万元、购房补贴费5万元、科研启动费10万元；投资500万元，推进人才公寓建设，解决好人才后顾之忧，确保人才引得进、留得住、用得好。

（七）坚定不移推进改革开放，持续用力激发内生动力和发展活力。坚持用改革的办法、开放的举措破难题、增动力、化风险，为高质量发展赋能增势。

统筹推进综合改革。积极稳妥推进机构改革。深化国资国企改革，支持城发集团健全现代企业治理结构和管理制度，迈过"生存线"、达到"发展线"，年营业收入达到4亿元，实现扭亏为盈。深化财税体制改革，规范预算编制，强化预算刚性执行，提高财政资金使用效率。深化要素市场化配置综合改革，加快建设高标准市场体系，着力破除要素自由流动的体制机制障碍。精心组织第五次全国经济普查工作，对全县经济发展进行"大起底"，摸清家底、把脉经济、精准施策，推进经济高质量发展。

不断扩大对外开放。融入中部地区高质量发展、黄河流域生态保护和高质量发展战略，加强与京津冀、长三角、呼包鄂榆城市群等区域对接，抓好产业转移承接和经贸交流合作，提升开放型经济水平。主动对接太忻一体化和太原、大同双城发展大局，依托"中国富硒小米之乡""广武长城国家文化公园""桑干河国家湿地公园"等品牌，开展以商招商、以企招商、委托招商、产业链招商，以资源禀赋换项目、以市场空间招项目、以龙头企业引项目，提高招商精准度和项目落地率。

（八）坚定不移推进民生保障，持续用力提高人民生活品质。践行以人民为中心的发展思想，尽力而为、量力而行，补齐民生短板、提高民生质量，不断提升人民群众的获得感幸福感安全感。

促进就业增收。投入就业补助资金1442万元，落实落细就业优先政策。深入开展职业技能提升行动质量年活动，完成各类职业技能培训1400人次。政策性安置大学生公益岗、见习岗200名。统筹抓好高校毕业生、退役军人、就业困难人员等重点群体就业。大力拓展服务业、中小微企业、劳动密集型企业就业空间，促进群众就地就近就业。拓宽劳务输出渠道，建设公益性零工市场，举办"春风行动""带岗直播"等专项就业招聘活动，促进就业供需匹配对接。年内新增城镇就业2900人、转移农村劳动力3100人，城镇调查失业率控制在5.5%以内。

强化社会保障。抓好全民参保登记，扩大参保覆盖面。落实基本养老保险全国统筹，工伤、失业保险省级统筹和职工医保普通门诊统筹制度，规范社保基金安全管理。推动公务员和参公事业人员参加工伤保险，促进快递从业人员参加各项社会保险，启动职业年金。健全特殊群体关爱服务体系，实施扶残助学圆梦工程，启动特殊困难老年人家庭适老化改造，年内覆盖面达到40%。加快推进殡仪馆、骨灰堂项目建设。发展慈善事业，提升退役军人服务保障水平。

打造健康山阴。落实新冠病毒感染“乙类乙管”常态化防控措施，强化医疗资源储备和救治能力建设，做好老年人、儿童、患基础性疾病群体的疫情防控和医疗救治。深化县域医疗卫生一体化改革，学习“三明经验”，推动“三医联动”。推进分级诊疗，扶持公立医院高质量发展，招聘医护人员85名，推动优质医疗资源下沉，在有条件的乡镇卫生院设立特色医疗专科，依托82个中心村卫生室，打造农村“15分钟健康服务圈”。积极争取资金谋划推动妇幼保健院、医疗集团肿瘤专科、中医院医养结合和疾病预防控制中心项目建设，创建全国基层中医药工作示范县和全省健康促进示范县。优化人口生育政策，建成1所120个托位的示范性公办综合托育机构。广泛开展全民健身运动，建成新韵体育公园和7个社会足球场，承办好省十六届运动会羽毛球比赛，举办篮球、乒乓球等各类群众性体育赛事。

今年，在办好省定12件、市定5件民生实事的基础上，同步抓好我县5件民生实事：

一是启动运行山阴县中心敬老院和北周庄中心敬老院；二是提高大学毕业生入伍家庭优待金，专科生每年增加1.5万元、本科生每年增加2万元；三是将45种门诊慢性病认定全部下放到医院办理；四是全县所有行政村在岗村医岗位补助标准每人每月提高1000元；五是残疾儿童抢救性康复救助范围由0—6岁扩面到0—15岁。

（九）坚定不移推进风险防控，持续用力守牢高质量发展安全底线。树牢总体国家安全观，不断强化红线意识和底线思维，统筹兼顾，系统施策，增强高质量发展安全保障。

守牢安全生产底线。严格落实风险分级管控和隐患排查治理双重预防机制，树牢“隐患就是事故，发现不了隐患就是最大隐患”的理念，常态化开展全覆盖、无死角的安全生产大检查，统筹抓好煤矿、非煤矿山、道路交通、城镇燃气、建筑施工、地质灾害等重点行业领域隐患排查治理。实行煤矿和非煤矿山安全生产副县长挂牌督办“五个一”责任制，深化矿山安全生产大检查“百日攻坚”行动，组织专业团队对所有矿山进行全面“体检”，坚决防范和遏制重特大事故发生。加强专业化队伍建设，提升应急处突能力水平。落实重奖重罚、激励约束机制，兑现安全隐患举报5000元—30万元奖励政策，形成群防群治、联防联控的工作格局。

加强生态环保修复。坚持山水林田湖草沙一体化保护和系统治理，协同推进降碳、减污、扩绿、增长，创建省级生态文明示范县。精准治气，持续深化“345”行动，突出源头、依法、系统“三个治理”，优化产业、能源、交通运输、用地“四个结构”，坚持控煤、治污、管车、降尘、转型“五管齐下”，以更高标准打好蓝天保卫战。聚焦重污染天气、扬尘污染、臭氧污染等重点领域，强化建筑工地“六个百分百”管控，加大扬尘路面清洁治理力度，扩大清洁取暖改造覆盖面，落实禁煤各项措施，强化秸秆禁烧管控。全年空气质量力争达到二级标准，达标天数332天，综合质量指数同比下降3.8%，改善幅度下降3%。综合治水，落实“河湖长”制，加大水峪口水源地保护和桑干河污染源清理整治力度，紧盯重点排污行业企业，强化企业排污口在线实时水质监测治理，确保河头、大东庄2个省考断面水质达到地表水Ⅲ类以上。开展城市黑臭水体治理攻坚行动，确保城市黑臭水体动态清零。源头治土，加强建设用地、农用地土壤污染源调查和风险管控，加强重金属和新污染物治理，有效切断各类污染源。加快山体裸露区、采煤沉陷区、露天开采区、工矿废弃地的生态修复治理，完成国土绿化6.8万亩。落实省《关于严格落实生态环境保护责任的决定》，执行我县细化十二条措施，持续保持打击非法违法盗采矿产资源的高压态势。

防范化解重大风险。加强政府债务全过程管理，防范化解隐性债务风险，控制债务增量、化解债务存量，坚决禁止各种变相举债行为。促进金融机构健康发展，引导驻县金融机构加快清收处置不良资产，坚决守住不发生系统性区域性金融风险底线。

提升社会治理水平。坚持和发展新时代“枫桥经验”，严格落实“五包一”工作机制和“三到位一处理”工作要求，主动回应群众诉求，全力化解矛盾纠纷和信访积案。加强基层派出所力量，对苗头性、倾向性等可能引发极端行为的矛盾，强化早期动态排查，发现在小，处置在早，化解在萌芽状态。构建打防管控立体化社会治安防控体系，依法打击和惩治毒品、危害食品药品安全、非法集资、电诈、金融诈骗和养老诈骗等危害群众利益的各类违法犯罪活动，常态化推进扫黑除恶斗争，有效提升人民群众安全感。大力支持人民武装工作，理顺军地协调关系，加强全民国防教育，完成国防动员体系改革任务和“双拥基地”建设。

三、加强政府自身建设

高质量完成今年目标任务，政府系统全体同志务必要以赶考状态，牢记初心、主动担当，改进作风、提高效能，努力向党和人民交出满意答卷。

全力打造忠诚型政府。始终把政治建设摆在首位，坚持把新时代党的建设总要求贯穿于政府自身建设全过程各领域，把对党忠诚体现在贯彻上级决策部署的坚决行动上，体现在履职尽责的工作实效上，体现在干部自身的一言一行上。扎实开展主题教育，自觉用习近平新时代中国特色社会主义思想武装头脑、指导实践、推动工作，及时跟进学习习近平总书记重要讲话重要指示精神，从中汲取智慧力量和强大精神动力，在全面建设现代化具体行动中坚定捍卫“两个确立”、做到“两个维护”。把不断对标对表作为工作理念和工作方法，主动服务国家战略和省市大局，找准政府工作的着眼点和着力点，确保各项工作始终坚持正确方向。

全力打造法治型政府。坚持依法行政，严格执行“三重一大”决策制度、公平竞争和合法性审查制度，严格落实《山西省政府投资管理办法》，实行重大项目职能部门和法律顾问联审制度，推进决策公开、执行公开、管理公开、服务公开、结果公开，全面加强事中事后监管，确保各项工作必须在法律框架内进行。深化综合行政执法体制改革，公正文明规范执法。健全完善现代公共法律服务体系，向全社会开展免费法律咨询服务，向特殊群体提供法律援助服务，加大全民普法力度。自觉接受人大法律监督、政协民主监督和纪委监委、社会舆论等各方面监督，确保权力在阳光下运行。

全力打造效能型政府。围绕抓落实第一职责，切实推动各乡镇、政府组成部门知责明责履责，主要负责同志要带头扛起主责首责，带头研究政策举措，带头协调推进落实。对乡镇与部门职责交叉，继续实行“乡镇吹哨、部门报到”工作机制，切实杜绝抓落实的“盲区”和“真空区”。按照“1+N”抓落实工作机制，围绕立项、承办、反馈、督办、优化、办结“六大流程”，建立任务、责任、措施、结果“四个清单”。继续实行建账、理账、对账、交账、算账“五账工作法”，进一步理顺牵头部门和配合部门协同落实机制，压实工作责任，确保各环节无缝对接，全面构建抓落实的闭环管理体系。按照中央要求，大兴调查研究之风，践行“一线工作法”，扎实开展“12+N”领题调研活动，切实在一线掌握实情、把脉问诊、解决问题。强化“13710”督办机制，大力推行“四不两直”工作法和“红黄牌”“好差评”“事不过三”制度，以责任倒逼推进工作落实。

全力打造服务型政府。牢固树立以人民为中心的发展思想，持续增加民生投入，着力保基本、兜底线、促公平，推进基本公共服务均等化。严格落实“12345”政务服务热线“接诉即办”制度，针对反映事项，实行承办单位经办人、主要负责人、分管副县长签字确认审核制度，确保办结办实。每月对群众反映问题进行分析研判，对长期积累的问题从政策层面解决，对反复出现的问题从机制上破解。做好新时期群众工作，要不断提升干部学习能力、算账能力、实践能力，努力找到平衡点、建好支撑点、用好发力点，在多重目标约束和两难甚至多难挑战中寻找最优解，真正做到民有所盼、政有所为。

全力打造廉洁型政府。坚决压实政府系统全面从严治党主体责任，深入推进政府系统党风廉政建设和反腐败斗争，推动全面从严治党向纵深发展。加强对权力集中、资金密集、资源富集的重点领域、重要部门、关键岗位廉政风险防控，强化审计监督全过程全覆盖，一体推进不敢腐、不能腐、不想腐，严格落实中央八项规定及其实施细则精神，驰而不息纠“四风”、树新风。深化数字赋能，加快推进数字政府建设，推动数据共享、网络互通，促进政府治理流程规范、模式创新、公开透明、运行高效。坚持节用裕民，用政府的“紧日子”换取群众的“好日子”。

大事记

大事记

1月

1月1日，市委书记姜四清在山阴县古城高速口、客都超市等地调研，并督导检查疫情防控和安全生产（食品安全）等工作。

1月6日，县委书记王世杰主持召开县委常委会议，研究通过县城集中供热PPP项目合同签署及组建项目公司政府方委派人员有关事宜；研究通过财政资金拨付有关事宜；研究遴选山阴县推荐提名山西省出席党的二十大代表候选人推荐人选；研究给予有关人员处分事宜；讨论《县委常委会工作报告（讨论稿）》；讨论《中共山阴县委全会工作规则（讨论稿）》、《中共山阴县委常委会工作规则（讨论稿）》和《中共山阴县委书记专题会议工作规则（讨论稿）》。

是日，省清洁取暖第二督导组在山阴县检查清洁取暖工作。

1月7日，县委书记王世杰主持召开中共山阴县委十五届四次全体会议，研究决定山阴县推荐提名山西省出席党的二十大代表候选推荐人选。

是日，全县疫情防控应急演练在县公安局四楼指挥中心开展。省“清零行动”督导组一行在山阴县督导检查。

1月9日，市际交叉评价组和市委年度目标责任考核组在山阴县开展工作，召开2021年度实施乡村振兴实绩考核市级交叉评价山阴县汇报会。

1月10日，山阴县召开2021年度目标责任考核大会。

1月10日，山阴县第一家市级“侨胞之家”揭牌仪式举行。

1月12日，县委书记王世杰主持召开县委专题会议，听取2022年重点工作、重大事项、重点项目、重大改革谋划工作汇报。省安委办2021年度全省安全生产和消防工作考核组一行在山阴进行实地抽查，并召开考核工作会，对县政府21项、企业8项进行考核打分。市考核组在山阴县党建引领乡村振兴示范点——李家窑村、晋煜泰公司、超牌公司、恒科新材料公司、智恒泰公司、聚天海公司、集中供热工程调研。

是日，市审计组在山阴县召开困难群众救助资金上级下达数据核查工作推进会。

1月13日，县委书记王世杰主持召开县委常委会议，研究通过财政资金拨付有关事宜，市委推荐提名全省出席党的二十大代表候选人推荐人选征求意见事宜，关于召开中共山阴县委十五届五次全会暨县委经济工作会议有关事宜；听取县人大、政府、政协、法院、检察院党组及经济技术开发区党工委工作情况的汇报。

是日，县委副书记、县长高瑞龙主持召开县长专题会议，研究规范民办义务教育工作。

1月18日，县委书记王世杰主持召开县委十五届五次全会暨县委经济工作会。副市长何向荣在山阴县挂牌责任煤矿（台东山煤矿、五家沟煤矿）检查指导安全生产工作。

1月19日，县委书记王世杰主持召开2021年度党委书记抓基层党建述职评议会、山阴县党史学习教育总结会议和县委疫情防控专题会。

1月20日，2022年山阴年货节开幕。副市长刘亮在山阴县研究华能2×100万千瓦项目推进情况；在玉井镇沿街门店、朱和咀煤矿、玉井镇加油站、玉井集中供热项目、岩伟峰洗煤厂、农机环保监测点调研大气污染防治工作，对玉井镇党政一把手进行约谈。县委书记王世杰在吴马营乡屯港村、西短川村、口前煤矿、玉井镇沈庄窝村、朱和咀煤矿调研安全生产工作、疫情防控、森林防火工作。

1月25日，县委书记王世杰主持召开县委常委（扩大）会议。山阴县召开全县困难群众“爱心消费券”发放工作推进会。

1月26日，县委书记王世杰在知青购物中心、县医院、万民药店、南街社区、祥和酒店（集中隔离点）、锦绣佳园等地调研疫情防控工作。

1月27日，县四套班子领导观摩县城“两节”亮化工作。

1月28日，县委书记王世杰主持召开县委常委班子党史学习教育专题民主生活会，市委党史学习教育巡回督导组第一组组长丁建新列席会议，并作点评讲话。

1月29日，县委副书记、县长高瑞龙在县中医院、疾控中心、卫健体局、自来水公司、供热公司、融媒体中心、县政府保安大队慰问一线工作人员。

1月30日，县委书记王世杰主持召开县委常委（扩大）会议，传达习近平总书记山西考察调研情况。

2月

2月1日，县委副书记、县长高瑞龙在山阴北高速口、古城高速口、山阴站、元营高速口、广武高速口、岱岳站、汽车站检查指导疫情防控工作，并慰问一线工作人员。

2月9日，县委书记王世杰主持召开县委中心组学习会议，邀请高玉国作专题辅导《领导楷模 人格典范——习近平总书记的七年知青岁月和成长之路》；对处级领导干部2022年个人有关事项报告进行专题培训。

2月10日，省大气污染防治驻朔州市监督帮扶第三组在山阴王家沟煤业、山化空气监测站点、超牌高岭土企业进行监督检查。县委副书记、县长高瑞龙在桑干河山阴段巡河。

2月16日，太钢集团党委委员、副总经理李鹏飞在山阴县实地考察碳减排工程朔州绿电氢铬基合金绿色低碳项目。市公安局党组书记袁小波在山阴县岱岳派出所检查指导“一室两队”建设工作。

2月17日，县委书记王世杰主持召开县委常委会议，讨论《关于在全县开展排查整顿农村发展党员违规违纪问题工作的实施方案（讨论稿）》《山阴县开展基层干部作风建设提升年专项整治行动方案（讨论稿）》《县委常委班子涉粮问题专项巡察专题民主生活会对照检查材料（讨论稿）》《关于落实市委涉粮问题专项巡察反馈意见的整改进展情况报告（讨论稿）》《2021年度目标责任考核、“雁杰英才”创新创业人才（团队）暨经济社会发展“突出贡献”单位表彰方案（讨论稿）》，听取县纪委十五届二次全会筹备和工作报告起草情况汇报。山阴县召开第十五届纪律检查委员会第二次全体会议。全省民间个人养育孤弃儿童山阴督导座谈会在八楼会议室召开。市公安局副局长刘俊刚在山阴县惠丰警务室、岱岳派出所、看守所工作检查指导工作。

2月24日，山阴县召开取缔个人养育孤弃儿童场所工作动员会，政府副县长何兴斌就相关工作进行安排部署。

2月28日，县委书记王世杰主持召开全县整治基层违规发展党员问题动员会。县委副书记、县长高瑞龙主持召开山阴县排查整顿农村发展党员违规违纪问题工作动员部署会。副市长李润军在山阴调研省运会场馆建设工作。

3月

3月2日，县委书记王世杰在山阴北高速口、玉井镇史家屯村检查疫情防控工作。

3月4日，市统计局在山阴县召开入企服务座谈会。宝武太钢集团碳减排工程朔州绿电氢铬基合金绿色低碳项目对接座谈会在山阴县召开。县委书记王世杰在广武高速口检查疫情防控工作。

3月7日，县委书记王世杰主持召开县委编委会议。

3月8日，副省长贺天才在山阴县调研畜牧业产业发展工作。

3月10—11日，县委副书记、县长高瑞龙在薛圐圙乡、古城镇、马营庄乡、安荣乡、岱岳镇、合盛堡乡检查秸秆禁烧工作。

3月14日上午，市消防支队支队长李建华在山阴县现场调研山阴二站地理位置选址工作。

3月15日，县委书记王世杰主持召开县委专题会议，研究疫情防控、森林防火、安全生产等工作。市人大在山阴县调研考察《朔州市城市集中供热管理条例》立法工作，并召开座谈会。

3月17日，县委书记王世杰主持召开县委专题会议，研究经济运行、重点项目等工作。省春浇农业灌溉污染防治专项检查座谈会在八楼会议室召开。

3月18日，山阴县召开2022年巩固拓展脱贫成果扎实推进乡村振兴重点工作“百日攻坚行动”动员部署会。

3月20日，县委副书记、县长高瑞龙在县第八小学检查民间孤弃儿童收养问题整改工作。

3月21日，县委书记王世杰主持召开县委常委会议，安排部署疫情防控工作；研究通过补招专职网格员、村（社区）“两委”换届选举中选入“两委”班子的专职网格员保留网格员身份有关事宜，集大原高速铁路有限公司关于商洽站房合建协议履约保函相关事宜，公开出让建筑用砂采矿权和石灰岩矿采矿权有关事项，财政资金拨付有关事宜和教育基金拨款事项。

是日，县委副书记、县长高瑞龙在古城高速口、山阴北高速口检查卡口疫情防控工作。县委常委、政府副县长赵栋深入马营乡戈道村就群众“12345”政务服务热线反映煤矸石污染问题进行实地调研。

3月22日，县委书记王世杰主持召开县委常委会议，研究通过县城集中供热PPP项目所需资金列入财政预算及中期规划有关事宜，土地报批征收有关事宜。全省优化营商环境和开发区重点工作常态化督导组组长吴志宏在山阴县开展调研督导工作。

3月23日，朔州市2022年项目集中开复工活动（山阴县分会场）在山阴经济技术开发区举行启动仪式。国家矿山安全监察局山西局安全监察十一处副处长周兵在山阴县调研非煤矿山基本情况。全省优化营商环境和开发区重点工作常态化督导组组长吴志宏在县政务服务中心调研督导。市公安局副局长李磊在山阴县检查指导疫情防控卡口工作。

3月24日，县委书记王世杰主持召开县委常委会议，传达省、市抓党建促基层治理能力提升动员暨培训会议精神；研究讨论《关于推进抓党建促基层治理能力提升的工作方案》《关于集中开展抓党建促基层治理能力提升专项行动的实施方案》《山阴县抓党建促乡村治理能力提升实施细则（试行）》《抓党建促基层治理能力提升考核办法（试行）》和全县抓党建促基层治理能力提升动员暨培训会议议程、专项工作办公室人员、专项行动办公室人员及专项行动督导组名单。县委副书记、县长高瑞龙主持召开县政府党组（扩大）会议，宣读市纪委监委给予乔新文党内严重警告和政务降级的处分决定，强调全体党员干部要引以为戒，防微杜渐，切实做到警钟长鸣。

3月25日，市委书记姜四清在山阴经济技术开发区、中煤华昱公司开展入企服务，调研督导产业转型、项目建设、企业党建、疫情防控等工作，并召开座谈会。省文旅厅在山阴县调研长城国家文化公园建设情况，并召开座谈会。

3月28日，县委常委、常务副县长杨德文主持召开群众举报千井煤业涉嫌瞒报多起事故核查组小组会议，要求各成员单位严格按照相关要求做好核查工作。

3月29日，县委副书记、县长高瑞龙在县大学生村官基地、预备役坦克团调研方舱医院选址工作。

3月30日，副市长李润军在山阴恒科新材料有限公司和赢胜陶瓷纤维有限公司调研，并召开座谈会。副市长武跃飞在山阴黄花梁有机旱作基地、恒科新材料有限公司和赢胜陶瓷纤维有限公司调研。县委书记王世杰在古城镇调研抓党建促基层治理能力提升、乡村振兴、六乱整治、疫情防控、森林防火等工作。

3月31日，省林草局在山阴县开展下乡调研。副市长袁小波在挂牌煤矿五家沟煤业、台东山煤业、水泉煤业督导检查安全生产工作，并召开座谈会。县委书记王世杰在山阴经济技术开发区调研。

4月

4月1日，市长吴秀玲在山阴县调研指导春耕备耕、森林防火、农业发展、开发区项目建设、入企服务等工作。

4月2日，县委书记王世杰在广武镇调研森林防火、乡村振兴、六乱整治、疫情防控等工作。

4月3日，县委副书记、县长高瑞龙在广武镇、马营庄乡检查森林防火、疫情防控等工作。

4月5日，县委副书记、县长高瑞龙在合盛堡乡、北周庄镇检查森林防火、疫情防控等工作。

4月7日，全县2022年重点项目集中开复工活动启动仪式在湿地公园场馆项目建设处举行。县委书记王世杰主持召开县委中心组学习会议，邀请高玉国作党的十九届六中全会《中共中央关于党的百年奋斗重大历史成就和历史经验的决议（关于新时代国家安全工作重大成就）》专题辅导。县委副书记、县长高瑞龙在山阴站、古城高速口、金玉花园小区、卫健体局、广益社区督导检查疫情防控“点对点”全流程管控工作。

4月8日，县委书记王世杰主持召开县委疫情防控专题会、森林防火专题会，会后在黑白花集中隔离酒店、粮源小区、惠丰社区方圆一区调研疫情防控工作。副市长李润军在山阴检查煤矿安全生产工作。县委副书记、县长高瑞龙在山阴北高速口、岱岳镇、卫健体局、邮政公司、菜鸟快递检查疫情防控工作。

4月10日，县委副书记、县长高瑞龙在菜鸟快递服务中心、邮政快递、紫苑广场、洪涛山庄、龙泉洗浴、海达水产和洪涛东街部分沿街门店督导检查疫情防控等工作。

4月11日，县委书记王世杰主持召开朔州

技校移址协调会和开发区供电协调会。

4 月 12 日，市委书记姜四清在山阴经济技术开发区调研，并深入疫情卡口检查指导疫情防控工作。

4 月 13 日，县委书记王世杰主持召开县委疫情防控工作会议。县委副书记、县长高瑞龙在县医院、山阴北高速口检查疫情防控工作。

4 月 14 日，县委书记王世杰在地税广场核酸检测点督导核酸检测工作。全县学校疫情防控专题会议在县一中召开，研究部署学校疫情防控工作。

4 月 16 日，县委书记王世杰主持召开县委疫情防控专题会议，听取生活物资保障筹备、网络舆情引导管控、快递物流总仓建设工作方案制定情况和全员核酸检测工作预案、应急处置工作预案制定情况，全员核酸检测工作点位布置、现场管控工作方案制定情况汇报；各乡镇党委书记就如何组织好全员核酸检测进行了发言。

4 月 17 日，县委副书记、县长高瑞龙主持召开全县预防性区域核酸检测安排部署会议，并对核酸采样点县级领导包片情况进行安排部署。副市长李润军在山阴县调研预防性区域核酸检测工作。

4 月 19 日，县委书记王世杰在广武镇、马营庄乡、古城镇、合盛堡乡等乡镇疫情防控卡点检查指导工作。县委副书记、县长高瑞龙在北周庄镇、合盛堡乡督导预防性区域核酸检测工作，在和洋宾馆、华臣酒店检查集中隔离管控工作。

4 月 20 日，市长吴秀玲在山阴县和洋宾馆、华臣酒店检查隔离酒店运行管理情况。

4 月 22 日，县委书记王世杰主持召开县委常委会议，研究通过关于收回金海洋投资有限公司国有建设用地使用权、2022 年度拟实施的住建类项目和方舱医院建设以及城市管理工作、长城一号旅游公路和虎山线改线项目、新建山阴县双拥基地建设项目、旧广武历史文化名村配套项目、供热供水运营和财政资金拨款有关事宜；讨论《关于对全县“三个一批”重点村专项巡察组长授权和任务分工的决定（审议稿）》《对全县“三个一批”重点村专项巡察的工作方案（审议稿）》《中共山阴县委常委会 2022 年工作要点》；讨论关于贯彻落实《关于新时代大力弘扬改革开放精神在全方位推动高质量发展中争先崛起的意见》的工作方案。副市长何向荣在山阴县广武镇调研森林草原防火情况。

4 月 24 日，县委副书记、县长高瑞龙在山阴北高速口和县教育局就“点对点”转运和学校疫情防控工作进行督导调研。

4 月 25 日，县委副书记、县长高瑞龙在古城高速口暗访卡口保通保畅工作。

4 月 26 日，县委副书记、县长高瑞龙主持召开全县防汛抗旱工作会。

是日，在县六小和县一中暗访复学后疫情防控工作。

4 月 27 日，县委书记王世杰主持召开县委专题会议，安排部署当前重点工作。

4 月 28 日，县委副书记、县长高瑞龙专题研究安排煤炭稳产保供工作；在农贸市场、沿街门店暗访常态化疫情防控工作。

4 月 29 日，县委副书记、县长高瑞龙在中煤顺通煤站、观音堂煤站、中煤华昱洗运中心调研疫情防控形势下煤炭生产稳产保供工作，并召开座谈会。

4 月 30 日，县委副书记、县长高瑞龙在元营高速口、广武镇暗访“五一”假期期间卡口管控、景点防疫、农业生产等工作。

5月

5月1日，市委书记姜四清在山阴动车站、山阴经济技术开发区、金玉花园小区调研疫情封控工作。县委副书记、县长高瑞龙在合盛堡乡、北周庄镇暗访假期应急值守、农村疫情防控、农业生产等工作。

5月2日，县委副书记、县长高瑞龙暗访省外返回人员管控情况。

5月4日，县委书记王世杰主持召开县委疫情防控专题会议，通报近期市委督查反馈情况，解读全省最新疫情防控政策，对全县近期疫情防控工作进行安排部署。

5月5日，县委书记王世杰主持召开县委常委会议，传达学习习近平总书记近期重要讲话精神；传达全省抓党建促基层治理能力提升专项行动第二、第三、第四次工作调度会和全市抓党建促基层治理能力提升第四次例会及全市抓党建促基层治理能力提升工作专题推进会精神；研究《关于调整山阴县委人才工作领导小组成员的工作方案》和《关于山阴县2022年招聘大学生到村工作的实施方案》；讨论《关于全面建设清廉山阴的实施方案（讨论稿）》；研究关于拟提高“76借干”生活补贴有关事宜；研究关于拟提高施铎等三人工资补贴的有关事宜；传达省、市2022年“扫黄打非”会议精神。

5月6日，县委书记王世杰在山阴经济技术开发区调研。县委副书记、县长高瑞龙在县第六小学、公交公司、G55高速康庄服务区、山阴北高速口、“三通一达”物流公司、海达水产冷链仓库调研疫情防控措施落实情况。

5月8日，县委副书记、县长高瑞龙暗访商超、冷链、餐饮、快递、物流、医疗等十个行业20家经营单位疫情防控措施落实情况。

5月9日，县委书记王世杰在北周庄镇调研抓党建促基层治理能力提升、乡村振兴、六乱整治等工作。

5月10日，县委书记王世杰在古城镇、岱岳镇惠丰社区调研；在岱岳镇花园村检查指导疫情防控工作落实情况。

5月11日，省委常委、政法委书记郑连生在山阴调研。深入县综治中心、县人民检察院、岱岳镇惠丰社区、岱岳派出所、古城村、广武镇，就二十大维稳安保、综治中心规范化建设、全科网格等工作调研。同日，县委书记王世杰主持召开县委常委（扩大）会议，宣读市委任职文件，张文平任山阴县委常委、县委副书记。

5月12日，市委书记姜四清、市长吴秀玲在山阴经济技术开发区调研。市人大在山阴县调研《朔州市桑干河流域生态修复与保护条例》立法工作。副市长刘亮在玉井镇、安荣乡、薛圐圙乡调研督导扬尘管控和农村清洁取暖工作。

5月13日，市委常委、组织部长胡坚在山阴县调研抓党建促基层治理能力提升。副市长李润军在山阴经济技术开发区调研。

5月16日，副市长李润军在山阴经济技术开发区调研项目建设、疫情防控、安全生产等工作。山阴县召开2022年中考备考经验交流会。

5月17日，副省长汤志平在山阴经济技术开发区调研。

5月18日，县委副书记、县长高瑞龙主持召开全县社会面核酸筛查工作安排部署会议。

5月19日，县委书记王世杰主持召开县委常委会议，传达学习习近平总书记近期重要讲话精神；传达全市开发区（示范区）工作现场推进会议精神；传达省委常委、政法委书记郑连生调研山阴指示精神；听取县“两会”筹备情况的汇报；讨论《山阴县进一步推进乡镇综合行政执法改革工作的实施方案（讨论稿）》和扩权强镇赋能有关事宜。省农业厅第十一调研组在山阴县调研春季农业生产。

5月20日，县委书记王世杰主持召开县委常委会议，研究通过2022年重点工程、重点项目有关事宜；讨论政府工作报告；讨论《关于山阴县2021年国民经济和社会发展计划执行情况与2022年国民经济和社会发展计划草案的报告》；讨论《关于山阴县2021年预算执行情况与2022年预算草案的报告（讨论稿）》；讨论《山阴县2021年度巩固拓展脱贫攻坚成果同乡村振兴有效衔接考核反馈问题整改方案（讨论稿）》。省科技厅在山阴县调研。县委副书记、县长高瑞龙在县城部分小区核酸采样点检查指导社会面全员筛查工作。

5月22日，政协第十届山阴县委员会第二次会议开幕。

5月23日，县第十七届人民代表大会第三次会议开幕。

5月25日，县委书记王世杰在下喇叭乡调研乡村振兴、抓党建促基层治理能力提升、六乱整治等工作；在岱岳镇鸳鸯会村调研殡仪馆、火葬场选址。

5月27日，县委书记王世杰主持召开县委专题会议暨县疫情防控工作领导小组会议，听取县疫情防控办、公安局、交通局、商务局、岱岳镇疫情防控工作情况汇报；通报近期全县疫情防控工作情况，并就贯彻落实国发电〔2022〕1号文件和晋疫情防控领导组发密电〔2022〕6号文件精神进行安排部署；传达全市抓党建促基层治理能力提升专项行动县（市、区）委书记调度会议精神，并对贯彻落实进行安排部署；安排部署新时代文明实践中心（所、站）建设网上评估考核工作。

5月31日，山阴县区域能源项目开发战略合作协议签约仪式在中煤华昱公司后三楼会议室举行。

6月

6月1日，山阴县召开2022年招生考试安全暨考务管理工作会，全面安排部署全县高考、中考安全和考务各项工作。山阴县召开机要保密工作会议。县委书记王世杰在县第六小学参加庆“六一”活动。

6月2日，山阴县政法系统组织开展“喜迎二十大，忠诚保平安”长跑活动。同日，县委书记王世杰在马营庄乡、广武镇调研旅游公路、滑雪场建设、旅游资源利用、乡村振兴等工作。

6月6日，山阴县召开2022年全国普通高校招生统一考试培训动员大会，并对高考安全保障工作进行安排部署。县委书记王世杰视察山阴一中考点准备情况。市优化营商环境暨市场主体倍增工作专项督查组在山阴经济技术开发区恒科、超牌、赢胜公司和县政务服务中心进行专项督查，并召开座谈会。

6月7日，市人民检察院检察长白建云在山阴经济技术开发区恒科、超牌、中煤华昱公司调研。成都大农科技有限公司考察团在广武长城、广武滑雪场、古城集团臻源牛场调研，并召开座谈会。

6月8日，省委巡视组在县一中、县教育局检查高考期间考风考纪、疫情防控、机要保密等工作。

6月9日，山阴县召开被征地农民社会保障工作会议。国道336应县罗庄至朔城区东榆林段改扩建工程开工，该工程是省级重点工程，全长68.36公里，路基宽度25.5米，项目采用一级公路技术标准，设计速度80公里/时，其中山阴境内长27.36公里，途经古城镇、薛圐圙、安荣3个乡镇。

6月10日，山阴县召开优化营商环境促进市场主体倍增工作会议。市人大主任冯云龙同志到山阴经济技术开发区、合盛堡乡视察工作。副市长武跃飞在广武镇调研踩点省领导调研朔州来山阴路线。省审计厅对原市委书记陈振亮经济责任和自然资源资产审计组在山阴县调研。

6月11日，县委副书记、县长高瑞龙在山阴经济技术开发区调研企业安全生产、基础设施建设等工作。

6月12日，市委书记姜四清、市长吴秀玲、副市长李润军在山阴经济技术开发区调研。

6月13日，县委书记王世杰主持召开县委常委会议，传达学习习近平总书记近期重要讲话精神；传达省委书记林武在省委十二届四次全会上的讲话精神，省委办公厅、省政府办公厅关于深入学习贯彻《关于更加有效发挥统计监督职能作用的意见》的通知，省纪委办公厅印发《关于贯彻落实习近平总书记重要批示精神纠治统计造假不收手不收敛问题的工作意见》的通知；讨论《山阴县关于健全基层治理长效机制强化平安建设的实施意见（讨论稿）》《关于全面深入持久开展民族团结进步创建工作铸牢中华民族共同体意识的工作方案》《中共山阴县委关于全面贯彻落实习近平总书记考察调研山西重要指示精神的实施方案（讨论稿）》《中共山阴县委落实全面从严治党主体责任2022年任务安排（讨论稿）》；研究《关于进一步规范“三重一大”事项决策制度实施意见的补充说明》和财政资金拨款有关事宜。

6月14日，“新思想在山西”宣讲报告会在山阴县召开。副市长李润军在山阴经济开发区调研。县委书记王世杰在广武镇调研踩点路线。县委副书记、县长高瑞龙在山阴经济技术开发区恒科公司、超牌公司调研。

6月15日，省委书记、省人大常委会主任林武在山阴县调研。山阴县召开迎接国家保障农民工工资支付工作考核推进会。全县“标准地”改革和清理“批而未供”土地专项督察动员部署会在八楼会议室召开。

6月16日，山阴县习近平法治思想暨基层法治建设专题培训班在县委党校开班。山阴县召开“清廉村居”创建工作推进会。

6月17日，县委书记王世杰主持召开县委常委（扩大）会议，传达学习省委书记、省人大常委会主任林武在朔调研指示精神，对山阴县贯彻落实工作进行安排部署。副市长刘亮在山阴县调研规上企业运行情况。

6月19日，山阴县召开2022年初中学业水平考试培训动员大会，对全县中考安全保障工作进行安排部署。

6月20日，县委书记王世杰主持召开信访联席会议。市中考巡视团在山阴一中巡视中考工作。

6月21日，山阴县召开全县质量工作会议。市委书记姜四清在山阴县旧广武村、长城博物馆、汉墓群调研。县委书记王世杰在广武镇调研滑雪场、旧广武历史文化名村建设、长城博物馆改造等文旅项目。山西省首批科技博士服务团在山阴县义诊。

6月23日，山阴县召开岳庄灌区水源置换工程竣工验收会。省优化营商环境促进市场主体发展督导组在山阴经济技术开发区恒科、超牌、赢胜公司，古城乳业集团，县政务服务中心调研。

6月24日，山阴县“6·26”国际禁毒日宣传活动暨守护平安社会社会面巡逻防控启动仪式在人民广场举行。

6月27日，县委书记王世杰在玉井镇、马营乡调研集中供热工程建设进展情况；在华夏煤业调研安全生产工作，并召开座谈会。

6月28日，山阴县召开健康知识进万家座谈会和建立积极生育政策座谈会。省卫生健康领域高质量发展调研组在中煤华昱、县第二幼儿园、县人民医院、县卫健体局调研。省双拥抱模范城考核验收组在县第六小学、双拥广场调研，并召开考核验收工作会。

6月29日，市人大常委会主任冯云龙在山阴县广武长城国家文化公园、广武国际滑雪场、旧广武村、长城博物馆、长城一号旅游公路调研长城板块文化旅游开发工作。

6月30日，山阴县召开抓党建促基层治理能力提升专项行动现场推进会，实地察看薛圐圙综合行政执法建设、马营河阳新村玉马小区异地搬迁治理、北周庄微网络管理等工作。省级绩效评价考核组在山阴县调研，并主持召开2020—2021年清洁取暖绩效评价考核座谈会。

7月

7月1日，县委副书记、县长高瑞龙主持召开全县自建房安全专项整治工作调度会，对全县自建房安全专项整治工作进行再安排、再部署。

7月4日，县委副书记、县长高瑞龙主持召开县政府常务（扩大）会议，研究《关于进一步优化财政资金使用拨付办法的通知》《关于组建巡逻防暴警察大队工作方案》和《关于交巡警指挥中心工程建设工作方案》。县政府召开集中开展打击非法阻工整治信访秩序专项行动部署会。省常态化疫情防控督导组在山阴县检查防控工作，并召开督查座谈会。

7月5日，县委书记王世杰主持召开县委常委会议，传达学习《中国共产党政治协商工作条例》；讨论《县委常委班子抓党建促基层治理能力提升问题整改专题民主生活会对照检查材料（讨论稿）》《关于十五届县委第三轮巡察组长授权和任务分工的决定》和《十五届县委第三轮巡察工作方案》；研究政协山阴县委员会2022年度协商计划、排查整顿农村发展党员违规违纪问题处理意见和财政资金拨款有关事宜。县委常委班子召开“抓党建促基层治理能力提升问题整改”专题民主生活会。县政府党组班子召开“抓党建促基层治理能力提升问题整改”专题民主生活会。省委、省政府乡村振兴第四督导组在山阴县督导工作，并参加县政府党组专题民主生活会。

7月6日，省委常委、组织部部长陈安丽在山阴县调研抓党建促基层治理能力提升，实地查看长城遗址遗迹修复工程、旧广武村抓实村级治理发展壮大村级集体经济情况。省委、省政府乡村振兴第四督导组召开督导山阴县问题排查整改座谈会。省委专项行动党建引领基层网格治理工作组在山阴县调研。副市长袁小波在金海洋水泉煤业有限公司督导检查，并召开包联煤矿安全生产工作座谈会。

7月8日，县委书记王世杰主持召开县委疫情防控专题会议暨县疫情防控工作领导小组会议，通报近期疫情防控工作情况，安排部署下一步工作。山阴县召开2022年食品安全工作会议暨食安委第一次全体（扩大）会议。山阴县召开汛期地质灾害防治工作安排部署会。

7月9日，全国人大常委会副委员长，九三学社中央主席武维华在山阴县骏宝宸农业公司、古城乳业集团调研立法工作。

7月12日，山西银行行长任凯在山阴县太行村镇银行调研。市政府办公室省定民生实事进展情况督导检查组在山阴农牧场社区、县医疗集团人民医院、县司法局、韵达快递公司调研督导。

7月14日，省政协副主席谢红在山阴县众福缘合作社调研产业发展情况。省妇联一级巡视员任晋阳在山阴县调研。

7月20日，县委副书记、县长高瑞龙以四不两直方式在高速口卡口、安荣乡检查来（返）县人员管控、疫苗接种等工作。

7月21日，副市长李润军在广武镇调研长

城国家文化公园建设推进情况。市政府副秘书长尚兴阳在山阴县实地查看自然资源系统环境保护整改进展情况。市清洁取暖技术咨询顾问、中国建筑科学研究院高级工程师关运龙在岱岳镇调研指导农房改造工作。省高校联合会在山阴经济技术开发区恒科、超牌公司调研。

7月22日，山阴县召开能源增产保供推进会和智能化矿井建设工作推进会。县委书记王世杰接受央视记者关于长城文化公园建设中县委、县政府的支持与做法主题采访。

7月25日，县委书记王世杰主持召开县委常委会议，传达学习习近平总书记近期重要讲话精神；传达学习省委林武书记在全省开发区2022年第二次“三个一批”活动上的讲话精神；传达省、市整治矿山企业瞒报安全生产事故行为专项行动部署会议精神；听取全县上半年治安形势和社会稳定、党风廉政建设情况和案件汇报；研究关于市管干部考核等次建议名单及担当作为方面表现突出干部推荐人选有关事宜；讨论《关于在全县开展整治矿山企业瞒报安全生产事故行为专项行动的方案（讨论稿）》和《山阴县规范党员干部办理婚丧喜庆事宜工作要求（讨论稿）》。省公安厅常态化扫黑除恶斗争调研督导组在山阴县调研。

7月26日，省政府疫情防控督察组在山阴县检查疫情防控工作。市委常委、统战部部长、宣传部部长彭雁在山阴县开展拥军优属慰问活动。副市长何向荣在山阴县太行村镇银行调研，并召开金融风险防范座谈会。市人大常委会环境保护“一法一条例”执法检查组在山阴县调研检查，并召开座谈会。市公安局副局长李磊在山阴县督导检查夏季治安打击整治“百日行动”进展情况。县委书记王世杰在山阴经济技术开发区调研路网建设、管网建设，沿线规范农业设施建设等情况。

7月27日，省文化和旅游厅副厅长赵曙光在山阴县旧广武村、广武滑雪场、长城博物馆调研项目建设。县委书记王世杰在广武镇元营村检查“三个一批”重点村整治情况。

7月28日，全国人大乡村文旅发展调研组在山阴县苦豆豆省级文化产业示范基地、广武长城文化公园调研。省医保局局长刘中雨在山阴县医疗集团调研巩固医保脱贫攻坚成果同乡村振兴衔接工作。省纪委监委在山阴县胡峪口村、元营村和冷链、综治基地评查验收“三个一批”重点村治理整治工作。

7月29日，市委副书记、政法委书记宋红波在山阴县主持召开山阴县转型综改牵引性集成改革试点工作座谈会。同日，县委书记王世杰在县人武部、武警中队、消防队开展“八一”慰问活动。

8月

8月1日，县委书记王世杰主持召开县委常委会议，传达中共山西省纪律检查委员会《关于中央生态环境保护督查反馈生态环境损害问题责任追究及教训警示的通报》；研究2021年度目标责任考核乡镇、县直单位考核等次建议名单；讨论《山阴县转型综改牵引性集成改革试点实施方案（送审稿）》和需省、市支持事项清单，倡导本地企业积极参与社会公益事业有关事宜。全省“八一”建军节专题活动在二广高速山阴康庄服务区举行。山阴县军民兵乓球联谊赛开幕。

8月3日，山阴县2022年暑期中小学、教师队伍、管理人员集中培训在县第六小学开班。

8月4日，市委书记姜四清在山阴王家屏纪念园风景区调研桑干河流域文旅产业发展情况。省工信厅二级巡视员陈广慧在山阴经济技术开发区超牌高岭土公司、金胜达科技公司开展重大经济活动专项监督工作。

8月6日，太原市山阴商会在太原万狮京华大酒店召开成立大会。

8月9日，省农业厅副厅长茹栋梅在山阴县调研全省畜牧业大会筹备情况。朔州市防汛工作督查组在山阴县督导检查。

8月10日，省、市乡村振兴调研组在山阴县调研乡村振兴示范村创建情况，并召开专项座谈会。省公安厅督察组在山阴县督导检查夏季治安打击整治“百日行动”进展情况。

8月11日，“喜迎二十大畅游下喇叭”全民户外运动季在下喇叭乡织女泉村举行启动仪式。

8月12日，公安部二级巡视员姚剑波在山阴县督导检查夏季治安打击整治“百日行动”开展情况。

8月15日，省疫情督导组在山阴动车站、北周庄敬老院、益康医院调研疫情防控工作。

8月16日，山阴县召开贯彻落实中央八项规定精神暨推进清廉山阴建设专题警示教育会。

8月17日，山阴县召开创建全国基层中医药示范县工作动员会。市委书记姜四清在山阴县实地查看古城镇仁义邻里议事厅矛盾调解工作、岱岳镇惠丰社区洪涛邻里警务室、县公安局综治中心实战化运行情况。

8月18日，山阴县纪委监委组织开展“守初心‘正家风’、廉内助‘促清廉’”警示教育活动。县委书记王世杰在岱岳镇花园村调研党建引领基层治理各项工作。县委副书记、县长高瑞龙在土牛沟、东环路、河阳大道等地段和玉井镇朱和咀煤矿督导检查防汛和安全生产工作。

8月19日，山阴县2022级高一新生阳光分班现场会在县一中西阶梯教室召开。

8月20日，山阴县首届“华夏煤业杯”环河阳湖自行车公开赛在桑干河国家湿地公园开幕。

8月23日，县委书记王世杰主持召开县委常委会议，传达学习习近平总书记近期重要讲话精神；传达中共中央保密委员会《保密要情》第五期、省纪委《关于杨建忠等人严重违反中央八项规定精神违规吃喝问题的通报》、全市整治非法宗教活动专项工作2022年第二次推进会议精神；传达全市组织工作推进会议精神，并研究山阴县贯彻落实意见。山阴县召开开展打击“百吨王”暨短途非法超限超载运输专项治理行动动员部署会。县委书记王世杰在广武镇水峪口、马营庄乡蔬菜大棚等地调研排洪和农作物受灾情况。

8月24日，市委副书记、政法委书记宋红波陪同省委政法委调研组在山阴县岱岳镇、惠丰社区、白坊村调研基层社会治理工作，并召开座谈会。

8月25日，共青团山西省委书记张钧在山阴县广武镇调研。副市长李润军在山阴县朱和咀煤业、南阳坡煤业、元宝湾煤业调研检查企业运营情况和安全生产工作。市优化营商环境促进市场主体发展督导组在山阴经济技术开发区赢胜、恒科公司调研。

8月26日，太原市晋源区相关领导在山阴县城发集团考察学习先进管理理念和运营经验。

8月29日，副市长李润军在山阴经济技术开发区督导省“三个一批”推进会朔州分会场筹备情况。

8月30日，市统计局局长赵琪在山阴县古城乳业集团臻园牧业有限公司、骏宝宸农业有限公司调研。

8月31日，朔州华朔公司董事长赵建忠在山阴县古城镇实地查看生物科技检验检测实验室选址情况，并召开选址专题会。山阴经济技术开发区赢胜陶瓷纤维有限公司举行开工仪式。

9月

9月1日，县委书记王世杰主持召开县委疫情防控会暨全县“抓落实、补短板”专项行动动员部署会。自然资源部安全生产管理综合督导检查组在山阴县北王庄村检查农村自建房安全整治工作。副市长魏元平陪同省民政厅督导组在山阴县检查指导民政工作。

9月2日，副市长何向荣在山阴经济技术开发区调研全省“三个一批”现场会朔州分会场准备情况。

9月3日上午，山阴县羽毛球混合团体邀请赛在县体育馆开幕。

9月5日，全省“三个一批”现场会朔州分会在山阴经济技术开发区举行。

9月6日，副省长于英杰在山阴经济技术开发区调研重点工程项目建设（山西恒科新材料科技有限公司6万吨锂电池负极材料）。副市长刘亮在山阴县督导检查工业项目建设、环境污染治理、清洁取暖改造情况。

9月7日，大同市委政法委调研组在山阴县古城镇、惠丰社区、县综治中心调研。

9月8日，山阴县召开市委第二巡查组对岱岳镇贾家窑村等三个村集体“三资”管理提级巡查工作动员会。

9月9日，县委书记王世杰主持召开县委常委会议，传达全省信访工作会议精神，通报全县近期信访情况，研究下一步工作措施；传达《中共中央办公厅印发〈关于加强新时代离退休干部党的建设工作的意见〉的通知》精神；研究《十五届县委巡察规划》《山阴县农村“三资”管理专项整治暨第二阶段“三个一批”重点村社专项巡察组长授权及任务分工决定》《专项巡察工作方案》；研究2022年教师节活动方案；传达中共山西省委农村工作领导小组办公室、省农业农村厅、省乡村振兴局《关于印发全省深入推进农村户厕问题摸排整改“回头看”工作方案的通知》精神，听取全县农村“厕所革命”进展情况汇报。

9月13日，山阴县召开庆祝第38个教师节表彰大会。山阴县庆祝2022年中国农民丰收节活动在合盛堡乡西双山村开幕。

9月15日，省人大财经委员会主任武涛在山阴经济技术开发区、广武镇调研项目建设和历史文化名村建设。

9月16日，县委书记王世杰主持召开县委中心组学习会议，传达《中共中央政治局委员、中央政法委书记郭声琨在〈政法领导干部加强政治建设〉专题研讨班上的讲话》精神，《山西省纪委监委、中共朔州市委关于对〈山阴县持续净化政治生态调研报告〉的批复》精神；学习习近平总书记关于中医药工作的重要论述、《中共中央国务院关于促进中医药传承创新发展的意见》和《中华人民共和国中医药法》；围绕《求是》杂志发表的习近平总书记重要讲话“更好把握和运用党的百年奋斗历史经验”，结合贯彻落实习近平总书记考察调研山西重要指示精神，省第十二次党代会、市第七次党代会和县第十五次党代会精神，结合党史学习教育进行交流发言。

9月20日，县委书记王世杰主持召开县委常委（扩大）会议，听取重点工程项目进展、经济运行情况、明年项目盘子等方面的汇报；通报全县安全生产情况和“三大行动”“三年行动”进展情况、厕所革命进展情况；安排部署党的二十大期间全县安全生产、社会治安、信访维稳、环境保护、意识形态领域、舆论舆情管控、整治非法宗教活动、“厕所革命”通报问题整改落实、国庆假期前后疫情防控等工作。

9月21日，市人大在山阴县开展全市开发区项目建设专题调研。

9月22日，省抓党建促基层治理能力提升调研组在山阴县调研。市高速管理局董事长赵寿基在山阴元营、古城高速口调研工程项目建设情况。省外商外资局在山阴经济技术开发区调研。

9月23日，省自然资源厅在山阴县调研煤矸石综合利用工作。县委书记王世杰在玉井镇调研壮大农村集体经济、山区集中供暖、美丽乡村建设、基层党组织建设等工作。

9月26日，县委书记王世杰主持召开县委反腐败领导小组第八次会议。副市长何向荣在山阴县岱岳镇、安荣乡调研集大原高铁（山阴段）征拆收尾工作。

9月27日，县委书记王世杰在县信访局接待欣欣小区住户康卫国、朝晖小区住户杨润梅。

9月28日，副市长刘亮在晋能控股集团有限公司（太原），协调解决签订华能山阴2×100万千瓦“上大压小”煤电项目区域倍量削减责任书有关事宜。县委书记王世杰同新任单位主要负责人进行任前廉政谈话。

9月29日，县委书记王世杰在华昱装备维修公司、昱光电厂、芍药花煤业、山阴北高速口、县公安局就安全生产、能源保供、疫情防控等工作进行专题调研。

9月30日，山阴县在下立羊泉烈士陵园举行“9·30”公祭活动。市长吴秀玲在山阴县中煤华昱、昱光电厂、华夏煤业、五家沟煤业、中煤顺通开展专题调研。

10月

10月1日，县委书记王世杰在山阴北、广武、元营等交通卡口检查疫情防控工作。

10月3日，县委书记王世杰主持召开县委疫情防控专题会议。

10月4日，山阴县开展第一轮全员核酸检测工作。

10月5日，山阴县开展第二轮全员核酸检测工作。

10月8日，市长吴秀玲在山阴北高速口调研疫情防控和保通保畅工作。副市长田东在山阴一中和山阴六小调研校园疫情防控工作。

10月9日，市委常委、统战部部长、宣传部部长彭雁在山阴县调研疫情防控工作。

10月10日，县委书记王世杰主持召开县委安全稳定暨疫情防控工作专题会议，传达省、市矿山安全生产工作会议精神；安排部署安全生产、信访等工作。

10月11日，市长吴秀玲在山阴县调研煤矿安全生产、能源安全保供和二十大安保工作。县委书记王世杰在广武镇调研长城一号旅游公路建设情况。

10月12日，副市长刘亮在山阴县调研生态环境保护、工业企业生产、煤矿挂牌责任制、清洁取暖等工作。

10月13日，县委书记王世杰主持召开县委疫情防控工作专题会。

10月14日，副市长何向荣在山阴县“四好农村路”资源路产业路荣乌高速连接线施工现场、北祖煤业排矸现场、下喇叭织女泉造林现场、国营林场口子梁防火卡口调研，并召开座谈会。

10月18日，副省长贺天才在山阴县元宝湾煤业有限公司调研检查安全生产工作。

10月19日，山阴县组织开展为期三天的全县重点项目工程、乡村振兴、美丽乡村建设集中观摩活动。

10月24日，县委书记王世杰在马营庄乡胡峪口村、古城镇东辛庄村督导检查疫情防控工作。

10月25日，县委书记王世杰主持召开县委常委（扩大）会议，传达学习党的二十大精神；

主持召开全县重点项目工程、乡村振兴、美丽乡村建设集中观摩点评会。县委副书记、县长高瑞龙在同太路农贸批发市场、万人新时尚商场、县医疗集团人民医院、北周庄集中隔离点、中煤顺通煤站、王家堡卡口督导检查疫情防控工作。

10月27日，副市长何向荣在山阴县高速卡口、隔离场所调研保通保畅、疫情防控等工作。

10月28日，山阴县残疾人联合会召开第七次代表大会。

10月29日，县委书记王世杰在县公安局指挥中心调度疫情防控工作。

10月30日，山阴县召开全员核酸监测安排部署会议。

10月31日，县委书记王世杰在县公安局指挥中心调度全员核酸工作。

11月

11月1日，县委书记王世杰在广武镇调研疫情防控工作。

11月2日，县委书记王世杰调度经济运行指标。

11月7日，县委书记王世杰主持召开县委疫情防控会。

11月9日，市长吴秀玲，副市长田东、魏元平、袁小波在山阴动车站调研督导内蒙古高校学生返朔第一落点管理、点对点转运等工作。

11月10—11日，副市长田东在山阴动车站现场指导内蒙古高校朔州籍学生返朔第一落点管理、点对点转运等工作。

11月13日，县委书记王世杰在山阴动车站现场指挥内蒙古高校朔州籍学生返朔管理、转运等工作。

11月14日，县委书记王世杰主持召开县委疫情防控会。

11月16日，县委书记王世杰主持召开县委常委（扩大）会议，传达中国共产党山西省第十二届委员会第五次全体会议和中国共产党朔州市第七届委员会第四次全体会议精神；主持召开县委常委会议，研究关于召开县委十五届六次全会有关事宜，讨论《中共山阴县委常委会工作报告（讨论稿）》《中共山阴县委关于深入学习宣传贯彻落实党的二十大精神的工作措施（讨论稿）》和《山阴县共青团基层组织改革实施方案》，听取案件汇报；主持召开县委编委会议。县委副书记、县长高瑞龙在山阴动车站现场调度内蒙古高校朔州籍返乡学生点对点转运、集中医学观察等工作。

11月17日，县委书记王世杰主持召开中共山阴县委十五届六次全体会议。

11月18日，县委书记王世杰调研全员核酸情况。

11月20日，县委书记王世杰在县公安局指挥中心调度全员核酸情况。

11月25日，县委书记王世杰主持召开县委中心组学习会议，传达《中共中央办公厅印发〈关于巩固全国政法队伍教育整顿成果推进全面从严管党治警的意见〉的通知》《关于印发〈中国共产党处分违纪党员批准权限和程序规定〉的通知》和中共中央办公厅关于浙江省嘉兴市违规改扩建南湖宾馆问题查处情况的通报；学习习近平总书记在参加党的二十大广西代表团讨论时讲话精神，《中国共产党章程》，《中国共产党宣传工作条例》，省委书记林武在全省同步推进“两个转型”暨促进数字经济全面发展大会、第八次旅游发展大会上的讲话；围绕习近平总书记关于完整准确全面贯彻新发展理念的重要论述，不断提高把握新发展阶段、贯彻新发展理念、构建新发展格局的政治能力、战略眼光、专业水平，结合各自分管工作进行交流发言。

11月29日，山阴县召开2022年度高质量考核指标推进会、全县养老机构安全隐患集中排查专项整治部署会。

12月

12月5日，县委书记王世杰主持召开县委常委会议，研究《关于规范山阴县乡镇、县直单位年度考核奖发放办法的意见》。

12月6日，山阴县组织集中收看江泽民同志追悼大会。

12月12日，省、市市场监管局在山阴县对“三品一械”开展指导检查。

12月13日，县委书记王世杰主持召开县委中心组学习会议，邀请兰思增作《自信自强 守正创新 踔厉奋发 勇毅前行》专题辅导。

12月14日，县委书记王世杰主持召开全县加快企业复工复产暨县委疫情防控专题会议。

12月15日，县委书记王世杰主持召开县委常委会议，传达学习习近平总书记近期重要讲话精神；听取全面从严治党工作，县教工委工作，经济运行、安全生产、粮食安全工作，全面依法治县、平安山阴建设工作，党建工作和县直属机关工作委员会工作，生态环保、食品安全工作，统一战线工作，意识形态、精神文明建设工作汇报；研究关于终止王国文等5人县第十五次党代会代表资格有关事宜。

12月16日，晋胶（上海）有限公司高分子弹性体项目推介会和签约仪式在山阴县举行。

中国共产党
山阴县委员会

县 委

【概况】 2022年，中共山阴县委在党中央和省委、市委的坚强领导下，充分发挥把方向、管大局、作决策、保落实职责，团结带领全县广大干部群众，深入学习贯彻党的十九大和十九届历次全会精神，全面贯彻落实习近平总书记考察调研山西重要指示精神，聚焦喜迎党的二十大和学习宣传贯彻二十大精神这一主线，统筹推进“五位一体”总体布局，协调推进“四个全面”战略布局，按照省委全方位推动高质量发展的目标要求，围绕市委加快建设现代化塞上绿都的战略目标，全力做好防疫情、稳经济、保安全各项工作，高效统筹疫情防控和经济社会发展，统筹发展和安全，“两个转型”迈出新步伐，营商环境取得新突破，民生福祉得到新提升，党的建设得到全面加强，在全方位推动高质量发展的新征程中取得了新突破、开创了新局面。

【政治引领】 2022年，中共山阴县委持续拓展“第一议题”的广度和深度，及时跟进学习习近平总书记对当前各项工作的重要讲话和重要指示精神37篇，把迎接和学习宣传贯彻落实党的二十大作为重要政治任务，开展护航“党的二十大”意识形态领域风险和规范页面生态专项整治行动，及时处置有关网络舆情。开展“新思想在山西”系列宣讲活动80余场，现场受众7000人次，线上受众1.7万人次。认真组织党的二十大宣讲工作，共宣讲80余场，受众1万余人，掀起了学习宣传贯彻党的二十大精神热潮。制定出台《关于全面贯彻落实习近平总书记考察调研山西重要指示精神的实施方案》等一系列文件，形成了9大类、223项落实举措，确保山阴各项工作始终沿着正确方向前行。

【管党治党】 2022年，中共山阴县委坚决扛起主体责任，常委会先后召开25次会议，研究全面从严治党议题35个，持续净化政治生态，全面推进清廉山阴建设。高效开展县委常规巡察工作，扎实开展“三个一批”、农村“三资”等专项巡察，治理成效得到省、市纪委主要领导充分肯定。制定出台《加强对“一把手”和领导班子监督的实施办法》，对57名新任干部进行集中谈话，运用“四种形态”批评教育帮助和处理党员干部773人次。深入开展基层干部作风建设提升年专项行动，处置相关问题线索93条、批评教育处理34人、党纪政务处分28人。持续深化纠治“四风”，全年共查处问题11件13人，通报典型案例1起。始终保持惩治腐败高压态势，全年处置问题线索696件，立案审查调查225件253人，采取组织措施444人，处分253人，留置2人。全年共查处群众身边腐败问题和不正之风78件，批评教育帮助和处理120人。着力建设新时代高素质干部队伍，年内先后提拔重用干部86名。制定出台乡镇党校培训等9项制度，共开展培训189次、轮训干部1.8万人次。实施人才强县战略，建成2个人才工作站，与山西省中医院联合共建张晓园博士工作室，投资500多万元建成人才公寓，签署省校合作协议4个。深化乡镇综合行政执法改革，完善2项工作机制和9项执法相关制度。完善党建引领网格治理机制，成功入选全省转型综改牵引性集成改革和党建引领基层网格治理试点县。高标准打造11个社区服务中心，全县282个大网格、1580个微网格实现了党组织全覆盖，197个行政村收入全部达到10万元以上。

【社会治理】 2022年，中共山阴县委深入贯彻习近平法治思想，坚持党的领导、依法治国、人民当家作主有机统一，不断发展全过程人民民主，推进民主政治制度化规范化程序化。完善人大代表履职平台，先后建成12个代表联络站、39个联络点。出台《政协山阴县委员会2022年度协商计划》，建成“有事来商量”协商平台。召开全面依法治县工作会议，系统推进法治山阴、法治政府、法治社会一体建设。举办习近平法治思想暨基层法治建设培训班，开展公共法律服务，受众达1600余人次。健全县委统战工作领导小组“1+4”组织架构和制度机制，协助、指导各民主党派县委会和县工商联顺利完成换届，大统战工作格局更加完善，党校、民族、宗教、外事、对台等工作取得新进步。

【转型发展】 2022年，中共山阴县委高效统筹疫情防控和经济社会发展，经济发展稳中向好。全年地区生产总值完成225.3亿元，同比增长2.5%。规上工业增加值增速2.6%；固定资产投资完成52.1亿元，同比增长12%；一般公共预算收入完成25亿元，同比增长38.5%。持续深化“3×9”产业发展矩阵，一体推进、系统构建现代化产业体系。在产业转型方面，聚焦建链补链延链强链，恒科、赢胜等一批新材料项目建成投产，华能2×100万千瓦等19个重点项目累计完成投资7.6亿元。累计投入4.3亿元全力打造长城国家文化公园，配套项目主体基本完工，广武国际滑雪场正式运营，长城1号旅游公路山阴段率先建成并投入使用。在数字转型方面，加快煤炭产业数字化改造，建成智能化综采面5个、掘进面9个和二级以上标准化洗煤厂21家。深入实施“互联网+”农产品出村进城工程，“乡村e镇”落户古城镇。深化政务平台建设，全县90%以上政务服务事项实现全程网办。全年共实施500万元以上项目205个，总投资318亿元，转型项目完成投资达到工业投资的86.4%。持续深化“承诺制+标准地+全代办”改革，全年组织开展3次“三个一批”活动，累计签约项目9个、开工项目5个、投产项目5个。13项重点领域和关键环节改革成功破题，煤炭保供任务圆满完成，山西农业大学“2022年两个国家重点研发计划项目”全部落户山阴，玉竹微孔硅酸钙新材料填补国内市场空白。持续放大“双试点”效应，形成了牵引性集成改革和党建引领基层治理的山阴路径和样板。帮助企业减免各类税费4亿元，全年核销各类消费券1225万元刺激消费复苏，带动消费6300余万元。

【乡村振兴】 2022年，中共山阴县委持续巩固脱贫成效，不断夯实“三农”根基，乡村振兴基础更加坚实稳定。深入实施扶贫产业项目18个、基础设施提升项目12个，全县脱贫劳动力实现务工就业5700余人，建立健全易地扶贫搬迁后续扶持、常态化驻村帮扶等11项长效机制，脱贫基础更加稳固、成效更可持续。坚持“特、优”发展方向，完成高标准农田建设4.6万亩，粮食播种面积达到88万亩，粮食产量近3亿公斤，实现“九连增”；农业机械化率达到86.6%，骏宝宸农业科技有限公司成为全省唯一草业平台；十大产业集群产值完成27.5亿元，同比增长15.1%。持续深化“美丽乡村建设年”，按照每个乡（镇)3个村、每村300万元的标准，累计投资1.1亿元，高标准打造36个美丽乡村示范点；大力发展民宿产业，民宿经营户达50余家；完成农厕改造2300座，“六乱”整治成效进一步巩固，群众获得感、满意度显著提升。

【民生福祉】 2022年，中共山阴县委坚持用心用情，办好惠民实事，教育事业焕发生机，医疗水平明显提升，社会事业提标扩面，城市功能日趋完善，生态环境持续改善，疫情防控成效显著。全年拨付教育经费2亿多元，同比增长12%，配齐配优基础教育资源，全县义务教育学校教学设施和生活设施全部达标，高考二本达线率30.4%，县职业教育中心校家政服务实训基地投入使用。持续深化县域医疗卫生一体化改革，实施中医药振兴工程，乡、村两级医疗卫生机构达标率均达到90%以上。养老保险、失业保险、工伤保险参保人数均超额完成年度任务，新设就业服务站12个，完成职业技能培训1370人，成功举办首届环河阳湖自行车赛，羽毛球、乒乓球等竞技比赛频次大幅提升。投资25.1亿元实施城市基建项目28个，改造老旧小区25个。投资3.9亿元开创性实施了工矿山区集中供暖，惠及13座煤矿和4个村的1600余户村民。深化大气、水污染综合治理，空气质量持续好转，全县二级以上天数达331天，优良率达90.7%；地表水、断面水全部达标，桑干河湿地公园晋升为国家湿地公园。精准落实“二十条”“新十条”政策，全面提升“保健康、防重症”能力，实现“无疫县”“优等生”目标。

组织工作

【概况】2022年，山阴县委组织部坚持以习近平新时代中国特色社会主义思想为指导，深入学习贯彻党的二十大精神和全国、省市组织部长会议精神，全面落实从严治党要求，以党的政治建设为统领，树立大抓基层的鲜明导向，用力夯实基层组织，从严管理监督干部，聚力建设人才高地，扎实抓好作风建设，精心打造模范部门，以高质量组织工作服务保障山阴高质量发展。

【干部教育培训】2022年，县委组织部坚持把学习贯彻习近平新时代中国特色社会主义思想作为理论武装的中心内容，通过中心组学习、集中轮训、理论研修、专题研讨、同步课堂等形式，深入学习习近平总书记3次考察调研山西重要指示精神，跟进学习习近平总书记最新重要讲话精神，精准开展分级分类培训。全年县乡两级共举办专题培训57期、受训9000余人次。全县644个党支部以开展“三会一课”、主题党日活动等集中学、专题学的方式，做到全员覆盖、深入人心。出台《抓党建促基层治理能力提升专项行动“364+N”分级分类分专题培训实施方案》和《推进乡镇党校建设促进党员教育培训常态化实施办法（试行）》等9个文件，破解干部教育培训难题，推动干部教育培训提质增效。打造实操实训点23个，开发案例教学课程数15个，采取“情景模拟”形式组织基层干部现场教学，通过学经验、学做法，拓宽工作视野。预算153.6万元使乡村两级“三晋先锋”远程教育实现全覆盖，培训中充分运用“三晋先锋”一体化平台远程教育和山西好干部在线学院、学习强国“指尖课堂”，努力打通线上线下、打破时空限制、提升学习效果，不断适应信息时代干部教育培训新需求。

按照“有组织机构、有场地设施、有师资队伍、有培训计划、有管理制度、有经费保障、有教学活动”的“七有”目标要求，规范建设了12个乡镇党校，构建与省市县委党校体系互为补充、具有鲜明地方办学特色、符合新时代要求的基层党校办学新格局。打造党员教育示范基地15个，在阵地建设、师资配备、课程设置、管理机制上不断探索创新，全覆盖开展党员教育培训，打通基层党员教育培训的“最后一公里”。扎实推进党史学习教育常态化长效化，举办“党课开讲啦”活动394次，参与12300人次；广泛开展“学习身边榜样”活动，制作先进典型教育片10部；各级党员领导干部讲党课851次。

【基层治理】 2022年，县委组织部组织开展纪念建党101周年10项活动，为270名符合条件的党员颁发“光荣在党50年”纪念章，各级党组织开展了“喜迎二十大　奋进新征程”主题党日活动，各级党员领导干部讲党课117次受众7921人次，走访慰问了老党员、生活困难党员135名，为群众办实事2600余件。全年打造基层组织生活实操实训站点19个，12个乡镇党校实现标准化。全年发展党员199名，消除3年及以上未发展党员村93个（5年及以上的全部消除）。积极推行党员积分管理，总结提炼出“三定三化”工作法，各乡镇党员积分实施率均达95%以上。如期完成农村违规违纪发展党员排查工作，共对116名党员给予党纪处分或组织处理，对14个村党支部给予通报批评，对219名相关责任人给予纪律处分或组织处理。

扎实推进抓党建促基层治理能力提升专项行动，成立9个工作专班，分解具体任务167项，县委专项行动督导组全覆盖督导牵头单位、乡镇、村社260余次。招聘133名大学生到村（社）工作，为87名社区工作者落实“三岗十八级”薪酬、缴纳“四险一金”。结合村党组织书记星级化管理，对197个行政村党组织书记履职情况进行综合分析研判，撤换调整支部书记20名。完善党建引领网格治理机制。全县划分282个大网格、1580个微网格，全部建立党支部或党小组，形成了“1个党支部+1个网格+N个党小组”的“1+1+N”党组织设置模式，构建“一三五十”网格治理矩阵，实现了党建与政法综治、民政、城管、信访、市场监管等多网合一。推动社区党群服务提档升级。通过划转、扩建、置换、购买等方式，强力实施“阵地提质”工程。投资1151万元，新建、改建、置换11个社区党群服务中心，全部达到“一场所六中心”“15分钟服务圈”要求，高起点设计、高标准建设，实现了“一社区一亮点一特色”的一流党群服务中心。所有社区场所均已实现入驻办公，全县社区党群服务中心不达标或不在服务区域的问题彻底解决。

对全县20家小区物业公司党员情况进行全面摸底，通过单独组建、联合组建、增派党建指导员等方式实现物业企业党建管理全覆盖，通过党建联席会议定期协商解决物业服务管理问题。加强小区党建“五大体系”建设，对无物业小区综合施策、分类联建，125个小区物业服务实现全覆盖，其中20个小区为物业公司管理、105个无物业小区通过单位自管、社区辖管。业务会（物管会）实现物业服务管理覆盖。

【发展农村集体经济】 2022年，县委组织部聚力加速发展壮大农村集体经济。探索实施63个撤并村、搬迁村集体资产集聚，建立9项村级集体“三资”管理制度，下拨300万元扶持集体经济项目、120万元奖励产业性集体经济项目村，开展村集体资产“清化收”工作。整合每个乡镇3个村、每个村300万元美丽乡村建设资金1.08亿元，拿出其中2300万元用于发展壮大村级集体经济。总结提炼18个村级集体经济案例教学课件，以供全县乡村学习借鉴。全县村级集体经济收入6617.64万元，其中经营性收入占比达83.5%，197个村集体经济收入全部达到10万元以上。

【乡镇执法】 2022年，县委组织部采取“四转变”“七到位”措施，构建规范协调高效的乡镇综合执法体制，建立“村民监督+网格巡查+乡镇执法”“网格员吹哨，执法队报到”的工作机制，制定完善执法相关制度9项，采取“县编乡用”方式为乡镇增加综合执法专项事业编制55个，平均每个乡镇达4个，在乡镇综合执法队安置退役士兵，招聘执法人员12名，通过执法资格考试90名。

【考核考评】2022年，县委组织部以考核考评带动全面提升。健全专班赋分、督导评分、奖励加分三个维度的精准考核体系，完善城市党建融合工作8项机制，实施县直机关事业单位及在职党员进社区“双报到双服务双评价双考核”；乡镇通过观摩测评、亮晒比武等方式，每月一计分、一通报，以比促学、以赛促干。组织县级观摩拉练3次，乡镇党委提质壮大集体经济“擂台比武”1次，村党组织书记发展壮大村级集体经济“擂台比武”1次，乡级观摩和比武27次。其中，山阴县乡镇党委提质壮大集体经济“擂台比武”的做法被山西新闻网选登。

【党建工作】2022年，县委组织部调整梳理县级“两新”工委组成单位，非公有制经济组织和社会组织党的组织覆盖率分别达100%、97%，倾力打造出7个市级“双强六好”党组织。以聚焦拧紧责任链条、聚焦提升“两个覆盖”、聚焦优化服务方式为抓手，开创了新业态、新就业群体融入城市基层治理的新局面。通过摸排，全县在快递物流行业成立联建党组织4个，包括2个快递企业党组织，2个货运物流企业党组织，建设爱心驿站59个，司机之家1个，山阴县的做法被山西组工网刊登。针对党建品牌创建不够响、不够亮问题，下发《关于开展党建示范点创建活动的通知》，明确精准选点、倾心打造、示范带动三项主要内容，建立党建示范台账，下拨380万元奖励党建示范点创建工作。

【管理监督干部】2022年，县委组织部聚焦专项行动需要，把干部管理严实的标准立正立好。针对乡镇干部“走读”老大难问题，从制度层面考量，坚持系统施治、项目推进、结果问效，推行“542”工作机制，建立1个《整治方案》刹歪风、7项《管理制度》强约束、8项《效能制度》促落实、16条《激励措施》鼓士气的1+7+8+16根治“走读”、激励“住读”制度体系，引导乡镇干部自觉投身乡村振兴一线，全力打通服务群众“最后一公里”，配合县纪委对工作制落实情况进行了跟进督导，乡镇干部“走读”风气得到了根本性扭转。规范乡镇干部履职。先后制定乡镇职责清单、任务清单、乡镇干部职责清单、任务清单等共6项，制定“乡镇干部交流轮岗”等制度18个，乡镇及乡镇干部权力运行制约体系基本形成。从严乡村干部借调。党委部门带头、全面清退县直部门借调乡镇干部，全县乡村干部全部清退回原单位。12个乡镇党委书记全部签订责任书和承诺书。

坚持将干部监督贯穿于干部培养教育、考察考核、选拔任用、日常管理等各个环节，提高干部监督的约束力和实效性，倒逼干部廉洁履职、规范履职。严格落实凡提必查要求，全面开展干部选拔任用纪实工作，对新提拔、重用、晋升职级的58人次干部进行了全面体检。建立干部谈话专项档案，坚持提拔重用必谈、出现问题必谈、组织处理必谈，对存在举报反映的1名县管领导班子成员进行了函询。严格执行干部离任经济责任审计，对8名县直单位“一把手”进行了离任经济责任审计，并将审计结果作为干部考察考核、综合评价和选拔任用的重要依据。从严科级干部因私出国（境）管理，新增登记备案人员212名，其中科级实职59名，四级主任科员153名，做到了应备尽备、应收尽收。坚持好干部标准，突出精准识人、因事择人、多策育人，坚决执行好干部“育选管用”全链条程序，努力建设一支忠诚干净担当的高素质专业化干部队伍。高标准高质量推荐省人大代表。严把代表政治关、结构关、联审关、素质关、民意关五大“入口关”，好中选优、优中选强，真正把好的人选选出来，把合适的人选选上去，同时配合市委组织部严密组织大会选举，顺利完成组织部相关工作，组织提名人选全部满票当选。大力选用高素质专业化干部，聚焦落实全县“十四五”规划目标，针对全方位推动山阴县高质量发展需要，结合干部队伍建设实际，制定《关于适应全方位推动高质量发展要求加快建设高素质专业化干部队伍的若干措施》，通过细化育选管用各项措施，进一步配强全县领导班子、建强干部队伍，逐步建设一支数量充足、结构合理、梯次储备、素质过硬，具备专业思维、专业素养、专业能力、专业精神的高素质专业化干部队伍。全年对55名科级干部晋升职级，对31名干部提拔重用，平职交流9人。试点推动事业单位管理岗职级晋升，制定《山阴县事业单位管理岗位职员等级晋升制度工作实施方案》，明确了事业单位管理岗职员等级晋升实施范围、时间要求、等级比例、晋升程序等，为实施事业单位管理岗职级晋升打下扎实基础，试点为2名县管事业科级干部晋升了职员等级。

【人才建设】 2022年，县委组织部坚持创新引领，聚力建设人才高地，创新人才工作机制。建立人才工作会议、通报、调研和督查制度，形成党委统一领导，组织部门牵头抓总，成员单位各司其职、紧密配合的人才工作运行机制。拓展人才引育行动。通过公开招考招聘、柔性引进等方式，吸引纳入各类人才356人。其中，考录公务员、选调生52名，面向社会公开招聘大学毕业生到村任职133名，事业单位专业岗位人员156名，联系硕（博）士2名到山阴县挂职锻炼。山阴县惠牧源农牧专业合作社联合社柔性引进13名博（硕）士高层次人才，开展国家重点研发计划项目——有机旱作农业耐瘠抗逆节水增效技术模式与应用的研究，已分批次开展研究3次，促进万亩富硒基地农作物增产增收增效。

搭建人才服务平台。在山阴县惠牧源农业专业合作社、县医疗集团人民医院成立独具特色人才工作站，给予工作经费补贴，切实提高外部资源引进与内部发展需求的契合度。更新全日制硕士研究生数据库，发挥人才智库平台作用。将12名急需紧缺人才聘为八级职员，进一步激发工作活力。向社会公开招标购买人才公寓，解决人才安居问题。

发挥人才带动作用。组织8名首批科技博士服务团成员在山阴开展大型义诊活动暨学术交流会，诊断患者350余名，用实际行动温暖人心、赢得喝彩。举办专家人才《习近平谈治国理政》（第四卷）集中学习会暨赠书活动，共赠书150余本，不断提升政治自觉。对59名专家人才进行健康体检，慰问30名专家人才，收获价值，赢得尊重。

【省校合作】 2022年，县委组织部与3家高校签署合作协议4个，助推全县转型综改、能源革命、文旅融合发展。重点推进大学生创新创业社会实践工程，124名山阴籍高校大学生足额完成暑期实习实训任务，足额发放生活补贴9.5万元，购买人身意外伤害保险3万多元，社会反响良好。承办北京大学元培学院20名师生深入山西古城乳业集团有限公司和广武镇旧广武城开展红色教育和国情教育思政实践活动，为大学生研学、实践、科普等提供优质服务保障。

【机关建设】 2022年，县委组织部坚持第一议题制度，每周一下午学习党中央重大决策部署和省市县相关会议、文件精神，确保方向上不迷离，路线上不偏离、落实上不走样。印发《党的二十大精神学习资料汇编》，以及各类学习资料合订汇编2000余册，集中组织学习33次，邀请县宣讲团作二十大精神专题辅导，集中组织观看《榜样》等专题片20余部，保持高站位、宽视野、大格局。牢固树立“一盘棋”思想，认真落实“三会一课”制度，开展主题鲜明党日活动10余次，部机关包联小区核酸演练、包联酒店疫情防控落到实处，推进在职党员进社区志愿服务解决居民实际问题30余个，组织干部入企、挂乡、驻村服务，全力配合巡察工作，不定期督查驻村工作队、第一书记到岗情况，强化责任担当，推动责任落实。全面推行“13710”工作机制，限时办结，销号清零，做到按规章制度办事、按规定程序办事。坚持重大事项报告制，做到事前有请示、事中有反馈、事后有汇报。严格执行纪律，认真学习贯彻新修订的党章、条例等党内法规，狠抓部机关纪律作风整顿，大力传承优良部风部史，从严执行党风廉政建设各项规定。常态化开展警示教育，筑牢思想防线，永葆清正廉洁政治本色。健全完善部长办公会议制度、全员办信息制度、调研考评制度、日常考勤制度、部风监督员制度、民主评议制度、岗位责任考核制度，厘清股室职责，规范工作标准，细化服务流程。开展基层干部作风建设提升年专项整治行动，梳理汇总“三清单”18项、廉政风险点39个、组织工作业务流程57项，受理党员干部群众问题咨询67件次、来电来访50余人次、任务分解督办15项全部按时限办结，不拖不推。

有序创新开展分管领域工作，县委老干部工作方面，以高质量党建引领高质量发展，建设离退休干部“示范党支部”9个，完成“建言二十大”和“我看中国特色社会主义新时代”调研报告10余篇，“老少同声颂党恩，携手喜迎二十大”书画展展出作品200余幅，开展“3·12”植树节暨森林草原防火宣传月，举办丰富多彩的合唱、小品、歌舞、象棋、扑克、门球等重阳节文体活动比赛，组建“五老”宣讲团宣讲党的二十大精神，慰问老干部390余人38.9万元，不断推进老干部工作走深走实。县委编办工作方面，设置行政复议机构，推动行政复议体制改革落地落实；推进应急管理综合行政执法队建设，增加事业编制22名；创新“一个平台、一支队伍、一管到底”乡镇综合行政执法改革体制，厘清乡镇权责事项9大类104项、行政执法事项19项和下放执法事项55项，确定乡镇行政执法人员108人。全县100名执法人员参加公共法律知识考试，通过率90%，位列全市第一。机关工委工作方面，牢牢把握机关党建“围绕中心、建设队伍、服务群众”的职责定位，深入实施“铸魂”“强基”“融合”“聚力”四大工程，推动政治机关意识教育向机关股室、基层单位延伸，深入推进机关事业单位党组织标准化建设，如期完成55个党总支、党支部换届工作，积极开展县直机关党建品牌创建工作，打造12个优秀支部工作法和6个优秀党建品牌。县委党校工作方面，突出理论教育和党性教育的培训重点，高标准建成基层党组织规范化建设实操实训中心1个，高质量承办各类专题培训班4次，高水平选送研究课题“习近平新时代中国特色社会主义思想实现了马克思主义中国化新的飞跃研究”“浅谈农村经济与乡村振兴”，成功入选“2022—2023年度全省党校（行政学院）系统课题”，教学研究工作取得新的突破。

宣传工作

【概况】 2022年，山阴县委宣传部在市委宣传部的大力支持下，围绕年初制定的工作要点，紧紧抓住推动习近平新时代中国特色社会主义思想深入人心、落地生根这一主线，着力推进六项重点工作，努力推动宣传思想工作不断强起来，为打造“灵秀古城”、建设“新韵山阴”

提供坚强思想保证和强大精神力量。2022年，山阴县委宣传部扎实开展县委党史学习教育。组织收听收看全省、全市党史学习教育总结视频会议，并召开了全县党史学习教育总结会议和县委常委班子党史学习教育专题民主生活会。县委10个巡回指导组对所指导的乡镇、县直机关、企事业单位等102家单位党史学习教育总结会议进行了到会督导，对党史学习教育专题民主生活会进行了列席旁听，提出了指导性意见，并责成相关单位按时完成整改任务。认真组织党的二十大宣讲工作。抽调全县政治素质好、理论水平高、宣讲能力强的领导干部、理论宣讲骨干和工作经验丰富的50名基层人员成立党的二十大精神县委宣讲团，开展“进机关、进企业、进乡村，进校园、进社区、进各类新经济组织和新社会组织”宣讲活动。截至年底，共宣讲20余场，受众1000余人，掀起了学习宣传贯彻党的二十大精神热潮。抓好习近平总书记相关资料的征订、学习工作。全县共征订《习近平谈治国理政》（第四卷）11000册。持续抓好“学习强国”学习平台学用工作。截至年底，学员注册总数35736人，人口覆盖率13.21%。

【主流价值】 2022年，山阴县委宣传部主流价值影响力版图不断扩大，积极开展对外宣传，塑造山阴良好形象。围绕全县转型发展、项目建设、招商引资、城市建设、教育工作、清廉山阴行动、抓党建促基层治理能力提升专项行动、打击整治养老保险诈骗专项行动、喜迎二十大系列活动等重大主题开展密集宣传。截至年底，在国家级媒体发稿570条，其中新华社3条，央视2台1条，中国新闻网146篇，“学习强国”学习平台420条。在省级媒体发稿70条，市级媒体发稿198条。在全县大力弘扬主旋律，凝聚精神力量。截至年底，微信公众号“山阴新闻”转、发1848条，新浪微博发稿155条，抖音、快手各发435条，今日头条发300条，山阴电视台播发新闻1023条，山阴新闻橱窗共制作240期，“爱山阴”APP转、发10766条，确保社会正能量充盈、主旋律高昂。开设专题专栏进行主题宣传。县委宣传部联合县融媒体中心，在“山阴新闻”中推出“打造灵秀古城、建设新韵山阴”主题宣传专栏，栏目以行业性质为基线，分为“政风清”“招商热”“大地丰”“山河绿”“家园秀”“转型忙”“万民乐”等10个系列，多维度展示山阴县广大干部群众践行初心使命、主动担当作为、顽强拼搏奉献的坚定步履和奋斗心声。

【文明创建】 2022年，山阴县委宣传部进一步强化拓展新时代文明实践中心、所、站建设。召开了山阴县新时代文明实践中心（所、站）建设推进会，对新时代文明实践所、站建设再部署，推动基层新时代文明实践工作更加规范、更富活力、更有成效。对照拓展要求，对全县新时代文明实践所、站建设进行了督查，精心组织了新时代文明实践中心所、站建设网上评估考核工作，确保“五有标准”（有场所、有队伍、有活动、有项目、有机制）规范达标，圆满完成网上评估考核工作，共上传各类资料2377条。积极组织志愿者开展新时代文明实践活动。截至年底，全县共组建志愿团体156个，创建志愿服务品牌项目13个，招募志愿者10994人。开展了助力疫情防控、学雷锋、文化惠民、全民国家安全教育、“护航高考温暖同行”、健康知识进万家、《山西省社会信用条例》宣传、中医药文化宣传、预防电信网络诈骗等各类志愿服务1000余次，出动志愿者近3000人次，志愿服务时长达到30000余小时。持续深化文明创建工作。6月，山阴县被市文明委评为精神文明创建工作先进县城。共选出第一届山阴道德模范候选人4人，“山阴好人”候选人5人，符合条件的星级文明户16741户，共创建成功各类市级精神文明创建先进典型87个。

【文化惠民】 2022年，山阴县委宣传部大力实施文化惠民工程。本年度送戏下乡共137场，组织群众文化惠民活动1710场，完成电影放映任务3084场，完成农村寄宿制学校放映任务162场。举办山阴县“新年新景新韵”瑞虎迎春大联欢·特别节目——线上春晚。举办了以“享年味送好礼共团圆”为主题的山阴年货节。以“喜迎二十大　奋进新征程”为主题，举办了群众文化惠民活动、戏曲票友专场活动、全民健身广场舞蹈展演活动和八音会展演活动。“举办书香山阴·相伴共读”线上阅读活动，带动全社会共同参与全民阅读，形成“爱读书、读好书、善读书”的浓厚氛围。在合盛堡乡黄花梁富硒有机旱作农业基地举办了庆祝2022年中国农民丰收节活动。繁荣文艺创作，制作《塞上广武三千年》《不忘初心》《山阴白天鹅》MV三部，拍摄新编廉政历史剧《王家屏》并在朔州演出，《桑干河》杂志2022年已出版3期。

【意识形态安全】 2022年，山阴县委宣传部把维护意识形态安全列入防范化解重大风险的重点工作任务，7月及时调整了县委意识形态工作领导机构，进一步健全意识形态工作领导、工作、研判、考核、问责“五个机制”，定期组织召开领导小组会议，分析研判意识形态领域形势，认真做好意识形态工作专项督查、汇报、通报工作，并把落实意识形态工作责任制列入乡镇、县直单位目标责任考核和党建工作考核体系。严格落实网络意识形态工作责任制，及时成立“山阴县规范页面生态专项整治工作领导小组”，有效清理排查属地新闻网站和新媒体平台页面生态问题，进一步规范网络传播秩序。进一步加强对新闻出版、广播影视、文化市场等领域的综合治理，开展“扫黄打非”进基层活动，发放宣传资料8000余份。制定《“护航二十大”防范化解意识形态风险工作预案》。举办“2022年国家网络安全宣传周”活动，发放宣传资料6000余份，进一步向大众普及网络安全知识，增强网络安全意识，提升网络安全防护技能，营造了全社会共筑网络安全防线的浓厚氛围。联合县公安局查删违规游戏网站1个，涉黄网页1个。全县未发现重大热点问题。

【队伍建设】 2022年，山阴县委宣传部举办了山阴县2022年宣传干部培训班，提升宣传干部的政治能力、工作能力，不断加强主流媒体意识形态主阵地建设，着力讲好山阴故事，唱响新时代主旋律。县新时代文明实践中心联合团县委、县疾病预防控制中心，在山阴县新时代文明实践中心通过线上、线下相结合的方式，举办为期两天的“志”在必行——疫情防控志愿者专题培训，分批培训志愿者124名。补齐配强乡镇和县直部门宣传员队伍，截至年底，共发展宣传员145人，强化了宣传力量，加强了基层宣传，逐步形成大宣传格局。

统战工作

【概况】 2022年，全县统战工作在县委的领导和市委统战部的指导下，坚持以习近平新时代中国特色社会主义思想为指导，深入学习贯彻习近平总书记关于加强和改进统一战线工作的重要思想和习近平总书记考察调研山西重要指示精神，认真贯彻落实全国、全省统战部长会议和省第十二次、市第七次党代会决策部署，紧扣全年目标任务，牢牢把握学习贯彻《中国共产党统一战线工作条例》和防范化解统战领域风险隐患两项重点，筑同心、谋发展、促和谐、强基础，不断提高统战工作科学化规范化制度化水平，为加快打造“灵秀古城”、建设“新韵山阴”，在全方位推动高质量发展的新征程中凝聚人心、汇聚力量。

【统战建设】 2022年，山阴县委统战部不断加强全县统一战线建设工作，不断巩固统一战线共同思想政治基础。坚持把深入学习贯彻习近平新时代中国特色社会主义思想作为首要政治任务，全面加强统战干部思想政治建设和党外代表人士思想政治引领，通过召开座谈会、专题培训会、理论政策宣讲会、研讨会、拍摄融媒体宣传片等多种形式，组织全县统一战线各级各界人士1360余人次参与活动。组织全县统一战线成员召开专题会议，集中传达学习中央统战工作会议精神，部署开展“喜迎二十大·同心向未来”系列活动，把开展“喜迎二十大　奋进新征程”演讲·诵读比赛，“喜迎二十大·同心向未来”书画剪纸摄影展，赴长治武乡开展“喜迎二十大　奋进新征程”主题党日活动，党外代表人士学习党的二十大精神研讨会等专题教育活动作为对统一战线成员思想教育和政治引导的重要平台，切实增强民主党派、无党派人士和工商联等代表人士对中国特色社会主义的旗帜认同、道路认同、理论认同和制度认同。把学习贯彻党的二十大精神作为全县统一战线当前首要政治任务，以党的二十大精神为统领，将学习党的二十大精神与贯彻落实《中国共产党统一战线工作条例》和《中国共产党政治协商工作条例》紧密结合起来，制订学习党的二十大学习计划，面向全县统战系统全体党员开展“五个一”活动，确保党的二十大精神深入人心。通过“三会一课”、全县统战会议，组织开展学习交流研讨，在自学的基础上，结合实际谈学习党的二十大精神的体会收获，结合工作实际，谈认识、谈体会、谈打算，广泛汇聚正能量；县委统战部围绕“喜迎二十大，学习统战条例”，开展专题知识竞赛，旨在深入学习宣传贯彻党的二十大精神，掀起全民参与的学习热潮。统战系统专题学习，坚持原原本本学、全面系统学、把握重点学，在学懂的基础上，进一步往深里学、往实里悟，深刻领会党的二十大精神核心要义和精神实质，在深学细悟中坚定政治立场，找准工作方向，学到工作方法。

【清廉民企】 2022年，县委统战部为落实好全面建设清廉山阴工作任务，努力打造良好的政治生态，大力引导全县广大民营企业家传承和弘扬晋商精神，强化党建思想引领。山阴县委统战部组织全县民营经济代表人士等40余名统一战线成员赴长治武乡，开展“喜迎二十大　奋进新征程”主题党日活动。接受了红色教育洗礼，激发带动了民营企业家攻坚克难、砥砺前行的动力和毅力。组织全县广大民营经济人士观看了党的二十大开幕式，为民营企业清廉发展、守法经营提供了更加充足的底气和勇气。制定出台《关于推进山阴清廉民营企业建设的实施方案》，该方案从八个方面就如何营造崇廉倡廉守廉氛围，培育清廉企业文化，全面推进清廉民企建设，进一步促进“两个健康”走实，推动全县民营经济高质量发展提出了具体举措，明确了相关工作落实举措，为“清廉民企”建设向民营企业延伸提供了切实指导。向全县民营企业发出了“推进清廉民企建设”的倡议书，倡导全县民营企业家增强法律意识，恪守商业道德，端正经营理念，争做安全生产、权益维护、环境保护等方面的表率，进一步营造山阴县民营企业风清气正、干事创业的良好氛围。

积极搭建联谊交流平台，创新工作着力点，以联谊交流进一步加强“清廉民企”建设。促进太原山阴商会的成立。积极协调相关部门，并吸收95家山阴籍太原民营企业参与，于8月6日成立了太原市山阴商会。县委统战部和县工商联联系走访会员企业28家，收集企业意见26条，反映企业情况5次，助推问题破解2个，及时传递政策，推动助企纾困政策和清廉建设任务落到实处。

组织26家民营企业家开展“守初心‘正家风’廉内助‘促清廉’”警示教育活动。通过参观廉政展厅、在廉政承诺版面上签名、集中观看警示教育片《行贿者说》等方式，使企业家进一步认识到了遵纪守法、廉洁自律的重要性，进一步提升了企业家清正廉洁的自觉性，进一步筑牢了拒腐防变的警觉性。通过组织民营企业家观看新编廉政戏《王家屏》、实地走访王家屏纪念园，增强了民营企业家的廉洁自律意识和诚信经营理念。

开展廉洁文化进企业行动。要求民营企业建立各具特色的清廉文化阵地，购置廉洁文化方面的书籍，开设“廉洁文化书籍书柜”，张贴廉洁格言、警句等。通过开展企业走访调研，挖掘基础较好的企业作为试点建设单位。将山阴县现代医院打造为清廉民营企业建设试点单位。

【推进多党合作】 2022年，山阴县委统战部推进民主党派自身建设，着力提升民主党派人士的政治把握能力、建言献策能力、合作共事能力、民主监督能力和政治协商效能。制订出台政党协商计划。定期组织各民主党派、工商联、无党派人士、党外知识分子、非公经济人士及新的社会阶层人士代表召开座谈会，向他们通报情况、听取建议。全年政府部门与民主党派、工商联开展3次对口联系。积极建言献策，撰写高质量提案。发挥各民主党派、党外知识分子人才荟萃、智力密集、联系广泛的独特优势。高度重视民主党派自身建设。各民主党派按照省委提出的调研课题，围绕“新时代晋商文化传承研究”“充分发挥群团组织在大统战工作格局中的作用研究”“百年统战与民族复兴研究”“铸牢中华民族共同体意识研究”等课题进行重点攻坚和多维度、多区域实地调研。各民主党派、无党派联合结对乡镇、社区开展社会服务活动17次，社会反响良好。同时，深化“四比四促”活动，有效开展“矢志不渝跟党走、携手奋进新时代”政治交接主题教育活动。将党外代表人士队伍建设纳入全县干部人才队伍建设总体规划。建立了全县党外知识分子信息数据库，累计入库612人，形成县党外知识分子储备人才库89人。

【民族宗教工作】 2022年，山阴县委统战部坚持从巩固党的执政基础和群众基础的高度部署推进民族宗教工作，确保安全稳定。以“民族团结”和“同心元素”为主题，重点指导形成了康庄村民族团结进步红色教育阵地，重点打造沙家寺沙彦珣“家国情怀”和元代遗迹察罕铺等民族品牌，以品牌可视化、活动常态化、服务精准化作为抓手，不断提升为少数民族同胞服务的质量。为深入推进全县各级各部门认真落实民族宗教工作主体责任，推动形成党委统一领导、政府依法管理、统战部门牵头协调、民族宗教部门履职尽责、各部门通力合作、全社会共同参与的新时代党的民族宗教工作格局，年初召开了县委民族工作会议和全县宗教工作会议。指导乡（镇）全覆盖成立统一战线工作领导小组并由乡（镇）党委书记任组长，第一责任人，县、乡、村三级统战工作网格已健全。创新出台了《2022年山阴县基层统战工作责任清单》，推动基层统战工作量化到位、责任落实到位、作用发挥到位。同时为有效提升基层干部对非法宗教活动的辨别力和信教群众的法治意识。

按照《宗教事务条例》的相关制度，对标对表，精细组织，扎实有效地开展专项整治各项工作。组织召开宗教专项行动部署会、培训会、普法讲座、消防讲座等活动12场次，向属地、场所、信众等发宗教政策法规宣传资料3000余份。2022年以来，在充分评估基础上，联动拆除1处违章建筑，采取疏散人员、现场值守等方式及时阻断安全隐患。截至年底，民族宗教事务局与相关执法部门联合检查宗教活动场所80余次，共检查出27条安全隐患并全部完成整改，有效降低全县宗教领域安全隐患风险。

【新阶层人士工作】 2022年，山阴县委统战部积极发挥统战优势，团结各方力量，持续深化新的社会阶层人士统战工作。逐步完善新的社会阶层人士"全域化"工作模式，实现"基层新联会＋实践创新基地"的全覆盖，通过全域覆盖的"组织＋阵地＋队伍"，加强对活跃在基层一线的新阶层人士的吸引力和凝聚力。成立山阴县新阶层人士梨园雅音工作室、山阴现代医院活动站、绿佳农贸实践创新基地、恒丰粮油公司活动站等新联会创新组织。同时应县新联会、山阴新联会在山阴县开展"喜迎二十大　奋进新征程"结对共建活动，着力深化对口交流，实现合作共赢。

县委统战部探索成立了山阴县新的社会阶层人士联谊会网络人士分会，确定将山阴县樱桃传媒有限责任公司暂定为山阴县新的社会阶层人士联谊会网络人士活动站，并要求县新联会引导网络人士分会以学习宣传贯彻党的二十大精神为主线，坚持把做好网络人士统战工作作为着力点，以网连心，用网聚才，借网发力，积极引导网络人士聚焦县委、县政府中心工作，彰显担当作为，凝聚网络人士强大力量，画好网上网下同心圆。首批选定了涉及农特产品、扶残助农、食品加工等领域的12家具有代表性的新联会会员企业，启动公益微视频助企纾困创新发展项目。通过网络人士分会充分发挥网络人士自身独特优势，为会员企业策划制作短视频，利用微信、微博、抖音、快手等新媒体平台进行全网推送，进一步提升山阴本土企业的知名度和美誉度，为企业发展赋能添力。

【清廉机关】 2022年，山阴县委统战部以加强党的建设为统领，认真对照习近平总书记要求的"八种本领"，深入贯彻全面建设清廉山阴有关要求，纵深推进清廉统战机关建设，加强对统战干部的教育培养和实践锻炼。开展形式多样的学习教育活动，赴长治武乡开展了"喜迎二十大　奋进新征程"主题党日活动。组织统战干部认真学原著、记笔记、写心得。深入廉政教育基地、红色太行等教育基地开展实地教学，重温入党誓词等，激发学习热情，践行老一辈光荣传统，饮水思源，凝心聚力，贡献统战力量。为统战干部准备培训课程，先后多次组织县乡村三级统战和民族宗教干部开展业务培训。组织统战系统开展《中国共产党统一战线工作条例》知识测试，提升基层统战干部宣传工作水平。持续做好"山阴统战"公众号的信息采编、更新等日常工作，以"喜迎党的二十大胜利召开"活动为契机，开展以加强政治建设、思想建设、制度建设为主要内容的一系列活动，以政治坚定、业务精通、积极创新、作风过硬的精神状态，凝聚起开创全县统战工作新局面的强大合力。

县委办工作

【概况】 2022年，中共山阴县委办公室坚持以习近平新时代中国特色社会主义思想为指导，深入学习贯彻党的十九大和十九届历次全会精神，及时传达学习宣传贯彻二十大精神，全面贯彻落实习近平总书记视察山西重要讲话重要指示精神，认真贯彻落实省第十二次党代会、市第七次党代会和县第十五次党代会精神，不断增强“四个意识”、坚定“四个自信”、捍卫“两个确立”、做到“两个维护”，紧扣县委“打造灵秀古城、建设新韵山阴”目标定位，不断优化改进工作作风，认真履行“三办三服务”职能职责，优质高效完成各项工作任务，为推动全县高质量转型发展尽职尽责。

【党的建设】 2022 年，中共山阴县委办公室始终把加强党的建设作为一项重大而艰巨的政治任务，严格落实“党要管党、从严治党”的要求，不断强化管党意识、落实管党责任，抬高工作标杆，强化品牌意识，全面提升党建规范化水平。始终把学深悟透习近平新时代中国特色社会主义思想作为必修课、常修课、终身课，不断用党的创新理论武装头脑、指导实践、推动工作。同时把党史学习教育引向深入，不断深化对中国共产党为什么能、马克思主义为什么行、中国特色社会主义为什么好的理解和认识，全力筑牢信仰之基、补足精神之钙、把稳思想之舵。持续深化“第一议题”制度，全年共召开支委会会议 16 次、党员大会 12 次，及时传达学习党的二十大精神及习近平新时代中国特色社会主义思想和法律法规，组织党员干部收看《党课开讲啦》《榜样》等视频，营造全员学习、向榜样看齐的良好氛围，增强了党员干部的政治坚定性和使命感。2022 年度“三晋先锋”积分 779.52 分，在全县支部先锋榜中排名第二。激发组织活力，按时完成支部换届选举，充分发挥党组织在思想政治工作方面的优势，班子成员分工明确，责任到人，扎实开展谈心谈话活动，广泛听取党员群众意见建议，及时了解党员干部的思想动态和实际困难，严把发展党员“入口关”，年内培养入党积极分子 3 名，发展预备党员 1 名，慰问困难党员 3 名，为 1 名老党员发放“光荣在党 50 年”纪念章。扎紧制度笼子，始终把党风廉政建设工作、意识形态工作摆在首位，定期开展专题研究，持续开展党性党风党纪教育，进一步加强党员干部日常监督管理，扎实开展基层干部作风建设提升年专项整治行动，严格执行各项规章制度，创新提出清廉机关建设“12345”工作举措。全年共组织开展集中学习 11 次、警示教育会 3 次，签订清廉承诺书 23 份等。

【综合协调】 2022 年，中共山阴县委办公室始终坚持“坚强前哨”和“巩固后院”的职责定位，持续履行“中心枢纽”的重要职责，积极发挥统揽全局、承上启下、平衡左右、协调各方的“桥梁纽带”作用，纵向积极与上级党委办公厅（室）和县级领导协调对接，横向与县人大、政府、政协办公室密切联系，与各乡镇、各部门、各单位及时联系沟通，全力做好上传下达、协调服务工作，确保政令畅通。同时，充分发挥参谋助手作用，深入开展调查研究，及时撰写调研报告，为县委科学决策提供第一手资料；认真做好县委常委会的协调服务工作，及时跟进学习习近平总书记最新重要讲话重要指示批示精神及省、市委相关会议精神，及时编写常委会会议纪要，为县委常委会在加强自身建设和推进党内民主取得实效提供了有力保障，为县委决策部署的跟进落实提供重要依据；妥善保管县委、县委办印鉴，责成专人负责，建立使用登记台账，切实做到安全规范管章用章。

【以文辅政】 2022 年，中共山阴县委办公室始终把以文辅政作为党办工作的重中之重，不断提升服务意识，转变服务理念，实现以文辅政与日常工作有机结合，助推全县各项工作高质量发展。认真落实《中国共产党机关公文处理条例》，准确把握中央和省、市委精神，精确反映县委意图，严格把控政治关、政策关、文字关、格式关和程序关，紧密结合全县工作实际，高标准完成县委主要领导在县委全会、县委经济工作会、常委（扩大）会、书记专题会等各类会议上讲话的起草及重要文稿、文件的送审、签发，高质量完成县委、县委办重要文件以及县委向上级汇报的材料起草，及时处理部门、单位向县委提出的请示报告，认真做好基层部门以县委及县委办名义印发的上行文、下行文核稿工作和自成文的核稿、编发、格式把关、归档、销毁工作，全年共起草领导讲话及汇报材料 270 余篇、125 万余字，参与校对 120 余篇，编写常委会会议纪要 30 期，有力地促进了中央和省、市、县委各项决策部署落地见效；认真制定县委重点工作、重大活动工作方案，高效率收、转、发各类文件，保证信息畅通，全年共收文 160 份，发文 95 份；严格规范上级来文、来电办理程序，做到正确接收、登记、及时分发、传阅，定期归档，定点销毁，及时转办、落实、反馈县委领导阅文批示件；针对全县工作重点、当前社会热点、难点问题，及时编发、上报《山阴信息》，为各级领导及时了解当前社会动态提供重要参考，全年共编辑上报信息 113 条，编发《山阴信息》116 期、366 条，在县（市、区）层面被评为 2022 年信息工作进步较大单位之一；针对全县普遍存在的经费困难问题，积极发挥主导作用，周密安排部署，采取统一征订的方式，圆满完成征订任务，全年共征订《中办通讯》764 份、《人民论坛》100 份、《秘书工作》50 份；健全备案制度，规范备案流程，扎实做好党内规范性文件审查备案工作，确保有件必备、有错必纠，全年共向市委报备党内规范性文件 13 件，备案通过率为 100%。

【公务会务】 2022 年，中共山阴县委办公室严格落实中央八项规定精神，周密安排县委领导重要公务活动，做好上级领导来山阴重要考察、调研等活动的接待协调工作。全力抓好县第十五次党代会、县委全会、县委常委会、书记专题会和县委组织召开的其他各类会议的组织服务工作以及全县性其他会议的协调配合工作，做到会前准备充分、会中秩序井然、会后落实到位，并做好会议涉密资料的回收、存档工作。全年共筹备县委组织召开的各类会议 200 余次。

【督促检查】 2022 年，中共山阴县委办公室紧扣县委中心工作，紧盯全县重点工程项目，严格落实县委督查委员会工作要求，持续规范整理督查工作的各种文件和制度，从严从实开展督促检查。围绕全县疫情防控、环保、档案等工作，坚持问题导向，推动解决落实，抽调工作人员成立专项督查组，将进展情况及时向县委领导反馈，对贯彻执行不力的，下发整改通知，提出整改意见。围绕县委领导和群众普遍关注的重点、难点问题，强化专项查办工作，从严落实上级督办、转办件承办程序，及时对县委领导的阅文批示件及转办件合理提出拟办意见，根据紧急程度加强跟踪督办、抓紧催办，将办理结果及时上报反馈并归档留存，打通科学决策服务群众“最后一公里”。全年共印发《督查通知》7 期、《督查专报》8 期，上报市级以上各类报告 16 篇，共受理社情民意转办件 7 件、“13710”督办件 17 件、人民网地方领导留言板相关信息 30 件，按时办结率达到 100%，无一出现纰漏，圆满完成各项工作任务。

【深化改革】 2022 年，中共山阴县委办公室作为全县全面深化改革主管单位，紧紧围绕改革目标和要求，进一步明确改革举措、任务和重点，坚持整体推进与重点突破，战略性目标与现实性任务相结合，积极探索符合山阴实际、体现山阴特色、具有时代特征的全面深化改革之路。制定了《中共山阴县委全面深化改革委员会2022年重点改革任务》，系统谋划和布局20项改革事项。组织召开各类会议18次，专题研究深改议题29个，完成了13项重点改革任务。对照年度工作要点、省市重大改革安排部署以及山阴县重要改革任务，制定县委书记、县长改革台账，明确每一项改革举措牵头单位、责任单位、完成时限等内容，按月掌握改革进展情况，全程跟进每一项改革。积极做好深改工作调研、考察和信息报送工作，将改革信息工作纳入各单位绩效考核奖励范围，明确改革办工作人员的信息采编任务，并及时报送省市委改革办、县委深改领导小组成员以及各责任单位，为推进全面深化改革提供了智力支撑和理论保障。全年共上报改革信息42条，市委改革办采纳6条。

【应急值守】 2022年，中共山阴县委办公室坚持把应急值守放在日常工作的突出位置，常抓不懈。按照“懂全局晓厉害负责任”要求，严格落实值班工作制度和突发公共事件上报制度，强化应急值守工作，采取昼夜分班，做到值班室时时有人在，电话时时有人接。规范上报流程，压紧压实责任，做好重大活动和节日期间《值班快报》的上报工作，提高应急反映能力，保证各类紧急、重大、突发事件能够在第一时间上报上级部门和县委主要领导，为领导及时果断决策提供重要依据。全年共上报《值班快报》13期，未发生迟报、漏报、瞒报、误报、续报不及时和隐瞒不报的现象。

【统筹推进】 2022年，中共山阴县委办公室坚持统筹推进，积极协调相关部门，切实做到各项工作齐头并进。在国家安全方面，进一步增强安全意识，筑牢保密工作思想防线，做好情报和危机管控上报工作。全年共上报情报信息30期，政治安全风险评估和危机管控情况12篇，重点领域国家安全工作调研报告12篇，高质量完成专项约稿2篇。强化学习宣传和专题培训。联合26家单位和12个乡镇开展系列宣传活动，邀请省、市教授和专业人士150余人（次）作专题辅导，把县一中、四中、二小三所学校作为试点，取得良好的宣传效果；创建的“三个三”工作矩阵做法被市委国安办作为典型经验在全市范围内推广宣传。依托西山森林公园，提升打造山阴县总体国家安全观主题公园，集城市景观、休闲娱乐、安全宣传、特色教育等功能于一体，全面营造人人维护国家安全的浓厚社会氛围。严格落实文件收发制度，加强对文件传阅使用的规范化管理，组织学习文件处理规定，详细记录文件收发，全程跟踪传阅借阅，归档保存清晰有序，清退销毁全面及时，全年共收发、传阅、办理中央文件44份，省级文件141份，市级文件90份，全部办结并整理归档，没有出现任何纰漏。在档案管理方面，认真贯彻执行档案法及相关行政管理法律法规，严格落实档案管理规章制度，加强对材料文书档案保管的监督指导，并充分发挥档案资政、育人作用，深入挖掘档案资源，聚焦县委中心工作，做好档案利用工作。

【乡村振兴】 2022年，中共山阴县委办公室坚持深入学习贯彻习近平总书记关于“三农”工作重要论述，严格落实“四个不摘”要求，聚焦“守底线、抓衔接、促振兴”，进一步巩固拓展脱贫攻坚成果，加快乡村振兴步伐。始终抓牢动态监测和精准帮扶“两个环节”，持续开展“月排查、月报告、常态管、动态帮”防返贫动态监测和精准帮扶工作，深入摸排“三保障”和饮水安全保障情况，落实帮扶措施554条，新识别“三类户”36户75人，纳入监测对象298户758人。全年共开展动态管理3次，召开防返贫联席会议3次，开展县直单位信息比对3次，累计消除风险220户640人，风险消除率84.43%。进一步明确过渡期内有序推进政策体系稳定衔接、防返贫动态监测和帮扶、巩固两不愁三保障成果、健全社会兜底保障体系、强化项目资产管理等重要任务，建立健全防返贫长效机制，高标准做实做好巩固拓展脱贫攻坚成果与乡村振兴的衔接工作，高起点谋划推进乡村振兴各项工作。持续加强党员干部教育培训，指导驻村工作队、基层党员干部找准职责定位，充分发挥帮扶引领作用，让优秀的干部在巩固脱贫攻坚成果、全面推进乡村振兴中担主责、当主力、打主攻，争当乡村振兴的“领跑者”。

【作风建设】 2022年，中共山阴县委办公室进一步强化内控机制建设，加强关键岗位管理，全力打造廉洁、干净的干部队伍。坚持日常管理和政治监督，加强教育引导，及时提醒党员干部要倍加珍惜自己的工作岗位和当前难得的发展机遇，耐得住寂寞、守得住清贫、经得住考验、管得住小节，做一名合格的新时代党办干部。教育引导党员干部要注重知识更新、加强实践锻炼，使政治理论、专业素养和工作能力能紧跟时代节拍，真正成为胜任办公室“三服务”工作的行家里手，努力开创办公室工作新局面。坚持把制度建设作为抓好廉政工作重要抓手，以清廉机关建设为契机，组织开展警示教育，进一步提高党员干部的廉政意识。扎实推进作风建设提升专项整治行动，认真开展自查自纠，制定问题清单，在抓好整改、解决问题的同时，建立健全治根本、管长远的制度体系，积极把各项整改成果总结好、巩固好，进一步加强党的政治建设，全面提升业务能力和工作水平。

巡　察

【巡察监督】 2022年，山阴县委巡察办坚持以习近平新时代中国特色社会主义思想和党的二十大精神为指导，深入学习贯彻习近平总书记考察调研山西重要指示精神以及习近平总书记关于巡视巡察工作重要论述，按照省、市、县委巡视巡察决策部署，坚守政治巡察定位，强化政治监督，按照“三个聚焦”总要求，加强上下联动，全面推进全县巡察工作高质量发展。完成了涉及20家县直单位的十五届县委第二轮常规巡察；完成了涉及“三个一批”专项整治的三个乡镇及重点村的专项巡察；开展了涉及6家县直单位的十五届县委第三轮常规巡察；开展了涉及全县7个“三资”管理专项整治村社和2个“三个一批重点村社”的专项巡察。

【上下联动】 2022年，县委巡察办同向发力，推动上下联动聚合力，县委巡察办深入学习贯彻《关于加强巡视巡察上下联动的意见》，坚持上下“一盘棋”思维，坚持市级统筹、县级配合、上下联动、立体监督的原则，同向发力、同频共振，全力配合协作市委“三资”管理专项巡察第二巡察组对全县3个“三资”管理专项整治村社进行的提级巡察，不断探索落实上下联动的措施，发挥上借下力、下借上势作用，上下联动巡察取得了明显成效，切实推动新时代巡察工作高质量发展。

【上级督导】 2022年8月26日，市委第二巡察指导督导组进驻山阴县对巡察工作进行指导督导。其间，指导督导组召开了专题培训会，针对如何高效发现问题、如何写好巡察报告等巡察工作过程的重点难点进行了系统深入的讲解。

指导督导组进驻期间通过个别谈话、调阅资料、召开座谈会等方式，深入了解山阴县巡察工作实际情况并给予肯定，同时提出宝贵意见。县委巡察办对标市委巡察工作的标准要求，对标指导督导组提出的意见建议，补短板、强弱项，切实提升山阴县巡察工作科学化、制度化、正规化水平。

【制度建设】 2022 年，县委巡察办始终把建立健全制度作为深化政治巡察、贯彻中央巡视工作方针、确保巡察工作依规依纪依法开展的重要制度保障。制定完善了《山阴县委巡察机构工作人员管理暂行办法》《县委巡察抽调人员管理办法》《关于进一步加强巡察期间县委巡察组工作人员日常管理监督的办法》和《关于纪检监察监督、巡视巡察监督与审计监督贯通协同高效的实施办法》等 9 项制度。通过建立完善一系列巡察工作制度机制并严格执行，持续提升巡察工作的规范化水平。

【自身建设】 2022 年，县委巡察办强化自身建设，党的二十大召开期间，巡察办迅速行动，组织全办全体党员干部通过电视、网络等形式收听收看习近平总书记所作的报告，听取县委宣讲团第十宣讲组对二十大精神专题宣讲，撰写二十大精神学习心得，采取主题党日、“三会一课”等多种方式，深入学习研讨党的二十大精神，促使广大党员干部深刻领悟“两个确立”的决定性意义，增强“四个意识”、坚定“四个自信”、做到“两个维护”，始终同以习近平同志为核心的党中央保持高度一致。

扎实推进清廉建设。组织召开县委巡察办清廉山阴建设专题工作会议，成立了县委巡察办全面建设清廉山阴工作专班，印发了《县委巡察办关于全面建设清廉山阴的工作方案》，按照方案要求切实发挥巡察“利剑”作用，为全面建设清廉山阴贡献力量。

强化业务理论学习，及时将中巡办印发的《巡视巡察参考》发放到各巡察组，认真组织学习上级巡视巡察工作要求和有关精神，每轮巡前开展业务培训，不断提高巡察干部依规依纪依法开展巡察工作的能力和水平。县委巡察办坚持严管与厚爱相结合，加强对巡察干部队伍日常监督，不定期开展以案促改警示教育，督促其严格遵守政治纪律和政治规矩，筑牢拒腐防变思想防线。坚决防止“灯下黑”，持续推进巡察纪律作风建设。建好用好“三库”人员，把巡察岗位作为发现、培养、锻炼干部的重要平台，充分发挥巡察熔炉作用。2022 年对“一长两员三库”（巡察组长库、巡察工作人员库、巡察专业人员库）进行了充实，“一长两员三库”人员扩充到 259 名。通过建好用好“一长两员三库”，有效破解“抽人难”问题。

机构编制

【概况】 2022 年，县委编办坚持以习近平新时代中国特色社会主义思想为指导，全面学习、贯彻党的二十大精神，积极落实省委、市委机构编制工作会议精神，紧紧围绕县委、县政府的发展战略，服务大局，精准发力，开创机构编制事业新局面。

【深化改革】 2022 年，县委编办深化事业单位改革，同向发力推动事业单位高质量发展。在完成事业单位改革的基础上，山阴县进一步升级优化或成立党政部门所属事业单位，明确其机构、规格、内设机构配置，促使公共文化、社会治理等事业单位的运行效率再提升。规范县公共文化服务机构设置，撤销山阴县公共文化事业发展服务中心（山阴县图书馆、山阴县群众文化艺术馆），设置山阴县图书馆（山阴县美术馆）、山阴县文化馆；调整山阴县智慧城市发展服务中心内设机构，将污水处理股更名为垃圾和污水处理股，增加县城生活垃圾接收、消纳和无害化处理职责；增设路灯事务股，负责县城路灯事务的建设、运营和维护工作；明确山阴县残疾人联合会领导职数；成立山阴县行政复议法务中心，为县司法局的下属事业单位，主要承担行政复议机构辅助性的事务工作；完成山阴县深化国防动员体制改革。在开发区突出问题专项整治中，立足开发区在落实“三定”方案过程中存在的两个问题，进行集中整治。对于内设机构及下属事业单位专业技术人才不足问题，以业务培训为主抓手，着力提升干部职工业务能力；对于下属事业单位一般干部缺额较多问题，建立专业人才库，从中筛选调入。

深化党政机构改革，增强机构内生发展动力。按照“优化节约、按需调剂”原则，山阴县设置行政复议机构，推动行政复议体制改革落地落实。县级行政复议工作由县司法局承担，具体由县司法局内设机构行政复议综合管理股、行政复议股 2 个股室负责。同时，县司法局政法专项编制核增 3 名。

深化重点领域及其他行业领域改革，开创体制机制保障新格局。2022 年，根据省市关于加强安全生产监管执法队伍建设精神，着力推进应急管理综合行政执法队建设。首先，规范执法队名称，将县应急管理综合行政执法队更名为县应急管理综合行政执法大队；其次，为应急管理综合行政执法队增加事业编制 22 名，以县应急管理部门名义统一行使应急管理综合行政执法职责。同时，配合做好深化医疗卫生体制改革工作。已初步对公立医院机构编制、人员结构及其他相关情况进行摸底，为下一步工作奠定坚实基础。

2022 年，共办理年度报告 110 家，办理设立登记 6 家，变更登记 23 家，注销登记 40 家。

【基层改革治理】 2022 年，县委编办持续深化乡镇机构改革，进一步完善“街乡吹哨，部门报到”统一指挥、协调联动的执法机制，开展乡镇综合行政执法改革，创新“一个平台、一支队伍、一管到底”体制，推动实现乡镇“一支队伍管执法”。切实发挥乡镇综合行政执法改革工作专班的牵头抓总作用，同专班成员单位协调配合、分工合作，推进队伍组建等各项工作。在队伍组建过程中，县委编办审核乡镇执法人员在编在岗情况；组织、人社部门审核乡镇执法人员身份条件，出具具有国家干部身份的确认意见；司法局组织符合条件的人员参加全省统一的公共法律知识考试。实行乡镇编制专编专用，采取“县编乡用”方式推进“一村（社区）一名大学生到村”工作，为缺编乡镇调整使用县周转池编制共计 45 名，切实畅通“乡村振兴万人计划”工作渠道。今年共招聘 133 名大学生到村（社区）工作。公布《山阴县乡镇权责清单目录》（2022 年版）和《关于向乡镇人民政府和街道办事处下放部分行政执法职权的决定》，进一步厘清乡镇权责事项 9 大类 104 项、行政执法事项 19 项和下放执法事项 55 项。制定乡镇（街道）行政执法文书、行政执法流程图等行政执法指引，完善执法程序。制定行政执法责任、行政执法公示、行政执法全过程记录、重大行政执法决定法制审核、行政执法裁量基准、行政执法评议考核、行政执法错案纠正和过错责任追究等制度，规范执法行为。

【编制管理】 2022 年，县委编办加强机构编制日常管理，严肃机构编制纪律。积极研究机构编制宏观管理的方式、方法，逐步建立机构编制管理工作科学决策机制、综合协调机制、与财政预算管理相配套的约束机制，不断完善实现有效管理的制度、手段和措施；加大机构编制的监督检查力度。认真研究一些加强监管的办法，建立健全监督检查的工作机制，明确责任，常抓不懈，务求实效。扎实做好机构编制管理的基础性工作。根据机构改革内容及时更新机构编制台账和实名制信息系统，逐项建立新台账。及时办理编制变动手续，完善编制和实有人员的动态管理工作，以维护编制的严肃性和时效性。

坚持人才导向，统筹全县编制管理与使用，打破县乡区域、行业部门间编制壁垒，为山阴县经济社会发展提供了可持续编制保障。2022年，共为38个单位提供周转池编制146个，切实解决了部分单位人才紧缺问题。

【机关建设】 2022年，县委编办紧扣机构编制职责和政治机关特色，以党的政治建设为统领，深入开展党史学习教育，持续推动全体党员和干部坚定理想信念，坚实学识涵养，坚守使命担当。强化习近平新时代中国特色社会主义思想学习，深入学习领会习近平总书记关于机构编制工作的重要论述和重要指示批示精神，牢牢把握新时代机构编制工作的目标方向和根本任务，把握正确政治方向，提高政治能力，自觉把讲政治全面融入机构编制工作。坚持每周集中学习一次，把中央、省委、市委、县委的要求和部署领悟好、把握好、实践好，抓好机构编制监督检查等重要制度的组织实施。

强化组织建设，增强党组织的凝聚力和战斗力。在业务统筹、工作程序等方面主动与组织部门做好工作衔接、请示报告，把归口管理的体制优势、组织优势转化为工作优势。研究部署干部工作作风和党建工作“灯下黑”“两张皮”专项整治工作，推进清廉机关建设，整治干部作风，认真梳理突出问题并列出清单，对标对表深入整改。严格落实“三会一课”、主题党日制度，全年共开展支部集中学习12次，支部主题党日活动12次，讲授专题党课4次，发展入党积极分子1名。

坚持以党支部建设标准化为民服务，把党建工作与事业单位网上业务办理、巩固脱贫攻坚成果同乡村振兴有效衔接、疫情防控等重点工作深入结合，在疫情防控期间，成立临时党支部1个，设立党员先锋岗，深入社区参加疫情防控，着力打造立得住、群众认可的党支部，持之以恒抓好党建工作质量提升。

直属机关工作委员会

【概况】 2022年，中国共产党山阴县直属机关工作委员会（简称县直机关工委），坚持以党的政治建设为统领，高举习近平新时代中国特色社会主义思想伟大旗帜，团结带领县直机关各基层党组织深入学习贯彻党的十九大、十九届历次全会精神，党的二十大、二十届一中全会精神，认真贯彻落实省委十二届五次全会、市委七届四次全会、县委十五届六次全会精神和习近平总书记在中央和国家机关党的建设工作会议上的重要讲话精神、考察调研山西重要指示精神，按照新时代党的建设的总要求，扎实推进机关党组织建设和清廉机关建设各项工作，为山阴县全方位推动各项事业高质量发展，打造“灵秀古城”、建设“新韵山阴”，提供坚强的组织保障。

【机关党建】 2022年，县直机关工委把学习贯彻习近平新时代中国特色社会主义思想作为提升党建质量、增强干部修养的重要有力举措，严格执行“第一议题”制度，及时跟进学习习近平总书记最新重要讲话重要指示精神，持续加强对党的十九大、十九届历次全会、党的二十大、二十届一中全会精神以及习近平总书记考察调研山西重要讲话重要指示精神和对右玉精神的重要指示精神的深入学习，全年组织工委干部集中学习20次，督促各基层党组织召开会议600余次，讲党课180次，引导县直机关党员干部树牢“四个意识”、坚定“四个自信”，深刻领悟“两个确立”的决定性意义，不断提升政治判断力、政治领悟力和政治执行力，切实增强践行“两个维护”的政治自觉和行动自觉。特别是在党的二十大召开以后，把学习贯彻二十大精神作为履行岗位职责的首要政治任务，坚持在学思用贯通、知信行合一上狠下功夫，进一步筑牢信仰之基、补足精神之钙、把稳思想之舵，不断从党的二十大精神中感悟责任担当，汲取奋进力量，切实增强践行“两个维护”、捍卫“两个确立”的政治自觉、思想自觉和行动自觉。

坚持强基固本，加强组织建设。严格落实基层党建责任制，把加强组织建设作为推动机关党建工作的永恒主题，牢固树立大抓基层的鲜明导向，紧紧围绕全县中心任务，持续推动标准化建设，把机关党组织建设成为有效实现党的领导的坚强战斗堡垒。加强机关党组织建设。按照《山阴县直机关党建工作“四级四岗”责任清单》，研究制定《2022年度县直机关党建工作要点》，指导县直机关党组（党委）、党总支（党支部）明确任务、细化措施，为加强和改进机关党组织建设提供保障。严格落实支部换届相关规定，对44家党总支、党支部换届工作进行严格审核，对11家单位的党组织进行及时调整，全年共撤销党总支6个、党支部24个，成立党委3个、党支部11个，整顿提升软弱涣散党组织1个，加强对机关党组织的规范化管理。严格执行党内政治生活若干准则和双重组织生活制度，在民主生活会和组织生活会召开期间，多次深入基层进行督促指导，推动党内政治生活严在日常、抓在经常。在“七一”期间和党的二十大召开之际，下发通知，督促各机关党组织开好“三会一课”、开展主题党日活动，并及时上传至“三晋先锋”。坚持把模范机关创建作为推动机关党组织建设向高质量迈进的有力抓手，围绕服务山阴县改革发展大局，结合基层党组织规范化建设星级化管理，全力打造党建示范点和清廉机关建设示范单位，以点带面推动机关党组织建设和清廉机关建设再上新台阶。

【服务保障】 2022年，县直机关工委加强服务保障效能。深入贯彻省、市、县抓党建促基层治理能力提升交流推进会精神，认真落实“双报到、双服务”制度，组织县直机关1300余名在职党员到社区报到，参与社区的服务工作。

【党员干部队伍建设】 2022年，县直机关工委加强党员干部队伍建设。年内慰问生活困难党员48人，发放慰问金5.3万元；为党龄达到50周年且一贯表现良好的65名老党员颁发“光荣在党50年”纪念章；为坚守在防疫一线的机关干部发放防疫物资和慰问品，表达了上级党组织对基层党员干部的深切关怀。把政治标准放在首位，严格执行政治审查制度和党员发展相关规定，按照“慎重发展、均衡发展”的原则和“控制总量、优化结构、提高质量、发挥作用”的工作要求，认真审核、严格把关，坚决防止“带病入党”。把党费缴纳作为机关党员干部履行党员义务的重要指标，定期对机关党组织进行督促提醒。认真贯彻《党员教育管理工作条例》，年内，机关工委开展培训3次，县直机关党组织开展各类培训38次，有力地提升了机关党员干部的党性觉悟和党务工作者的履职能力。严格执行民主集中制原则，正确处理“民主和集中”两大关系，认真落实“三重一大”集体决策制度，严格执行“一把手”五个不直接分管、重大事项请示报告制度等，按照“权责分明、务实高效”的原则，对班子成员进行明确分工，坚决做到恪尽职守不缺位、团结协作不越位；加强与班子成员的沟通协作，做到大事先沟通、小事多商量、急事快通气、难事多出面，齐心协力，团结一致，充分调动班子成员和干部职工的工作积极性，进一步增强工委班子的凝聚力和战斗力。

【清廉机关】 县直机关工委坚持自我革命，加强作风建设。扎实开展清廉机关建设。深入贯彻落实习近平总书记关于自我革命的战略思想和省、市、县委关于清廉建设的部署要求，结合基层干部作风建设提升年专项整治行动，用心用力推动清廉机关建设，着力把清廉要素融入到机关党的建设的全过程、各方面，为山阴县全面建设清廉山阴奠定坚实基础。

机关事务

【概况】 2022年是党的二十大召开之年，是实施机关事务“十四五”规划承上启下的重要之年。山阴县直属机关事务服务中心始终坚持以习近平新时代中国特色社会主义思想为指导，认真学习贯彻习近平总书记系列重要讲话精神和习近平总书记对机关事务工作的重要指示精神，深入落实“过紧日子”的总体要求，全方位推进机关事务工作提质增效，为县委、县政府中心工作提供坚强有力的服务保障。

【节能管理】 2022年，机关事务服务中心以节约型机关建设为抓手，深入落实“过紧日子”的要求，组织召开全县2022年公共机构节能工作会议，对2022年节约型机关创建、节约型食堂创建、节水型单位创建等进行全面安排部署。以微信公众号、微信群等平台为依托，采取线上线下相结合的方式，创新开展主题为“绿色低碳，节能先行”的节能宣传活动，发放宣传资料1000余份。深入落实习近平总书记关于厉行节约、反对浪费的重要指示精神，迅速反应，狠抓落实，扎实开展“制止餐饮浪费”行动，机关食堂创新研究节约的具体举措，实施按量计价，推出小碗菜、半份菜等菜品，同时积极在机关食堂发放倡议书、张贴宣传海报，全方位营造厉行节约、制止浪费的浓厚氛围，取得良好成效。贯彻落实习近平生态文明思想和关于垃圾分类工作的重要指示精神，为集中办公区更换双分类垃圾桶190余个，并积极推动机关、学校、医院等公共机构生活垃圾分类工作。扎实开展机关运行成本统计，根据年初制定的节能降耗目标，对各集中办公区冲水阀门、感应灯具进行了改造，在办公楼公共区域张贴节约用水、用电等标识牌1000余个，通过采取水、电、空调、电梯等节能降耗措施，实现2022年度节约机关运行成本管理目标。

【办公用房】 2022年，机关事务服务中心认真贯彻落实中央、省、市关于党政机关办公用房相关制度和条例，先后制定、完善了《山阴县党政机关办公用房管理办法》《山阴县机关事业单位办公用房管理办法》《山阴县县直机关不动产集中统一管理办法》《山阴县县直党政机关事业单位办公用房实行集中统一管理实施方案》等一系列规章制度。在办公用房集中统一管理方面进行了积极探索和大胆创新，通过合理调配资源解决办公用房刚性需求，协调相关部门为岱岳镇各社区调剂了办公用房，为广武风景名胜区管理委员会租赁了办公用房。对全县69家单位办公用房使用情况进行督查，均未发现超标使用情况。

【公务用车】 2022年，机关事务服务中心监督指导全县党政机关在车辆报废、更新、租赁、使用等方面严格执行公车管理相关规定。抓好科学调度和行车安全，确保车辆服务安全、准点、高效。扎实做好公务用车管理工作，全面完成2022年度公务用车配备更新及车辆控购手续办理等工作，组织全县行政事业单位填报公务用车平台基础数据，对公务用车申请、审批调度等方面内容进行了培训，为进一步规范公务用车使用，推动公务用车管理信息化、科学化奠定扎实基础，全县干部职工规范使用公车意识显著增强。

【保障服务】 2022年，机关事务服务中心研究制定会议服务保障方案和疫情防控措施，成立会务服务保障组和防疫专责工作组，加强培训演练、细化服务标准、优化服务流程，按照会前、会中工作流程表，各司其职、通力协作做好会务、疫情防控等工作。不断强化对会议室环境、设备设施的维护，完成对电视电话会议室、政府常务会议室的提升改造工作。全年共承办各类大小会议1100余场，切实做到“零失误、零疏漏”。

严格执行中央八项规定精神，抓好党政机关厉行节约反对浪费条例和国内公务接待管理规定的贯彻执行。依规严控接待用餐标准，公务接待按动态就餐人数安排，杜绝浪费，抓好食品安全，不断提高接待和餐饮服务质量，始终坚持“有利公务、务实节俭、严格标准、简化礼仪、高效透明”的原则。规范各类公务接待活动。高度重视接待方案相关规定，接待方案中的时间、地点、参与人员、具体安排、后勤保障等所有方面全部做到精确安排，责任落实到人，确保来宾顺利参加全程活动。

【安全生产】 2022年，机关事务服务中心强化中心干部职工安全生产意识。深入排查集中办公区食堂燃气使用、公务用车、特种设备管理等潜在的风险隐患。认真做好特种设备电梯的检修、年检等工作，确保电梯的正常运行。切实做好水、电、暖、消防、中央空调等项目的日常维修和管理。通过开展机关院落房屋建筑安全隐患大排查大整治工作，共排查房屋建筑安全隐患8处，其中重大隐患2处，现均已整改到位，实现全年安全事故“零发生”的目标。

【党的建设】 2022年，机关事务服务中心领导班子始终把政治建设摆在首位，不断强化理论武装、锤炼政治品格，严格落实每周五上午集中学习制度，组织开展“学习贯彻党的二十大精神”专题学习会，教育引导党员干部增强“四个意识”、坚定“四个自信”、做到“两个维护”，以习近平新时代中国特色社会主义思想武装头脑、指导实践、推动工作。党建引领作用持续强化，组织全体党员干部配合社区做好疫情防控工作，在行动中激发干事热情，中心干部凝聚力、战斗力全面提升。

坚持以习近平新时代中国特色社会主义思想为指导，认真学习贯彻落实党的二十大精神，在统筹做好疫情防控和保障机关正常运转中，坚决扛起全面从严治党重大政治责任，坚定不移推进党风廉政建设工作，管党治党走向深入，政治生态持续向好，纪律作风更加严实，为推进各项机关事务工作提供坚强有力的政治、组织、纪律、作风保证。坚决贯彻落实中央八项规定及实施细则精神，把纠治“四风”、改进作风摆在突出位置，落实在具体行动上。认真开展“基层干部作风建设提升年专项整治行动”，制定《山阴县直属机关事务服务中心关于开展基层干部作风建设提升年专项整治行动实施方案》，多次召开座谈会、讨论会，制定整改方案、列出问题清单，明确整改措施、责任领导及整改时限，对查摆出的问题均已整改到位。

档　案

【概况】 山阴县档案馆从事办公室、档案收集整理、档案业务指导、档案管理等工作。2022年，县档案馆的各项工作稳步推进、有序开展。县档案工作在促进社会经济发展和维护社会安全稳定等方面发挥了越来越重要的作用。

【馆藏建设】 2022年，县档案馆夯实业务基础，优化资源结构，让馆藏档案资源有质有量。组织应进馆单位开展档案集中整理工作，统一标准规范，确保工作质量，接收县“两办”、“两部”、人大办、政协办、统战部、人社局、工商局等11个单位3100件档案；征集土地确权档案38231卷。与宣传部合作，重点加强了对融媒体重大活动档案的收集，实行了定人定时收集制。安装音视频采集设施，拓宽采集途径。充分发挥档案征集顾问作用，扩大征集渠道和途径，将一些珍贵易散失的、具有鲜明山阴地方特色的档案（如老旧照片等）征集进馆，优化和丰富馆藏。

【档案管理】 2022年，县档案馆完成精准扶贫档案的整理和验收。县档案馆与脱贫办派专人到各部门、乡镇进行档案培训指导，不定期督导检查，以确保档案工作保质保量的完成。全县精准扶贫档案整理工作已全部完成，数字录入已基本完成。扶贫办管理类文件2011年至2020年全部整理、录入、扫描结束，装订入盒，文书档案共6000多件、扫描件8万多页。其他37家扶贫成员单位共完成360多件。12个乡镇共扫描70多万页，装订25000件。

注重调档查阅工作。全年共接待各界调档者共385人次，利用档案590卷（册）、420件以上，复制档案1500页，解决民生问题58个。有巡察组、“两办”、人社局等单位负责人急需查档摸清情况等，以及大量群众为解决婚姻家庭、退休社保等方面问题到馆查询。

【档案业务】 2022年，县档案馆稳步推进档案数字化建设。由于档案数量巨大、种类繁多、保管分散，工作量大，计划按照分步实施的原则，预计三年内完成，分两步走。第一步，数字目录检索，第二步，数字信息录入。2022年计划完成第一步数据库目录检索工作。任务完成后，会极大地提高档案的利用率和档案工作质量，满足社会各界对档案信息的需求利用。档案数字化建设2022年6月启动，截至年底，共整理297卷，3690件，扫描64414页，为山阴档案数字化建设迈出了坚实的一步。对全县乡镇、机关的日常档案和疫情防控档案全面督查。抽调县委办督查室、政府办督查室、县档案馆干部组成督查组，分两个督查组对12个乡镇和县直部门进行了督查，重点针对10年以上没有移交档案的单位，对存在的问题留下整改意见，并向分管领导实时汇报。开展业务培训，加强业务指导。县档案局、县档案馆联合举办了山阴县档案整理培训会，邀请市级档案专家授课。

【档案宣传】 2022年，县档案馆开展档案宣传及展示工作。开展了一系列内容丰富、形式新颖的宣传活动。今年的宣传展板围绕宣传主题“喜迎二十大，档案颂辉煌”，展出了馆藏珍贵的档案资料，包括从一次到十五次历届县党代会的资料、山阴岱岳解放的照片、山阴的煤炭以及乳业的发展历程等10余种内容。在活动现场向群众现场宣讲，发放多种宣传资料600多份，并接受咨询和解答问题。让群众零距离地接触了解档案，进一步了解了有关知识和档案的独特作用。通过开展系列群众喜闻乐见的

"6.9 国际档案日"宣传活动，让广大人民群众"走进档案"，深切感受"档案与你相伴"，进一步了解了档案和档案工作以及档案的特殊价值与独特作用，让广大群众真正在脑海中树立起了档案理念，进一步强化了全社会的档案意识，扩大档案工作的社会影响力，对推动依法治档起到了积极作用。

及时完成档案统计年报工作。档案馆将馆藏档案数量、类别和档案人员构成等情况全部摸清楚并上报，摸清山阴县 100 多个立档单位基本情况并上报至统计系统，在规定时间内较高质量地完成了档案统计年报工作。

【档案安全】 2022 年，县档案馆继续做好档案安全工作。按照防盗、防光、防高温、防火、防潮、防尘、防鼠、防虫等档案库房"八防"规定，要求工作人员每天针对档案库房安全要点进行巡视检查及温湿度登记，以确保档案的安全。对工作人员开展经常性的安全教育，强化他们的安全意识和责任意识，加强对规章制度执行情况的监督。

【党建引领】 2022 年，县档案馆坚持党建统领，落实全面从严治党主体责任。突出抓好党建示范点建设，坚决完成年度目标任务。发挥党支部领导核心作用，严格落实党建责任制。严肃党内组织生活，严格落实"三会一课"制度；抓好党员学习，落实"固定活动日"制度，组织党员开展学习活动。加强党组织规范化建设和党员队伍建设，按时足额缴纳党费。做好疫情防控工作，到乡镇和社区完成疫苗接种上门服务任务。

严格落实党风廉政建设责任制。发挥领导班子的主体作用，落实"一岗双责"。完善制度并严格执行；开展廉政谈话和履职谈话，查找风险点，规范党员干部行为。强化党风廉政学习教育，增强干部职工的廉洁自律意识。

积极参与党员进社区活动。按照党员进社区活动的具体安排，切实做到部署早、行动快，及时与社区对接，建立起联系渠道，并率 8 名在职党员到社区报到。每名党员都详细介绍自己的工作职责、特长、能力，以便能够根据社区和居民群众的愿望和需求，深入社区开展活动。活动中，每名党员都重新定位自己，做社区一分子，关注社区建设，参加社区活动，为社区发展稳定献计出力，为基层群众解疑释惑，为社区党建增添活力，为困难群体送去温暖。

党　校

【概况】 2022 年，山阴县委党校坚持以习近平新时代中国特色社会主义思想为指引，深入学习宣传贯彻党的二十大精神，围绕新时代党的建设总要求，全面落实习近平总书记关于党校办学治校系列重要指示精神和《中国共产党党校（行政学院）工作条例》，坚持党校姓党、实事求是的根本原则，充分发挥干部培训、思想引领、理论建设、决策咨询职责职能，着力推动党员教育培训工作提质增效，在高质量推动党校事业发展上取得了长足进步，实现了新的突破。

【从严治校】 2022 年，山阴县委党校落实党风廉政建设主体责任，多次召开党校全体教职工会议，及时传达学习中央和省委、市委、县委有关党风廉政建设会议精神，研究和部署具体工作，扎实推进全面从严治校。严格落实党风廉政建设责任制，召开县委党校全面从严治党暨党风廉政建设工作会议，专题研究全面从严治党和党风廉政建设工作，制定出台了县委党校落实全面从严治党主体责任任务安排及责任清单，明确了领导班子和领导成员的主要职责与任务。一是全力抓好清廉机关建设。认真贯彻落实县委全面建设清廉山阴的重大决策部署，成立了清廉机关建设领导小组，建立健全清廉机关建设监督检查机制，加强廉洁文化教育阵地建设，利用工作群、显示屏、条幅等开展主题宣传，全年累计向清廉山阴工作专班报送简报2期、工作报告12份，使得清廉建设各项工作任务能够落实落地落细，清廉机关建设取得了明显的工作成效。二是大力推进基层干部作风专项整治。严格按照县纪委监委工作要求，召开基层干部作风建设提升年专项整治行动动员部署会，成立专项整治行动领导小组，制定出台专项整治行动方案，围绕“十种画像”、“五个专项整治重点”，积极开展自查，对存在的问题梳理分类，建立问题台账，分析产生问题的原因，明确整改措施，形成了明确的责任清单和整改清单，扎实做好整改落实工作。

【培训教育】 2022年，山阴县委党校围绕抓党建促基层治理能力提升专项行动，着力提升各级党员干部做好基层治理工作的素质本领，举办2022年山阴县选调生和大学生村官、驻村干部、全县村（社区）“两委”主干系统培训班，参训学员共计398人。按照中组部和省、市、县委组织部的安排，克服疫情不利影响，采取闭环式培训管理方式，安全顺利承办为期8天的2022年全省新录用公务员初任培训班，共培训学员49人。在培训中，突出理论教育和党性教育的培训重点，在课程安排上保证了理论教育和党性教育两类课程占到教学总课时70%以上，其中党性教育内容占到了30%。对学员学习期间的纪律和作风提出明确要求，并组织学习《学员考勤管理制度》等制度，签订学习期间廉洁自律承诺书。

【服务保障】 2022年，山阴县委党校加快推进校园信息化建设，实现校园安防监控、无线Wi-Fi实现了全覆盖，积极配合县委组织部建成高标准的山阴县基层党组织规范化建设实操实训中心，为广大学员接受党性教育提供了良好的平台，党性教育的途径得到进一步的拓宽拓展。投资36万余元，对教学楼进行了集中维修，包括对楼体墙面砖、门口台阶进行加固，对采暖分水器、老化管道进行了维修改造，对办公区域进行粉刷，进一步改善办学条件，美化校园环境。同时，新建了学员和职工文体活动中心，由县总工会资助4万元余元购置了文体活动和健身器材，丰富了广大学员和干部职工精神文化生活，提供了强化锻炼、增强体质的活动场所。

【助力基层】 2022年，山阴县委党校主动担当作为，助力基层工作，县委党校以及13名在职党员干部按照要求及时到所在社区进行报到，提供培训教育、师资场地、政策宣讲等资源与社区共享，所有党员积极主动参与社区共建共治和服务群众工作，精准有效地帮助群众解决实际困难。

【课题研究】 2022年，山阴县委党校坚持把课题研究作为党校科研工作的中心环节，组织教研人员精选重大命题进行专题研究。采取以老带新、以强带弱、集体攻关的方式，整合党校系统教科研资源，集中优势兵力打“攻坚战”，力争推出一批有分量、有深度，具有前瞻性、战略性、全局性的研究成果。山阴县委党校选送的研究课题《习近平新时代中国特色社会主义思想实现了马克思主义中国化新的飞跃研究》《浅谈农村经济与乡村振兴》，被列入“2022—2023年度全省党校（行政学院）系统课题”中，课题立项成功，教学研究工作取得新的突破。

【法制教育】 2022年，山阴县委党校牢树法治理念，强化法治教育。充分利用集体学习、“主题党日”、干部在线、学习强国等形式，围绕党章和党内法规、宪法、公务员法等法律法规，注重党内法规与国家法律学习的衔接和协调，促使干部职工认真学法、真正懂法、准确用法、自觉守法。充分利用党校培训轮训党员领导干部的主渠道作用，推动法治教育进党校课堂，不断增强参训学员依法办事的自觉性，积极运用法治思维谋划推动工作，争当依法治国的推动者、守护者。

【政治建设】 山阴县委党校坚持用习近平新时代中国特色社会主义思想武装头脑、指导实践、推动工作，深刻领悟“两个确立”的决定性意义，牢记“国之大者”，增强“四个意识”、坚定“四个自信”、做到“两个维护”。对党忠诚、坚定信念，坚决不搞两面派，不做两面人。始终牢记党的初心使命，保持“时时放心不下”的责任感，坚持正确的政绩观。始终严格遵守党内各项政治纪律和政治规矩，坚定不移在思想上政治上行动上同以习近平同志为核心的党中央保持高度一致。深入学习习近平新时代中国特色社会主义思想，做到真学真信、深思深悟。坚持周二、周四下午集体学习雷打不动摇，全年开展集中理论学习达到60多次，充分调动党员干部运用“学习强国”学习平台APP、“三晋先锋”、《人民日报》等加强理论学习的积极性，对党的理论知识学习做到常学常新、笃用笃行。深入学习贯彻党的二十大精神，自觉做到把学习宣传贯彻好会议精神作为当前和今后一个时期首要的政治任务，切实在全面学习、全面把握、全面落实上下功夫，在努力做到“五个牢牢把握”中深刻领会其内涵要义和实践要求，进一步深刻领悟“两个确立”的决定性意义，进一步坚定了按照习近平总书记、党中央的战略擘画，奋力推进中国式现代化的信心和决心。坚持“三重一大”等事项集体研究、民主决策，组织收看廉政案例警示教育片，引导干部廉洁自律，守住底线、不越红线。督促机关党员干部认真落实廉政承诺、重大事项报告、外出报备等制度，确保在严格执行相关制度中规范好党员干部廉政行为。遵守党的民主集中制原则，做到个人服从组织，少数服从多数，下级服从上级，在思想政治和行动上与党组织保持高度的一致。始终坚守忠诚敬业、亲力亲为的工作作风，坚决抵制形式主义、官僚主义。筑牢廉洁从政底线，保持“忠诚、干净、担当”的政治品质，常修为政之德，常思贪欲之害，常怀律己之心，从严执行八项规定，认真学习廉政准则和党纪处分条例，坚决筑牢拒腐防变的思想堤坝，永葆共产党人的政治本色。

山阴县人民代表大会

综 述

【概况】 2022年是党的二十大胜利召开之年，是贯彻落实省第十二次党代会、市第七次党代会和县第十五次党代会精神，全方位推动高质量发展的关键之年。县人大常委会今年工作的总体要求是：坚持以习近平新时代中国特色社会主义思想为指导，全面贯彻党的十九大和十九届历次全会精神，深入学习贯彻习近平法治思想、习近平总书记关于坚持和完善人民代表大会制度的重要思想，深入贯彻中央人大工作会议和山西省委人大工作会议精神，贯彻落实习近平总书记视察山西重要讲话重要指示精神和对右玉精神的重要指示精神，拥护“两个确立”，增强“四个意识”，坚定“四个自信”，做到“两个维护”，坚持党的领导、人民当家做主、依法治国有机统一，立足“四个机关”定位和要求，认真履行宪法和法律赋予的各项职责，积极践行全过程人民民主，凝心聚力、求真务实，为打造“灵秀古城”，建设“新韵山阴”，在全方位推动高质量发展中贡献人大力量，以优异成绩迎接党的二十大胜利召开。

【县人大常委会】 2022年，县人大常委会共召开常委会会议8次，听取和审议“一府两院”专项工作报告21个，作出决议决定6项，配合省市人大常委会开展执法检查1次、执法调研3次，专题调研3次，任免地方国家机关工作人员60人次。

监督审议

【司法监督】 山阴县人大常委会完善行政权力支行监督机制，促进依法行政。人大常委会加强对宪法法律实施情况的监督，常委会对环境保护法、体育法、文物保护法、防震减灾法、突发事件应对法等贯彻执行情况开展执法检查，开展执法检查和执法调研，监督检查《中华人民共和国动物防疫法》《山西省动物防疫条例》《山西省农业生产托管服务条例》《山西省突发事件应对条例》和《山西省禁毒条例》的贯彻落实情况，发挥执法“法律巡视”监督利剑作用。首次听取县监委专项工作报告，支持县监委依法履行监察职责。听取审议县法院关于创优法治化营商环境，服务全县高质量发展的报告，推动法院用优质高效的司法服务优化营商环境。听取审议县人民检察院关于开展法律监督工作情况的报告，助推检察监督业务扎实开展，检察改革稳步推进。

建立健全规范性文件备案审查办法，促进完善备案审查工作。完善备案审查的沟通、审查、处理和反馈机制，按照“有件必备、有备必审、有错必纠”的原则，依法开展备案审查工作，坚决维护宪法法律尊严和国家法制统一。县人大常委会制定了《山阴县人大常委会关于批准将县城集中供热PPP项目财政支出责任列入相应年度预算及中长期财政规划的决议》规范性文件1件，向市人大常委会报送备案。

【工作监督】 2022年，山阴县人大常委会全年共听取审议专项工作报告21项、职能局上半年工作报告26项，开展执法检查1项，执法调研3项，专题调研3项。听取审议县政府关于计划、财政预决算和财政审计工作等报告，推动积极的财政政策有效实施，提高财政资金使用效益。听取审议县政府关于2021年国有资产管理情况的综合报告和关于2021年度国有自然资源资产管理情况的专项报告，促进国有资产管理水平不断提升，推进国有资产管理公开透明，促进自然资源保护与利用。听取审议县政府关于2021年地方政府债务有关情况的报告，督促政府严管债务，守住不发生风险的底线。对审计查出突出问题开展专项督查，提高审计整改效果。

听取审议全县粮食稳产增收工作情况的报告，推进农业丰产丰收，保障粮食安全。听取审议全县落实中央一号文件精神，推进巩固拓展脱贫攻坚成果与乡村振兴有效衔接情况的工作报告，督促政府加强和改进相关工作，促进脱贫人口稳定就业和增收，促进一、二、三产业融合发展。分别开展《山西省动物防疫条例》和《山西省农业托管服务条例》贯彻实施情况执法调研，推动全县畜牧业绿色发展，促进小农户与现代农业有机衔接。开展高标准农田建设情况专题调研，推进农业产业结构优化升级。听取审议县政府关于2021年度环境状况和环境保护目标完成情况的报告。围绕全县推进固体废物污染防治情况开展专题调研，推动《朔州市固体废物污染环境防治条例》有效执行，用法治方式巩固污染防治攻坚战成果，促进全县生态环境持续改善。

听取审议县政府关于全县中小学“双减”工作落实情况的报告，推动减轻义务教育阶段学生作业负担和校外培训负担，提升人民群众的教育满意度和幸福感。听取审议县政府关于全县森林和草原防火工作情况的报告，督促各有关单位明确责任，加强森林防火队伍建设，建立长效机制，促进全县森林防火工作健康发展。开展中医药事业发展情况专题调研，促进中医药事业发展，满足群众对中医药的多元化需求。

听取审议县政府关于《中华人民共和国防震减灾法》和《山西省防震减灾条例》贯彻实施情况的报告。听取审议县政府关于《中华人民共和国体育法》贯彻实施情况的工作报告，听取审议县政府关于全县文物工作和文物保护法实施情况的报告。开展《中华人民共和国突发事件应对法》和《山西省突发事件应对条例》贯彻实施情况执法调研。听取审议县政府关于《山西省禁毒条例》贯彻实施情况的报告，推进相关法律法规在山阴县得到有效贯彻实施。

【视察调研】 县人大常委会围绕全县中心工作和2022年工作要点组织开展代表视察活动，重点选择群众关心的民生、重点项目工程及文物保护等领域为主题，组织县人大代表进行视察，视察采取小规模、多批次、现场观看、现场询问、座谈交流等形式进行，视察前均要求相关职能部门负责人在现场解答代表、群众提出的问题，使视察活动真正起到监督的作用，杜绝走形式、走过场。8月25日，组织县乡人大代表、机关干部、人民群众45人对旧广武历史文化民村建设项目、广武国际滑雪场、广武国际滑雪场、长城博物馆、长城博物馆装修改造项目、山阴县农牧场蔬菜大棚、山阴县农牧场蔬菜大棚建设项目、朔州市宏远农牧有限公司、宏远农牧有限公司粮食烘干晾晒项目、西二环环境整治及绿化改造工程、同太路视察老旧小区改造项目、体育公园建设项目、东延道路改造工程、湿地公园方舱医院、方舱医院建设项目、湿地公园场馆建设PPP项目、场馆建设PPP项目、湿地公园前广场、青年街基础设施PPP中商街建设项目、基础设施PPP中商街建设等民生工程项目进行视察。

为了强化对“一府一委两院”的监督工作，县人大常委会从2022年1月中旬，对“一府一委两院”30个单位的年度工作进行了视察评议。视察采取以行业或系统集中进行的方式，视察内容主要是各单位部门执法、普法及依法行政工作情况。视察过程中，除了听取各单位部门负责人2022年度的工作情况和满意度测评外，视察还邀请群众代表参与视察，代表就关心的供水、供气、供暖等问题向各相关单位负责人进行了询问，各负责人细致地进行了解答。

【决议重大事项】 2022年，山阴县人大常委会对事关全局的根本性、长远性和人民群众利益的重大事项，依法认真审议，适时作出决议、决定。全年共作出3项决定、3项决议，即关于批准2021年全县财政预算的决定、关于批准2022年全县预算调整方案的决定、关于批准召开县十七届人大三次会议时间的决定、关于批准将山阴县县城集中供热PPP项目所需资金列入县财政预算及中长期规划的决议、关于批准将山阴县县城基础设施建设PPP项目财政支出责任列入相应年度预算及中长期财政规划的决议、关于批准将山阴县场馆建设PPP项目财政支出责任列入相应年度预算及中长期财政规划的决议。

加强对重大事项决议决定贯彻实施情况的跟踪检查，保证常委会作出的决议决定得到有效执行。推动建立政府重大决策出台前向本级人大报告的制度，促进决策科学化民主化法治化。

人事任免与代表工作

【人事任免】 2022年，山阴县人大常委会进一步规范任前法考、任前公示、任前供职、常委会票决，颁发任命书，宪法宣誓等制度。全年共依法任免国家机关工作人员60人次，组织干部任前法律知识考试4次，宪法宣誓4次。对任前、任后监督对象、内容、方式和程序作出了明确规定，形成了任前、任职、任后的工作闭环。

【代表工作】 2022年，山阴县人大常委会加强代表履职能力培训。3月25日在人大常委会会议室对人大常委会组成人员进行履职能力提升专题培训，6月20—23日在汾阳市贾家庄基层干部培训基地对市人大代表进行履职能力提升专题培训。年内组织市县人大代表31人前往临汾市考察学习代表联络站（点）先进经验及做法，有效提升代表履职能力，增强代表行使管理国家权力的政治责任感，帮助代表掌握履职所需的法律知识和其他专业知识，切实提高代表政治素质和依法履职能力。

积极开展“双联”“双争”活动，印发了《山阴县人大常委会关于开展“双联”“双争”活动的工作方案》。进一步完善代表联络站（点）建设和运行，全年开展活动141次，参与代表707人，深入推进代表联络站高标准建设，开展星级代表联络站创建活动，提升联络站建设整体水平，健全代表反映人民群众意见和诉求的反馈机制，把代表联络站建成人大代表密切联系人民群众的“民意窗”“连心桥”，成为人民有序政治参与的重要载体。以四级代表进站活动为载体，广泛组织四级人大代表定期进站接待群众活动。推动县级领导干部代表带头进站开展联系人民群众主题活动，充分发挥领导干部示范带动作用。稳妥推进、有序开展和规范代表跨原选举单位，在本级行政区域开展调研视察。

提高代表建议意见办理质量。进一步完善代表建议集中交办、重点督办、跟踪落实、结果反馈机制，推行建议交办承办、进度查询、反馈评价全公开。加大督办力度，紧盯重点督办建议，坚持跟踪问效，提高代表建议办理实效。听取审议县政府关于县十七届人大三次会议代表建议、意见办理情况的报告，及时跟踪督办代表提出的建议意见办理情况，县十七届人大三次会议的115件代表建议批评和意见已全部按照规定时限进行了办理，答复率100%。

机关工作

【自身建设】 2022年，山阴县人大常委会坚持党的领导。坚持党领导人大工作的各项制度，确保党中央重大决策部署和省委、市委、县委工作安排不折不扣地在人大工作中得到贯彻落实。严格执行常委会党组工作规则，充分发挥常委会党组把方向、管大局、保落实的重要作用。坚持请示报告制度，重大问题、重要工作及时向县委请示报告。紧扣县委中心大局谋划和推动人大工作，做到县委中心工作放到哪里，人大工作就跟进到哪里，力量就汇聚到哪里，作用就发挥到哪里。坚持党管干部与人大依法任免有机统一，加强和规范人事任免各环节工作，依法任免国家机关工作人员。探索开展人大任命干部任后监督工作，提升依法任免及监督的质量和水平。压实从严管党治党主体责任，严肃党内政治生活。

抓实理论武装。坚持和完善学习制度，把学习贯彻习近平新时代中国特色社会主义思想作为长期坚持的首要政治任务，读原著、学原文、悟原理，准确把握核心要义、精神实质、丰富内涵，悉心领会贯穿其中的马克思主义立场观点方法，做到学思用贯通、知信行合一。坚持“第一议题”制度，及时跟进学习习近平总书记关于当前工作的重要指示精神。把学习贯彻习近平法治思想、习近平总书记关于坚持和完善人民代表大会制度的重要思想作为履职必修课，坚持常态化学习机制，在学用中增强制度自信、找准职责定位、把握工作规律。丰富学习形式，采取专题党课、研讨交流等形式，增强学习效果。按照中央部署和省委、市委、县委要求，组织好学习贯彻党的二十大精神活动。通过持续不断地学习，坚定捍卫“两个确立”、做到“两个维护”的政治、思想和行动自觉，提升常委会组成人员和人大机关干部的政治素养和理论水平。

加强党的建设。落实新时代党的建设总要求，切实把党的政治建设摆在首位，坚持党建工作与业务工作同步推进、相互融合，进一步强化基层党组织政治功能，履行全面从严治党主体责任。支持县纪委监委派驻纪检监察组履行监督职责，巩固发展风清气正的政治环境。严格党员干部监督管理，努力打造政治坚定、服务人民、尊崇法治、发扬民主、勤勉尽责的人大工作队伍。

强化作风建设。严格落实中央八项规定精神，持之以恒纠治形式主义、官僚主义。将调查研究作为履行各项职权的重要基础，常委会主任会议成员围绕分管工作深入基层开展调研，并做好调研成果转化工作，使人大各项工作更好围绕中心、贴近基层、服务群众。做好群众来信来访工作，完善人大的民主民意表达平台和载体，多措并举推动社会矛盾化解。深化人大工作联系和交流。加强与市人大常委会各机构的联系，主动接受工作指导。加强与兄弟区市县人大的工作交流，注重学习借鉴先进地区人大工作的先进经验。加强对乡镇人大工作的联系和指导。

着力提高监督效果。锚定民生福祉改善，确定监督重点，正确有效依法开展监督，用好监督组合拳，有力促进难题化解。全年共听取审议专项工作报告21项、职能局上半年工作报告26项，全年先后接待全国人大开展执法检查1项，省人大开展专题调研5项，采访活动1项，市人大开展执法检查2项，专题调研7项。有效推动“一府一委两院”依法正确行使行政权、监察权、审判权、检察权。

在项目建设上狠抓落实。投资39万余元建设新一代用于常委会会议办公的无线智能系统，该系统不仅适用于投票选择、民意调查、干部任免测评等会议场景，还具有无纸化办公、信息保密、自由定制等功能，并在保证当前业务需求的基础上预留了人代会使用的扩展空间。投资85万余元建立“智慧人大”信息化平台，待平台上线后，将有效破解代表高质量、常态化履职难题，为监督工作提供全过程信息化管理，为代表履职提供全方位支持，为联系群众提供交互平台。

【脱贫攻坚】 2022年，山阴县人大常委会严格落实工作责任，定期到大坪村进行调研督导，每季度听取1次驻村工作队汇报，共投入帮扶资金1.14万元，制定了《吴马营乡大坪村防止返贫致贫动态监测和帮扶机制实施方案》，全年共排查农户1359户次，及时解决群众生产生活中存在的“急难愁盼”问题，消除潜在的致贫返贫风险。着力解决“三保障”和饮水安全问题，排查42户脱贫户中义务教育阶段学生25名上学情况，解决了上学难问题；将符合慢性病保障条件的6户6人全部纳入政策保障范围，减轻了就医负担；加固扶贫光伏窑顶7间，帮助窑房墙皮脱落7户14间申请综治保险理赔业务，保障了住房安全；对水源不足、供水管网老旧破损等问题，建立台账，增设引黄水源，满足村民用水需求。加强扶贫项目资金管理，壮大村集体收入，集体收入达到16万元；鼓励发展种植业和养殖业，种植面积达到1763亩，肉羊和生猪存栏达到双400只（头）；巩固提升就业增长，脱贫人口人均可支配收入达到13478元。

山阴县
人民政府

综　述

【概况】2022年，是党的二十大召开之年，也是山阴县发展史上极不寻常、极不平凡的一年。一年来，面对严峻复杂的发展形势和疫情、汛情带来的不利影响，在市委、市政府和县委的坚强领导下，全县上下深入学习党的十九大、二十大精神和习近平总书记考察调研山西重要讲话重要指示精神，坚决贯彻党中央“疫情要防住、经济要稳住、发展要安全”重大要求，全面落实省、市、县委工作部署，高效统筹疫情防控和经济社会发展，统筹发展和安全，全方位推动高质量发展，圆满完成年初确定的各项目标任务，交出一份难中有为、干中有成、稳中有进的发展答卷。

锚定高质量发展总体目标，坚持全局思维、系统思维和统筹思维，抬高标杆、争先进位，全力推动各项工作干在实处、走在前列，主要经济指标位居全市第一方阵。全县地区生产总值完成225.3亿元，人均GDP超过11万元。固定资产投资完成52.1亿元，同比增长12%，全市排名第一。一般公共预算收入完成25亿元，同比增长38.5%，总量全市第一。规模以上工业增加值增速2.6%，贡献率全市第一。

【优化产业结构】2022年，山阴县政府协同推动一、二、三产业融合发展，实施500万元以上投资项目205项，总投资318亿元，转型项目完成投资占工业投资比重达到86.4%，产业结构进一步优化。持续巩固煤电产业，完成华夏、安平、水泉等6座煤矿产能核增1050万吨，建成智能化工作面14个，生产原煤4230万吨，完成保供任务2505万吨，完成11家洗煤厂二级以上标准化建设，发电80.9亿千瓦时，煤电托底稳盘作用持续显现。新兴产业态势强劲，恒科6万吨锂电池负极材料一期、赢胜10万吨绝热隔音材料、致德环保设备项目建成投产，超牌20万吨煅烧高岭土三期生产线调试，屹创20万吨纳米碳酸钙项目开工建设，新材料产业成链集群发展。文旅产业升温扩面，广武长城博物馆装修改造、长城遗址遗迹和旧广武历史文化名村基础设施等项目有序推进，长城一号旅游公路主干道实现通车。广武滑雪场一期工程当年建设、当年运营，日均接待游客2000多人次，“冰雪”经济持续“升温”。服务业蓬勃发展，全面落实中央及省、市关于促进服务业恢复发展的一揽子政策措施，服务业增加值达到91.3亿元。发放消费券1525万元，拉动消费7600万元以上。大力发展“早市经济”“夜市经济”，新建县城便民经营点5个，入驻流动商户790个，城市“烟火气”进一步提升。开发区发展凝势蓄力，投资7.2亿元，实施12个续建和新建基础设施项目，路、水、气、暖、电等“九通一平”不断完善。保障开发区运行经费3000万元，足额兑现职工绩效工资。滚动开展“三个一批”活动，签约项目9个、开工项目5个、投产项目5个。

【乡村振兴】2022年，山阴县政府认真落实乡村振兴“二十字”总方针，着力推动农业全面提升、农村全面进步、农民全面发展。现代农业发展壮大，完成高标准农田建设4.9万亩，农业机械化率达到86.7%，示范引进长杂谷466号、黑金刚紫薯等20余个新品种，粮食播种面积85万亩，粮食产量2.93亿公斤，实现九连增。种植露地蔬菜2万亩，蔬菜产量6万吨，建成马营庄乡冷链物流蔬菜基地。种植优质牧草21万亩，收贮40万吨。支持骏宝宸农业公司建成全省最大的饲草交易平台。实施国家奶业生产能力提升整县推进项目，鲜奶产量达到30万吨，单产增长7%。生猪饲养量24万头，肉羊33万只。和美乡村持续推进，投入1.1亿元，实施12个乡镇36个村和美乡村建设。争取1250万元，完成白坊村全省乡村振兴示范村建设。投入1.7亿元，完成县乡公路改造39公里，乡村路网结构进一步优化。完成农厕改造2300户、农村房屋抗震加固改造740户。投入3.9亿元，完成玉井和马营区域集中供热项目，为13座煤矿、4个村、1424户村民提供平价清洁热源，农村人居环境持续改善。坚决守住返贫底线，紧盯6205户14694人已脱贫人口、298户758人监测对象，实施产业项目88个，脱贫人口人均纯收入达到13778元，高于监测线120%。

【城市建设】 2022年，山阴县政府投资7亿元，完成洪涛大街东延1.1公里、岱岳镇八村一区街巷硬化87公里、垃圾处理厂库容量扩建60万立方米；新建隔压站投入运行，完成热电联供集中供热一级管网扩容36公里、50个换热站建设和7000户居民智能化改造，县城集中供热覆盖面进一步扩大。城市品位不断提升，实施老旧小区改造，图书馆、文化馆、档案馆、博物馆、会展中心、应急指挥中心等场馆工程铺开建设，健身步道与自行车赛道建成使用，完成县城街道绿化9.7万平方米，县城面貌进一步改善。城市管理优化升级，理顺涉及群众反映的城市治理事项即办机制，确保第一时间有人管、有人修。建成城北综合市场，店外经营、路边乱停乱放车辆等现象得到明显整治。理顺大地公司垃圾清运考核管理机制，投资600万元配备湿扫车、干扫车、垃圾分类运转车11辆，设置垃圾分类厅46座，完成143条背街小巷垃圾清理。

【优化营商环境】 2022年，山阴县政府紧盯问题导向、需求导向、结果导向，落实“三无”“三可”要求，对标对表先进，全面优化营商环境，考核排名位于全市前列。“放管服”改革不断深化，持续开展“五减”行动，依法取消审批10项、审批改备案6项、实行告知承诺26项、优化审批服务31项。惠企政策顶格落实，严格执行全省市场主体倍增48条、要素服务保障78条、工业70条、服务业61条、中小企业35条等助企纾困政策，为各类中小微企业全量减税降费近4亿元。扎实开展市场主体“稳存量、扩增量、提质量”行动，市场主体净增4461户，增长27.7%。政务服务全面提升，持续深化政务服务“双全双百”工程，优化“办不成事反映窗口”运行机制，规范“12345”政务服务热线“接诉即办”、政府班子亲批督办、部门乡镇限时核处工作机制。全年“12345”受理转办工单11326件，办结11187件，按时办结率98.8%。房屋产权登记确权颁证清零工作荣获3项省级表彰。引资引智平台拓宽，扎实开展“筑巢引凤”行动，组建成立太原山阴商会，经省民政厅备案正式运行，进一步延伸了招商引资和招才引智的“触角”与“半径”。

【民生福祉】 2022年，山阴县全年民生支出达到25亿元，同比增长20.4%。教育质量持续提升，优先保证教育投入，拨付教育经费3.4亿元，同比增长13.8%。加强教师队伍建设，招聘14名优秀教师。狠抓高中教育质量提升，中考前100名学生留县就读78名，高考二本及以上达线人数314人，实现了“低进高出、高进优出”。健康水平不断提高，卫生健康投入2.7亿元，同比增长11.5%。加强分级诊疗体系建设，建成胸痛、卒中、创伤、危重孕产妇、危重新生儿急救、微创介入等“10大中心”，招聘充实30名医护人员，乡村两级医疗卫生机构达标率均超90%。着力打造县人民医院心内、神内、骨科、呼吸科，县中医院脾胃科等特色专科品牌，知名度远扬周边县区，全县整体医疗水平不断提升。社保体系日益完善，社保和就业支出6.2亿元，同比增长22%。完成82个村卫生室医保骨干网络接入工程，城乡居民基本医疗保险、大病保险、医疗救助三重报销实现“一站式”结算。新建乡镇就业服务站12个，城镇新增就业3174人，农村劳动力转移就业5168人。

【安全稳定】 2022年，山阴县政府坚持统筹发展和安全，营造高质量发展良好环境。安全生产稳定向好，持续开展安全生产大排查大整治“百日攻坚”、大检查大整治大提升和“回头看”三大专项行动，严格落实煤矿和非煤矿山安全生产挂牌督办“五个一”责任制，各行业排查整改风险隐患3420条。生产安全亡人事故起数和死亡人数分别下降33.3%、60%。安全生产和消防工作考核连续两年被评为优秀等次，安全生产形势持续向好。生态环境明显改善，统筹推进“控煤、治污、管车、降尘”源头治理，全年空气质量达标331天，较上年增加18天，综合质量指数同比下降6.9%，改善幅度全市第二。完成3个入河排污口排查整治和5个建制村农村生活污水治理。加快林草保护生态修复，完成国土绿化4.7万亩、小流域综合治理6390亩、封禁治理1.2万亩。社会秩序平稳有序，以全省转型综改牵引性集成改革和党建引领基层网格治理“双试点”为核心，大力推行综治保险，成功走出基层治理山阴路径。投资近亿元推进“平安山阴”建设，招录专职巡防队员50名，建成“综合指挥室”6个、社区警务室17个。深入开展信访积案化解、打击“电诈”“盗抢骗”“食药环”等专项行动和夏季治安打击整治“百日行动”，构建“大数据+网格化”治理机制，加强社会面巡逻防控，全年刑事案件发生274起，同比下降23.5%，盗抢骗案件发生34起，同比下降43.3%，群众安全感明显提升，连续两年被评为省级平安县。加强国防动员体系建设，军民融合深度发展，完成省级双拥模范县创建。

【自身建设】 2022年，山阴县政府坚持把党的领导贯穿政府工作始终，持续提升政府治理体系和治理能力现代化水平。依法行政扎实推进，严格落实“三重一大”集体决策制度，实施重大项目职能部门和法律顾问联审制度，严格执行政府投资项目审批管理制度，强化出台文件、制定决策、签订合同的合法性和公平竞争审查。依法接受人大及其常委会监督，自觉接受政协民主监督，办理人大代表建议114件、政协委员提案140件。治理效能明显提升，“13710”督查督办平台高效运行，督办事项57项。不断提高资金使用效率，政府投资项目以财力控规模，优先保民生、保运转、保考核，强化预算约束和绩效管理，“三公”经费持续压减。廉政防线更加牢固，严格落实中央八项规定及其实施细则精神，持之以恒纠治“四风”。强化重点领域、重要部门、关键岗位廉政风险防控。加强政府债务管控，坚决遏制新增政府隐性债务，守住不发生系统性风险底线。

政府办

【政府工作】 2022年，政府办坚持党建引领业务工作，进一步规范公文运转程序，改进和完善公文的报送、处理和审批制度，使公文处理工作进一步规范化、效率化。全年共办理省市来文590件，县乡来文600件；印发政府文件162件，政府办公室文件77件；印发政府常务会议纪要6期，专题会议纪要35期，无文件丢失、误事、误时现象发生。进一步完善会务工作流程，严控会议次数和规模，精简会议程序，认真做好会前通知、会中服务、会后收集等工作，全年高水平组织完成政府各类会议300余次。此外，圆满完成了省、市领导多次莅临调研、视察和其他方面重要的政务接待活动。围绕县政府的重大决策部署、省市重点考核任务以及人民群众反映强烈的热点、难点问题，坚持专项督查与效能观察相结合，适时开展督查督办，共对禁燃禁放、疫情防控、依法治县建设及档案管理工作进行督导检查23次，其中“两办”联合督查7次，参加县委督导二组督查7次，县政府办督查组督查9次。严格落实公开责任，主动公开政府信息情况。建立政务公开长效机制，做到“应公开尽公开”。2022年，网站发布信息2390条，其中概括类18条、政务信息956条、文件33件、解读19件、信息公开目录信息1364条、惠企政策38条，共收到有效留言32条，办结32条。政务提效方面，OA协同办公系统正式上线运行，全县81家单位运用OA协同办公系统保障公文流转顺畅有序、高效便捷，进一步增强了全县政府系统协同办公能力，切实提升了政务效率。

【党建工作】 2022年，政府办坚持把深学悟透笃行习近平新时代中国特色社会主义思想作为办公室党建工作的首要任务和头等大事。统筹办公室人员时间、工作关系，坚持每月集中学习，组织学习了习近平新时代中国特色社会主义思想和党的二十大精神，政府办党支部始终把学习作为提高领导班子和党员队伍思想素质，坚持集中学习与分散学习相结合，学政治与学业务相结合，共召开党组专题学习会议17次，全体学习会议19次，通过采取学资料、听报告、看录像、上党课、讨论交流等多种方式，组织党员干部深入学习党的基本理论，学习党的路线方针，加强公文写作、公文处理、法律政策等业务知识的学习，提高学习的必要性、针对性、实效性，做到了真学、真懂、真信、真用，提高思想觉悟，提升工作水平，推动工作发展，用实际行动增强“四个意识”，坚定“四个自信”，全力做到“两个维护”，坚强捍卫“两个确立”，铸就对党绝对忠诚的政治品格。

【队伍建设】 2022年，政府办严抓作风。结合基层干部作风建设提升年专项整治行动，针对机关作风、工作纪律、工作态度、服务意识、行政效能等方面存在的问题，深入开展办公室作风整顿，进一步完善了上班考勤、财务管理、值班值守等制度，严格用制度管人管事，增强队伍自律性，提高了队伍整体素质和服务水平。按照全面建设清廉山阴工作要求，严格落实党风廉政建设责任制，严格执行中央八项规定和领导干部廉洁自律各项规定，坚决抵制“四风”。大力开展多形式、多载体、系统性的党风廉政教育活动，组织学习了《中国共产党章程》《中国共产党廉洁自律准则》等规章制度，深学反面警示教育案例，进一步增强廉洁自律意识。

乡村振兴

【概况】 2022年，山阴县乡村振兴局深入贯彻落实习近平总书记考察调研山西重要讲话重要指示精神，全面贯彻落实党的二十大精神及历届全会精神，全面落实中央、省、市、县委关于巩固拓展脱贫攻坚成果同乡村振兴有效衔接相关决策部署，严格落实“四个不摘”要求，保持现有主要帮扶政策总体稳定。聚焦“六个强化”，守牢防贫底线；聚焦“三个稳定”，持续巩固提升；聚焦“三个着力”，有效衔接振兴，聚焦“四项工作”，抓实问题整改，确保脱贫基础更加稳固，脱贫成效更可持续，群众的获得感、幸福感和满意度进一步增强。

【强化监测帮扶】 2022年，山阴县乡村振兴局把防止返贫动态监测帮扶作为全年为民办实事的一件大事来抓，依托全国防返贫监测系统建立健全县乡村三级脱贫人口信息数据体系。制定《山阴县2022年防止返贫监测帮扶集中排查工作实施方案》，用好农户自主申报、干部走访摸排、部门筛查预警、舆情信访研判四种监测手段，健全防返贫动态监测帮扶联席机制，定期共享防止返贫监测信息数据，精准确定监测对象。全年协调组织开展动态管理工作4次，召开防返贫联席会议4次，与教育、民政、卫健、残联等县直单位开展信息比对4次，新识别“三类户”37户77人。全县脱贫人口规模为6158户14586人（其中包含251户650人监测对象），“三类户”规模为298户758人（脱贫不稳定户175户446人、边缘易致贫户26户60人、突发严重困难户97户252人）。

【教育帮扶】2022年，山阴县乡村振兴局全面落实教育资助政策，“雨露计划”资助329人，发放资助金98.7万元。脱贫家庭本科大学新生资助36人，发放资助金18万元。同时根据返贫致贫风险类别，加大对未消除风险监测对象的帮扶力度，有针对性地落实“三保障”、产业就业、社会保障等帮扶政策，继续给脱贫户、监测户缴纳防返贫保险，用于收入补差。对农村低保标准进行提标，保障标准为6240元。坚决守住不发生规模性返贫的底线。

【金融帮扶】2022年，上级下达山阴县小额信贷任务计划指标任务3875万元。按照各乡镇建档立卡脱贫人口实际，及时将2022年度小额信贷参考指标下发各乡镇，各乡镇、市银保监分局山阴监管组协调县域内各银行企业加大小额信贷投放力度，做到符合条件的应贷尽贷，确保脱贫户和边缘易致贫户产业发展信贷需求，实现脱贫地区贷款余额持续增长。截至年底，为852户脱贫户发放小额贷款4031.1万元，完成率104.02%。拨付小额贷款贴息134.93万元，拨付特惠补贴164.37万元，为15513人缴纳防返贫保险60.5万元，为6500户缴纳财产险6.5万元，为谷子、黍子、莜麦（共2.8万亩）缴纳农产品价格险82.55万元，坚决守住不发生规模性返贫的底线。

【易地扶贫】2022年，山阴县乡村振兴局按照易地扶贫搬迁群众“搬得出、稳得住、能致富”要求，从稳岗就业、产业发展等方面加大扶持力度。在玉井镇实施碳素笔加工厂等项目。千方百计扩大就业，实现每个有劳动力且有就业意愿的搬迁家庭至少1人就业。全县易地搬迁人口规模94户169人（玉井镇集中搬迁77户136人，下喇叭乡分散搬迁17户33人）。有劳力的家庭户数29户，已务工81人，实现有劳力家庭至少有1人就业。其中，省外务工7人，省内县外务工23人，县内务工51人。加强玉马小区集中安置点基层组织建设，深化社区治理，提升管理能力，促进社区融合；搬迁户全部办理了不动产证；岱岳镇、玉井镇与相关县直单位加强沟通协作，切实保障搬迁群众迁入地、迁出地权益。

【项目资产】2022年，山阴县乡村振兴局联合财政等部门组织专人对各乡镇2016年以来实施的扶贫项目资产运行情况和经营性资产收益分配情况进行常态化核查。督促指导各乡镇建立健全辖区扶贫资产台账，完善管理机制，做到扶贫资产底数清，责权明。同时，按照县委“三资”管理贪腐问题专项整治试点工作安排，制定专项整治试点方案，持续加大扶贫资产项目监督管理力度，确保项目资产持续惠民。

【产业发展】2022年，山阴县乡村振兴局发展特色产业。年内投资1013万元，新建16座屋顶分布式电站（村集体），总装机容量1316千瓦，进一步提升光伏产业帮扶实效；投入310万元，实施碳素笔、艾草、生物燃料加工厂及辣椒基地等5个特色产业项目，持续带动搬迁群众增收致富。

【稳岗就业】 2022年，山阴县乡村振兴局组织动员辖区内村两委干部、驻村第一书记和工作队员，逐村逐户走访排查，精准掌握脱贫劳动力基本情况、技能培训意愿和务工就业情况。各乡镇按照核查要求，对照分解指标，在广泛细致摸排的基础上，将务工人员信息全部录入系统。同时将脱贫劳动力务工就业数据同步录入全国防返贫监测信息系统，并动态更新。通过开展“点对点”输送、产业带动就业、管好用好帮扶车间、统筹用好公益岗位、用好以工代赈项目、支持自主创业和灵活就业等多种方式，拓宽脱贫劳动力务工就业渠道，稳定增加脱贫劳动力工资性收入。实现务工就业5798人，其中省外务工就业1083人。

【巩固提升】 2022年，山阴县乡村振兴局严格落实“四个不摘”要求，保持主要帮扶政策总体稳定。协调配合各乡镇、县直相关成员单位持续压紧压实工作责任，做到思想不懈怠、工作不断档、责任不缺位。强化农村低收入人口常态化帮扶，健全完善农村低收入人口常态化帮扶机制。以现有社会保障体系为基础，对低保对象、特困人员等农村低收入人口开展动态监测。相关部门要加强数据比对和信息共享，实现对农村低收入人口风险点的早发现、早帮扶，并对所有符合条件的人员落实相应的救助政策。全县共派驻53支工作队，覆盖了脱贫村、易地扶贫搬迁安置点、脱贫人口较多村及乡村振兴示范村。其中，市派工作队10支，县派工作队43支，在玉井镇、广武镇2个乡镇分别派驻市派驻乡镇第一书记和工作队，所有工作队达到了一队3人（有2个村派驻4人）。

【乡村振兴】 2022年，山阴县乡村振兴局扎实推动薛圐圙乡白坊村乡村振兴示范村创建工作。示范创建总投资1250万元，省级衔接补助资金500万元，市县级配套750万元。薛圐圙乡聘请华林中创建筑规划设计有限公司规划了《山阴县白坊村乡村振兴示范创建规划设计方案》。共实施20个项目，其中产业发展项目6个、村庄美丽生态宜居建设项目6个、乡风文明建设项目8个。截至12月底，已完工16个项目。

2022年衔接资金总投入5392.51万元（其中中央资金2250万元、省级资金1128万元、市级资金607.01万元、县级安排1407.5万元）。继续加大县级资金投入，县级年初预算较上年的825万元增长了10%，达到907.5万元。一年来，按照“用于产业发展的衔接资金占比原则上不低于55%”要求，用活用好中央下达资金，大力发展光伏、生物质燃料加工和特色种植等产业，进一步夯实持续稳定增收的产业基础。确定重点项目，聚焦全县监测对象，统筹中央、省、市、县四级财政衔接乡村振兴补助资金，重点谋划产业发展、易地搬迁后续扶持、脱贫乡村小型基础设施建设等重点项目；加大项目储备，按照“村申报、乡审核、行业部门论证、县备案”的入库流程，发挥好县级行业部门力量，加强项目论证，进一步提升储备项目质量；截至年底，共入库项目109个，实施光伏、村容村貌整治、小额贷款贴、防返贫保险等63个项目。建立健全项目资金监管长效机制，落实好公告公示“两个一律”的要求，提高资金使用效益。

行政审批

【概况】 2022年，山阴县行政审批局着眼全局，精准施策，持续深化“放管服”改革，围绕重点领域、关键环节改革，以优化营商环境促进市场主体倍增工作为抓手，进一步激发市场活力，提高群众、企业便利度和满意度，为推进高质量转型发展提供了强有力支撑和保障。

【优化营商环境】2022年1—12月山阴县实有市场主体累计净增4460户，累计净增率为27.68%，截至年底，全县实有市场主体20575户。全县实有企业数3734户，占市场主体总量的18.15%；涉税市场主体5908户，占比28.71%。2022年新增企业694户，注销243户，迁出6户，迁入40户，净增485户，占新增市场主体总量10.89%。

结合疫情防控工作，将“场所码”办理和无照经营清理相结合，各部门、各乡镇全面摸排辖区未办理营业执照经营户，对符合经营条件未办理营业执照的，积极引导注册登记。强化金融支持，县行政审批局积极与农商行对接，由农商行向新办企业提供便捷高效贷款服务，新办企业通过“创业贷”“商业贷”申请1万~20万元的贷款支持，推动“稳存量、扩增量、提质量”任务落实。大力推进市场主体登记注册便利化改革。审批局通过“自助网上办”“专人帮办代办”“乡村就近办或上门办”“流程简易办”等多个举措，联合乡镇便民中心，抽调专人配合，通过提供帮办代办服务，解决基层群众政策不了解、网络操作不熟悉等难题，积极帮助办理注册登记手续。对217户企业依职权注销。通过山西省市场主体登记注册平台系统筛查出被市场监管部门依法吊销营业执照逾期十年的，除矿产资源开采、金融类企业等高风险行业之外的287家企业，经政务服务平台公示，同时征求各主管部门及法院、人力资源和社会保障局、税务局意见，最终筛查出山阴县陆庄焦油加工厂等217户企业，并对这些企业依职权进行了注销。发挥专班牵头作用，支撑市场主体良好发展。积极发挥各专班牵头作用，营造良好的营商环境，切实增强企业和群众获得感。聚集市场主体“十大平台”建设，十大平台牵头单位围绕产业补链延链强链、特色专业镇、农村电商小镇、文旅康养集聚区、城市“烟火气”等持续发力，引领推动更多市场主体立起来、活起来、强起来。

【政策宣传】2022年，县行政审批局组织各专班人员深入学习市场主体倍增48条扶持政策、78条要素服务保障措施以及8个行业领域专项政策，精准把握政策的内容和要求，人人努力成为行家里手。县行政审批局及各专班牵头单位结合各自职能，在统筹做好疫情防控工作的同时，组织工作人员深入各乡镇、社区精准开展入户宣传，通过点对点答疑、面对面解读，促进全县市场主体熟练掌握政策，用足用活政策。通过电视媒体、报刊、发宣传页等多渠道、多方式进行广泛宣传，提高群众知悉度，印制发放开办企业办事指南、企业设立流程图、支持个体工商户倍增质升的若干措施、一日办温馨提示流程图、税务政策等宣传资料4万余册，营造了良好的舆论氛围，让市场主体各项惠企政策家喻户晓、深入人心。多次组织开展了市场主体注册登记培训会，从市场主体登记政策、网上操作、常见问题等多方面进行了解读和学习交流，为下一步个体户、农民专业合作社登记授权乡镇便民中心办理奠定良好基础，帮办代办人员和各乡镇便民服务中心工作人员共计40余人参加了培训。

【助企纾困】2022年，县行政审批局强化服务保障，促进助企纾困政策落实。发挥领导组办公室作用，组织各专班牵头单位梳理了全县68项政策落实清单和100项要素保障清单，各部门、各乡镇围绕职能发挥、结合地方工作实际，认真组织推进落实。县财税部门实现了征管操作办法与税费优惠政策同发布同解读，增强了政策落实的及时性。全县减税降费政策共减免39130.49万元，其中增值税减免22674.46万元、企业所得税减免9640.66万元。增值税小规模纳税人、个体工商户、小型微利企业“六税两费”优惠724.04万元，2849户；小规模纳税人减征增值税优惠227.47万元，285户。制造业中小微企业缓缴税费政策1493.6万元。建立完善政府融资担保体系，发展普惠制金融，化解融资难、融资贵问题，截至年底，全县各项存款余额291.67亿元，较年初增加42.65亿元，增长17.13%。各项贷款余额115.85亿元，较年初增加5.95亿元，增长5.71%，存贷比39.72%，新增存贷比13.95%。全力帮助企业渡过难关，保持健康发展。

【“放管服”改革】 2022年，县行政审批局持续深化“放管服”改革，开展“五减”行动。对县局所有行政许可事项进行了重新整理，按照《山西省行政审批事项服务指南编制规范》，对事项目录、办理流程、申请材料、办理时限等逐项修改，完善了事项类型、设定依据、申请材料、办结时限、压减时限、咨询和投诉电话等事项要素，结合工作实际，及时更新编制办事指南。截至12月底，全县政务服务事项实施清单1010项，“最多跑一次”清单29项，“零跑动”清单911项，“网上办”清单980项，“马上办”清单312项，“就近办”清单886项。对所有事项同步完善政务资源目录，保持100%更新。

深化“证照分离”改革。梳理整理山阴县“证照分离”改革事项73项，对所有涉企经营许可事项实行全覆盖清单管理。按照“证照分离”直接取消审批、审批改为备案、实行告知承诺、优化审批服务4种方式，2022年办理相关事项685件，惠及企业685家。在“承诺制+标准地+全代办”工作推进落实过程中，县行政审批局立足职能，引深“五减”专项行动，发挥集成审批优势，推行证明事项和涉企经营许可事项告知承诺制。在县局综合窗口、企业开办专区设置帮办代办人员，主动为办事企业、群众提供政策咨询、网办资料录入等全程帮办代办服务。依托山西政务服务网，采取“零跑动”服务模式，全流程在线办理行政许可审批事项，采用“云评审”，邀请省级专家队伍，依托移动设备和网络视频，对水保方案、环评等事项开展线上评审，确保疫情期间项目审批事项办理顺畅。积极推进市场主体登记“一网通、一窗办、半日结、零成本”，实现申请营业执照、刻制公章、申领发票和税务Ukey、员工参保登记、住房公积金缴存登记等业务0.5天同步办结。推行简易注销登记，拓宽简易注销范围，将简易注销时间由45天压缩到20天，及时为申请歇业的各类市场主体办理备案手续，1—12月注销企业316户，简易注销179户。

依托“互联网+监管”系统，让审批与监管第一时间在线上“互动起来”。县局审批结果第一时间推送到监管部门，监管部门获取审批结果后，第一时间将监管过程及结果反馈到“互联网+监管”系统。截至12月底，全县“互联网+监管”平台检查实施清单1007条，认领率99.9%；监管事项清单1007条，认领率100%；监管责任落实率97.23%，用户注册率93.42%；全县录入监管行为数96764条，监管业务数105165条，“双随机、一公开”296条，监管对象8033条，执法人员70条。

深入推进“双全双百”“跨省通办”“全省通办”工作。围绕企业、个人全生命周期，深入推进“双全双百”“跨域通办”工作，与山东省淄博市博山区行政审批局签署《“裕禄为民服务城市联盟”——政务服务“跨域通办”合作协议》，强化政务服务领域合作交流，通过线上“全程网办”+线下申报指导+异地帮办代办模式，对59个政务服务事项开展“跨省通办”，解决企业和群众易地办事需求，切实为群众办实事。加快推进水、电、气、热报装“一站式”服务。强化驻政务大厅窗口职能，对系统窗口需审批清单进行再梳理和精简合并，深层次简化“一站式申报”手续，精简审批环节、缩短审批时间，不断提升审批服务效能。山阴县行政审批局制定并发布了《山阴县水、电、气、热报装“一表申请”单》《山阴县水、电、气、热报装办事指南》，提升企业用水、用电、用气、用热接入效率和服务水平，进一步降低企业成本，激发市场主体活力。高效落实“一业一证”改革。通过流程再造，将饭店、小餐饮、美容店等28个办件频率高、涉及跨部门的行业，作为第一批改革重点，使市场主体进入特定行业涉及的多张许可证整合为一张行业综合许可证，做到“一证一行业、一章全覆盖”，12月30日，发出全县首张行业综合许可证。

【提升政务服务】 2022年，县行政审批局组织相关部门梳理12345知识库3648条，将“办不成事”反映窗口工作与“12345”政务服务热线受理工作紧密结合，实行“办不成事”反映窗口审批人员轮流坐班制，建立日常登记台账，每日向县政府汇总上报工单情况，每半月进行分析通报。纪检监察组对窗口受理、部门办理、群众回访等全过程进行跟踪监督，形成“受理—处置—办结—回访—监督”的闭环工作机制，办结率和群众满意度有效提升。截至12月底，全县受理转办“12345”政务服务热线工单11326件，已办结11187件，办结率98.77%；政务网好差评累计办件数89374件，好评数78680件，服务满意度100%，主动评价率98.06%；全县电子印章67种类型，系统内电子证照数据15422条，覆盖度95.52%。

信访工作

【网上信访】 2022年，山阴县受理网上信访事项575件，信访工作机构信访事项及时受理率100%，有权处理行政机关及时受理率100%，按期答复率为100%；国家级责任单位参评率85.62%，满意率96.35%；省级责任单位参评率81.14%，满意率99.44%。

【化解信访积案】 2022年，县信访局治理重复信访、化解信访积案工作，第一批中央信访联席办交办山阴县132件信访事项，第二批交办山阴县25件信访事项，已全部办结，办结率100%，并汇报山西省信访信息系统。全年，中央、省、市联席办交办山阴县共23件信访事项，县联席办以“抓党建促基层”专项活动为契机，制定印发《山阴县抓党建促基层治理能力提升信访矛盾“大排查大接访大化解”专项行动实施方案》，进一步明确了任务目标、化解措施，上级交办山阴县23件信访事项，已全部办结。

【创建清廉机关】 2022年，县信访局按照中共山阴县委办公室关于印发《山阴县全面建设清廉机关实施方案》的通知，信访局高度重视，认真贯彻落实，为推动全面从严治党向纵深发展，构建风清气正的政治生态，发挥廉洁教育基础性作用，认真开展了建设清廉机关一系列活动。召开全面从严治党和警示教育专题会议6次，认真学习贯彻习近平总书记关于加强作风建设的重要指示精神。通过学习观看警示教育案例、专题教育片，开展廉政专题党课和集体廉政谈心谈话等多种形式，教育全体党员和干部职工以案为鉴、警钟长鸣，纵深推进清廉机关建设。

【营造良好环境】 2022年，在全国和全省“两会”、“冬奥会”、“冬残奥会”、党的二十大等重要活动和会议期间，县信访局严格按照上级要求，县委、县政府安排部署，制定印发了全国、全省“两会”、党的二十大期间信访工作实施方案，为会议的顺利召开营造了良好的社会环境。

【信访宣传】 2022年，县信访局精心组织，结合工作实际围绕《信访工作条例》开展宣传活动，累计发放宣传资料400多份，受益群众500多人，户外广告宣传条幅20余条。同时为加大防范和处非条例的普法和防非宣传力度，提升全县人民群众对非法集资的防范意识和识别能力，积极参加了山阴县举办的防范和处非条例的普法和防非宣传活动。

【畅通信访渠道】 2022年，县信访局每天安排一名局领导陪访，及时化解初信初访案件，疏导群众心中之“堵”，解开群众心中之“结”，大大减少了信访积案的发生概率。同时，做好资料规范化工作，按照一案一册的原则，将接访记录及处理办理过程资料整理归档，努力实现信访业务规范化。

【矛盾排查化解】 县信访局积极开展矛盾纠纷排查化解工作。按照“排查得早、发现得了、控制得住、解决得好”的要求，坚持“预防为主、教育疏导、依法处理、防止激化”的原则，以排查解决因企业改制、工龄接续、养老保险续缴等引发的信访问题。全年共集中进行2次全方位、拉网式排查，召开7次信访联席会议，5次信访工作调度会议，认真分析研判，精准施治，做到了未访先知、接访有备。

中国人民政治协商会议山阴县委员会

综 述

【概况】 2022年是党的二十大召开之年，也是实施“十四五”规划、开启全面建设社会主义现代化国家新征程的重要一年。县政协党组坚持以习近平新时代中国特色社会主义思想为指导，深入学习贯彻党的十九大及十九届历次全会和二十大精神，全面贯彻落实习近平总书记考察调研山西重要讲话精神及中央和省委政协工作会议精神，坚决贯彻落实县委各项决策部署，团结带领广大政协委员、政协参加单位和机关干部，紧扣全县中心大局，充分发挥政协专门协商机构作用，着力在建言资政和凝聚共识双向发力上做实功、出实招、见实效，努力为打造“灵秀古城”、建设“新韵山阴”聚合力、增活力、添动力。

【加强政治建设】 2022年，县政协强化理论武装。坚持以党组理论学习中心组为龙头，以“关键少数”带动“绝大多数”的方式，统筹主席会、常委会等会议的集中学习，分批次、按界别安排委员参加政协有关会议，切实推动理论学习常态化长效化。坚持“第一议题”制度，及时传达学习习近平总书记最新重要讲话重要指示、考察调研山西重要指示精神，以及中央和省委、市委、县委相关会议精神，及时跟进全县工作大局。累计集中学习习近平总书记最新重要讲话40余篇，购买《党的二十大文件汇编》《二十大党章修正案学习问答》《党的二十大报告学习辅导百问》等辅导材料60余本。利用“学习强国”学习平台APP、“三晋先锋”、“好干部在线”、“政协智慧云”等学习平台，鼓励全体党员干部利用网络渠道，及时扩大学习范围，让网络学习平台成为党员干部自学强化理论武装的“加油站”。县政协在全县12个乡镇成立了政协工作联络组，组长由乡镇党委副书记兼任，方便了委员们密切联系群众，深入基层了解和反映社情民意，有效推动了协商工作向基层延伸，打通了委员履职“最后一公里”，进一步增添了基层政协组织的活力。扎实推进乡镇政协“有事好商量”协商平台建设，把政协制度优势转化为参与基层社会治理的工作中，进一步拓展协商参与面、覆盖面，切实提升协商活力、释放协商魅力。

参政履职

【提高政协履职水平】 2022年，县政协抓实专题培训。通过参加远程培训、开展委员培训和加强政策培训，营造浓厚学习氛围，不断增强履职意识、提升履职能力和水平，进一步提高反映社情民意信息工作的积极性和主动性，为助推山阴县经济社会高质量发展做出应有贡献。全年累计培训人员达350余人。

【建言献策】 2022年，政协山阴县委员会围绕县委中心工作，服务大局、融入大局，建言献策、积极作为，助力全县经济社会高质量发展，作为政协履行职责的重要着力点。强化调查研究。通过常委会议题专题调研，围绕乡村振兴、文化旅游、城市建设、转型发展等重点议题，开展大型调研活动，并分别召开了议政性常委会议协商，集中听取了县政府分管领导相关议题的通报，审议通过并报送了《关于培育壮大农产品龙头企业助推乡村振兴战略》《关于加快广武长城国家文化公园建设推进我县文旅产业协同融合发展》《关于提升城市品质增强高质量发展承载力》《关于加快推动转型发展构建现代产业体系助力经济高质量发展》4篇高质量的建议报告，为县委、县政府科学决策提供重要参考，得到了县委、县政府主要领导肯定性批示批转。通过专题议政会议调研。围绕“推进我县基本养老服务体系建设”专题视察调研，组织召开专题议政会议，为制定完善养老服务业发展规划提供了3方面8条意见建议。

【提案征集】 2022年，政协山阴县委员会强抓建言资政。提案工作创新发展，县政协十届二次全会共收到提案148件，立案146件，占提案总数的98.65%，截至2022年12月，交付的146件提案已全部办复，办复率达100%。社情民意提质增效，共收集整理各类社情民意180条。向省市政协报送信息60条，其中2条被全国政协采纳、8条被省政协采纳、13条被市政协采纳。以“社情民意”专刊向县委、县政府报送信息15条，其中6条得到了党政领导的采纳和批示。民主评议积极有为，县政协先后向政府办、组织部、公安局、检察院、法院等单位推荐了40多名委员参加征求意见和听证议证会议，对有关部门的依法行政情况进行监督、检查和评议，使监督活动更加深入、更有力度。

【营商环境调研】 政协山阴县委员会组织开展营商环境专题调研，切实加强与企业之间的沟通联系，知企业之所需，为企业提供更有针对性、更加务实的服务，优化办事效率，为企业提供了更好的营商环境。同时，围绕县政府着力办好的“民生实事和重点工程项目”，组织政协委员和相关单位负责人进行了专项视察，现场感受了山阴县产业发展、民生改善、重点项目建设等方面的成果，让委员们进一步了解了全县经济社会发展情况。

【助推产业交流合作】 政协山阴县委员会通过开展包联项目服务活动，聚焦项目发展的重点、难点、堵点、痛点问题，助企纾困解难、提振企业信心、激发企业活力。召开助力金融入企服务座谈会，县金融办、县内各金融机构、财政担保公司、县政协委员、企业家委员参加。座谈中，详细了解企业的金融需求和资金困难，并提出具体帮扶建议。不定期带领调研组到委员企业开展走访调研活动，详细了解企业经营发展情况，并就构建现代产业体系等方面的先进经验与做法探讨交流，就公司合作社发展前景提出合理化建议。督导各乡镇用心用力、抓紧抓好“抓党建促基层治理能力提升”专项行动工作，并就农村党组织建设、党建引领基层网格治理、乡村振兴等工作，与乡镇、村“两委”班子成员、党员干部和包联群众座谈交流，助推脱贫攻坚成果巩固拓展同乡村振兴有效衔接。

全年共接待13批次省、市政协、兄弟政协，分别就“防疫情、稳经济、保安全”“进一步健全完善社会兜底保障救助体系和工作机制”“文旅康养、乡村振兴、长城一号建管和运营、农村生活污水治理”“文旅产业、乳品企业、招商投资、农业机械化推广、支柱产业”“文化资源保护和开发利用”“加快‘六大基地’建设，推动朔州市现代特色农业提质升级”“加强文化遗产保护利用，推动市文旅产业融合发展”“全面落实义务教育‘双减’政策，促进教育高质量发展”“全面加强医疗卫生服务体系建设”“推进文物数字化建设”等课题，深入山阴县学习、考察、视察、调研，增进相互学习交流。这些视察调研活动分别被“爱山阴”“今日头条”等媒体平台进行了宣传报道，在社会上产生了很好的影响，树立了人民政协密切联系群众、服务社会的良好形象。

发展政协事业

【助推山阴发展】 2022年，政协山阴县委员会加强合作沟通，进一步完善与统战部门的工作交流机制，扩大统战影响力，促进大团结。经常邀请各党派团体和无党派人士参加政协组织的协商交流、专题调研、视察监督等活动。加强与工会、共青团、妇联、工商联、科协等人民团体委员的联系沟通，积极引导新社会阶层人士有序政治参与。广泛会聚团结民主正能量，鼓励和支持政协委员“走出去”，通过考察调研、文史资料交流等形式，进一步加强与上级政协、外地政协的沟通联系、联谊交往，发挥委员“形象大使”作用，讲述山阴好故事，传播山阴正能量、展示山阴新形象。

【党建工作】 县政协坚持把党的建设摆在突出位置，把准政治方向，夯实政治根基，提高政治能力，努力做对党绝对忠诚的表率、从严管党治党的表率、清正廉洁的表率，发扬自我革命精神，立正身、守纪律、严要求、拒腐蚀，始终保持共产党人的政治本色。深化党史学习教育。组织召开县政协党史学习教育总结大会，深入学习贯彻习近平总书记关于党史学习教育的重要指示精神和党史学习教育总结会议精神，认真贯彻落实全省、全市、全县党史学习教育会议精神，进一步总结提升、巩固拓展党史学习教育成果，激励全县政协系统以更加昂扬的姿态，助力全县经济社会高质量发展。严肃党内政治生活。通过召开县政协党组党史学习教育专题民主生活会、县政协机关党支部专题组织生活会和开展“形式多样、富有特色”的主题党日活动。切实增强机关党员干部和广大政协委员的社会责任意识，持续增强党组织的凝聚力、号召力、战斗力，激发广大党员干部发挥先锋模范作用，助力中心大局工作落地落实。

推动清廉机关建设。通过召开县政协机关全体干部会议。分别集中传达全省、全市、全县贯彻落实中央八项规定精神专题警示教育大会精神，以及全面建设清廉朔州推进会暨纪律作风整顿会议精神，切实把“严的要求、严的基调、严的规矩”贯穿政协工作始终，全力营造抬高标杆、争先进位、气正风清的工作氛围，努力以清正廉洁的从业操守助力全市高质量发展。开展党风廉政建设专题党课。组织党员干部学习《清风传家》《严以治家》等读本，进一步学习廉洁家风相关内容，把家风建设作为领导干部作风建设的重要内容，认真履行好党风廉政建设责任，以良好家风助力优良作风。

【履职服务大局】 2022 年，县政协继续做好文史资料编辑整理工作，充分发挥“存史、资政、团结、育人”的作用，把智慧和力量激发出来，把积极性和创造性调动起来，为持续打造“灵秀古城”、建设“新韵山阴”彰显“政协作为”、写好“政协篇章”。抓实宣传工作，深化与省政协报、省政协网站、智慧政协平台等省市级媒体的沟通，积极将县政协聚焦党政中心工作，主动服务大局的新风貌传播出去，进一步汇聚正能量、唱响主旋律。加强与县直主流媒体沟通，加大对政协调研视察、重要会议和重大活动的宣传报道。借助山阴政协微信公众平台、智慧政协平台，广泛传递党政声音、讲述政协故事、展示委员风采。此外，为全国政协编写《人民政协民主监督工作读本》和省政协报“全面从严治党——主体责任・书记谈”专栏提供了稿件。全年累计在省政协网报刊登稿件 10 余篇，在县内媒体、山阴政协微信公众平台刊登刊播稿件 80 余篇。2022 年，已安装云视讯视频会议终端，可联通全国政协及省市政协，政协云应用水平稳步提升。对重大事件、重要情况、重要社情民意中的倾向性苗头性问题，有针对地进行引导，做出工作安排。建立机关干部职工、政协委员思想信息收集、反馈、分析制度，通过召开座谈会、线上问卷调查等多种方式，掌握党员干部职工思想动态，加强正面引导，忠诚捍卫“两个确立”，增强“四个意识”，坚定“四个自信”，做到“两个维护”。

【自身建设】 2022年，县政协加强制度建设。重新修订完善《年度协商计划制度》《党对政协工作全面领导的制度》等10多项规章制度，深入推进履职制度化、规范化、程序化建设，确保政协工作有机制保障，基本做到有章可循，有据可依、有序运行。通过强化“委员政治责任、委员履职责任、委员联络工作、委员履职服务管理”等措施，进一步强化委员意识，认真落实习近平总书记对广大政协委员明确提出的“懂政协、会协商、善议政”和“建真言、谋良策、出实招”的殷切寄望，进一步夯实委员履职尽责的思想和能力基础，从而切实肩负起新时代的神圣使命，在各行各业和各自岗位中锐意进取、建功立业，合力谱写新时代人民政协事业发展新篇章。以改革精神和务实举措抓好自身建设，充分发挥民主党派、界别委员和专委会作用，不断提高政协机关工作的科学化、专业化、精细化水平，持续深化“五型”机关建设。扎实开展“清廉机关建设”，助推“清廉山阴建设”；开展干部作风建设提升年专项整治行动；加强机关效能建设，提升机关办文办会服务保障、综合协同的能力和水平；认真贯彻落实中央和省委《关于加强和改进新时代市县政协工作的意见》精神，积极探索县政协基础工作、人员力量“两个薄弱”问题的解决之道，坚持多管齐下，聚焦政协协商，完善制度机制，努力建设让组织放心、让人民群众满意的模范机关。

中国共产党山阴县
纪律检查委员会
山阴县监察委员会

综 述

【概况】 2022年，在市纪委监委和县委坚强领导下，全县纪检监察机关忠实履职、担当尽责，保持正风肃纪、反腐惩恶的战略定力，充分发挥监督保障执行、促进完善发展作用，全县纪检监察工作高质量发展取得新成效。

【深化改革】 2022年，山阴县纪委监委持续深入推进纪检监察“三项改革”，党对反腐败工作的集中统一领导不断加强。落实落细双重领导体制。严格执行请示报告制度，全年就重大事项向市纪委监委和县委请示报告90件次，报请县委主要领导批准谈话函询、初核、立案审查调查、党纪政务处分236人次，协助县委召开反腐败领导小组第八次会议。加强对基层纪检监察力量的领导，推进全县208个行政村（社区）全部达到“三员合一”，打通全面从严治党“最后一公里”。

完善纪法贯通法法衔接机制。严格执行省纪委《党纪政务处分执行工作办法》《监督检查审查调查措施使用办法》等制度，不断强化内控管理。由委机关审理、案管、组织、信访等科室，对11个派驻组、12个乡镇纪委的廉政档案及收发文管理、案件质量、问题线索处置等工作进行监督检查，通过树立典型、督促整改、纠正问题，不断深化纪检监察工作规范化法治化正规化建设。深入推进派驻（派出）机构改革。健全派驻（派出）监督领导体制和运行机制，严格执行“四项报告”制度，完善派驻（派出）机构与驻在单位党委（党组）情况通报、交换意见、定期会商、决定党员处分“四项协调机制”，理顺工作流程，规范工作程序，提升派驻（派出）监督效能。全年共处置问题线索177件，给予党纪政务处分40人，派的权威、驻的优势充分彰显。

【政治监督】 2022年，山阴县纪委监委深化运用政治监督，自觉担负起“两个维护”的政治责任。始终把学习贯彻习近平新时代中国特色社会主义思想和党的二十大精神作为首要政治任务，县纪委常委会“第一议题”学习28次，推动常委班子带头学、总支及支部钻研学、机关干部交流学“三管齐下”，不断领悟精神内涵，努力提高能力水平，进一步推动将理论学习成果转化为纪检监察工作新动力。紧紧围绕党的二十大精神贯彻落实加强政治监督。聚焦疫情防控开展专项监督，共批评教育帮助和处理45人，下发提醒函14份、纪检监察建议1份，约谈乡镇及有关职能部门主要负责人9人次。聚焦矿山企业瞒报生产安全事故等问题开展专项整治，起底问题线索8件，逐一申报复核，坚决防止瞒报。协助县委制定《全面建设清廉山阴实施方案》和《全面建设清廉山阴2022年工作要点》，明确60项重点任务，建立“专班会议、工作协调、落实报告、通报情况、强化督导、加强联系”6项运行机制，打造3个县直机关、3所学校、1家国企、1家民企、1家医院、3个村庄为创建清廉单元示范点，13家第一责任单位牵头，12个乡镇与县委同步，以“示范推行”带动“全域推进”。

【纠治四风】 2022年，山阴县纪委监委推动落实中央八项规定精神，纠“四风”、树新风持续发力。切实改进作风。落实县委安排部署，深入开展基层干部作风建设提升年专项整治行动，坚决查处基层干部中存在的不作为、乱作为等问题。工作开展以来，现场督促整改问题173个，累计处置相关问题线索93件，批评教育帮助和处理34人，立案查处30人，给予党纪政务处分28人。持续纠治“四风”。紧盯重要节点、关键人群，对享乐奢靡之风露头就打、严肃惩治。全县共查处形式主义、官僚主义问题

4件4人，给予党纪政务处分4人；查处奢靡之风、享乐主义问题7件9人，给予党纪处分9人。协助县委及时召开“落实中央八项规定精神专题警示教育大会”，对全县近年来查处的违反中央八项规定精神的15起典型案例进行通报，在党员干部中形成强烈震慑。通过建立健全“节前提醒曝光、节中监督检查、节后督促整改”机制，引导领导干部严以律己、廉洁过节。结合党员干部利用开发区资源谋取私利问题专项整治，督促细化招商引资接待、企业商务接待规定。严格执行党员领导干部办理婚丧喜庆事宜规定，倡导移风易俗，促进党风廉政建设，加强党员干部廉洁自律、改进作风。

监督惩治

【严惩基层腐败】 2022年，山阴县纪委监委持续整治群众身边腐败和作风问题，群众获得感、幸福感、安全感显著增强。坚决惩治基层“微腐败”。围绕巩固拓展脱贫攻坚成果同乡村振兴有效衔接开展专项监督，突出农村集体“三资”管理、惠农惠民、养老社保、生态环保、教育医疗等民生领域开展各类专项整治，共查处群众身边腐败问题和不正之风78件，批评教育帮助和处理120人，其中党纪政务处分112人；查处乡村振兴领域腐败作风问题18件，批评教育帮助和处理28人，其中党纪政务处分28人；查处惠民惠农等民生领域腐败和作风问题60件，批评教育帮助和处理82人，其中党纪政务处分76人。提升基层监督治理实效。扎实开展第一、第二阶段“三个一批重点村社”监督治理专项工作，强化监督，推动整改。共梳理问题13个，摸排十八大以来问题线索28件，已全部办结。针对涉及10户村民的2起矛盾纠纷案件，成立“分析研判组、矛盾调解组、政策解读组”解决争议，有效化解矛盾，促进基层治理和谐有序。巩固拓展“我为群众办实事”成果。持续推动房屋产权登记确权颁证“清零行动”，首次登记小区17个，首登房屋套数7746套，已全部办理转移登记，占比100%，成为全市第一家完成房屋产权登记确权颁证清零工作的区县。对自然资源领域“沙霸”“矿霸”背后腐败及“保护伞”问题线索开展“回头看”，对16件问题线索完成倒查。全年常态化开展“打伞破网”，共处理处分13人。

【深化政治巡察】 2022年，山阴县纪委监委持续深化政治巡察，工作质量提质增效。坚守政治巡察定位，常规与专项结合，派出5个巡察组对涉及第一、第二阶段“三个一批重点村社”监督治理专项工作的5个乡镇的5个村开展专项巡察，派出3个组对9个乡镇9个村的农村集体“三资”管理开展专项巡察，两轮专项巡察共发现问题180个，移交问题线索15件。按照十五届县委工作重点，编制《十五届县委巡察工作规划》，启动十五届县委第三轮常规巡察，派出3个巡察组对6家单位开展常规巡察，发现问题125个，移送问题线索6件。积极配合市委第二巡察组对山阴县巡察工作的指导督导；全力配合完成市委巡察组对山阴县3个乡镇3个村的农村集体“三资”管理的提级专项巡察，强化协调联动，督促被巡察单位认真查摆问题，全力推动整改。认真贯彻落实中央《关于加强巡视整改和成果运用的意见》，贯通纪检、组织、巡察力量，强化整改监督，夯实被巡察党组织整改主体责任，紧盯共性问题，督促举一反三、对照整改，推动规范运行、标本兼治。

【强化以案促治】 2022年，山阴县纪委监委坚持一体推进“不敢腐、不能腐、不想腐”，治理腐败效能不断提升。始终保持震慑不变、力量常在，强化“不敢腐”的震慑力。坚持严的基调强化正风肃纪，坚决惩治不收敛不收手、胆大妄为者，坚决查处政治问题和经济问题交织的腐败，坚决防止领导干部成为利益集团和权势团体的代言人、代理人。全年共处置问题线索696件，立案审查调查225件，采取组织处理444人，处分253人，留置并移送司法机关3人。持续开展领导干部岗位调动带上自己家乡工程队专项整治，谈心谈话28人次，28名异地在职领导干部填写《承诺书》。持续开展供销合作社系统腐败和作风问题专项整治，发现问题线索3件，已全部办结。持续推进以案促改、以案促治，彰显“不能腐”的约束力。用好纪检监察建议有力武器，先后制发建议书21份，有针对性地督促相关乡（镇）和部门汲取教训、深入查找问题根源、建章立制，建立健全制度21项，深入推进“不能腐”制度建设和监督机制建设，达到“发出一份建议、完善一套制度、解决一类问题”的效果。更加注重正本清源、固本培元，扩大“不想腐”的感召力。扎实开展常态化廉政教育，组织全县各乡镇、县直单位、条管单位约1500余人开展“守初心‘正家风’廉内助‘促清廉’”活动，筑牢家庭“廉政墙”，不断推动清廉山阴建设走深走实。涵养文化创品牌，按照“打造品牌、树立样板、全域推进”工作思路，精心打造县廉政教育警示展厅；精心创作微电影《白发亲娘》，荣获全国“清风廉韵”摄影展暨微电影展入围作品奖；精心推出新编廉政历史剧《王家屏》，并在《第三届山西艺术节廉政题材优秀剧目》线上展播和市县两会巡演，不断筑牢党员干部拒腐防变的思想堤坝。

【纪检监察队伍建设】 2022年，山阴县纪委监委从严从实加强自身建设，干部队伍能力素质稳步提升。坚持把政治建设摆在首要位置，注重发挥党建引领作用，建立党史学习教育常态化长效化机制，以上率下忠实践行“两个维护”。扎实推进清廉机关建设，实施“政治引廉、组织铸廉、制度固廉、监督护廉、文化育廉”工程，全方位提升机关党建实效。学习弘扬全国纪检监察战线先进典型，机关1人被评为全省纪检监察系统先进工作者、1人被评为全省纪检监察系统嘉奖人员。严格执行民主集中制，县纪委常委会带头抓好自身建设，全面落实领导班子议事决策规则、末位表态等制度要求。梳理完善内部规章制度16项，以制度的刚性提升干部队伍执行力。从品格、德行、能力等各方面综合考量，推荐选聘特约监察员7名，构建全方位立体式监督体系，严防“灯下黑”。不断加大学习教育培训力度，开展分级分类培训，组织全系统干部参加省、市纪委监委视频培训共31班次964人次、组织6人参加中国纪检监察学院线上培训、安排乡镇纪委书记跟班学习6班次12人、自行组织全员业务培训2次。对年轻干部实施推行“1+N”传帮带制度，加强对年轻干部的历练，着力为纪检监察事业高质量发展提供人才保障。组织实施机关内部绩效考核，强化杠杆导向作用，营造争先创优氛围，为干部干事创业搭建平台。

群众团体

工会

【概况】2022年，县总工会以习近平新时代中国特色社会主义思想为指引，深入贯彻落实党的十九大和十九届历次全会精神，特别是党的二十大精神。紧紧围绕县委、县政府和市总工会安排部署，有序有力有效推行工作，担当作为，充分发挥维权与服务两大职能，积极工作有热度，服务职工有温度，服务大局、依法履职，各项工作取得新进展，整体水平得到新提升，为推动全县高质量发展做出应有贡献。

【工会建设】2022年，山阴县基层工会组建工作扩面提质，山西超牌煅烧高岭土有限公司、山西景泽物流有限公司等51家企事业单位2487名职工加入工会组织。山阴县总工会积极推进新就业形态劳动者入会工作，取得了极大成效。现新就业形态劳动者已建会的有货车物流公司4家，吸收700名货车司机入会，家政服务公司联合工会1家（含3个家政公司），吸收67名家政服务员入会。截至年底，全县工会组织达到197家，工会会员29015人。

2022年，县总工会在企事业单位入会建会中，深入推进“职工之家”建设，指导建设工会阵地20余家。并在基层工会组建中坚持“六有”标准和“三告知、两报告、两宣誓”程序，在源头上把控，在质量上把关，确保成熟一家，组建一家，全面推进新建工会规范化建设，主动营造安全建会和规范建会的良好氛围，真正让“职工之家”从有一个“家”转变到用好一个“家”。

【职工帮扶】2022年，县总工会持续做好走访慰问工作。开展了“关爱职工清凉一夏”送防暑物资、送健康知识慰问活动，先后走访了县重点工程、县疫情防控医疗单位、城发集团、环卫、交警、保安大队及新就业形态外卖员、快递员、物流大货车司机等高温户外作业场所20余处，为酷暑下奋战在苦、脏、累、险，户外劳动者岗位人员，全县重点工程项目建设人员等职工送去2000余份价值40多万元的清凉物资及职工防暑降温知识手册。县总工会开展了“庆丰收迎盛会”走访慰问农民工系列活动，为农民工朋友们和农民工劳模送去工会组织的关爱与温暖。

建立健全困难职工家庭常态化帮扶机制。实现送温暖、金秋助学、医疗互助等工作常态化、制度化、规范化。持续实施职工大病互助，截至2022年12月，完成收缴第十七期（2023年）大病互助金，全县10894名职工参加大病医疗互助，共收缴互助金108.94万元，连续两年突破100万元大关，受众群体稳步延伸扩面。2022年度有62名职工得到互助补偿金74.66万元。2022年，县总工会帮助困难企业2家；向小微企业退还工会经费及筹备金365.41万元；向受疫情影响的中小微企业困难职工2050人发放“云闪付”消费券61.5万元。

【职工服务】2022年，县总工会积极建设户外劳动者爱心驿站，截至5月底已完成建站3个。其中青年西街爱心驿站符合省政府标准，提早完成省定民生实事项目，并于6月中旬获省、市总工会验收授牌。另外两个同太南路爱心驿站和中商街爱心驿站为省总工会标准站，三个站点运行良好。

【职工文化建设】2022年，县总工会相继开展了《女职工权益保护典型案例》普法教育、《女职工权益保护法》知识竞赛及“4·23”世界读书日职工书屋主题阅读交流活动、“5·12”护士节庆祝表彰活动。在6月2日与政法委联合举办了“喜迎二十大忠诚保平安”长跑活动；开展“华昱杯”职工篮球赛；开展“安全月”集中宣传咨询日活动；举办了“喜迎二十大　奋进新征程”山阴县2022年军民乒乓球联谊赛；举办了山阴县羽毛球混合团体邀请赛，来自朔州市六区县的较高水平羽毛球爱好者积极参赛，提升了竞赛水平，加强了技艺交流，创新了职工文体活动方式，丰富了山阴县职工的文体生活，搭建了六区县职工文体爱好者互动交流的平台。县总工会精心推进“妈咪小屋”“职工书屋”“职工活动室”等建设，联合打造县委党校、县纪委监委职工活动中心两个示范点，打造古城镇、机关二幼“妈咪小屋”两个，各项工作均取得一定成效。

【思想政治引领】 2022年，县总工会把坚持党对工会工作的领导贯穿于工作的全过程、各方面，自觉接受党的全面领导，深刻领悟“两个确立”决定性意义，坚决做到“两个维护”，主动扛起团结引导职工听党话、跟党走的政治责任。始终把学习宣传贯彻习近平新时代中国特色社会主义思想作为首要政治任务，第一时间学习宣传贯彻党的二十大精神，并制订工会系统党的二十大精神学习宣传计划。跟进学习习近平总书记关于工会工作最新重要讲话、重要文章和重要指示批示精神。守牢意识形态主阵地，强化工作宣传广角、视角，致力扩大工会工作宣传覆盖面、影响力。全年，县总工会工作在《山西工人报》《朔州日报》、山阴新闻、山阴组工、山阴橱窗等媒体平台宣传报道30余篇，宣传工作在全市工会系统走在前列。7月初，组织30余名工会干部、机关党员、一线职工及社会化工作者等，赴平型关纪念馆开展“庆祝建党101周年”主题党日活动，做到干部职工思想受教育、有启迪、有效果，政治引领得到新提升、取得新进展。

团　委

【“五四”活动】 2022年，共青团山阴县委开展纪念“五四”运动系列活动。贯彻落实习近平总书记“五四”寄语精神相关情况。在庆祝中国共产主义青年团成立100周年之际，联合各学校开展了系列活动，激发团员青年的时代责任感和使命感。团山阴县委联合山阴一中开展了“喜迎二十大、永远跟党走、奋进新征程”暨2022级新团员入团宣誓大会，使团员青年更加坚定了“永远跟党走”的理想信念；组织部分乡镇团员青年30余人到薛圐圙乡白坊村知青大院红色教育基地开展“忆知青岁月、传‘五四’精神”主题团日活动。

“五四”青年节前夕，团山阴县委组织来自学校、乡镇、非公领域的35名团员青年，开展“坚定不移跟党走建团百年青年说”竞演讲述活动，并在线上进行投票，10名选手获得“金牌演说家”称号并加入了团县委青年宣讲团队伍。

【青少年权益保护】 2022年，团山阴县委高度重视青年发展工作，暑期开展了丰富多彩、形式多样的大学生暑期实践活动，助力青年在活动中学知识，在实践中长才干。8月中旬，举办了“千企万岗促就业筑梦青春赢未来”大型人才招聘会，为山阴待业青年提供了求职平台。8月底，在省青少年发展基金会的资助下，助力全县20名高考学子圆梦大学。

共青团山阴县委开展维护青少年权益工作。充分发挥预防青少年违法犯罪工作领导小组的综合协调职能，以创建“清朗网络空间”、开展心理健康教育讲座等活动为抓手，逐步形成共青团主导协调、社会共同参与、事业化推进的服务和维护青少年权益工作体系。

【青年志愿服务】2022年，山阴县青年志愿者志愿服务全县疫情防控辅助工作。组织参加暑期实践的6名大学生为22名少先队员开展“安全知识讲座”志愿服务活动。组织部分中小学团员青年，少先队员参加山阴县下半年新兵入伍欢送仪式暨全民国防教育日宣传活动，激发青年学生的爱国之心、报国之志，树立了国防意识。

【少先队工作】2022年，共青团山阴县委始终以习近平新时代中国特色社会主义思想为指导，认真学习宣传贯彻党的二十大精神，深入贯彻落实习近平总书记关于少年儿童和少先队工作的重要论述，以《中共中央关于全面加强新时代少先队工作的意见》为统揽，全面深化改革，探索构建少先队社会化工作体系，夯实全团带队责任，推动少先队事业实现新发展。组织红领巾巡讲团开展“学习二十大争做好队员”党的二十大精神宣讲，持续开展“红领巾爱学习”网上主题队课，通过征文比赛、主题中队会、云队课等形式，广泛宣传习近平总书记对青少年的关心关怀，充分发挥少先队网络新媒体矩阵作用。激励体系完备完善，联合制定《2022年山阴县“红领巾奖章”二星章评选方案》，全面开展分批入队和“红领巾奖章”争章活动，实现荣誉激励体系纵向衔接、逐级推荐，少先队员光荣感显著提升。依托“六一”儿童节、“十一三”建队日等重要时间节点，全面铺开入队仪式、红领巾寻访、清明祭英烈、争做小雷锋等“喜迎二十大　争做好队员”主题队日活动，覆盖全县少先队员。持续开展党史学习教育，通过演讲、合唱、书法等青少年喜闻乐见的形式，引导少年儿童学习好、传播好新时代党的创新理论。

加强组织建设，全面完成全县学校少工委换届工作，规范建立少先队大、中、小队组织，保证少先队工作的活力。持续提升少先队社会化工作水平，抓好少先队校外实践教育，建成校外少先队实践教育基地4个，社区（村）少先队组织14个，开展红色教育打卡寻访活动，让少先队员们在主题鲜明的实践教育活动中砥砺品格、增长本领。牢记使命担当，持续加强少先队辅导员队伍建设。全面加强党对少先队工作的领导，落实少工委双主任制度，加强团建带队建、团教协作机制，形成团、教、队资源共享、阵地共建、工作共推的良好局面。落实辅导员年度培训计划，切实提升辅导员队伍政治素质和履职能力。构建党、团、队一体化工作格局，将少先队工作纳入中小学教育督导评估和党建工作规范化建设指标。指导督促各学校少先队大、中队辅导员重新聘任配备，落实中小学校大队辅导员层级配备，举办少先队辅导员职业技能大赛，以赛促学，以赛带建，引导和鼓励全县广大少先队辅导员不断创新进取。

【基层组织建设】2022年，共青团山阴县委不断加强基层组织建设，做好2022年“智慧团建”系统团员团组织关系转接，学社衔接、新发展团员录入、团支部对标定级工作。为推进共青团基层组织改革工作有序有效进行，团山阴县委发布了《关于选派优秀大学生到乡镇、学校团组织兼职锻炼的通知》、2023年“青春兴晋”大学生“返家乡”寒假社会实践等政策性公告，旨在为当地大学生搭建社会实践平台，为山阴全县经济社会发展培养锻炼一支综合素质高、基层经验丰富、善于服务群众的青年人才队伍。已有50名兼职团干部在各自工作岗位上开展工作。团山阴县委持续深入开展“社区青春”行动，号召引导山阴籍大学生就近就便深入所在社区积极参与社会基层治理、美丽乡村建设等社会实践，组织各中学团委就近就便开展“学生团员向社区报到”工作。

妇 联

【概况】 2022年，县妇联坚持以习近平新时代中国特色社会主义思想为指引，深入贯彻落实党的二十大精神、十九届六中全会精神、习近平总书记视察山西重要讲话重要指示精神和省十二次党代会、市第七次党代会和县第十五次党代会精神，习近平总书记关于妇女和妇女工作的重要论述，以妇女儿童得实惠为目标，以服务妇女、教育妇女、维护妇女合法权益为根本任务，组织妇女参与经济建设，引领妇女积极参与环境综合整治，带领妇女促进文化建设，为“打造灵秀古城，建设新韵山阴”贡献力量。

【妇联助力】 2022年，县妇联联合县总工会在县中医院举办庆祝“5·12”国际护士节暨表彰大会。营造关爱女医务人员及其家庭的良好氛围，传递娘家人的关怀。县妇联一行慰问女医务工作者家庭，送去慰问品，致以节日的亲切问候。举办基层妇联“领头雁”培训班2期。共计260余人次参加了培训，参加对象为县、乡、村三级妇联主席。共同蓄积能量“充电”，为妇联工作“强筋健骨”。

帮助山阴县“妇”字号种植、养殖、农产品加工等基地（合作社、企业）解决生产技术困难，省、市、县妇联在山阴县马营庄乡开展巾帼科技助农活动，专家组向旺升农业合作社负责人和社员普及了果树防冻、清园及控枝控花等方面的知识，现场进行了答疑解惑。齐心协力帮助农村妇女解决农业生产最需要、农村发展最迫切、农民群众最关心的突出问题，高质量服务农村妇女，激发农村妇女奉献乡村振兴的内生动力。助推乡村振兴战略，充分发挥妇女在整治家居环境、提升生活品质、拓展致富渠道、创新家庭教育等方面的特殊作用，进一步优化乡村卫生环境，激发基层“自治”活力，县妇联在全县范围内深入发动妇女群众，开展了“美家美户”推荐活动，共评选山阴县“美家美户”4户。

县妇联持续关注新业态新就业群体女性的工作情况及需求，充分发挥新业态吸纳妇女就业的功能，支持妇女参与新业态新模式从业人员技能培训，加大帮扶力度，多渠道帮助就业困难妇女实现就业，缩小男女转移就业差距；持续做好女性教育工作，用好女性学习平台，详细了解新业态、新就业群体领域的特点及需求，不断改进工作方式方法，有针对性地输出妇联特色服务，创业提能，锐意进取，引领妇女在创业发展中展新姿，在社会服务中立新功，在各行各业中夺新绩；加强指导，扎实推进在新业态、新就业群体中的妇联组织建设规范化、制度化，积极推动新业态行业协会妇联组织建设，打造新业态新就业女性群体服务阵地，认真做好新业态新就业群体妇女工作，通过“问情、解困、暖心、聚力”，增强她们的归属感、幸福感，最大限度地将新业态新就业群体女性团结到妇联组织中来。

【家教家风】 2022年，县妇联致力于以榜样力量带动全县广大妇女在经济、政治、文化、社会、生态文明建设中做出的积极贡献。全年共评出全国“最美家庭”1个、省级“最美家庭”1个、市级“最美家庭”25个、县级“最美家庭”63个。县妇联组织举办了“清廉家风”故事分享会。旨在通过家风故事分享，激发大家内心的情感共鸣，通过榜样的力量使廉洁文化内化于心，外化于行，筑牢家庭廉政防线。为充分发挥妇女和家庭在清廉建设中的独特作用，县妇联联合县纪委举办家庭助廉座谈会，提升对家教家风、传承重要性的认识，号召全县妇女要做传递良好家风、播种家庭文明的使者，为全县培育好家风、好家教，传递弘扬家庭美德贡献巾帼力量。山阴县妇联联合县民政局在全县范围内组织开展了留守儿童暑期关爱活动。通过送温暖、亲情连线、心理辅导、主题活动、志愿服务等，对留守儿童和困境儿童进行亲情陪伴、情感关怀、励志教育。

【妇女儿童维权】 2022年，县妇联在网格化服务管理中突出妇女权益保障工作的重要性，充分发挥网格化服务管理作用，将排查上报家暴性侵等权益隐患、违法犯罪线索以及婚姻家庭矛盾纠纷，基层妇联组织在村（社区）全部建立生活困难、留守、流动、残疾妇女儿童、失智失能老年妇女等重点人群和单亲、失亲、矛盾多的高风险家庭台账。进一步创新婚姻家庭矛盾纠纷多元化解机制，深化平安家庭建设，筑牢维护社会稳定和谐的基石，县妇联积极探索涉婚姻家庭矛盾纠纷“五色”分级预警处置机制，充分发挥“妇联主导+专家指导”的作用，通过绿、蓝、黄、橙、红五种“颜色”，由低到高分层预警，分级评估，有效联合县委政法委、县人民法院、县人民检察院、县公安局、县司法局、县民政局，从源头上抓好矛盾纠纷化解处置，有针对性地开展好婚姻家庭纠纷预防排查化解工作，解决各类矛盾9起，调解率100%。

县妇联利用“三八”节、“6·26”禁毒日、“12·4”法制宣传日等主题宣传日为契机，开展街头宣传、展板展示等各具特色的普法宣传活动。围绕“法治山阴·巾帼在行动”主题，开展“三八”维权周活动。通过悬挂横幅、发放彩页等，重点宣传男女平等基本国策、妇女权益保障法、反家庭暴力法、民法典等与妇女生活密切相关的法律法规，同时教育妇女时刻提高警惕，防止拐骗。进一步增强广大妇女群众的法律意识和法治观念，提高广大妇女群众依法维权能力和水平，不断增强妇女儿童的获得感、幸福感和安全感。县妇联还充分发挥山阴妇联公众号、乡镇妇联主席微信群、村妇联主席微信群和机关妇委会微信群的舆论阵地作用，面向广大妇女群众宣传好党的一系列重要思想、重要观点、重大论断、重大举措，牢固树立“四个意识”，坚定“四个自信”，引领妇女坚定不移听党话、跟党走。2022年县、乡、村妇联开展法制宣传6次，法治活动讲座2场，受益人数1万余人次。

【基层妇联】 2022年，县妇联为持续扩大“妇女微家”的影响力，积极选树“妇女微家”优秀典型，示范带动全县妇儿活动阵地建设，真正将微活动落到基层，将微服务送到妇女群众身边。把好美·邑家妇女微家建设延伸到了企业、学校和煤矿等妇女生活的各个领域。城乡共建妇女之家、妇女微家200多家，打通了妇联组织服务群众的“最后一公里”，不仅让广大妇女在身边就能得到及时服务和帮助，而且能带动广大妇女在活动中参与、在参与中受益、在受益中发展、在发展中彰显巾帼时代风采。

【妇联建设】 2022年，县妇联始终把党建工作列入党组的重要议事日程，与业务工作同部署、同检查、同考核、同总结。落实“一岗双责”，形成了党组书记带头抓、其他成员分工抓、一级抓一级、一级带一级、层层抓落实的工作格局。并充分利用“学习强国”学习平台APP“三晋先锋”学习平台，引导党员干部不断增强政治判断力、政治领悟力、政治执行力，切实增强“四个意识”、坚定“四个自信”、做到“两个维护”、胸怀“国之大者”。组织机关干部第一时间观看党的二十大全国代表大会，聆听习近平总书记所作的重要报告。号召各级妇联要以“赶考”的清醒和坚定，牢记领袖教诲、紧跟核心奋斗，紧紧围绕党和国家工作大局，找准贯彻落实党的二十大各项新部署新要求的切入点、结合点、着力点，把党的二十大精神转化为谋划妇联工作的新思路，以服务中心围绕大局新成效，推动新时代妇联工作新发展。结合妇联工作，妇联如何贯彻落实党的二十大精神，从男女平等基本国策第三次写入党代会报告中讲起，着重就报告中关于男女平等基本国策、重视女性干部培养选拔、家庭家教家风建设等涉及妇女儿童事业发展和妇联工作的内容进行解读。

科　协

【概况】 2022年，山阴县科协在中共山阴县委的坚强领导和市科协科学指导下，坚持以习近平新时代中国特色社会主义思想为指导，深入学习党的二十大精神和习近平总书记考察调研山西重要指示精神，围绕全方位助力推动全县各项事业高质量发展，团结和带领全县科技工作者，坚守初心、踔厉奋进，圆满完成年度目标任务，为打造“灵秀古城”、建设“新韵山阴”做出积极贡献。

【大众科普】 2022年，在严峻的新冠疫情防控形势下，县科协坚持以线上线下相结合的方式，面向大众开展常态化科普。联合多个部门举办“科技工作者日”“全国科普日”等节庆活动，通过展示科普展板，发放科普图书，开展现场咨询展演等活动，营造学科学、爱科学的氛围，提高山阴县公民防疫、防灾、增产、增收等科学技术知识；组织青少年代表开展“2022年高校科学营”线上系列活动，激发和引导青少年爱科学、学科学、用科学，从书本理论中和应用实践里深刻感悟科技的力量和创新的智慧；县科协线上科普设置了50多个科普栏目，2022年通过微信公众视频号、快手、抖音账号等制作发布科创视频200余个，粉丝都近万人，最高单个视频播放量达到15万人次，收到了非常好的效果。

【科普示范县】 2022年，山阴县科协多措并举夯基提质，着力巩固科普示范县。以迎接2021—2025年第二批全国科普示范县验收为契机，县科协采取一系列创新举措，着力增强科普事业基础和发展后劲。全县12个乡镇全部建立“3+1”科协组织并完成换届，各项相关工作机制进一步完善；全县人均科普经费达到2.31元；中小学均配备了专兼职科学教师或科技辅导员；专业技术协会、奶牛协会、蔬菜协会等覆盖了全县涉农乡镇。现有的9家省、市级科普示范基地运行良好，此外，在桑干河国家湿地公园建设了科普宣教馆和科普长廊，在县政府广场建设了高标准的灯箱科普长廊，在合盛堡乡建设了旱作农业科普馆，在岱岳镇建设了手工制品科普馆；县属中、小学80%以上建设了科技活动室；全县90%以上的农村和社区都建设了科普宣传栏。全县注册科技志愿者队伍更加壮大，利用各类文化设施、党群服务中心等建设科普阵地，科技志愿服务活动常态化。

【试点城市】 2022年，山阴县科协持续发力，巩固“科创中国”试点（山阴县是首批“科创中国”山西试点城市）和智库建设（首家山西省科协科技创新县级智库试点——山阴县桑干河智库），开展科普惠农服务，助力企业转型升级。吸收全县100多家产业集群内龙头骨干企业和特色优势企业加入“山阴县企业科创联盟”，及时征集反映产业情况、问题和企业诉求，同时，依托“智库”成员单位，组织相关专家、科创团队，为企业实施数字化、网络化、智能化、绿色化制造“把脉会诊”，推动需求方、揭榜方对接洽谈，加强全过程沟通衔接，促进成果落地。邀请知名院士、专家实地或进行线上交流研讨，聚焦山阴县煤化工、钙化工、乳制品、小杂粮、中医药等领域发展难题，提出升级改造方案，推动人才引进、项目对接和技术转移转化，指导和推动山阴县产业全面发展。

【科普惠农】 2022年，山阴县科协组织机关职工和科技志愿者，围绕乡村振兴所涉领域技术需求，收集智库最新科研成果，组织编印了《果蔬食品制造科技成果汇编》，印制疫情防控、科学种植养殖等科普宣传册、台历等科普资料，巡回12个乡镇、40余个村庄，开展科普惠农下乡宣传服务活动，把最新产业科技成果引进推送到农民家门口，为乡村振兴提供了科技支持，受到各乡镇干部、群众的欢迎。

【建设清廉机关】 2022年，山阴县科协以党建为引领，加强机关自身建设。把党的政治建设摆在首位，坚定政治信仰，强化政治领导，提高政治能力，净化政治生态，始终在政治立场、政治方向、政治原则、政治道路上同党中央保持高度一致。旗帜鲜明讲政治，坚决贯彻落实中央重大决策部署，经常检点审视省委、市委、县委各项部署要求落实情况，确保令行禁止、政令畅通。以“干部作风建设提升年专项整治行动”和“清廉山阴建设”为契机，持续加强机关干部队伍建设，制定、完善机关各项规章制度等规范性文件。力戒官僚主义、形式主义，聚焦四风问题、不担当不作为、违反中央八项规定精神等群众反映强烈的突出问题，开展警示教育活动。通过观看警示片、参观廉政教育基地、学习典型案例、上廉政党课、开展线上廉洁教育活动等方式，对党员干部群众进行广泛深入的廉政教育，引导他们树立正确的人生观、价值观和世界观，清清白白做人，堂堂正正做事，做清廉干部，创清廉机关。将严明纪律作为从严治党的总抓手，严格落实一岗双责、党政同责，坚持立足全面，既突出关键少数又面向全体党员，强化班子成员对各自分管领域党风廉政建设责任，确保管党治党有重点、无盲区。精准把握运用监督执纪“四种形态”，旗帜鲜明支持纪检监察机关执纪问责，加大对重点工作以及涉及群众利益问题监督检查力度，做到问题早发现、早提醒、早处置。

工商联

【全面从严治党】 2022年，县工商联积极推进党风廉政建设主体责任的落实。主要领导带头遵守中央“八项规定”以及省、市、县委关于党风廉政建设规定要求，带头坚持廉政承诺等。不断强化班子成员“一岗双责”意识，明确谁主管、谁负责，谁负责、谁承担责任的党风廉政建设责任机制，形成了“一把手负总责、分管领导各负其责、班子成员齐抓共管”的工作机制。坚持把党风廉政建设工作纳入领导班子的议事日程和单位目标管理，着力抓好责任分解、责任考核、责任追究等关键环节。坚持党建工作与业务工作同研究、同部署、同落实、同检查、同考核，进一步推进党风廉政建设责任制的落实。

【清廉机关】 2022年，县工商联要求机关党员干部严格执行《关于新形势下党内政治生活的若干准则》，认真落实党风廉政建设主体责任，进一步明确了具体要求。要求机关党员干部严格按照学习计划深入学习党的二十大精神、《中国共产党廉洁自律准则》、《中国共产党纪律处分条例》、《习近平谈治国理政》第三卷和第四卷等重要内容。充分发挥廉政教育润物细无声的作用，要求所有机关干部填写《山阴县工商联建设清廉机关个人承诺书》，齐抓并举推动“清廉机关”建设。扎实开展党风廉政教育活动，通过讲授廉政党课，进一步提高党员干部对党风廉政建设的认识，增强廉洁自律和拒腐防变意识。

【清廉民企】 2022年，县工商联全面推进清廉民企建设，不断营造崇廉倡廉守廉氛围，培育清廉企业文化，促进“两个健康”，进一步推动全县民营经济高质量发展，组织26位民营企业家开展“守初心‘正家风’廉内助‘促清廉’”警示教育活动，通过参观廉政展厅、在廉政承诺版面上签名、集中观看警示教育片《行贿者说》，企业家进一步提升了遵纪守法、廉洁自律的自觉性和警觉性。紧扣“建设清廉山阴”主题，组织民营企业家观看新编廉政戏《王家屏》，实地走访王家屏纪念园，增强民营企业家建设清廉民企的意识和理念。从“紧跟党的领导、筑牢法治底线、信守契约精神、重视制度建设、弘扬清廉文化”五个方面向全县民营企业发出了“推进清廉民企建设”的倡议，共发放倡议书5000份。通过倡议进一步营造了全县民营企业风清气正、干事创业的良好氛围。

【调研服务】 2022年，县工商联全年深入走访会员企业28家，收集企业意见26条，反映企业情况5次，助推问题破解2个，及时宣传惠企政策，努力推动助企纾困政策落到实处。

【成立商会】 2022年，县工商联协助促进太原市山阴商会成立。2022年8月6日，太原市山阴商会成立大会在太原举行，商会吸纳了山阴籍太原民营企业会员95家，为山阴籍太原民营企业家抱团发展搭建了平台，为实现驻地与家乡发展的“双赢”目标奠定了基础。

【万企兴万村】 2022年8月31日，县工商联组织召开了“万企兴万村”山阴县行动启动会，强调，“万企兴万村”各成员单位要扛稳政治责任，发挥各自职能，为“万企兴万村”行动开展提供有力支持和坚强保障，把乡村振兴和企业发展结合起来，共同推动工作取得实质性进展，形成村企互利共赢的良好局面，确保“万企兴万村”取得实效。年底，有6家民营企业申报“万企兴万村”行动省级试验项目。

军 事

人民武装

【概况】 2022年，是“十四五”规划的承上启下之年，也是建军95周年。面对错综复杂的百年变局和跌宕反复的世纪疫情，山阴县人民武装部（以下简称县人武部）在军分区党委和县委的领导下，坚持以习近平新时代中国特色社会主义思想和习近平强军思想为指引，突出政治抓引领，聚焦备战谋打赢，扭住关键强班子，重心下移打基础，坚持听党指挥、践行职责使命、抓好主责主业、深化军民融合，人武部全面建设取得新的进步和长足发展。

【战备训练】 2022年，县人武部修订完善人武部3类39个战备方案及配套计划，跟进修订“一总三分五配套”方案。补充本级战备器材共计150余件套，协调县政府为各乡镇配套应急器材，划拨武装工作经费（各乡镇每年3万元）和专武部长工作补贴（每人每月400元）。4月，组织民兵165人次紧急扑救山阴县下喇叭乡山火，有效发挥应急防火主力军作用。应急处置马营乡一起军用无人机坠毁事件，最大限度保护辖区人民群众和驻军部队利益。组织民兵队伍参与“中部盾牌·太行—2022”实兵演练，历时一个月，圆满完成康庄飞机跑道启用任务，进一步提升山阴县民兵遂行作战任务能力。狠抓军事训练落实，严格每天1小时体能训练、每周2次出早操。抓实部首长机关训练计划落实，坚持专武干部集中办公训练制度。组织基干民兵在市国防教育基地开展为期12天基地化轮训，完成共同基础、专业技能、分队任务等科目训练，进一步提升基干民兵应急备战能力水平，受到军分区首长、机关充分肯定。

【后备力量建设】 2022年，县人武部结合辖区实际，联合县政府出台文件《关于加强煤炭行业系统民兵建设的通知》，实现由过去的企业编兵到现在的行业编兵转变，推动了民兵应急力量建设与辖区优势企业的融合发展。2—4月，先后到各乡镇、交通局、公路段、卫健体局等10多家单位和32家规模以上企业进行走访调研，收集汇总民兵潜力数据，精准录入民兵潜力系统。4—6月，完成基干民兵、普通民兵编组任务，新质力量达到19.23%。6月，积极迎接上级民兵整组检查，取得全市第二的好成绩。大力宣扬拥军光荣，联合县委宣传部组织2022年秋季新兵入伍欢送会暨全民国防教育日宣传活动，对近年来立功受奖的现役军人和关心国防先进个人（马营乡水泉村民兵连连长赵学用在军用无人机残骸搜寻行动中做出突出贡献）进行通报表彰，并为家属代表颁奖；组织社会各界人士及入伍新兵参观军事装备和山阴武装工作图片展，社会反响强烈，被中央军委机关网、中国军网、山西省退役军人事务厅官网等15家媒体广泛宣传报道。

【征兵工作】 2022年，县人武部针对“一年两征”任务安排和优先征集大学毕业生兵员的目标要求，积极从教育、卫健、人社及防疫系统入手，精准掌握辖区适龄青年底数，收集近六年来山阴籍男大学生信息。按照突出重点、属地负责的原则，采取人盯人、面对面、手拉手的精确宣传征集新兵。利用征兵宣传车深入全县200多个村镇进行针对性宣传，利用电视台、广播、电子屏循环播放征兵广告，对全县大学生开展定点电话宣传，“一对一”讲解征兵政策，答疑解惑，吸引大学生参军入伍。为实现廉洁征兵目标，及时公布县征兵领导小组人员名单以及省市县三级廉洁征兵监督电话，通过各级各部门共同努力，完成年度征兵任务。

【民兵基地化训练】 2022年，县人武部进一步提升基干民兵组织力和战斗力，增加防火分队综合作战能力，依托市国防教育训练基地，成建制组织部分普通民兵和基干民兵为期12天的集中训练。严格按纲施训，狠抓军事理论、共同课目、森林灭火专业训练、任务行动演练4项内容，突出以军事理论、战备常识、单兵战术基础、轻武器射击、卫生与救护、伪装与防护为主要内容基本训练，突出以灭火救灾装备器材操作使用和防火综合演练为主要内容专业训练，采取分批自训和集中轮训相结合的方法，坚持训一项、考一项、结业一项，有效提升队伍素质。集训中，采取连队化管理模式，严格组织升国旗、出操点名、队列会操、军容风纪检查、内务卫生评比、饭前唱歌等活动，不断强化作风养成，确保集训全程正规有序。

【国防教育】 2022年，县人武部积极参与全民国家安全教育日宣传活动，发放宣传书籍及资料500多份。在全县交通干线和公共场所设置宣传标语，打造国防教育宣传广场和双拥宣传一条街。将国防教育列入党校干部培训，在山阴县第六小学组织国防教育示范学校授牌仪式，组织所有中学新生开展军训，组织各学校利用手工报、小广播等形式开展国防教育，在全社会营造了深厚的爱国拥军氛围。

【双拥共建】 2022年，县人武部认真落实党管武装工作制度，不断巩固密切军政军民关系。春节期间，协调县领导对22户立功军人家庭上门走访慰问，送上立功喜报、发放荣誉金、悬挂“功臣之家”光荣牌匾，在电视台宣扬先进事迹，在全社会产生良好效应。联合县退役军人事务局在春节、“七一”和“八一”等节日广泛开展走访慰问活动，协调县政府投入30多万元慰问退伍老党员和全县现役军人军属。联合县团委到县小学开展国防教育宣讲活动，获评“山阴县少先队校外实践教育基地”。7月，对接山阴县第六小学，开展军营开放日活动；聚焦“忠诚维护核心、矢志奋斗强军”主题，与山阴县太行村镇银行联合开展“迎‘七一’、忆初心”主题党日活动。“八一”前后，联合地方开展“喜迎二十大　奋进新征程”国防教育主题文艺会演、庆“八一”“双拥杯”象棋竞赛、军民乒乓球联谊赛，推动山阴县“双拥”工作再上新台阶。积极开展消费帮扶。按照国动部通知精神，拿出年度伙食经费的10%（2万元），与超市签订专项合作协议，到下喇叭乡冻牛坡村开展消费帮扶物资采买工作，助力乡村振兴。

【思想政治建设】 2022年，县人武部加强思想政治建设，深入学习习主席系列讲话精神，认真开展“忠诚维护核心、矢志奋斗强军”主题教育，不断提高所属人员政治判断力、政治领悟力、政治执行力。严格落实每周四政治教育、每月党委中心组理论学习和党日活动制度，常态组织形势战备、职能使命、安全保密等系列教育，时刻关注官兵思想动态。深入开展“四严四整”教育整训活动，着眼政治之年的特殊要求，切实强化政治责任，硬实政治举措，严守政治红线，确保部队高度集中统一和安全稳定。聚焦党的二十大，深刻领会报告的精神实质、核心要义，把学习宣传贯彻党的二十大精神作为当前和今后一段时期的首要政治任务，先学一步，学深一层，精读精学，落实落细，为全体党员及时购置学习书籍，组织官兵开展专题辅导。组织全体干部、文职、职工收听收看党的二十大盛况，及时跟进学习宣传贯彻党的二十大精神，收听收看党的二十大开幕会直播；集中学习研讨党的二十大报告，第一时间让党的二十大精神进课堂、进头脑，并组织全体人员撰写心得体会；以党的二十大精神为主题，对办公楼、营院公共区域进行政治氛围营造；围绕学习宣贯党的二十大精神、扎实开展“学报告、悟思想、聚合力、谋打赢”党日活动，推进各项决策部署笃信笃行，真正激发全员建功创业内生动力。开展国防教育“六进”活动，推动国防教育进机关、进学校、进企业、进社区、进乡村、进网络，在全县各乡（镇）、学校、社区、绘制国防教育标语共计20890.7平方米、国防教育宣传画154.29平方米，实现国防标语全覆盖。编写国防教育读本《洪涛烽火光耀后人》并下发学校，受到学校师生的热烈欢迎，得到省“双拥模范县”考核验收小组的高度认可。积极推进军营文化与企业文化融合建设，与编组单位结成党建和文化互助对子，确保民兵教育质量效果。

【安全管理】 2022年，县人武部牢固树立系统建设和大安全观，坚持把抓安全与打基础、保稳定与抓落实结合起来整体推进。常态化组织全体官兵进行安全保密、“四反”教育，及时学习上级通报和典型案例，确保安全意识在官兵头脑中深深扎根。以迎接安全大检查为契机，扎实开展专题分析安全形势会，每周组织安全检查督导，每月开展安全隐患排查，做到早排查、早发现、早处置，不断夯实单位安全基础。以“百日安全”活动为牵引，深入学习上级相关文件精神，针对“人车枪弹密”等17个方面进行全员教育、常态化检查，严格落实人武部日常工作，扎实开展隐患排查和问题整改，持续夯实安全基础，人武部正规化建设水平和安全管理效能得到全面提升。

【综合保障】 2022年，县人武部将有限财力向主责主业、中心工作靠拢，用于支出战备训练、备战打仗，占全年预算总支出的64.07%。9月，党委研究通过追加经济保障用于战备训练，调整后支出占全年预算总支出67.77%。聚焦战备支出项目，压实工作责任，全年战备训练支出占战备训练预算总支出的90.82%。推进后勤工作规范化制度化落实，定期完成驾驶员年度审验、车辆保养维护等工作。完成单位食堂副食品及原材料采购招投标工作、国防坑道修复工作。扎实开展资产管理工作，完成人武部固定资产1470笔打码贴签。建立问题台账，梳理33笔报废资产处置，核查账面固定资产盘亏情况，收集印证资料，完成全部（2笔）账面盘亏资产处理相关工作。

【慰问军人军属】 2022年春节来临之际，县人武部积极协调县退役军人事务局以及各乡、镇党委政府，大力开展走访慰问现役军人军属和优抚对象活动。由县退役军人事务局向县政府申请经费，统一购置多份节日慰问品，人武部按照军分区统一安排为全县现役军人军属制做富有国防特色的春联、年画、灯笼等。元旦过后，为精确掌握军人军属数据，人武部发动广大专武干部和民兵骨干，县按照行政建制，逐个统计军人军属情况，协调退役军人事务局筹备组调用现役军人军属登记数据库进行比对，精确掌握县区军属分布、家属住址、联系电话和生活状况等情况，为走访慰问提供数据支撑；为全县营造出军属光荣的良好氛围，进一步提升军人军属的荣誉感和自豪感。

【专武干部集训】 2022年，县人武部按照军分区军事训练指示和人武部年度工作安排，结合疫情防控变化和年度战备训练、民兵整组和征兵工作需要，组织全县专武干部进行集中训练，按照“强化职责定位、提升能力素质、推进工作落实”的思路，通过学理论、抓管理、强素质、练体能的方法，突出解决基层专武干部“号令意识不强、业务素质不精、工作标准不高”问题。集训主要针对前期人武部遴选参加省军区专武干部比武中暴露出专武干部职责定位不准、能力素质不高、号令意识不强等问题，通过学制度明确职责定位、练业务提升能力素质、抓管理强化号令意识。经过集训，使专武干部进一步认识到基层武装部工作的重要性，强化了号令意识。集训采取集中授课与体会交流、课堂辅导与考核评比相结合的方法，将理论授课与业务训练交叉进行，集中安排了《山阴县基干民兵分队党组织预建实施办法》《民兵营连部阵地建设标准》《民兵军事训练大纲》等法规的学习，聘请民兵教练员组织队列训练教学法、识图用图、森林火灾扑救等科目训练，通过科学合理的安排，确保了训练质量和标准，为人武部首长机关、专武干部和民兵分队训练落实打下坚实基础，为完成国防动员工作和遂行应急应战任务提供有力支撑。

【国防动员潜力调查】 2022年2—5月，根据民兵调整改革需要，为适应经济社会发展，准确全面地掌握辖区国防动员潜力，山阴县国防动员委员会根据国防动员法和上级指示精神，积极全面和扎实细致地开展辖区国防潜力数据调查。县人武部积极协调各办公室、各乡镇组织召开潜力调查任务部署会，成立领导小组，对潜力调查任务进行组织筹划，制定下发《组织整顿潜力调查实施方案》。潜力调查期间，人武部主官协调县主管武装工作的副县长2次深入各办公室调研工作、了解情况、解决实际困难，有力地促进了潜力调查工作落实。

【民兵阵地建设】 2022年，县人武部为全面贯彻落实上级民兵整组方案，推进民兵阵地规范化、标准化建设，实现民兵“双应”能力提升，做好迎接省市民兵整组检查，突出抓了各乡镇武装部和民兵营连部的阵地标准建设，2次召开任务推进会，进一步明确了基干民兵阵地建设标准，制作了3个规格5种样式的图表板面，规范了3大类9种软件资料，使山阴县民兵阵地建设向前迈了一大步，实现了乡镇阵地覆盖率和达标率双100%，村级阵地覆盖率达到100%，达标率达到95%，有力地促进了民兵阵地规范化建设。

法 治

政法委与综治

【概况】2022年，山阴县委政治委认真贯彻落实中央和省委、市委政法工作会议部署，坚定捍卫“两个确立”，坚决做到“两个维护”，始终坚持党对政法工作的绝对领导，以二十大安保为主线，以服务保障全方位推动高质量发展为主题，以转型综改牵引性集成改革试点项目为核心，以扫黑除恶斗争和政法队伍教育整顿常态化为关键，按照一条主线、两件大事、三大亮点、四个重点、五项举措的“12345”工作思路，努力为建设更高水平的“平安山阴”“法治山阴”提供坚强的法治保障。

【基层网格治理】2022年，山阴县委政法委以全省转型综改牵引性集成改革和党建引领基层网格治理“双试点”为契机，推行“一三五十”工作模式，全力打造党建引领网格治理标准体系。坚持党建引领、突出3个到位、健全5项机制、建立10项清单，探索路径、总结经验，推动“组织指挥、网格吹哨、党员冲锋”，全力构建网格化管理、精细化服务、信息化支撑、制度化推进、常态化开展的基层治理标准体系，实现“基层大小事一网覆盖、群众急难事及时响应、最后一公里畅通直达”。坚持把加强党的建设贯穿网格治理全过程、各方面，依据各网格实际情况，科学设置党支部、党小组，制定《山阴县网格党支部规范化建设标准（试行）》，明确工作职责、运行机制、考核奖惩等5项具体要求，推动党建工作与管理服务有机融合。全县已建立普网党支部282个、党小组49个；设置微网党小组1028个、确立党员中心户552户；吸纳村（社区）党员4000余名，实现党组织和党员全覆盖。建立党员积分管理和联户制度，坚持日常记录和定期评议相结合，重点解决群众身边急难愁盼问题，有效提升群众满意度和获得感。全县安排4127名党员包联困难群体和特殊人员2.1万户，1655名在职党员兼职网格员开展8小时以外志愿服务，累计帮助群众解决实际困难和问题652件次。规范工作考核，将网格内的党支部工作纳入党组织书记述职评议考核，并将联系服务群众的具体成效与党组织评星定级、党员积分制结合起来，实行“月排名、季通报、半年评议、年度总评”，做到奖优惩劣，激励担当作为。年内，已对367名党员授挂“党员示范户”。

网格设置科学精准，服务科学周密。聚焦基层治理的全环节、全周期、全要素，合理布局网格，凝聚工作合力。按照“规模适度、界限清晰、无缝覆盖”的原则，有效搭建“横向到边、纵向到底、全面覆盖”的综合性网格，设置网格到位。细化普通网格与专属网格（指以林田、路井、学校、商圈等划分的网格），实行统一编码管理。特别是将林田路井、矿产资源、河流沟壑等风险隐患点纳入网格管理事项，实现乡村治理所有要素入网、所有事务进网。依托乡、村和社区综治中心，打造“网格客厅”，便于交流经验、疏导情绪。县乡村三级已累计开展各类培训21次、培训人员3000余人次；开展疫情防控、禁燃禁放、矛盾化解等志愿活动233场次。聚焦网格治理存在的堵点卡点问题，健全完善了5项工作机制，着力实现规范管理、高效运行。在制度建设上，建立并实行上岗公示、巡查走访、情况报告、工作例会、分流指派、协调督办等9项具体管理制度。在日常事务上，建立准入机制，凡网格清单外的事项，以及需网格员协助开展的工作，实行申报审核制。在问题处置上，明确网格事项闭环处置流程，建立问题线索发现、上报、交办、处置、反馈、办结6个方面的闭环处置模式。在管理联动上，建立联席会议制度，厘清成员单位部门职责，建立以县综治中心为中枢，乡镇党群服务中心为主体，村（社区）党组织为基础的县、乡、村三级运行的实战管理体系，形成各司其职、整体联动的工作格局。在考评考核上，制定网格员考核考评细则，建立网格员工作报酬逐年增加制度，推动网格员队伍建设职业化、专业化。在落实工资待遇、缴纳“五险”的基础上，已将3名网格员推选为“两委”主干，19名网格员推选为社区“两委”成员。服务事项清单式管理，项目化推进。制定信息采集维护、社会治安巡防、安全隐患排查等10项任务清单，细化22类、87项重点工作清单，创新建立“全科智慧网格平台”，为各乡镇统一配备触摸电子屏、无人机等设备，实现基层治理全域覆盖、全网共享、全时可用，在防汛救灾等方面发挥重要作用，有效提升乡镇综治中心实战化运行质效。年内，全县共采集楼院数量963个，住房信息7.5万条，上报信息2.6万条；入户走访12万余户次，排查23万余人次，收集群众诉求945件，化解矛盾纠纷252件；处置信息4.2万条，处置率达99.1%。特别是积极开展了非法集资和电信养老诈骗专项整治行动，开展敲门行动，宣传党的法律政策，把各类风险隐患第一时间消除在基层萌芽状态。

【综治中心规范化建设】 2022年，县委政法委按照“分类施策，靶向发力”原则，全力打造三级综治中心实体化运行的标准体系。整合社会治理资源，创新“综治中心+网格化+信息化”的治理模式，提升基层社会治理能力，提高基层治理工作质效。紧密结合市域社会治理现代化工作，在全面开展、整体提升的基础上，因地制宜、因治施策，针对本地、本区域的工作实际把握重点、突出特点、打造亮点，严格按照“三有”（即“有工作机构、有固定场所、有人员力量”）标准，完成各级综治中心基础设施建设，做好保障工作。如：薛圐圙乡的“党建+治理”模式，玉井镇东庄村的“红色治理”，古城镇的“仁义邻里议事厅”，岱岳镇惠丰社区的“洪涛邻里”等模式，推动“党建网”与“治理网”双网合一、良性互动。对基础较好的，重点抓巩固、促提升，对基础相对薄弱的，重点补短板、强弱项，推动后进赶先进、中间争先进、先进更前进。年内，组织了2次平安建设及综治中心规范化建设观摩交流活动，取得了明显成效；全县各乡镇平安建设先进做法在山阴政法公众号轮流刊登，形成你追我赶、比学赶超的氛围。推行“警务+网格”“网格+调解”“网格+检察”等模式，不断夯实基层治理根基，打通服务群众“最后一公里”。

【维护社会安定】 2022年，山阴县委政法委深入贯彻落实总体国家安全观，常态化整治非法宗教活动，开展依法打击专项行动，每季度分析研判社会稳定形势，严格落实重点时段“两工程一机制”。

深入开展“扫黑恶、治电诈、打盗窃、禁毒品、护民生”专项行动，以重点突破带动整体工作提升，常态化推进扫黑除恶斗争，认真抓好《反有组织犯罪法》的贯彻实施。公安局快侦快办，检察院快捕快诉，法院快审快判，坚决有力地打击各类违法犯罪活动。年内，打掉恶势力犯罪团伙1个，刑事拘留8人。破获刑事案件6起；破获电诈案件140起（带破外地105起），刑事拘留70人；返还受害人资金48.79万元，止付6884万元，冻结366万元。破获传统“盗抢骗”刑事案件42起，刑事拘留58人。破获涉毒刑事案件15起，刑事拘留25人，查处涉毒行政案件28起，行政拘留13人，强戒17人，社戒10人；收缴各类毒品1292克，共打击查处“黄赌”案件19起，刑事拘留17人，行政拘留68人。全县刑事类警情同比下降 60.8%，治安类警情同比下降 8.4%，社会治安持续好转。

充分发挥政法机关的职能作用，履行好维护社会安全稳定的政治责任。年内，共破获养老诈骗案件 39 起，刑事拘留 30 人，挽回经济损失 42.33 万元。破获私挖滥采（石灰石）刑事案件 1 起，破获非法狩猎刑事案件 1 起，破获滥伐林木案件 1 起，破获非法占有农用地案件 1 起，刑事拘留 5 人，行政拘留 5 人；破获经济类刑事案件 11 起，刑事拘留 16 人。审查逮捕案件 29 件 44 人，受理起诉案件 75 件 131 人，提起公诉 36 件 54 人。审理民商事案件 476 件，审结 287 件，人民群众的安全感、满意度进一步提升。

【服务保障】 2022 年，县委政法委带领政法各部门，认真贯彻落实中央“疫情要防住、经济要稳住、发展要安全”的重要要求，坚决扛起疫情防控政治责任，坚持领导带头、党员争先、全警动员、全员出动，在打赢疫情防控阻击战中展现政法担当，服务保障经济发展。年内，开展了关于在全县集中开展打击非法阻工整治信访秩序专项行动，打击了 3 起非法阻工案件（刑事案件 1 起，拘留 1 人；行政案件 2 起，拘留 2 人）。县人民法院印发《山阴县法院关于为促进实体经济高质量发展提供司法服务和保障的实施意见》，从 15 个方面入手，增强司法服务保障综合效能。2022 年，“三晋执行利剑”执行到位金额 428 万余元，案件平均审理时间为 23 天，大大提升服务企业效能，避免企业因诉讼陷入困境。县人民检察机关依法严惩危害实体经济发展的刑事犯罪，落实少捕慎诉慎押司法政策，深入开展涉企业专项清理、羁押必要性审查、认罪认罚从宽、公开听证等工作，努力让企业留下来、好起来。

县公安机关全面推行警务机制改革，深入开展“扫黑恶、治电诈、打盗窃、禁毒品、护民生”专项行动，全面了解、搜集涉企经济犯罪线索，对扰乱市场经营秩序、侵害经营者合法权益的非法经营、合同诈骗等违法犯罪活动保持严打高压态势。年内，县公安机关以夏季治安打击整治“百日行动”为契机，发起打击经济犯罪、护航企业健康发展的行动，破获涉企合同诈骗、非法经营、虚假广告等经济犯罪案件 140 起（带破外地 105 起），刑事拘留 70 人；返还受害人资金 48.79 万元，止付 6884 万元，冻结 366 万元。

健全完善党委领导法治建设体制机制，充分发挥依法治县委员会的职能作用，围绕《法治政府建设实施纲要（2021—2025 年）》，坚持法治山阴、法治政府、法治社会一体建设。县司法局从企业需求入手、从存在问题出发，主动服务、靠前服务、精准服务，组织律师团队到企业开展送法进企业暨“法治体检”专项活动。全县龙头企业古城乳业集团等一大批企业，收到了点对点的法律帮助，全县普法办年均举办“送法进企业”等活动 200 多场次。同时，充分发挥法律顾问作用，当好政府重大决策的法律参谋，为实体经济发展提供法治保障，以贯彻执行《中国共产党政法工作条例》为重点，组织了政法各单位主要领导、乡镇政法委员进行会议述职，政法各单位中层以上干部书面述职。开展了政法系统“喜迎二十大　忠诚保平安”长跑活动和“喜庆二十大　奋进新征程”平安标知识竞赛；开展了政法“大讲堂”，邀请了省委党校、省司法厅、省信访局专家教授，对全体政法干警进行培训；赴右玉干部学院对全县政法中层干部及优秀网格员进行政治轮训，进一步提升了政法干部的综合素养。

【打击治理】 2022 年，县委政法委坚持和发展新时代“枫桥经验”，围绕重点领域深入开展矛盾纠纷排查化解，切实把矛盾纠纷、风险隐患、突出问题化解在基层。进一步践行新时代“枫桥经验”，精心打造人民调解特色品牌，开展法治宣传。年内，各级人民调解委员会共受理各类矛盾纠纷342件，涉及金额1340万元，进一步预防了“民转刑”案件、群体性事件、突发性事件发生。常态化开展扫黑除恶斗争，推动党风民风政风持续好转。组织各级各部门开展反有组织犯罪法宣传60余次，发放宣传资料5万余份。年内，打掉恶势力犯罪团伙1个，刑事拘留8人，破获刑事案件6起。

推进政法领域全面深化改革，推进审判流程、庭审活动、裁判文书和执行信息四大公开平台建设，年内，共开展庭审直播123次，检察长列席审判委员会8次，进一步提升审判质效。推进婚俗礼仪改革，从体制机制上加大探索创新，推行“不忘初心、永结同心”主题婚礼仪式，在充分焕发传统婚礼活力的基础上，创新颁证仪式，深挖婚礼在成人、成婚、成家、成业“四成”之礼中的里程碑意义。年内，县委政法委倡导干部带头积极推行“婚事新办”，政治各部门共4对新人首次成功举办了简约婚俗礼仪。全县约有50余对新人领到了“法治红包”。强化政法委自身建设。年内，共组织委机关干部集中学习23次，廉政教育5次，开展主题党日活动10次；建立党政主要领导干部实绩档案69份；对403名干部进行任前审查和职称评定审查；对5个文明单位进行审查；对1个项目进行风险评估，进一步发挥统筹协调的职能作用。

【政治引领】 2022年，县委政法委抓住“一条主线”，筑牢维护政治安全的“铜墙铁壁”。始终把牢政法工作方向，坚持党对政法工作的绝对领导，围绕学习贯彻习近平新时代中国特色社会主义思想、习近平法治思想的主线，跟进学习习近平总书记最新重要讲话精神，巩固党史学习教育成果。认真贯彻《中国共产党政法工作条例》，以县委名义出台《贯彻落实〈中国共产党政法工作条例〉若干措施》，在全县政法系统开展了执法监督“五查（察）联动”工作，4次召开政法委员会全体会议部署工作，严格执行重大问题请示报告制度，进一步夯实打牢高举旗帜、听党指挥、忠诚使命的思想根基，政法领域政治生态持续优化。同时，建立了乡镇政法委员“月例会”、工作实绩档案和动态跟进制度，确保了政法工作始终沿着正确的政治方向前进。

公　安

【概况】 2022年，山阴县公安局深入学习贯彻党的二十大精神及全国、省、市政法工作和公安工作会议精神，增强“四个意识”、坚定“四个自信”、做到“两个维护”、捍卫“两个确立”，紧紧围绕党的二十大安保工作这一主线，扎实开展夏季治安打击整治“百日行动”，坚持高点站位、重拳出击、合成作战、严管严控、专群结合，构建全社会巡防联控格局，依法严打各类违法犯罪活动。在1—12月全市公安机关重点工作考核中，县公安局政治建设和业务建设两项考核成绩均排名第一，以实际行动确保了全县政治社会大局持续稳定。

2022年，共立各类刑事案件258起破178起，破案率为69%，与上年同期相比立案数下降7.5%，破案率上升20.3%，共抓获犯罪嫌疑人230人；查处各类行政案件492起，行政处罚285人；抓获网上逃犯34人。刑事类警情同比下降60.8%，治安类警情同比下降8.4%。

【扫黑除恶斗争】 2022年，山阴县公安局深入推进常态化扫黑除恶斗争。紧紧围绕自然资源、工程建设、交通运输、信息网络“四大行业”，以及教育、医疗、金融放贷、市场流通等重点行业开展排查整治，深入摸排，深入研判，深度经营各类线索。6月，县公安局打掉恶势力犯罪团伙1个，刑事拘留8人，破获刑事案件6起；与市场监管局开展联合执法，共查处市场流通领域行政案件22起，罚款5000元；自侦金融领域刑事案件2起，对3名犯罪嫌疑人采取刑事强制措施。

【打击诈骗】 2022年，山阴县公安局深入推进打击养老诈骗、侵害妇女儿童权益犯罪。在打击养老诈骗犯罪方面，按照县委政法委的统一部署，加强与有关成员单位对接，围绕十类养老诈骗犯罪，全面梳理近5年涉养老诈骗警情、案件，从中发现线索，并对容易滋生养老诈骗的养老机构、老年活动中心，以及老年人聚集活动场所集中开展清查整治，从源头上清除养老诈骗犯罪土壤，共破获养老诈骗案件39起，刑事拘留30人，挽回经济损失42.33万元。其间，共发放宣传资料2万份，张贴通告5000份。同时，对侵犯妇女、儿童、中小学生等弱势群体利益的违法犯罪，发现一起，打击一起，破获强奸案1起、拐卖儿童案件1起。

对涉及民生的传统“盗抢”犯罪和接触性诈骗犯罪，县公安局坚持发一破一。2022年，共破获传统“盗抢骗”刑事案件42起，刑事拘留58人。破获电诈案件140起（带破外地105起），刑事拘留70人；返还受害人资金48.79万元，止付7015万元，冻结366万元。建立反诈微信群173个，群内人数23149人，国家反诈APP注册10.4万人，占全县常住人口55%，进一步提高广大群众的安全防范意识。

【打击黄赌毒犯罪】 2022年，山阴县公安局深入推进打击毒品违法犯罪。以“净边2022”“清源断流”行动为抓手，全面加强吸毒人员动态管控，从在册吸毒人员和已破获的案件入手，认真摸排线索，进行深度经营，严厉打击毒品违法犯罪。今年以来，共破获涉毒刑事案件15起，刑事拘留25人，查处涉毒行政案件28起，行政拘留13人，强戒17人，社戒10人。山阴县在册吸毒人员2168人，全部完成见面排查，排查率达到100%，并严格落实在册吸毒人员分级分类动态管控。

深入推进打击“黄赌”违法犯罪。组织治安和各派出所认真摸排线索，全面整治辖区内九小场所，严打“黄赌”违法犯罪。共打击查处“黄赌”案件19起，刑事拘留19人，行政拘留68人。特别是破获“6·25”赌博专案，刑事拘留10人，行政拘留7人，罚款9人，收缴、追缴赌资10.6万元；破获了“8·13”赌博专案，刑事拘留8人，逮捕2人，行政处罚26人，收缴、追缴涉案资金61536元，扣押涉案车辆7辆。经过网上研判，破获1起组织利用信息网络淫秽表演案，刑事拘留1人、行政拘留1人。

【打击经济类违法犯罪】 2022年，山阴县公安局严厉打击“食药环”、经济类违法犯罪。破获私挖滥采（石灰石）刑事案件1起，破获非法狩猎刑事案件1起，破获滥伐林木案件1起，破获非法占有农用地案件1起，共刑事拘留5人，行政拘留5人；破获经济类刑事案件11起，刑事拘留16人。其中，破获商贸领域案2起，破获涉税类刑事案1起，破获金融类、合同诈骗案3起，破获非法吸收公众存款案3起，破获组织、领导传销活动案1起，破获职务侵占刑事案件1起，追回经济损失660余万元。

【安全防控】 2022年，山阴县公安局始终密切关注政治形势、治安特点和人民关切的问题，强化防风险、护稳定、保安全各项工作措施，进一步消除安全隐患，净化社会环境。强化政治安全。重点加强情报信息收集研判、应急值守等工作，坚决防范“街头政治”“街头快闪”活动，确保一旦有事，及时应对，高效处置。

强化反恐防恐。在反恐防暴工作中，县公安局组建了一支50人的快反小分队，配齐配全装备，加强应急值守，确保及时高效处置各类应急突发事件。同时，对辖区内的57个寄递物流网点严格行业管理，确保实现三个100%。

【警务机制改革】 2022年，山阴县公安局高度重视派出所警务机制改革工作，及早研究、提前谋划、积极推动，在人、财、物等后勤保障上给予大力支持，分别以桥西、岱岳两所为试点，在全县14个派出所全面铺开了警务机制改革工作。实行了“两队一室”和“综合指挥室+社区警务队+N个警务室”的工作模式，并对交巡警勤务进行改革，提高接处警效率。建设完成了6个中心派出所的综合指挥室和17个社区警务室，并投入运行。大力提升加强派出所外观形象和内务管理，全县14个派出所按照“一县一特色，一所一亮点”工作要求，科学规划布置派出所办公场所，做到“外观标识统一醒目、院内规划井然有序、室内设计人性美观、内务卫生干净整洁”，在软件、硬件上有了较大提升，进一步打造“警营环境优美、警务工作完美、警民关系和美”的美丽警营，有效促进派出所队伍建设和业务建设双提升。此外，全面加强基层治理工作，加快“一标三实”信息采集，基础信息台账已全部采集完成，共采集实有人口179555人、实有房屋52021家、实有单位779家，系统标注人户分离人员76935人，流动人口11677人。

【社会面巡逻管理】 2022年，山阴县公安局依托警务机制改革模式，各派出所案件办理队、社区警务队组织150名网格员、860名群防群治力量，积极参与全警大巡逻，形成警民联动的巡防模式，严防严控违法犯罪。同时，在原有基础上又公开招聘了50名巡防队员，充实了巡逻力量，并组建成立150人的街面交巡警大队，配强巡逻装备，围绕党政机关、城市广场、学校医院、早市夜市等重要目标、重点场所，分时段、分路段、分片区，开展公安武警联勤武装巡逻，做到人休车不休，实施24小时全方位巡逻防控。严格按照“1、3、5分钟”快速响应机制，对警情第一时间进行现场处置，真正做到了“白天见警察，晚上见警灯”，有力震慑了违法犯罪，增强了群众安全感。在“百日行动”期间，组织开展了3次“夏季治安巡查宣防”集中统一行动，共出动警力2400余人次，警车800余辆次，检查宾馆酒店、娱乐休闲场所、夜市烧烤摊等各类场所1675家次，现场整改各类安全隐患165处，下发整改意见通知书110份，取缔麻将馆54家，收缴过期雷管3350发，导爆索1970米；破获非法狩猎案件1起，收缴气动枪1支，整治治安乱点23个，“百日行动”以来，刑事类警情同比下降80.8%，治安类警情同比下降30.2%，进一步维护了全县社会治安大局稳定。

【道路交通安全管理】 2022年，山阴县公安局以预防交通事故“减量控大”为目标，深入开展交通安全风险隐患大排查、大整治专项行动，进一步加大县城交通秩序整治，从严查处酒驾、毒驾、“三超一疲劳”、无牌无证、农用三轮车违法载人等突出交通违法行为。行动期间，共查处各类交通违法行为45699起（现场查处20177起），其中毒驾2起、醉驾34起、酒驾526起、无证618起、超载103起、超员超速1145起、疲劳驾驶23起、农用车违法载人205起，查扣违法载人三轮车129辆，行政拘留18人。

【执法规范化建设】 2022年，山阴县公安局始终将严格规范文明执法作为公安工作的生命线，不断深化执法监督管理机制改革，持续推进执法规范化建设，严格落实刑事案件“四统一”，行政案件“两统一”工作制度，所有案件全部在执法全流程智能管理平台办理，每周通报各单位执法办案情况，每月开展一次执法质量考评，及时发现整改执法问题。每月组织开展法治专题培训，提升民警执法办案水平。2022年，共通报整改文书填写不规范、音视频上传不及时等问题20个，进一步推动执法规范化建设，为公安工作提供了有力的法治保障。

【队伍建设】 2022年，山阴县公安局把深入学习贯彻党的二十大精神，作为当前和今后的首要政治任务，在全局迅速掀起学习贯彻热潮。组织全体民辅警集中收听收看了二十大开幕会盛况，聆听了习近平总书记的报告；各党支部举办了“学习二十大精神、助力高质量发展”主题党日活动，各科所室队每天利用岗前半小时，组织民辅警集中学习党的二十大大精神和习近平总书记所作的报告，要求在领会精神、融会贯通、入心入脑、学以致用上下功夫，做到理论与实践相结合。通过认真学习党的二十大精神，广大民辅警深刻认识“两个确立”的决定性意义，进一步增强“四个意识”、坚定“四个自信”、做到“两个维护”，切实筑牢忠诚警魂，坚定理想信念。

坚持从严治警。以“清廉山阴”创建活动为抓手，紧盯“枪车酒密网”和“八小时之外”，深入检查民警在贯彻落实中央“八项规定”、新时代政法干警“十个严禁”，以及公安部严禁违规宴请饮酒“六项规定”执行情况。今年以来，共处理25名违反工作纪律的民辅警，其中禁闭5名、通报批评20名，通过落实从严治警各项规定，使广大民辅警做到知敬畏、存戒惧、守底线，为做好各项公安工作提供坚强队伍保证。

县公安局严格落实各项从优待警措施，在节日期间，局党委分别走访慰问了老党员、困难民警、英烈遗属、疫情防控一线人员。重新翻修县局机关大院，美化外部环境，扩建机关食堂，改善伙食质量，改造警体健身房，新购置健身器材，进一步丰富广大民辅警的业余文化生活，起到缓解身心压力的作用，让民警能够愉快工作，快乐生活。在县委、县政府的大力支持下，为全局辅警人员落实了人身意外保险，提高了工资待遇。为交巡警和骑警购置巡逻警车和警用摩托车，配齐装备，强化保障。新建地下靶场，扎实开展全警实战大练兵，大力提升民辅警的技战水平。

检　察

【检察监督】 2022年，山阴县人民检察院立足平安山阴建设，严厉打击威胁国家安全和社会稳定的各类刑事犯罪。共受理审查批捕案件77件134人，批捕各类犯罪63件94人；受理移送审查起诉案件180件300人，起诉105件165人。依法监督侦查机关立案12件，监督撤案1件。纠正漏捕1人，纠正漏诉4人。自行补充侦查案件84件，追赃挽损案件27件。对侦查活动违法书面监督纠正45件次，采纳45件次。对刑事裁判提出抗诉1件，书面纠正审判活动违法3件。监督执行活动提出书面纠正9件，监督脱管11件、监督漏管10件。办理审判程序监督案件1件，发出检察建议1件；办理民事执行活动监督案件2件，发出检察建议2件；办理民事行政生效裁判监督案件2件，办理支持起诉案件24件。摸排各类公益诉讼案件线索51件，立案51件，发出诉前检察建议24件，磋商机制27件。依法打击侵害未成年人犯罪行为，办理审查逮捕案件1件1人，审查起诉案件3件5人。不起诉案件2件2人，适用认罪认罚4件4人，发出检察建议书5件，发出纠正违法通知书2份，发出督促监护令1份。受理监委移送审查起诉案件3件3人，向县人民法院提起公诉3件3人，1人作出有罪判决，形成打击职务犯罪合力。接待各类信访58件次，审查处理线索33件，办理司法救助案件10件，发放司法救助金10万元。

深入贯彻少捕慎诉慎押及宽严相济刑事司法政策，严把案件证据审查标准和羁押证明标准。全年不批准逮捕16件43人，不起诉40件62人，不捕率和不诉率分别达到31.39%和27.07%。高质量推进认罪认罚从宽制度落实。全年适用认罪认罚从宽制度127件198人，认罪认罚适用占案件审结人数比率为87.22%，对法院提出确定性量刑建议122件，被采纳111件，采纳率为90.98%。

【服务大局】 2022年，山阴县人民检察院持续开展民营经济发展政策宣传、走访座谈等活动，加强与工商联、民营企业的沟通联系，及时了解民营企业发展中的司法需求，落实好各项惠企利企措施，及时为企业提供优质检察服务。结合所办校园欺凌、食品安全等案件制发社会治理类检察建议17件，做好司法办案“后半篇文章”，促进诉源治理。积极探索检察机关融入社会治理新模式，建立“网格＋检察”工作机制，聘任优秀网格员担任检察联络员，在配合检察机关做好轻微刑事案件和解、出席检察听证会、收集公益诉讼案件线索等方面取得良好成效。此项工作被山西《检察周刊》专题报道，山西政法委公众号转发宣传。

【为民司法】 2022年，山阴县人民检察院始终坚持以人民为中心，拓宽检察为民新途径，设立“检察机关便民服务点”，支持特殊群体、弱势群体能够通过行使诉权获得救济，为特殊群体、弱势群体提供法律咨询、协调提供法律援助等。助力乡村振兴。选派驻村第一书记1名、工作队员2名奋战乡村振兴第一线，重点解决联系村的农业、农村、农民的“三农”问题。发挥检察人员法律专业优势，协助村“两委”化解群众涉法矛盾纠纷5起。用好国家司法救助制度，对因案致贫的被害人或近亲属“应救尽救”，防止因案致贫、因案返贫，共救助1人。积极开展普法工作，利用“12·4”宪法宣传日、“3·15”消费者权益保护日等有利契机，采取多种形式，广泛开展宪法和国家各项基本法律法规的宣传。走进社区、学校、企业开展防范电信诈骗、禁毒、反有组织犯罪法等法治宣传活动6次。开展法治进校园活动3次，检察长讲授法治教育课1次。录制校园欺凌《法治云课堂》，创新“线上线下”双普法模式，不断推进法治进校园活动深入开展，倾力护航未成年人健康成长。

【公益诉讼】 2022年，山阴县人民检察院针对食品药品安全领域存在问题隐患深入开展“保障千家万户舌尖上的安全”专项活动，办理食药安全领域案件4件，发出检察建议2件。助力消除安全隐患，保障群众生存居住环境，办理行政公益诉讼安全类案件3件，其中建筑施工安全2件，道路交通安全1件。强化“河长＋检察长”工作合力，扎实开展“守护桑干河流域助力生态保护”公益诉讼专项行动，共办理生态环境和资源保护案件35件，其中督促整治违法排放空气污染物的煤场和石料厂共13家；以农村环境整治为切入点，聚焦农村脏乱差问题，共清理垃圾4处，约1000余吨；保护行洪安全拆除河岸建筑物2间，切实维护人民群众的生命财产安全。围绕“保护传统村落留住三晋乡愁”专项活动，办理保护传统村落案件4件，保护传统村落3个。2022年5月检察院办理的督促保护山阴县古城镇东辛庄村刘幸烈士陵园、吴马营乡大洼村西北老洼沟烈士陵园、下立羊泉烈士陵园行政公益诉讼案入选山西省人民检察院“千案展示”案例。

【队伍建设】 山阴县人民检察院始终坚持把党的政治建设摆在首位。牢牢把握检察机关的政治属性，把党的绝对领导贯穿到检察工作全过程，将学习习近平总书记重要讲话精神作为第一议题。制订党组理论学习中心组集中学习计划，组织集中学习17次。深入学习贯彻党的二十大精神，增强政治敏感性和鉴别力。持续巩固党史学习教育和政法队伍教育整顿成果，坚持党建引领不放松，通过开展“网格＋公益诉讼”主题党日活动、赴武乡县红色教育基地参观学习等方式，把讲政治与抓业务有机统一，进一步筑牢干警思想根基。严格落实管党治党政治责任。积极推进基层干部作风建设提升年专项整治、全面建设清廉机关和以案促治专项整治等活动，采取多项活动一起部署、统筹推进，同步落实，采取有力措施，全面建设清廉检察机关。通过开展警示教育、组织肃清政治流毒谈话、参观县廉政教育基地等方式，切实增强干警纪律规矩意识，筑牢拒腐防变思想防线。严格执行防止干预司法办案“三个规定”，全年共记录相关事项36件，营造清正廉洁的良好司法环境。持续加强素能培训。运用中检网培训、政治轮训、检察业务讲座等线上＋线下培训，不定期开展干警业务素能教育活动，不断更新办案理念，强化履职能力。

着力提升检察形象。坚持监督者更应接受监督，深化检务公开，自觉接受监督，提升检察工作规范化、法治化水平。向县委、政法委请示报告重大事项5次，向县人大常委会专题报告工作2次，主动向县委、人大、政府、政协报告重要工作和专项工作情况，邀请县人大代表、政协委员等参加检察公开听证65次，努力让人民群众走进检察、了解检察、监督检察、支持检察。打造阳光检察，开展检察开放日活动1次、公开程序性信息288条、重要案件信息53条、法律文书41条。加强门户网站、微信公众号等新媒体建设和管理，讲好检察“故事”，发布微信98条，发布微博信息150条，官网更新动态55条。

法　院

【概况】 2022年，山阴县人民法院坚持以习近平新时代中国特色社会主义思想为指导，深入学习贯彻习近平法治思想和习近平总书记视察山西重要讲话重要指示精神，全面落实党的二十大精神，以“努力让人民群众在每一个司法案件中感受到公平正义”为目标，紧紧围绕县委中心工作，坚持“精审快执”工作思路，扎实推进两个“一站式”建设，坚持司法为民、公正司法，忠实履行宪法法律赋予的职责，圆满完成各项审判执行工作任务。

【打击刑事犯罪】 2022年，山阴县人民法院认真贯彻总体国家安全观，坚持宽严相济的刑事政策，严格落实认罪认罚从宽制度，坚持依法惩处犯罪与保障人权并重，将刑事辩护律师全覆盖与认罪认罚制度相结合，律师辩护率达到100%，认罪认罚案件占比88%，确保公正与效率并举。全年共受理刑事案件116件，审结102件148人。严厉打击涉众型经济犯罪，对涉案人数众多、涉案金额特别巨大、社会影响恶劣的“中枫国际”非法吸收公众存款案被告人依法分别判处六年、三年有期徒刑，为983名被害人挽回经济损失116万元。深入宣传反有组织犯罪法，切实提升群众知晓率、参与度，依法审结涉恶案件1案3人，推动常态化扫黑除恶走深走实。依法维护公共安全，审结交通肇事、危险驾驶等犯罪案件26件26人，有效打击交通违法行为，持续营造安全有序的交通环境。

【化解民商事纠纷】 2022年，山阴县人民法院充分发挥民商事审判定分止争、化解矛盾、保障民生、促进发展的职能作用。全年共受理各类民商事案件1067件，审结908件，结案率85.1%。其中调解、撤诉362件，调撤率40.4%，平均用时42.2天，办案质量、效率、效果全面提升。高效保护市场主体合法权益，审结各类涉企纠纷案件189件。加强涉民生案件的审理，审结民间借贷纠纷案件144件，结案标的2287.3万元，金融借款纠纷案件70件，结案标的561.75万元，营造诚信营商环境。妥善审理企业破产案件，引导企业合法平稳退出市场，促进"僵尸企业"出清。2022年6月依法受理山西金源化肥有限公司破产清算案，畅通市场主体退出渠道。

【执行攻坚】 2022年，山阴县人民法院共受理执行案件723件，执结592件，执结率81.88%，申请标的1.76亿元，执行到位金额0.38亿元。深化"智慧执行"应用，利用"总对总"查控系统和"线上""线下"双查控措施，开展"三晋执行利剑"执行专项行动，全力查找被执行人及可供执行财产，兑现胜诉权益。全年共录入失信被执行人信息341人，发布限高令809人，对10人采取司法拘留措施，实施网络司法拍卖13件次，成交金额243.92万元，溢价率7.48%。

【深化诉源治理】 2022年，山阴县人民法院坚决贯彻"把非诉讼纠纷解决机制挺在前面"，加强诉调衔接，充分发挥诉前调解的前瞻性优势。全年新收诉前调解1096件，化解613件，切实提高司法效率。加强对万人成讼率指标考核，通过内部挖潜，外部引援方式，加强与非诉纠纷解决机制的有效衔接配合，搭建法院—街道（社区）—网格三层组织架构，促进人民调解、行政调解和司法调解三调联动，形成"党建引领、府院联动、多方参与、司法保障"的矛盾纠纷数字治理大格局。2022年一审民商事收案下降27.46%，诉源治理成效初显。加快推进"全域数字法院"建设，全面使用"人民法院在线服务"等平台，建设"云上法庭"，全年网上立案311件、远程庭审104次，做到了疫情期间法院工作"不打烊"、司法服务"不打折"。加大司法救济力度，依法缓减免诉讼费78件76.44万元，确保困难群众打得起官司。完善司法救助机制，向17案27名困难当事人发放救助金94.19万元，体现司法人文关怀。

【普法宣传】 2022年，山阴县人民法院在国际禁毒日、国家安全日等重要普法时间节点，开展集中普法宣传，先后开展反有组织犯罪法、打击整治养老诈骗、反电信网络诈骗等集中宣传活动13场次，参与人数2000余人次。组建法院新媒体普法矩阵，入驻微博、微信、抖音等平台进行全媒体法治宣传，以庭审直播公开的方式推动普法常态化、规范化，实现了"审理一宗、威慑一批、教育一片"的法律效果和社会效果的统一。

【深化司法体制改革】 2022年，山阴县人民法院继续深化审判方式改革，全面落实司法责任制，提高审判执行质量和效率。规范权力运行监督机制，完善"分调裁审"机制改革，建立健全繁简分流、轻重分离、快慢分道的案件管理机制，由3名立案庭法官加4名调解员主要负责诉前调解和简案快审工作，稳步推进一站式多元解纷和诉讼服务体系建设。一审简易程序适用率78.49%，一审服判息诉率80.70%，当庭宣判率69.75%，平均结案时间42.2天，结案周期明显缩短，审判运行态势向好。

【提升审判质效】 2022年，山阴县人民法院继续深化审判方式改革，全面落实司法责任制，提高审判执行质量和效率。规范权力运行监督机制，完善“分调裁审”机制改革，建立健全繁简分流、轻重分离、快慢分道的案件管理机制，由3名立案庭法官加4名调解员主要负责诉前调解和简案快审工作，稳步推进一站式多元解纷和诉讼服务体系建设。一审简易程序适用率78.49%，一审服判息诉率80.70%，当庭宣判率69.75%，平均结案时间42.2天，结案周期明显缩短，审判运行态势向好。

【队伍建设】 山阴人民法院结合开展“深刻领悟‘两个确立’决定性意义，坚决做到‘两个维护’”主题教育和常态化党史学习教育，持续强化政治引领，严格落实党组会议“第一议题”学习制度，全年召开党组理论学习、交流研讨剖析等会议25场次，认真学习贯彻习近平新时代中国特色社会主义思想、习近平法治思想和党的二十大精神。严格落实意识形态工作责任制和“三同步”原则，时刻保持高度的政治敏锐性和政治鉴别力。深入贯彻落实《中国共产党政法工作条例》，严格执行重大事项请示报告制度，确保法院工作始终在县委坚强领导下稳步前行。

司法行政

【概况】 山阴县司法局担负着全面依法治县和社区矫正、公共法律服务、法律援助、法制宣传教育、人民调解、安置帮教以及行政执法监督、行政复议和应诉等工作。2022年，县司法局以党的二十大精神为指导，深入贯彻落实习近平法治思想，坚持一个统筹，履行四大职能，以党建为统领，一手抓疫情防控，一手抓业务工作，切实提升基层治理能力，努力打造清廉司法行政机关，做到了“五个强化、五个推动”，全县司法行政各项工作再上新台阶。

【业务培训】 2022年，县司法局加强行政执法（监督）人员业务培训。4月初，组织了685人依托法治教育网进行线上培训，其中包括17家行政执法单位现有持证人员202人和2022年度新申领行政执法证件的22家执法单位483人；组织12个乡镇开展综合行政执法人员法律知识线上学习培训，参训人员共计352人。组建了培训团队，对乡镇综合行政执法队员开展集中培训3次，培训354人次。8月19日，组织各乡镇、县直部门121人参加行政执法考试，109人通过了考试。

举办聘任网格员为人民调解员培训，133名网格员变身为调解员，并颁发人民调解员证书。组织法律明白人参加省市线上培训3次，其内容主要是《农产品质量安全法》《防范和处置非法集资条例》等和农业农村紧密相关的一些法律法规。切实发挥“法律明白人”基层社会治理生力军的作用，为乡村振兴战略实施提供更加坚强的法治保障。

【法治建设】 2022年，县司法局强化法治建设，推动法治保障更加坚实有力。提高站位，全面依法治县落实落细。目标任务明确，责任清单具体。将2022年全面依法治县任务分解为12大项45小项清单，具体落实到各乡镇、县直各单位。组织制定了《山阴县行政复议体制改革实施方案》，成立了山阴县人民政府行政复议局、山阴县行政复议法务中心，建立引入专家咨询委员会参与办案的工作机制，建立对行政行为所依据规定的审查纠正机制，建立行政意见书、建议书执行情况的督查检查机制，建立完善向本级党委和政府定期报告行政复议工作情况的报告制度，建立完善向被申请人的上一级主管部门定期告知相关情况的行政复议决定抄告制度，建立完善向下一级政府和同级政府部门定期通报复议情况的通报制度，建立完善向同级纪检监察机关通报案件办理过程中涉嫌违纪违法人员相关情况的通报制度，促进依法治县工作有序推进。

提高质量，法治化营商环境向优向好。严格招商引资、重点工程建设、政府采购等涉企事项的合法性审查，努力实现涉企重大行政决策事项合法性审查全覆盖。全年取消审批10项，审批改为备案6项，实行告知承诺27项，优化审批35项；动态调整乡镇行政执法事项清单22项。

【执法监督】 2022年，县司法局提高标准，行政执法监督严抓严管。推进行政执法“三项制度”落实落细，明确6个方面22项具体任务，全面推进严格规范公正文明执法。开展2022年度行政执法“三项制度”落实强化年监督检查工作，对市场、住建、文旅、生态环保等10个执法部门的执法案卷进行评查，形成评查结果，对评查发现的问题，及时提出整改意见。实现关系群众切身利益的重点领域行政执法监督全覆盖。聚焦基层执法覆盖不全、人员能力不足等问题，充分发挥197个行政村网格员的巡查作用，第一时间发现问题、处理问题，横向打通执法队和网格员联系，纵向畅通部门和乡镇执法办理。建立完善乡镇综合执法管理考核机制和执法投诉受理和反馈制度，将乡镇行政执法活动纳入县人民政府监督范围，对执法监督中发现的问题以及投诉问题，做到及时调查核实、公正处理、及时反馈。建立乡镇综合执法过错责任追究制度，明确责任追究范围和程序。全面提升乡镇综合行政执法质量和执法水平。通过加强行政执法监督，增强执法人员为民服务意识，提升服务本领，严把“入口关”，强化执法资格管理，切实增强执法人员纪律意识、法律意识、廉洁意识、服务意识，推进严格规范公正文明执法。对所有规范性文件进行前置审查，并坚持做到“五报”，即有审必报、有件必报、按时上报、按要求上报，向同级人大和上级政府同时报备。全年共对3件县人民政府及其办公室制定并发布的规范性文件进行了合法性审核。

【法律服务】 2022年，县司法局强化法律供给，推动法律服务更加优质高效。以“调解七进”即进网格、进物业、进连锁企业、进综超市场、进法庭、进派出所、进信访大厅为载体，及时就地化解婚姻、邻里、土地、生产生活和消费等涉及群众利益的矛盾纠纷，防止矛盾纠纷激化升级，解决群众烦心事、揪心事。在乡镇、村、社区、广场等地悬挂条幅45条，发放宣传资料58350份。坚持和发展新时代“枫桥经验”，聘任133名网格员为人民调解员，进行业务知识培训，发放学习资料，并颁发人民调解员证书，为基层调解组织输入新鲜血液。整合人民调解、行政调解、司法调解的专家资源，持续完善访调、警调、诉调等多元对接化解机制。持续打造“温暖”调解品牌。各级人民调解委员会共受理各类矛盾纠纷350余起，调解成功342起，成功率达98%，涉及金额1340万元，依法及时有效地化解矛盾，促进社会和谐稳定；县劳动人事纠纷仲裁院案前调解纠纷49件，涉及人数49人，涉及金额205万元。立案裁决9件，涉及人数18人，涉及金额905万元。

抓实法律服务惠民生。山阴县公共法律服务机构有县级公共法律服务中心1个、乡镇公共法律服务站12个、村级公共法律服务室197个。免费法律咨询全年任务数1900件，完成2678件，完成率140%。针对妇女、老年人、残疾人、农民工等特殊群体，积极开展特殊群体法律援助工程。2022年，山阴县特殊群体法律援助案件全年任务数10起，已经受理14起，办结11起，办结率110%。法律援助中心共受理普通法律援助案件85件，其中受理刑事案件70件，受理民事案件15件，参与认罪认罚案件175件，解答来信来电法律咨询300人次，开展宣传17场次，发放宣传资料2000余份，为受援人避免或挽回经济损失约150余万元，推进“我为群众办实事”活动落地见效。

【法治宣传】 2022年，县司法局落实了全县相关单位的普法责任，为深入推进年度“八五”普法工作奠定了基础。建立了由律师、公证员、法律服务工作者等具备一定法律专业知识的人员组成的普法宣讲团和法治服务宣传队。组建村级法治文艺宣传队，以各村的文艺宣传队为基准，输入法律元素，使法治宣传遍地开花，更接地气，达到更好的宣传效果。拓宽普法渠道。在传统宣传方式的基础上，以“山阴融媒体”“美篇”等多媒体载体，推送法治信息50余条；以手机微信为信息载体，推送信息300余条。推进法律七进。先后进入山西晋能集团、山阴博昌4S店、太阳城购物城、客都超市等地，为企业开展法治讲座，出具法律体检报告，提供法律咨询；深入推进法律进学校，开展专题法律讲座，增强未成年人的自我保护意识，促进青少年健康成长；深入推进法律进乡村、社区、家庭，采用现场授课，赠送法律书籍，解答法律咨询，发放法律宣传资料及礼品，提升居民的法治观念，增强广大群众守法意识，营造良好的法治环境。以重要时间节点为主线，先后开展“法治灯谜庆元宵”、“3·15”消费者权益日、“4·15”全民国家安全教育日、“民法典进乡村”、“联企服务专项活动”、“双碳行动共建美丽家园”、“法治护航助力高考”、“6·16”安全生产月、“6·26”国际禁毒日、“《法律援助法》宣传”、“《反有组织犯罪法》暨综治保险集中宣传”、“学习二十大精神助力高质量发展”、“12·4”国家宪法日等法治宣传活动，共组织法律宣传50多场次，发放宣传资料15万余份，法治宣传礼品8万余份，受教育人数6万余人次。推进基层民主法治建设，积极申报国家级、省级、市级民主法治示范村（社区）。2022年申报第九批“全国民主法治示范村（社区）”1个——岱岳镇夏家窑村，第二批省级“民主法治示范村（社区）”3个——古城镇古城村、岱岳镇北王庄村、北周庄镇永静城，等待审核命名。

【法律保障】 2022年，县司法局强化法律保障，推动发展环境更加安全稳定。社区矫正监管创新创优。聚焦主题主线，开展“抓管理防风险保安全”护航党的二十大专项活动和全县社区矫正隐患排查整治专项行动，建立重大风险隐患排查清单和重点对象工作台账，常态化开展矛盾纠纷排查，落实重点社区矫正对象“二级包案”制度，完善社区矫正对象外出管理等多项制度。注重教育教化，结合重要时间节点开展警示教育和主题走访活动，组织社区矫正对象积极参加乡村振兴、疫情防控、移风易俗等中心工作。着力帮困扶助，开展“送温暖”活动，对符合司法救助条件的对象积极帮助其申请司法救助。严格规范执法，常态化开展社区矫正工作督查，开展社区矫正案卷检查工作，及时指出社区矫正执法过程中的问题并督促整改，确保社区矫正工作提质增效。2022年监管社区矫正对象71人，开展矫正前社会调查评估68人，新接收社区矫正对象45人，解除矫正42人。全县有帮教期内安置帮教人员389人。其中刑满释放279人，解除矫正110人。建立了一人一档安置帮教台账；对人户分离的帮教对象实行户籍地和居住地安置帮教“双列管”。每周各所不定时进入安置帮教系统查看。岱岳司法所为生活困难的安置帮教人员申请了困难经济救助，并鼓励他们保持积极向上的乐观心态，振奋精神。司法所全部建成远程视频会见室，实现与全省监狱、戒毒所的全面对接覆盖，面对面的亲情交流。成功会见230次，参加亲属690人次。

【队伍建设】 2022年，县司法局强化学习教育，树牢理想信念。高标准开展“遵党章、学党章、讲党章”活动。采取中心组学习会、专题会议、支部学习会、“主题党日”等形式，组织党员干部原原本本、逐条逐句通读党章。要求党员干部在原原本本学、结合工作学、剖析思想学、瞄准问题学的基础上，认真撰写心得体会，真正实现学有所思、学有所悟、学有所得。组织全体党员干部深入学习党的二十大报告，深入学习习近平新时代中国特色社会主义思想以及习近平总书记对政法工作重要指示精神，《习近平谈治国理政》等理论书籍，切实引导党员干部提高政治站位，树牢“四个意识”、坚定“四个自信”，坚持问题导向，聚焦职能职责、聚焦突出问题、聚焦工作落实。从严要求开展干部作风建设提升年专项整治。加强组织领导，扎实开展自查自纠，狠抓问题整改，把不作为及“懒散拖”问题专项整治活动作为一项重要的政治任务来抓，对照专项整治工作的重点，拟定问题清单，对照清单查摆自身存在问题，形成问题清单及整改方案，明确整改事项、整改措施、责任人、完成时限等具体内容，确保整个活动有序推进。

强化制度执行，打造规范党建。努力推进党支部规范化建设。结合系统实际，制定建设标准，科学合理设置支部，配齐配强支部书记、党务干部，确保支部战斗堡垒作用得到有效发挥。坚持“规范、节约、实用”原则，推进支部党员活动阵地建设，努力为党员干部提供一个规范有效的学习平台。机关党组指导基层党支部严格落实“三会一课”、主题党日等制度，通过制度约束、日常督导，确保基层党组织各项制度落到实处。层层落实党建工作责任制。年初制定《党建工作要点》，列出党建任务清单、问题清单，形成党组书记负总责、班子成员分工负责、机关党组推进落实、股所室负责人“一岗双责”、支部书记直接负责的党建工作格局。建立定期例会制度，专题研究党建工作中的热点、难点问题和重点工作，制定工作对策。

抓好机关党建助推脱贫攻坚工作。认真落实帮扶工作责任，充分发挥司法行政部门职能作用，突出法律服务优势，积极开展“送法进贫困村”“村（社区）法律顾问联系贫困村”“化解矛盾促和谐”“困难群众法律援助直通车、“特殊人群困难家庭帮扶”五大行动。深化机关联系服务群众工作。健全领导班子成员和机关党员干部联系指导基层制度，深入开展机关党员干部志愿服务活动，帮助解决基层治理中的实际问题。充分发挥司法行政职能优势和社区党组织的政治优势，以服务社区居民群众为核心，围绕社区内区域性、社会性、群众性、公益性工作，整合各类资源，推动区域联动发展，加强社区共治。

交　警

【概况】2022年，山阴县公安交通管理大队坚持以习近平新时代中国特色社会主义思想为指导，深入学习贯彻习近平总书记视察山西重要讲话重要指示精神，全面落实省委第十二次党代会、市委第七次党代会和县委第十五次党代会精神，围绕市交警支队和县局党委的部署要求，牢固树立"人民至上、生命至上"理念，紧扣党的二十大安保维稳工作主线和全方位推动高质量发展主题，以打好"五场硬仗"、实施"两项攻坚"为抓手，纵深推进"减量控大"目标任务。持续深化队伍教育整顿和党史学习教育活动成果，服务全县工作大局和战略目标，持续保障全县道路交通安全顺畅，为全县经济社会高质量发展做出应有的贡献。大队管辖的道路有国道3条（G208、54公里，G241、25公里，G336、26公里），省道2条（S206、31公里，S211、54公里），县道11条共192公里，乡道共450公里，村道共666公里，县城街道及道路62公里，专用公路5公里。总里程为1565公里。

【交通事故预防】2022年，山阴公安交通管理大队在源头隐患排查治理上持续发力，减少道路交通事故的发生。紧紧围绕道路交通事故预防"减量控大"目标，努力减少事故伤亡总量，全力防控较大事故，严防发生重特大事故，紧盯重点车辆、重点驾驶人、重点路段进行隐患排查。加强对大型公路客运、旅游客运、危险货物运输车、重型货车、重型挂车的排查整治；全面摸排重点驾驶人检验、报废、审验、换证、违法未处理、无证等源头隐患，列出清单，督促责任单位落实主体防控责任；以高速公路结合点、国省道干线、农村主干道路、山坡道路、桥梁隧道、交叉路口为重点，对隐患路段进行拉网式排查，做到不留死角、不留隐患。1—12月全县共排查安全隐患路段20处，其中事故多发点段6处、临水临崖路段3处、隐患路段11处，均已向责任整改部门下达整改通知书，全部整改完成。1—12月完成机动车注册登记536笔、抵押登记27笔、注销登记4笔、转让登记12笔；补领牌证合格标志115笔、核发检验标志49笔、受托检验33笔；补换驾驶证4916笔、锁定解锁46笔；培训驾驶人199期、401人次；进企业90家次，签订主体责任承诺书108份，下达隐患整改通知书108份，约谈企业负责人80人次，抄告交通运输部门20次，抄告应急管理部门15次。组织开展两轮电动车登记备案工作，为两轮电动车上牌3000辆。依托防控体系现场查处交通违法666起，检查部局布控重点车辆22起，查出重点车辆逾期未年检22起，处罚套牌车辆2起、无证1起、疲劳驾驶6起。

2022年山阴县共处理道路交通事故1505起。其中事故快处1331起；适用简易程序处理的112起；适用一般程序处理的交通事故62起，死亡18人，受伤65人，直接财产损失79.52万元。四项指数总体上呈下降趋势，年内未发生一次死亡3人以上的较大道路交通事故。全年刑事立案66案，刑事拘留12人、逮捕3人、取保候审54人；行政立案67案，拘罚并处67人。

【道路交通秩序】2022年，县公安交通管理大队在道路交通秩序管理上持续发力，严查整治道路交通违法行为。主动服务大局、积极担当作为，统筹经济发展和疫情防控，多措并举持续治理全县交通秩序。加大了县城交通秩序整治力度，对主要交通要道十字路口的交通秩序进行专项整治，增加警力重点整治机动车、摩托车、电动车、自行车不按规定路线行驶、行人不走斑马线等交通违法违规行为，结合“一盔一带”安全守护，引导市民自觉养成遵守交通秩序的好习惯。强化全县道路的管控力度，开展国省道重点违法整治、农村道路违法整治、三轮车违法整治、县城道路交通秩序整治，依法查处酒驾、醉驾、涉牌涉证、“三超一疲劳”等严重交通违法行为。全年查处各类交通违法54206起（现场查处25746起），其中酒醉驾722起（醉驾45起、再次饮酒46起）、毒驾2起、无证766起、超载140起、超速1056起、超员496起、逆行292起、私改211起、假套牌7起、疲劳驾驶32起、货车违规载人22起、农用车违法载人340起、电动自行车违法8763起、机动车乘人车不使用安全带8226起、不按规定车道行驶3311起、工程车违法412起、摩托车驾驶人不戴头盔292起、不加盖苫布283起、查扣违法载人三轮车168辆。有效震慑了各类违法违章行为，为群众安全出行创造文明和谐有序的道路交通环境。

【农村道路管理】 2022年，县公安交通管理大队立足山阴县农村道路交管实际，为农村群众出行营造安全、有序、畅通的道路交通环境。压实管理责任，明确任务分工，实行农村道路交通安全责任分解，形成强有力的防控体系。组织开展了农村三轮车、面包车及低速货车严重交通违法的专项治理，在农村要道上设立检查卡点，对辖区农村道路常见三轮车、面包车、拖拉机、摩托车等重点车辆进行执法检查，严厉查处违法载人、无证驾驶、酒驾超员超载以及涉牌涉证等严重交通违法行为，形成对农村道路违法行为的严管高压态势。组织警力盯紧交通管理“死角”和“盲区”，采取早晨、中午、夜间相结合、突击整治与常态化整治等无缝对接勤务模式，加强巡逻管控，查处各种违法行为。积极发挥“两站两员”在农村道路中的查纠劝导和宣传教育作用，持续深化“一盔一带”安全守护行动，形成处罚一例、教育一片的整治效果。推进农村“千灯万带”工程，优化农村道路交通基础设施，治理农用车超速等问题。截至12月底，在208国道与农村平交路口安装警示爆闪灯10个，安装减速带35条。建成警保合作劝导站15个，实现13个乡镇全覆盖。

【宣传教育】 2022年，县公安交通管理大队充分利用社会资源、新兴媒体，加大道路交通安全宣传力度，深入持久地开展道路交通安全“七进”宣传活动，不断把“珍爱生命、文明礼让、平安出行”交通安全宣传教育引向深入。全年开展两会安保、“4·30”、“五一”、“六一”、安全生产月、高考、中考等活动10余次；开展“一盔一带”“农用三轮车禁止载人”宣传活动30次，发放宣传材料3万份；开展文明交通“七进”宣传活动，面对面宣讲交通安全知识、交通法律法规55次，进学校12次，开展“美丽乡村行”交通安全巡回宣讲31次，联合电影院进农村集中播放交通安全警示教育片3次。联合电动车销售商家和美团外卖、饿了么外卖公司开展“一盔一带”宣传7次，发送安全头盔500余顶，在双微平台发布各类农村交通安全提示信息共计152条，利用短信平台发送安全提示3万条，通过微信群发送提示信息212条，利用农村微信群发布提示信息35条，曝光酒驾案例违法酒驾案例20例。完善农村地区“一栏一标语”固定式阵地建设，在全县所有行政村刷写“三轮车载人不安全，出了事故要赔偿”等宣传标语197条，安装固定式宣传栏120块，在国省道与农村交叉口设置安装交通安全提示广告牌35块。在全社会营造关爱生命、遵规守法的良好氛围，有效发挥了交通安全宣传教育工作的源头防范作用。

【政治建警】2022年，县公安交通管理大队全面贯彻党的十九大和十九届历次全会精神，贯彻习近平法治思想和习近平总书记关于新时代公安工作的重要论述，不断加强干警思想政治建设，增强“四个意识”、坚定“四个自信”、做到“两个维护”。党的二十大召开后，大队党总支认真学习、深刻领会党的二十大报告。把学习宣传贯彻党的二十大报告作为当前和今后一段时期的首要政治任务，准确领会把握党的二十大报告的思想精髓、核心要义，毫不动摇地坚持党对公安工作的绝对领导，深刻领会“两个确立”的决定性意义，坚决做到“两个维护”，始终在思想上政治上行动上与以习近平同志为核心的党中央保持高度一致，自觉维护以习近平同志为核心的党中央权威和集中统一领导，永葆公安交警的忠诚本色。自觉用党的二十大报告统揽全局指导工作，紧密结合山阴县公安交管工作实际，确保道路交通持续安全和稳定，努力在新的历史起点上推动县公安交管事业高质量发展。广大干警决心以实际行动贯彻落实党的二十大精神，忠实履行党和人民赋予的职责使命，坚持以人民为中心的执法理念，围绕党中央决策部署，聚焦群众急难愁盼问题，认真履职尽责，严格规范公正文明执法，维护人民群众生命财产安全和合法权益，不断提升人民群众的安全感、幸福感。

经济管理

与监督

计 划

【概况】 2022年，发改局紧紧围绕全县经济社会发展大局和中心工作，按照“疫情要防控、经济要稳住、发展要安全”的要求，统筹推进疫情防控和经济社会发展，着力在经济运行监测、项目谋划推进、粮食物资储备管理等方面真抓实干、积极履职、力促全县经济稳中有进、稳中向好。

【经济指标】 2022年，发改局主要经济指标完成情况：地区生产总值增长7.5%，地区生产总值完成225.3亿元，同比增长2.5%，全市位次第三。固定资产投资完成52.1亿元，同比增长12%，全市位次第一。全县产业投资完成额占固定资产投资比重达到76.9%，全市位次第二。2022年，全县服务业增加值增长2.1%以上，全市位次第四。

【项目建设】 2022年，山阴县实施2022年500万元以上固定资产投资项目205个，总投资317.96亿元，年内完成投资90.17亿元。其中，新建项目163个，总投资237.35亿元，年内完成投资54.03亿元；续建项目42个，总投资80.61亿元，年内完成投资36.14亿元。亿元以上项目45项，总投资277.99亿元，年内完成投资59.61亿元。转型项目112项，总投资256.76亿元，年内完成投资58.26亿元。

省级重点项目4项，总投资91.2亿元，年内完成投资17.7亿元（包含前期项目“上大压小”5亿元），已开工3个，1—10月累计完成投资9.78亿元，分别是：山阴100兆瓦农光互补光伏储能发电项目，截至年底，已完成场区道路施工累计5.5公里。升压站完成场平、通路及通电工作。主变、GIS、预制舱、SVG、龙门架安装完成。送出线路共62基铁塔，浇筑完成52基，完成率89%。1—10月累计完成投资3.5亿元。山阴100兆瓦农光储氢一体化项目，光伏区：放点6506个，完成85.11%；打孔2342孔，完成30.63%；浇筑867基，完成11.34%。升压站生产控制楼砌筑完成，构造柱浇筑完成；事故油池、污水处理设施施工完成；消防泵房墙体砌筑完成，顶板支模完成附属用房墙体砌筑完成，顶板支模完成；站内地下管网完成；电缆沟完成预制舱至架构、GIS区域，生产控制楼至预制舱钢筋绑扎完成；避雷针安装完成主变附件安装80%，油样化验合格，完成高压套管试验、安装；SVG安装完成80%接地主网完成设备区域及避雷针接地。GIS设备到场就位。集电线路，土地征租完成12基，土方开挖2基。1—10月累计完成投资3.9亿元。山西恒科年产6万吨锂电池负极材料项目，一期一号线全方位试产，1—10月累计完成投资2.38亿元。华能山阴2×100万千瓦“上大压小”煤电项目取得水保方案批复，完成水资源论证、泉域影响报告技术评审，并取得专家评审意见，年底开工建设。

市级重点项目6项，总投资19.7亿元，年内完成投资6.6亿元，1—10月累计完成投资7.53亿元，已全部开复工，分别是：山阴中图农旅商贸港建设项目厂房16#、15#、14#、13#、19#、20#、10#、8#、5#、3#、2#、4#、7#、9#、12#、16#、11#等主体已封顶，市政管网、道路硬化中。1—10月累计完成投资1.63亿元。山阴县县城集中供热扩容工程已竣工，1—10月累计完成投资2.2亿元。山阴经济技术开发区东区热电联产集中供热工程已完成东区一次管网的敷设，从西区电厂起DN200-DN1000管网施工14445米，416米顶管，5座10兆瓦集装箱换热站、5座箱变、12座混凝土井室的制作，1—10月累计完成投资1.19亿元。山阴县热电联产集中供热新建一级管网工程已竣工，1—10月累计完成投资1.6亿元。

山阴经济技术开发区东区基础设施建设路网工程已完成二横四纵六条道路的雨水、污水、电力（强、弱电）、给水（工业用水、生活用水）、供暖、信息等地下管网的敷设；二横三纵五条道路沥青路面的铺设，1—10月累计完成投资0.7亿元。山西瑞启煤炭运销有限公司新建环保封闭筒仓装车线建设项目1—10月累计完成投资0.3亿元。

县级重点项目195项，总投资207.06亿元，年内完成投资65.87亿元，开复工项目171项，1—10月累计完成投资29.87亿元。分别是：山阴县2021—2022年老旧住宅小区改造工程1—10月累计完成0.41亿元；国华屋顶分布式光伏发电45个项目1—10月累计完成投资3.92亿元；山阴县集中供热隔压站建设工程1—10月累计完成投资0.68亿元；长城遗址遗迹基础设施项目、长城旧广武村中国历史文化名村建设项目、长城博物馆装修改造3个项目1—10月累计完成投资1.78亿元；长城一号旅游公路山阴县境内G208胡峪口段工程1—10月累计完成投资1.65亿元；年产83000吨陶瓷纤维及其制品生产线建设项目1—10月累计完成投资0.85亿元；煤矿智能化改造11个项目1—10月累计完成投资3.22亿元；年产10万吨绝热隔音材料项目1—10月累计完成投资1.16亿元；山西金琛新材料有限公司50000吨/年煅烧高岭土深加工项目1—10月累计完成投资0.23亿元；西宜煤业120万吨/年矿井兼并重组整合1—9月累计完成投资2.31亿元等。

【上级资金及支持】 2022年，山阴县争取并到位中央预算内资金2500万元。分别是：朔州市新韵体育公园1100万元，朔州市湿地公园健走步道1000万元，2022年老旧小区改造项目到位400万元。省级配套资金763万元，分别是朔州市新韵体育公园560万元、朔州市湿地公园健走步道203万元。2022年山阴县争取并到位专项债券2.57亿元，分别是经济技术开发区路网工程6000万元、经济技术开发区热电联产3200万元、长城遗址遗迹基础设施1600万元、玉井镇区域集中供热工程4000万元、朔州市新韵体育公园3600万元、2022年老旧小区改造项目到位2400万元、2021年老旧小区改造项目到位2400万元、山阴县职业教育中心产教融合实训基地2500万元。

2022年山阴县专项债券资金下达项目共10项，项目总投资9.65亿元，下达专项债券额度2.57亿元，已支出2.21亿元，支付率86.04%。山阴经济技术开发区东区基础设施路网建设项目，下达专项债券0.6亿元，支付0.343亿元，已完成二横四纵道路地下管网的敷设和沥青路面的铺设及附属设施。山阴县职业教育中心校产教融合实训基地建设项目，下达专项债券0.25亿元。4个老旧小区等项目均进展顺利，支付率均达到95%以上。

【粮食安全生产】 2022年，发改局加大县级储备粮的安全管理工作。对粮站日常监管各部门互相配合协调，严格储备粮的安全监管，确保数量、质量的前提下，做好防火、防盗、防霉变、防虫蛀等工作，特别在注重防火上下大功夫，确保县级储备粮的安全。

完成应急成品粮油储备任务。坚持“宁可备而不用、不可用而不备”的原则，加强应急粮油储备能力建设。落实应急供应网点18家，达到城乡应急网点全覆盖（粮油保供储备企业7家、粮食加工企业5家、流通企业6家）；布设县级粮油价格监测点7个；完成省市下达应急成品粮750吨、油75吨、水113吨、方便面27吨的任务。数量充足、价格平稳，以7家企业代储形式，实行政府委托动态管理。

加强粮食安全宣传培训工作。以科技宣传周、10月16日世界粮食安全周活动为契机，广泛扩大宣传覆盖面，发放宣传册共计8类1万余册，做到家喻户晓。弘扬爱粮节粮，反对浪费的美德，坚持每月至少2次的粮安巡查检查，并在薛圐圙粮站组织培训和应急演练，增强粮食安全意识，全社会营造良好的氛围。

强化粮食安全考核工作。严格粮食安全省长责任制，落实“米袋子”“菜篮子”工程。提高政治站位，加强考核工作的组织领导，协调10家成员单位明确工作目标和主体责任，加强粮安能力建设，形成“政府主抓、部门发力”抓粮食安全工作的新格局。进一步增强粮食综合生产能力。严守耕地红线，落实“藏粮于地、藏粮于技”的战略，稳定播种面积、大力发展有机旱作农业，2022年全县耕地面积112.4728万亩，基本农田保护面积97.3931万亩，耕地保有量111.3983万亩。落实粮食扶持政策，保护农民种粮利益。落实各类资金补贴政策，调动农民种粮积极性，严禁压级压价，严防农民“要粮难”“打白条”等现象的发生。完成种植大豆1.5万亩任务。实施优质粮食工程、服务社会。服务群众取得实效。上报2022年“山西好粮油”2家，分别为鑫霏农业公司、朔煤古城燕麦公司；主食糕品产业集群项目1家，朔州雁门香米业有限公司；储备2023年主食糕品产业集群项目为山西鑫邦燕麦食品有限公司。全面提升粮食流监管水平，构建依法管粮新体系。进一步加大日常监管力度，对涉粮数量、质量、品牌等加强联合执法检查，不定期进行抽检，现场宣传指导、培训、演练，杜绝恶性事故的发生，确保流通领域全过程公开、公正、透明。牢固树立粮食安全底线意识。各涉粮部门树立底线思维、积极配合工作。全面落实工商注册企业监管责任、风险点危险源排查管控，层层签订目标责任书等重点工作，加强应急值守，推动粮食安全长效化。坚决守住保供稳价底线、保证市场平稳有序，严格落实“疫情要防住、经济要稳住、发展要安全”的要求。

【价格调控和监测】 2022年，发改局加强规范管理，扎实做好涉案财产价格认定。严格按照《山西省涉案物品价格鉴证操作规程》开展价格认定工作，每个报告都坚持做到资料齐全、程序合法、计算准确、结论真实，确保鉴证案件质量，把风险规避到最低限度。2022年共为司法机关办理价格认定28件，标的额976919元，为稳定社会治安、改善本县投资环境做出积极的贡献。以争创全省规范化价格认证中心活动为载体，不断强化价格认证中心的规范化建设和管理。严格按照国家的有关规定，进一步规范价格认定工作程序，努力提高工作质量和效率。

发改局出台清理规范供电、供气、供暖、供水方案；对山西晋北昆仑天然气有限公司天然气销售价格及执行居民阶梯气价标准进行了回复；对山阴县平泽苑学校、山阴县新洋学校、山阴县蒲泽学校3所民办学校进行成本监审；对山西晋北昆仑天然气有限公司配气试行价格进行核定。协调配合财政等部门完成7月、8月、9月价格临时补贴，动态调整人数共42971人，发放补贴资金1104800元。

发改局做好与群众生活、节日消费、疫情防控密切相关的重要商品和服务价格监测工作，每月定期到超市、门店等监测点进行监测，重点监测反映粮油肉蛋菜及防疫商品价格动态，开展市场调查巡视，第一时间报告价格异常波动和市场苗头性、倾向性问题。市场货源充足、购销有序平稳，没有出现脱销断档的情况，“米袋子”“菜篮子”工作较扎实。同时运用白名单、黑名单制度，加大信用惩戒力度，确保市场信用度水平提升。山阴县各类商品价格稳定，处于价格合理区间。

【队伍建设】 2022年，发改局加强工作人员的政治理论学习和业务培训，培养认定人员高尚的品质，良好的职业道德，扎实的业务知识，争取取得与价格认定联系密切的各种资质；加强硬件建设，争取各级业务主管部门支持，进一步抓好基础设施建设，促进价格认定业务水平和工作效率的进一步提高；完善各项规章制度，使价格认定工作有章可循，使价格认定工作制度化、程序化、规范化，从而进一步促进各项业务工作的开展，促进价格认定工作更上一个台阶。

审　计

【概况】 2022年，共组织开展审计项目7类52个，发现77个问题，查处违规问题金额3037.59万元，管理不规范金额75992.55万元，提出审计建议48条。政府性投资审计完成6项，送审金额17706.22万元，核减1040.75万元，核减率5.88%。

【财政预算执行审计】 2022年，县审计局开展县本级2021年度财政预算执行情况、决算草案编制情况审计和县乡村振兴局、县退役军人事务局、朔州市生态环境局山阴县分局、岱岳镇人民政府、县统计局、山阴县交通运输局6个部门单位的2021年度预算执行审计。审计揭示结余资金未纳入预算、应缴未缴预算收入、部分项目推进缓慢、已投入使用的办公大楼未及时计入资产核算管理、项目结转资金挂账超过2年、应记未记固定资产等11类问题，从机制、体制和制度建设等管理层面针对性提出了加强预算管理，防止国有资产流失，推进项目建设进度等建议。

【固定资产投资审计】 2022年，县审计局积极创新审计方法，将竣工决算审计和建设项目全程跟踪相结合，重点完成了县府东街棚户区跨线立交桥建设项目一标段和二标段工程项目、县义务教育薄弱环节改善与能力提升校园校舍建设项目和县交通运输局实施的长城板块旅游公路山阴县境内下疃东—胡峪口（代县界）段道路改造工程竣工决算审计8项审计。深入分析了签证工程项目的形成原因，客观评价工程建设进展情况，揭示存在的问题，提出审计建议，推动建设项目规范化管理。

【干部经济责任审计】 2022年，县审计局领导对20个县直部门主要负责人开展经济责任审计。按照上级委托，对县人民法院原院长和县人民检察院原检察长开展经济责任审计。通过依法审计，发现和查处了一些被审计单位违纪违规问题。进一步增强了被审计领导干部对“法无授权不可为、法定职责必须为”的认识，提高了被审计领导干部依法履职的能力和水平。

【国有企业审计】 2022年，制定了《山阴县县属国有企业审计监督全覆盖实施意见》，并报县委审计委员会审议通过，进一步明确了对县属国有企业审计的对象、范围、方法、步骤，清除了国有企业审计“死角”，为开展对所有县属国有企业审计提供了制度保障。组成专门审计组对2013—2020年粮食系统财务收支情况进行了专项审计，弥补了监督缺陷。同时完成了山阴县城市发展集团有限公司、山阴县薛圐圙粮站2021年资产负债损益审计。特别是对新组建的山阴县城市发展集团有限公司的审计，揭示了制约企业发展的一系列问题，提出了推进企业改革的建议。

【协同配合审计】 2022年，县审计局先后完成了2021年衔接推进乡村振兴专项补助资金审计、污染防治专项补助资金审计、灾后基础设置修复建设和资金使用情况跟踪审计、疫情防控政策措施落实跟踪审计和职业中学运营情况专项审计调查5个项目的上下联动审计，以资金为主线，摸清资金的来源和流向，推动政策的落实，促进专项资金的安全运行，提高审计质量。先后派出专人配合县委组织部开展农村基层组织“清化收”工作，推进农村财务规范化管理；派出三人配合县委巡察组开展对农村集体“三资”管理贪腐问题专项整治工作、配合农业农村局开展农村“三资”管理回头看，堵塞农村“三资”管理的漏洞。通过部门之间的贯通协作，扩大审计监督范围。

统 计

【概况】 2022年，山阴县统计局坚持以习近平新时代中国特色社会主义思想为指导，深入学习贯彻党的二十大精神和习近平总书记考察山西重要讲话指示精神，主动适应经济发展新常态和现代化服务型统计建设要求，围绕中心、服务大局，坚持依法统计，认真开展统计调查，扎实推进统计服务。扎实推进常规统计调查，严格按照统计报表制度要求，完成农业、工业、建筑业、贸易、投资、房地产、劳动工资和服务业等各专业2021年度年报、2022年月报和季报报表的数据审核、汇总和评估等工作任务。严格按照“先入库，后出数”和“应统尽统”的工作要求，加强与发改、税务、市场监管和住建等部门联系沟通，加大业务指导力度，有序推进纳规入统工作。开展全方位统计业务培训和指导，通过微信工作群、现场培训等线上、线下方式对企业统计人员进行业务培训，新入库企业实行“一对一”专业培训，不断提高统计数据质量，全年各专业共走访企业33家，召开业务培训会10场。及时维护更新名录库，加强企业统计基础，规范企业统计原始记录和统计台账，不断提高统计规范化水平。

【监测服务】 2022年，山阴县统计局持续优化统计监测服务。做好统计信息服务，整理、编印和发布月度、季度经济运行分析，编印《统计快报》9期，撰写各类统计分析7篇，发布了《山阴县2021年度国民经济和社会发展统计公报》。县统计局充分发挥统计监测分析职能，紧紧围绕县域经济高质量发展考核机制，对每月、每季度统计数据作出评估分析、深度解读，针对短板指标做问题研究，及时作出预警判断；加强对重点行业、主导产业、龙头企业的动态监测，深入企业了解生产经营情况，掌握发展动态，提高分析前瞻性，为全县经济社会高质量发展提供优质的统计服务。

认真抓好法治统计建设。深入开展普法宣传工作，加大对统计法律法规的宣传力度，分层次、分类别开展送法进机关、进企业活动，不断扩大宣传覆盖面，确保统计工作规范有序进行。通过局党组会议、全局会议和专业培训会议，传达学习《关于更加有效发挥统计监督职能作用的意见》和统计违法典型案例，积极与党校对接，开展统计法律进党校。配合省、市开展统计数据核查，对33家“四上”企业100余个投资项目进行现场核查。县局自行开展日常检查60余次。

夯实筑牢数据质量防线。深化对《意见》《规定》《办法》和统计法律法规方面的学习教育，对乡镇、县直部门领导、统计人员和联网直报企业统计人员开展业务和法治培训，提高统计法治意识。制定《山阴县统计造假不收手不收敛纠治工作实施方案》与县纪委、县纪检监察派驻组协作配合，积极加强沟通，共享信息，凝聚统计监督合力，有效发挥统计监督效能。县局在办公场所醒目位置设立“统计造假不收手不收敛问题专项纠治工作”举报箱、公示举报电话、举报内容，对收到的举报线索及时反馈办理情况，对党政领导干部涉嫌权力干预统计数据、“数据寻租”、执法不严等问题及时移送纪检监察部门，严格依规依矩依法处理，实现政治效果、纪法效果和社会效果的有机统一。

【城乡居民生活调查】 2022 年，山阴统计调查监测中心从五个方面夯实住户收支调查基层基础工作。一是样本管理情况。严格执行住户调查制度和工作规范，严格样本管理、数据管理和调查过程管理，提高制度执行效能。二是建立“六台账五制度”，提升记账数据质量。严格执行住户调查“日审周清月结”数据审核机制，加强对电子记账的日常审核，发现记账问题，及时通过电话、微信与记账户沟通修正。严格执行住户调查各项访户制度要求，调查员每季度入户访问 3 次，辅助调查员每月至少入户访问 2 次，对于重点户调查员和辅调员多次访户。强化培训，记账水平不断提高。采用形式多样的培训方式，集中培训、每季度深入调查点集中培训、重点对象培训、入户手把手指导等方式，讲解记账注意事项，及时答疑解惑，提升记账能力，提高记账水平。三是执行国家统计局及山西调查总队山西省统计局工作制度情况。严格落实省市关于住户调查文件精神，按照标准每季按时发放记账补贴和辅调员补贴，有效提高记账积极性和主动性。四是住户调查应用平台运行和管理情况。山阴县住户调查共有 3 名专职调查员，其中 1 人为专业负责人，负责住户调查的全面管理工作，其余 2 人负责电子记账的日常监管审核和纸质账本的编码录入等工作。专职调查员按照规范要求统一使用住户调查应用平台开展调查数据的整理、录入、审核及上报工作。五是电子记账开展和管理情况。按照省调查队和省统计局要求，积极推进电子记账，共发展电子记账户 51 户，达到上级下达的推广目标。

【粮食产量跟踪监测】 2022 年，农作物面积遥感测量和对地抽样调查在山阴县抽取 15 个样本村，每个样本村抽选 3 个 200 米 ×200 米的样方，共 45 个样方，在样方中开展实地调查。山阴统计调查监测中心对全县抽中的 15 个村根据卫星遥感地图确定的 45 个样方 PDA 定位踏田进行分作物播种面积调查。农产量抽样调查可以获得山阴县各样本村所有粮食作物分品种单位面积产量数据。山阴县的主要粮食作物玉米作为国家主题作物，采取在样本村实割实测方法取得单产数据。从 9 月 23—30 日，专业人员深入到抽中的 8 个样本村对玉米进行实割，然后对收割的样本晾晒、脱粒，测定含水率和杂质率，根据公式算出实测亩产，从而推算出山阴县全部玉米产量。

【工业和服务业抽样调查】 2022 年，山阴统计调查监测中心积极推进规模以下工业和服务业抽样调查工作。强化样本维护，为确保有效样本，对被纳入调查样本的企业的基本信息进行全面核对，确保企业有效样本的上报率；强化数据评估、审核，加强上报数据与历史数据的对比，保证数据的连贯性和一致性，确保源头数据真实准确。强化现场调查，对部分已上报报表企业进行实地调查，重点核实企业工资情况、利润情况等，保证了上报数据能真实反映企业的实际运行状况。

【样本轮换】 2022 年，山阴县统计局开展样本轮换工作。样本轮换是确保调查数据质量的重要基础工作，每5年对调查样本进行轮换。住户样本轮换方面，主动向分管领导汇报，积极争取政府政策和经费支持。县政府给予了大力支持，以政府办公室名义发文部署住户调查大样本轮换工作，成立由分管领导任组长、有关部门参加的领导组，协调领导全县样本轮换工作，落实了样本轮换经费。开展多种形式宣传，营造良好工作氛围。在各大主要路口、大型小区门口、超市门口等人流量大的地方悬挂住户调查样本轮换条幅、张贴宣传海报。在小区内悬挂横幅、张贴海报，扩大居民对住户调查样本轮换工作的知晓度，提高后续工作时的支持配合度。周密安排部署，完成两轮抽样框信息核实、抽中调查点的核实更换、调查小区建筑物清查、绘制调查小区图、编制住宅名录表、近1200户的入户摸底调查、100户的开户调查以及所有调查表的录入、审核、修改等工作。强化培训，提高样本轮换工作质量。共开展三期调查点辅调员集中培训，确保能够掌握各环节操作方法和工作要求，保质保量完成工作。积极推广电子记账，推进住户调查信息化工作。在新户中积极推广电子记账，手把手指导电子记账使用和操作流程，由浅入深，便于住户接受。农产量样本轮换方面，完成省总队下发的三套样本共45个村的实地核实工作。在确定了15个调查村后，又实地核查了45个样方情况，确保每个样方内都能开展调查，为下一年的调查工作奠定坚实基础。

开展五期秋粮生产形势专项调研。2022年8月27日至10月7日，开展了五期秋粮生产形势调研，持续跟踪监测玉米、大豆等秋粮作物长势情况，了解农民生产生活面临的主要问题。跟踪调研每十天为一个周期，县统计局五次深入8个省级调查村进行实地调研，与当地种植户沟通交流，填报调查问卷，了解农业生产情况。并且每种作物固定2个地块作监测样本，并对样本内作物长势拍照进行动态监测，全面了解秋粮生长形势。

市场监督管理

【概况】 2022年，县市场监督管理局以基础执法为根本，以服务发展为己任，以队伍建设为保障，以优创环境为目标，突出政治引领，强化监管执法，监管效能明显提升，服务举措日渐完善，食品、药品、质量、特种设备安全基础进一步夯实，队伍作风根本好转，各项工作都取得了突破性进展。

【环境治理】 2022年，县市场监督管理局聚焦大气污染环境治理做硬功，全力推进“灵秀古城”生态建设。严厉查处“禁煤区”内散煤销售，避免散煤复烧。加强禁燃区散煤管控工作，通过不间断巡查和严肃查处违法行为，实现了建成区散煤销售经营点清零。昼夜排查，狠抓经营性门店散煤复烧治理，治理工作取得预期效果。加强对油品质量监督管理。印发《山阴县市监局开展成品油市场专项整治工作实施方案》，按工作计划组织相关股所对全县加油站点进行全覆盖抽检，对抽检不合格的2种产品进行立案查处。开展餐饮油烟专项整治行动，通过大力开展餐饮油烟治理宣传，强化餐饮经营户主体责任和环保意识。以重点行业、重点规模为整治对象，逐户排查推进油烟净化设备安装及使用和清洗情况，完成餐饮经营户476家的排查。开展重点时节烟花爆竹专项检查，春节和元宵节期间，县局对辖区烟花爆竹及日杂经营户进行了全面摸排，号召广大经营户履行市场主体责任和社会责任，严格执行省政府关于全省域禁止生产、运输、储存、销售、燃用烟花爆竹的规定，并将1起违规销售传统烟花爆竹的经营案件移交公安机关。

【市场监管】 2022年，县市场监督管理局强化统筹协调，大力推进部门联合“双随机、一公开”监管专项行动。县局继续推进跨部门“双随机、一公开”监管工作，对重点领域和行业开展联合执法，努力实现“进一次门、查多项事”，减轻企业负担，优化营商环境，监管合力明显提升。全年共发起部门联合抽查26次，在平台中应用风险分类发起的抽查22次，已全部完成年初既定计划任务，并将抽查结果全部公示。抽查中发现问题的市场主体均已被依法列入了经营异常名录和标记为异常状态。此项工作位列全市优秀行列。

【食品监管】 2022年，县市场监督管理局开展“守底线、查隐患、保安全”专项行动，保障群众“舌尖上的安全”。对全县范围内所有散装白酒批发门店进行专项检查。共检查酒类企业38家、散装白酒93家、散装白酒数量13534.5千克，检查兴盛丰企业5家、白酒数量875千克，快速筛查样品数166批次，均为阴性。完成2022年度食品专项抽检工作。全县共完成抽检任务800批次（含“你点我检”50批次，监督抽检任务375批次，食用农产品375批次），分三期完成抽检并进行信息公告。根据食品安全国家标准，800批次抽检任务中，共检出786批次合格样品，14批次不合格样品。不合格食品核查处置任务都已于年底之前完成核查。开展了食品安全“守底线、查隐患、保安全”专项行动风险隐患排查检查。共检查836家次，出动2320人次，监督检查中留下267条整改意见，并按期限整改。查办食品案件40件，罚款1.73万元。投诉食品类12起，均已办结。山阴县在将557家食品生产经营企业划分等级的基础上，建立了包保主体台账，共196位包保干部对557家生产经营企业进行包保。全县7名县处级干部包保B级企业15家、29名乡科级干部包保C级企业37家、160名村（社区）干部包保D级企业505家，且均完成了“三清单、一承诺”（责任清单、任务清单、督查清单、食品安全责任与任务承诺书）填报工作，录入系统完成率100%。此项工作位列全市优秀行列。

【工农业产品监管】 2022年，县市场监督管理局全面提升全县工农业产品高质量发展。开展了“山西精品”公用品牌建设，全省推荐目录共82家，朔州市3家，其中山阴县1家为山西古城乳业集团有限公司。进一步加强对重点工业产品质量安全的监管，推动重点工业产品质量持续提升，县局出台了《山阴县市场监督管理局2022年重点工业产品质量安全排查治理专项行动工作方案》，并全面推进专项行动，对全县工业产品生产企业进行全面排查。全年共完成质量抽检54批次，覆盖全县加油站点，汽油、柴油、车用尿素抽检结果全部合格。通过针对性专项抽检，有力地保障了市场领域产品质量安全。

【设备监管】 2022年，县市场监督管理局开展了特种设备百日攻坚大检查，黑气瓶专项整治，特种设备超期未检专项整治，电梯质量提升专项整治，城镇燃气专项整治，特种设备大检查大整治大提升专项活动和锅炉安全专项整治共7个专项行动，专项整治取得明显成效。全年，共排查各类企业107家，发现隐患70条，下达指令书54份。

【药品监管】 2022年，县市场监督管理局开展药品专项行动，切实保障人民群众的用药安全。开展疫苗专项检查，对全县14家新冠疫苗接种单位开展了全覆盖监督检查，对疫苗的使用情况以及冷藏设施、冷链运输记录进行全面排查并收集整理数据上报。开展药品企业自查行动，切实加强药品质量管理。开展2022年度药品抽检工作，按照市局年初既定抽检任务，配合市局对山阴县“两品一械”经营使用单位进行了抽检，药品共抽检41个批次，器械抽检3批次，化妆品抽检6个批次。共出动执法人员148人次，检查发现各类安全隐患40余条，均已现场整改，办理药品案件44起，化妆品案1起，共罚款22000元。

【打击养老诈骗】 2022年，县市场监督管理局开展涉老诈骗治理专项行动，切实保障老年群体合法权益。在强化宣传的基础上，突出整治重点，强化排查治理力度，做到排查全覆盖、问题不放过。已签订各类责任书和承诺书164份，发现相关线索2条，并已全部立案查处，罚款12400元。

【打击传销和无证经营】 2022年，县市场监督管理局开展打击传销和无照经营行为专项行动。县局积极贯彻落实各级各部门打击传销工作部署，结合平安建设，以“五进”为载体，联合多部门构筑了坚固的打传防线，强力压缩了传销组织的生存空间。以各“宣传周”为契机，将宣传教育工作推到工作前沿，组织执法人员开展打传宣传，发放打传宣传资料1000份（4000张），持续开展“无传销社区（村）”“防止传销进校园”等基础性工作，为持续推进无传销社区、村（镇）、院校创建活动，构建美丽和谐山阴，结合“我为群众办实事”活动，开展了“禁止传销、净化家园、共建和谐”“严厉打击传销，建设平安山阴”创建活动，印发《山阴县市场监督管理局关于山阴县深入开展无传销村（镇）社区（院校）创建活动的工作方案》。根据创建活动名额分配，确定3个乡镇、10个农村、8个社区、1所学校（大专以上），开展无传销村（镇）社区（院校）创建活动。悬挂横幅标语22条，印发张贴致全县广大人民群众的一公开信《严厉打击传销、建设平安山阴》。在打击无照经营工作中，加大对全县无照经营查处取缔力度，全面落实属地监管责任制，引导合法经营，规范市场经济秩序。

【矛盾调解】 2022年，县市场监督管理局创新矛盾调处机制，积极化解处理各类投诉举报。县“12315”中心受理各类投诉举报共计695件，已办结695件，总体办结率100%。其中，全国“12315”平台158件，效能评估各项数据均已达标；“12345”政务服务热线534件。同时，县局“12315”还收到市场监管领域“三书一函”7份，分别是检查建议书4份、信访投诉函3份，全部及时进行了处理，未产生行政复议、行政诉讼。

县市场监督管理局积极对接县公安局110指挥中心，率先完成了朔州市应急联动处置平台的建设，并在机关办公用房和经费紧张的情况下，设置朔州市应急联动处置平台专用办公室及专职人员和专用各类配套设备。在全县应急联动处置平台现场演练中，县局市应急联动处置平台顺利完成了对接、处置和回复。

【队伍建设】 2022年，县市场监督管理局为全面提升基层治理能力，进一步夯实执法基础，先后多次召开基层干部作风建设提升年专项整治动员会、清廉机关工作专题会和清廉山阴党课专题会，严格落实全面从严治党主体责任，组织班子成员、股所以上干部分层次、多渠道开展集中学习，以《党章》《中国共产党党内监督条例》等党的规章制度为重点，往深里学、往心里学，同时还印发了《山阴县市场监督管理局全面建设清廉机关实施方案》。打响全面提升市场综合服务能力阵地战，召开全面提升市场综合服务能力联席会议，出台《山阴县全面提升市场综合服务能力实施方案》，明确各自职责和任务完成时间表，确保全局政治生态得到了有效净化。

综合检验检测中心

【概况】 2022年度，山阴县综合检验检测中心深入学习贯彻党的十九届历次全会精神和党的二十大精神，认真学习领会习近平总书记重要讲话精神，紧紧围绕工作中心，凝心聚力、扎实苦干，认真配合有关部门做好工作。

山阴县综合检验检测中心高度重视基层干部作风建设提升年专项整治工作，精细组织实施。按要求召开动员会，张贴公告，设立举报箱，制定行动方案，进行专题学习，召开意见征求会，向服务对象发放征求意见表，完善相关制度，开展自查，形成问题清单，制定整改方案，进行整改。

【计量检定】 2022年，山阴县综合检验检测中心进行了办公室和实验室改造，向省行政审批局提交了考核申请，办理了计量标准考核证书，于6月正式开展检定工作。对47家加油站的337支加油枪和12家企业的76台电子台称进行了检定，检定结果均为合格。

自然资源

【资源管理】 2022年，县自然资源局提升科学管理效能，严格规范资源利用秩序。修订了新一轮矿产资源规划。新设石灰石采矿权4宗，为山阴县钙基新材料产业的快速发展提供了资源保障。为朱和咀、水泉、玉井、辛安等煤矿争取纳入全省边角煤、夹缝煤资源接续配置规划，储量5.6亿吨。同时，新规划探矿权1处，面积28.08平方公里，储量3.5亿吨，可建设一座年生产能力500万吨以上的大型矿井，已列入山西省十四五矿产资源规划，为有效解决山阴县部分煤矿面临资源枯竭、急需产能接续问题，推动县煤炭支柱产业可持续发展和清洁高效利用提供了后备资源。开展绿色矿山建设。修订了“四合一”方案，提出并明确了绿色矿山企业建设标准。加大生态修复治理保证金与土地复垦资金的收缴力度，截至12月，煤矿企业缴存土地复垦费2.19亿元，完成了山西省环保督察整改任务的119%。复垦土地1018亩，提取生态修复治理恢复基金3.8亿元。非煤矿山缴存土地复垦费2811万元，提取治理生态修复治理恢复基金533万元，全部纳入专户储存管理。推进智能化监管。为防止私挖乱采矿产资源违法行为发生，投资300万元，在县域偏远山区、隐蔽地点等私挖滥采易发地段、重点矿区、重要路段建立了视频监控系统，构建起了“天上看、地上查、网上管”全方位、全过程、立体化防范监管体系，确保对非法违法盗采矿产资源行为能够适时发现、适时推送、适时查处，做到早发现、早制止、早处置，将非法盗采矿产资源行为消灭在萌芽之中。严厉查处土地违法案件。从严查处农村乱占耕地建房问题，对2020年7月3日以后农村占用耕地建房等违法行为实行零容忍、严查处，该拆除的拆除、该没收的没收、该复垦的复垦。全年查处违法占地41宗，拆除违法建筑15333平方米，退还土地32.73亩，恢复耕地9.5亩，行政处罚980万元。开展了严厉打击私挖乱采专项行动。出动排查人员2882人次、车辆962台次，对全县18座煤矿企业、22家非煤矿山企业、关闭的209个废弃井口及38处过去易发多发私挖盗采点，开展了3次滚动式、地毯式、拉网式排查。全县土地矿产资源利用保持了良好的秩序，山阴县土地违法比例、矿产资源违法开采发生率为全市最低。

【优化空间布局】2022年，县自然资源局统筹推进国土空间总体规划编制工作。科学划定“三区三线”，优化了城镇开发边界、生态保护红线和永久基本农田保护范围，明晰了城镇空间、生态空间、农业生产空间布局。优化后生态保护红线41平方公里，占全县国土面积的2.4%。城镇开发边界34平方公里，围绕重点项目建设调整永久基本农田2882亩，为下步城市建设和全县高质量发展提供了条件。启动中心城区控制性详细规划和城市总体设计。明确划分了城市主体功能区，确定了中心城区各类用地界线、建筑高度、密度、容积率等控制指标，以及公共设施配套要求，建筑退线和体量、色彩。将有效改变山阴县过去城市建设随意性大、无序发展的局面。加快乡村国土空间规划编制工作。完成了12个乡镇国土空间规划，完成了59个实用性村庄规划编制任务，为乡村振兴和美丽乡村建设提供了规划支持。县乡村三级上下贯通、全域统一、布局明确的规划体系趋于完善。

【土地开发整治】2022年，县自然资源局立足山阴县土地后备资源较为丰富的优势，先后引进山西大地控股公司、中煤矿业集团有限公司、山西金瓯土地矿产咨询服务有限公司、山西金地源地质科技有限公司等企业在山阴县实施土地整治，2022年已实施1600亩。不仅使全县耕地保有量大幅增加，而且寻找到了一条利用土地后备资源换取项目建设资金的新途径。采用土地后备资源换取项目建设的南山滑雪场配套引水、县城民生渠改道工程项目，已全部开工。

【用地报批】2022年，县自然资源局加快土地报批供应。年内上报省政府审批建设用地1877亩，供应土地30宗，面积2787亩，保证了城市基础设施和重点项目用地需要。完成年度任务的111%。完成了市局下达的标准地出让任务，出让面积149亩，完成率100%。加快消化批而未供土地。处置批而未供土地895亩，完成年度任务的111%。审批临时用地15宗，面积712.8625亩，为集大原高铁、广武国家长城文化主题公园、南山滑雪场等重点建设项目早落地、早开工提供了服务保障。

【房屋确权】2022年，县自然资源局扎实开展“清零行动”，全力推进房屋确权登记。房屋产权登记确权颁证清零行动是省委部署的一项民心工程，是结合党史学习教育深化“我为群众办实事”的一项具体行动。该局上下齐动员，全力抓落实，实行党员干部带头、成员单位包联，工作人员吃住在小区、服务到群众家门口的工作方法，真抓实干，为民服务，在全市率先完成房屋产权确权登记清零任务。同时，山阴县的经验做法被省《清零办专刊》刊发，在全省房屋产权登记确权颁证清零行动第三次业务培训会议上，山阴县作为典型代表介绍了“清零行动”的做法。

【防治地质灾害】2022年，山阴县有地质灾害隐患点43处，其中滑坡1处、泥石流5处、崩塌14处、煤矿采空地面塌陷23处，共涉及7个乡镇46个村庄，威胁人数16133人。为了有效防范应对地质灾害，保证人民群众生命财产安全，县自然资源局始终将地质灾害防治摆在十分突出的位置来抓，多方施策、多向发力，不断推动地质灾害防治工作做细做实做到位。充分发挥乡村群测群防人员、地质灾害技术单位和自然资源执法中队三支队伍的作用，按照“乡不漏村、村不漏户”“坡要到顶、沟要到底”的要求，对全县43个地质灾害隐患点和风险隐患区每月开展2次巡查排查，对地质灾害隐患点和风险隐患区做到胸中有数、记录在案。进入雨季，实行日巡查、日报告制度，有事报情况，无事报平安，确保将地质灾害隐患的防范处于时时处处掌握之中。聘请专家，组织举办一期地质灾害防治培训班，对全县110名群测群防人员和乡镇分管领导进行了集中培训。向受地质灾害隐患点威胁的乡村发放“地灾工作明白卡”“地灾避险明白卡”1000余份，发放识灾防灾自救互救知识宣传资料、《地质灾害防治手册》10000余份，张贴发放《地质灾害防治宣传挂图》300余幅。组织专业人员深入地灾隐患点和风险区域为群众现场讲解地质灾害预防知识30余次，有效提高了群众识灾、防灾、避灾的意识和能力。建立了地质灾害隐患排查台账，安装了地质灾害警示牌，标示了地质灾害隐患点的地灾类型、威胁对象、避险场所、疏散线路。建立了网格化管理责任机制，对每个地质灾害隐患点均确定1名防灾责任人、1名监测责任人和1名技术责任人，将责任压实到乡村、部门，落实到具体人身上。在汛期实行“雨前排查，雨中巡查，雨后核查”“三查”机制，一旦有险情，保证能够及时预警响应，坚守不发生人员伤亡底线。坚持预防是前提，防治是关键的原则，在做好防范应对的前提下，采取多种方式，实施地质灾害隐患点和风险区域的治理。通过采煤沉陷区搬迁和土地复垦项目治理地质灾害隐患点12处，通过挂网、削坡、浆砌石护坡、修建排水渠等方式治理岱马路4处崩塌隐患点，有效防止了地质灾害发生。

【优化营商环境】 2022年，县自然资源局优化营商环境，全面提升审批服务效能。坚持以人民为中心的服务理念，进一步精简审批事项、缩短审批时限，不断提升工作效率。将建设用地规划许可证、建设工程规划许可证和乡村建设工程规划许可证办理时间由原来10个工作日缩短为1个工作日，《建设工程规划核实意见书》办理时间由原来10个工作日缩短为2个工作日。开通了不动产登记费移动支付功能和“三晋通APP”手机端，方便群众在网上查询不动产登记信息，实现网上预约、网上登记。与县建设银行、农业银行建立协作机制，在银行设立不动产登记便民服务网点，抵押登记全程由银行一站式办结。为打造“六最”营商环境做出贡献。

应急管理

【概况】 2022年，县应急管理局深入贯彻落实习近平总书记关于安全生产重要论述、重要指示批示精神，以及关于安全生产重大决策部署，对照年初《政府工作报告》目标任务，严格执行“党政同责，一岗双责，齐抓共管，失职追责”和“三管三必须”规定，坚持问题导向，深化源头治理，认真开展安全生产风险隐患分级分类管控和隐患排查治理双重预防机制建设，全力防范化解重大安全风险隐患，扎实推进安全生产专项整治三年行动向纵深发展，有效防范遏制各类生产安全事故，全县安全生产形势总体稳定。

【安全生产检查】 2022年，县应急管理局进一步强化安全生产监管和应急管理以及防灾减灾救灾等主要职能。认真开展安全生产领域风险隐患大排查大整治“百日攻坚”行动。全县成立了以县委书记、县长为双组长的“百日攻坚”集中行动领导组，各行业成立了专项领导组，各部门各单位制定了相应的实施方案。全县各行各业开展了地毯式、拉网式、滚动式安全风险隐患排查整治。全力开展各行业安全生产大检查大整治大提升行动和专项整治“三年行动”。县安委会印发了《关于开展安全生产大检查、大整治、大提升行动的通知》（山安发

〔2022〕4号），成立了由县委书记、县长任双组长的安全生产大检查、大整治、大提升行动领导组，同时各部门成立了专项领导组，并结合国务院安委会十五条硬措施，制定了山阴县具体细化的58条任务清单，各部门、各企业制定了相应的大检查实施方案，做到任务分工、责任措施到位，确保大检查取得实效。

【应急管理】 2022年，县应急管理局加强应急预案体系建设。2021年，县应急管理局修订了全县安全生产总体应急预案和13个专项应急预案，2022年应急管理局督促相关企业修订了各项预案，共备案18家企业。6月是全国第21个"安全生产月"。6月16日，组织开展了全县"安全生产月集中宣传咨询日"活动，掀起了"安全生产月"活动的高潮。在活动期间，各行业各单位开展了丰富多彩的宣传活动。各煤矿开展了安全宣传咨询日活动和安全警示教育活动以及各类灾害应急演练活动。全县各单位悬挂安全宣传横幅886条，印发宣传书册2万份，宣传资料3万份，印制绶带200余条，设置大型LED显示屏宣传8处，发放事故警示教育片200份，并在电视台进行了滚动宣传；县委、县政府和县应急管理局主要负责人深入各行业、各企业进行了安全主题宣讲活动。强化安全生产培训教育，县应急管理宣教中心受各煤矿委托进行了全员安全生产知识培训，培训煤矿16座，共计培训职工7769人，其中新工人1402人，旧工人6367人，并对全县各煤矿培训结业后的新工人进行了考试，考试不合格的人员可补考一次，经补考后仍不合格的予以辞退。全县煤矿通过自主网络线上培训职工6500余人。2021年，县应急管理局应急网络信息系统与市110指挥中心系统互联互通。2022年，县应急管理局调度中心信息系统已接入全县社会应急联动系统，并将辖区内煤矿视频系统接入调度中心视频系统，做到上下联网运行。

【防灾减灾】 2022年，县应急管理局高度重视防灾减灾救灾工作，特别是加强地震灾害防范与地质灾害防治工作，督促各乡镇、煤矿、非煤矿山等企业做好地震灾害防范与地质灾害防治工作，全力提升应急救援能力。做好联防联控，严密防范地震灾害事故的发生。县应急管理局与县自然资源、气象、水利等相关部门建立了信息共享机制，重要灾情险情信息、突发事件及时通报、快速反应、协调联动，及时发布灾害性天气预测和地震灾害气象风险预警，实现了灾情险情信息与防灾、抢险救援等工作无缝结合，构建了全社会联防联控地震灾害防范工作格局。严格责任落实，切实加强地震灾害防范与地质灾害防治工作。县应急管理局作为全县重大地震灾害指挥部办公室，忠实履行职责，进一步明晰了自然资源、住建、水利、交通等相关部门及乡镇职责，协同乡镇及自然资源部门开展了全方位、全领域、全覆盖的地震灾害隐患点摸排，落实了预测预警、风险管控、隐患排查整改、群防群治、应急疏散避险、宣传教育等防控和应急救援措施，健全了政府组织引导、部门分工负责、全社会共同参与的地震灾害防范与地质灾害防治工作机制。加强宣传教育，组织发动群众做好地震灾害防范与地质灾害防治工作。县应急管理局安排部署煤矿、非煤矿山及有尾矿库的企业全面做好地震灾害防范与地质灾害防治工作，局办公会议上专题安排工作，分管副职深入企业讲解政策，专项检查，督促指导企业严防采空区灾害发生，严防应对地震灾害发生。同时，建立健全应急协调机制和综合应急救援体系，进一步完善危险化学品车辆交通事故应急处置方案，把风险灾害程度降到最低程度。县应急管理局工作人员深入煤矿、非煤矿山及尾矿库企业及周边乡村，发放地震灾害防范与地质灾害防治救援宣传资料，引导企业及乡村群众提高防范意识，掌握应急避险相关常识，做好重特大灾害安全撤离、妥善安置等准备工作，严防人员伤亡。县电视台播放宣传标语，乡村普及地震灾害防范与地质灾害防治抢险救援知识，刷写宣传标语，提升了全社会防灾、识灾、避灾能力。开展防灾减灾宣传教育。举办了“5·12”全国“防灾减灾日”宣传活动，活动现场各成员单位通过发放和全国第一次自然灾害综合风险普查防灾减灾科普读物、悬挂主题横幅、展出主题展板、讲解答题等形式，向群众宣传普及洪涝、地震、风暴、森林防火、生态环境等各类自然灾害以及火灾、用电、燃气泄漏等事故预防知识和防范应对技能。开展了防灾减灾宣传进社区、进企业、进乡村、进家庭活动。强化应急值守，保障应急救援。县应急管理局 24 小时专人值守，班子成员 24 小时带班，24 小时保持通信畅通，应急抢险队伍 24 小时整装待发，在岗应急值守，确保应急值守到位。

【党风廉政】 县应急管理局持续推进思想、组织、制度建设，提升党员政治素质。加强思想建设，提升政治素养。局党委全面加强党员干部思想建设教育，完善了党委中心组学习制度，坚持周二集体学习制度，深入学习习近平新时代中国特色社会主义思想和党的十九届六中全会精神，学习习总书记视察山西重要讲话重要指示精神，学习习总书记关于安全生产、应急管理重要指示精神，有效提高局党委领导班子及基层支部的思想政治建设，提升全体党员干部践行党的宗旨的思想自觉和行动自觉。抓实全面从严治党主体责任，推动党风廉政建设工作做细做实。始终坚持把党风廉政建设同全局业务工作同部署、同落实，不断强化管党治党的政治责任。多次召开党委会，深入学习传达、贯彻落实十九届中央纪委六次全会以及应急管理系统、煤矿安全监察系统党风廉政建设工作会议精神，研究布置党风廉政建设相关工作，进一步完善党风廉政建设制度机制。

农林水牧

农 业

【概况】2022年，山阴县农业农村局坚持以习近平新时代中国特色社会主义思想为指导，认真学习宣传贯彻党的二十大精神，按照县委、县政府关于“三农”工作的部署要求，坚持稳中求进工作总基调，以实施乡村振兴战略为总抓手，全力推进农业农村优先发展，对标对表省市下达的重点任务，抓重点、补短板、强弱项，不断夯实“三农”工作基础，全面稳定种植面积。2022年度上级下达山阴县84.52万亩粮食生产任务和3万亩油料生产任务。山阴县农作物播种面积94.98万亩。其中，粮食播种面积88.33万亩，包括谷物83.71万亩、豆类2.77万亩（市下达大豆任务为1.5万亩）、薯类1.85万亩，经济作物6.49万亩（油料3.72万亩）。2022年全县杂粮种植面积达到25.16万亩，其中渗水地膜旱地谷子种植面积7.3万亩。山阴县承担省级安排的农产品定量监测任务350批次，经监测全部合格。

山阴县地处晋北黄土高原，地貌为山区、丘陵，多呈缓坡，梁昴起伏，沟壑纵横，土壤多呈砂质，桑干河、黄水河贯穿其间，渠道密布，灌溉方便，无工矿企业的污染，山坡区耕地有50%左右，属温带大陆性季风气候，气候冷凉，昼夜温差在15℃以上，病虫害少，种植小杂粮优势明显，是全省产粮大县。特殊的地理位置和自然气候条件，使山阴黍子具有明显的环境优势、资源优势和生产优势，农民种植黍子积累了宝贵的生产经验。据《山阴县志》记载：山阴黍子种植历史悠久，明朝就有种植记载，是当地农民的主要粮食作物和收入来源。山阴黍子秆壮穗大，米粒色泽鲜亮，粒形饱满，散发着黍米固有的自然清香，磨成面蒸熟后黏性高，口感甜香、润滑、筋道。用黍子面做成的“黄糕”是当地农民的主食食品。春节时，黍面粘糕还象征着吉祥之意，人们以过年蒸粘糕来庆祝年年高长。婚庆宴席上，“油炸糕”更是必不可少的喜庆食品。近年来山阴县制定了完整的黍子生产发展对策，加大对黍子的宣传，扩大栽培面积，集中连片种植，形成规模效益。具体落实技术指导，平衡施肥，推广秸秆还田、机械深松和病虫害防治技术，提高黍子栽培水平，同时扶持龙头企业，促进黍子加工业发展，形成以市场为纽带、企业连基地、基地带农户的产业化格局，推动山阴黍子产业化的有效发展。

【农业技术】2022年，山阴县农业农村局不断提升现代农业技术装备水平，全面落实农机购置补贴。全年共下达山阴县中央农机购置补贴资金790万元，已兑付补贴资金783.12万元，补贴各类机具262台（件），受益农户达210户，其中农用动力机械74台、218.67万元，耕整地机械51台、8.9万元，种植施肥机械34台、4.9万元，收获机械52台、265.89万元，饲料（草）收获加工运输设备50台、269.77万元，田园管理机械1台、1.74万元；报废更新7台，补贴资金13.25万元。全面提升农业机械化水平，2022年全县总播种面积94.98万亩。机耕机械化水平达到91.8%、机播机械化水平达到91.99%，机收机械化水平达74.49%。机械化综合水平达86.67%。

【现代农业】2022年，山阴县农业农村局大力发展现代农业。在设施农业建设方面，在农牧场、薛圐圙乡分别建设温室大棚30亩；在露地蔬菜种植方面，在广武镇、马营庄乡、安荣乡等乡镇发展以红辣椒、青椒、西葫芦、胡萝卜等为主的露地蔬菜2万亩；在冬播谷子种植方面，继续深化与山西农大、省农科院的深度合作，逐步应用旱作农业渗水地膜、膜下滴灌、水肥一体化等新技术，2022年种植冬播谷子200亩。主要农作物病虫害绿色防控覆盖率达到90%以上，测土配方施肥技术推广覆盖率稳定在90%以上。持续推进化肥农药减量增效工作，抽样化验土壤143个，测定氮磷钾盐碱度等指标，做到减肥增效，稳粮增产。做好秸秆还田“肥料化”利用，抓好“饲料化”“燃料化”“基料化”利用，完成秸秆收、储、运、加工作，秸秆综合利用率达90%以上。

【美丽乡村】 2022年，山阴县农业农村局积极推进美丽乡村建设。以建设美丽宜居乡村为导向，全面改善农村人居环境。北周庄镇李家窑村、王家堡村、白家堡村，薛圐圙乡白坊村，下喇叭乡榆树窊村、下喇叭村、织女泉村，岱岳镇甘庄村、郭家窑村，合盛堡乡合盛堡村，吴马营乡西短川村、东短川村、吴马营村，马营庄胡峪口村、沙家寺村、南口前村，村容村貌达到净化、美化、硬化、亮化、绿化“五化”要求。

持续打好农业污染防治攻坚战。因地制宜推进“环保炉具+生物质燃料”清洁取暖工作，完成97户改造任务，并配送2吨生物质燃料，确保群众温暖过冬，算好“环境、民生、发展”共赢账。持续推进农业面源污染防控，加强畜禽粪污资源化利用，抓好化肥农药减量增效，大力推广农作物病虫害绿色防控产品和技术。

实施种子提升工程。以种业知识产权保护为重点，加强种业普法宣传。成立了山阴县种业振兴行动领导小组，建立健全生产经营档案，严格落实农作物种子生产经营备案制度，保证可追溯，确保种子生产经营备案全覆盖。

【农业惠农】 2022年，山阴县农业农村局深化农业农村领域重点改革惠农工程，本年度上级共安排农业生产托管财政补贴资金200万元，选择玉米耕、种、收三个环节为主要托管内容，2022年秋季开始实施秋收环节。补助面积3.7万亩，已完成秋收3.7万亩任务。全县探索走出一条有特色可推广“菜单式”部分环节托管的农业生产托管服务新路径。

抓好农村集体经济壮大提质工作。成立了发展壮大村级集体经济工作领导小组，县农业农村局抽调一名副局长，3名干部专门负责此项工作，督促指导各乡镇全面摸排村级集体经济发展情况和各项数据采集的统一性、准确性、科学性。工作小组从8月开始实行一月一调度制度和月通报制度。全县197个行政村的集体经济收入都达10万元以上。

推进农村集体产权制度改革。农村集体经济组织产权制度改革已通过省级验收，全县257个集体经济组织成立了226个股份经济联合社和31个股份经济合作社。截至年底，已完成农村集体经济组织成员名册、农村集体经济组织经营性资产收益分配权份额人员名册、农村集体经济组织经营性资产收益分配权股份人员名册的数据录入上传工作。

林　业

【概况】 2022年，县林业局坚持以习近平新时代中国特色社会主义思想为指导，深入贯彻习近平生态文明思想，全面贯彻党的十九大和十九届三中、四中、五中、六中全会精神，深入学习贯彻习近平总书记视察山西重要讲话重要指示，践行“绿水青山就是金山银山”的理念。大力践行和弘扬“三牛精神”，落实县、乡、村三级林长制，按照县委十四届十二次全会提出的打造“灵秀古城”，建设“新韵山阴”及山水林田湖草系统治理的思路和要求，大力开展国土绿化，生态修复、消灭荒山秃岭，实现全域绿化。坚持创新机制，优化布局，绿化彩化财化同步推进。加强党建，学史明理，积极履行主体职能，努力创建安全生产“三零”平安单位，扎实推进“灵秀古城，新韵山阴”建设进程。

【造林绿化】 2022年，县林业局完成林草工程4.41万亩，占总任务的93.6%。省级环京津冀生态屏障区建设工程0.5万亩，投资400万元，位于岱岳镇和安荣乡西部山区，4月20日完成施工议标，由山阴县7家扶贫攻坚造林专业合作社实施，完成造林0.5万亩，占总任务的100%。省级森林植被恢复费工程0.51万亩，投资407万元，主要位于马营乡偏岭、青杨岭、戈道一带，已完成造林0.51万亩，占总任务的100%。国家工程晋北地区朔州高原风沙源生态保护和修复项目2.7万亩（人工乔木林0.7万亩、退化林修复2万亩）总投资1930万元，已全部完成。森林抚育1万亩，6月初下达投资计划，后落实地块，编制设计方案，7月中旬设计方案批复，8月完成树木采伐审批及招投标，9月开始施工，完成森林抚育1万亩。完成全省造林绿化空间调查评估工作。

【林草资源保护】 2022年，县林业局全力抓好林草资源保护，认真贯彻落实各级森林草原资源保护有关文件要求，全面推行林长制，做到早安排、早部署，在全县范围内广泛宣传森林草原资源保护知识，认真落实责任制，做好各项保障工作，确保了森林草原资源和人民生命财产的安全。

【森林防火】 2022年，县林业局严格加强火源管控。各级层层分解责任，抓实隐患排查，抓牢火源管控。严格落实森林草原防火行政首长负责制林长制，县、乡及涉林单位逐级签订防火责任状16份。严格落实网格化巡查和定点责任看护制度，按山头地块划区分片，将管控责任细化量化到人，全县1078名专兼职护林员全部上岗，严控火种入山进林。山阴县及时发布《封山禁火令》，全面推行“防火码”扫码进山，全县174个“防火码”卡口全部启用。各乡镇及涉林单位在重点林区山口、路口、沟口增设临时检查点60多个，坚决将火源火种挡在山下林外。山阴县建立了森林草原防火视频监控系统，监控中心设立在林业局，起到了早预警、早发现、早处置的作用，将火险消灭在萌芽状态，并做好林草防火风险普查和隐患排查。县政府、县林业局、县应急管理局联合成立督导组，采取“四不两直”的方式，开展常态化防火检查。特险期，公安机关派出民警协助开展巡查巡护，发现林区野外用火，一律依法依规严肃处理。

县林业局营造浓厚防火氛围，通过张贴防火宣传标语、设立防火宣传警示牌、散发传单、微信、喇叭等多种宣传方式进学校、进社区、进村庄、进企业、进家庭，做到家喻户晓，营造浓厚的防火氛围，让老百姓认识到森林草原保护的重要性和森林草原火灾的危害性，做到“护林防火人人有责”，树立“护林光荣，毁林可耻”的观念。举行“3·12”植树节暨森林防火宣传广场活动，出动宣传人员50多人，出动2辆宣传车。通过发放传单、讲解森林草原防火知识等形式开展了广泛深入的宣传，共印发各类宣传资料5.2万份。为进一步增强宣传辐射效应，及时出动2辆宣传车在县城进行流动宣传，进一步提高广大社区群众森林防火和保护自然的责任意识。

持续强化应急保障。全县有防火通道262公里、防火隔离带200公里、管护站10座。原县森林草原消防队与县矿山救护队合并组建山阴县应急救援队，共117人，同时负责森林草原火情火灾应急处置工作。各乡镇及涉林单位严格执行24小时值班和领导带班制度，认真落实火情归口管理和“有火必报”“报扑同步”制度，全县没有出现一起瞒报、迟报、漏报现象。清明、“五一”期间，所有防火人员全部放弃节假日，专业、半专业队伍保持临战备勤状态，集中食宿、靠前驻防，一旦发生火情，第一时间赶赴现场，打早、打小、打了。

【安全生产】 2022年，县林业局加大宣传和打击力度，提高全民法制观念和保护森林资源意识，有效提高林草保存率，为山阴林草事业发展和生态保护提供坚实的基础。

2022年，县林业局办理擅自改变林地用途案件1起；核查2021年度国家卫星疑似图斑162处，并已完成全部整改；核查2022年省级月度卫星疑似图斑150余处；把林业卫片核查和日常巡林结合起来，进一步健全完善林区治安防控，维护了林区安全稳定，有效地保护了山阴县森林资源的安全，促进了森林资源保护和林业发展。积极组织执法人员学习有关法律、法规及林业政策，不断提高执法队伍素质，进一步统一思想，加大对林业行政执法的力度等工作。大力开展林业法律法规宣传。加大对林业法律知识的宣传力度，特别是加强对毁坏林草地、野生动物保护、森林防火林草病虫害宣传，为提高行政执法水平创造良好的氛围。认真办理案件，进一步提高行政处罚案件质量，明确执法主体，落实执法责任，依法实施处罚，尤其注重执法程序，规范执法行为。开展了违法破坏森林资源案件查处整改“清零”专项行动，并按照要求完成整改销号清零。

【有害生物监测普查和防治】 2022年，县林业局加强林草有害生物监测普查和防治。松材线虫病和美国白蛾疫情的监测工作，按照省、市要求在疫情发生前必须做好充分准备，措施到位，所有工作要全部落实到护林员，做到对管辖林草地全域性监测巡查至少每月1次，并按要求规范填写监测日志，并在松材线虫病监测平台APP端上传监测数据。5月上、中旬是草原蝗虫常发区的多发季节，对草原蝗虫发生情况进行全面监测调查。全年监测调查了蝗虫的发育进度和危害程度，并对蝗虫的发育进度和危害程度进行了趋势预测。

6月，草原有害生物普查工作人员对全县45.14万亩草原开展了普查工作，设定了13条踏查路线，覆盖面积33735亩，踏查面积311.25亩。设置了标准样地59个，标准地调查58个，虫害调查35个，毒害草调查23个。

县林业局经监测普查上半年全县林业有害生物发生面积1500亩，均属轻度鼠兔害危害。通过科学有效地防治，使用低毒物理防治药品，完成防治面积1500亩，防治率为100%。

【政策补助】 2022年，县林业局巩固退耕还林成果，完善退耕还林上图入库和政策补助，完成2021年前一轮完善政策补助，到期抚育补助和新一轮退耕还林第五年补助323.3654万元，补助农户8514户（笔）。完成新一轮退耕还林上图入库276亩。对全县历年国家退耕还林调查摸底，确定对7.9102万亩退耕林进行补植补造、抚育平茬上报工作。

【古树名木保护】 2022年，县林业局对全县列入古树名木保护范围的古树名木进行了实地资源普查和现场观测，详细了解树木的保护现状和生长状况，填写了每木调查表，发现大部分都保护完好，生长良好。山阴县共有古树名木38株，其中省级（一级）10株、市级（二级）10株、县级（三级）18株，均得到了很好的保护管理。

【党风廉政建设】 2022年，县林业局统筹谋划部署全局党风廉政建设责任和反腐倡廉工作，做到重要工作有部署、重大问题有过问、重点环节有协调、重要案件有督办。按照主要负责人的主体责任和局领导班子成员的“一岗双责”要求，切实负起分管责任，真正做到管事就管人、管人就管思想、管作风的廉管并重建设。围绕年度学习计划，以集中辅导学习和自学相结合，分层次召开局党组中心学习会、领导班子会、局机关全体干部职工大会，认真学习传达党风廉政建设精神，把全局党员干部思想和行动统一到中央及省市县委党风廉政建设工作的有关部署要求上来，进一步增强了局党组落实主体责任的自觉性。通过深刻剖析反面典型案例和反腐倡廉宣传专栏，深入推进廉政文化建设，教育党员干部常修为民之德、常思贪欲之害，常怀律己之心，自觉抵制不正之风，主动净化生活圈、工作圈和社交圈。全年共组织全局党员干部收看警示教育片12次。

深入推进机关效能建设。坚持深入基层、深入农村、深入农户、树立正气、树立一流、树立形象的工作机制，努力建设讲大局、讲付出、讲纪律、讲实干的高素质干部队伍，为推动林业高质量发展增添活力和动力。认真落实中央“八项规定”。严格制止奢侈浪费，做到勤俭节约，严格执行中央“八项规定”和省市县关于“四风”问题的相关规定。同时，认真开展公款送礼、公款吃喝、公款旅游等专项整治工作，坚持不懈反对和纠正“四风”。

现代农业发展服务中心

【概况】 2022年，现代农业发展服务中心坚持以习近平新时代中国特色社会主义思想为指导，全面贯彻落实党中央关于“三农”工作的决策部署和省、市、县工作安排，围绕促进农民富裕富足，加快构建现代农业产业体系建设，为山阴县保障粮食安全，全面推进乡村振兴，持续打造“灵秀古城”、建设“新韵山阴”做出积极贡献。

【粮食生产】 2022年，现代农业发展服务中心坚持“藏粮于地、藏粮于技”，持续巩固提升粮食综合生产能力。始终把保障粮食安全放在突出位置，抓住种子和耕地两个要害，引进推广一批良种、良法，为提升粮食综合生产能力提供科技支撑和技术保障。组织申报玉米全产业链标准化基地创建。完成7个乡镇30个村庄的大田玉米转基因抽检、化验工作。农作物种子经营备案19家经营门店、85个玉米品种、1个高粱品种。同一生态区适应性种植面积98亩，其中66亩玉米、6亩谷子、6亩高粱。将适宜于山阴县农业发展的新成果、新技术推广应用到农业生产中，以科技推动“藏粮于技”落地生根，央视《新闻联播》对山阴县加强良种推广夯实粮食稳产增产基础进行了报道。深入古城镇、薛圐圙乡、北周庄镇等乡镇实地调研退化耕地和可耕作性等情况，在机深耕、增施精制有机肥等方面提出技术指导方案。实施20个耕地点位取土化验，秋深耕20000亩。强化政策支持，扶持和引导农民发展设施农业，走集约、精准、现代的路子，已经开工建设的温室大棚50亩，改造老旧日光温室430亩。

【农业绿色生产】 2022年，现代农业发展服务中心推广绿色生态农业技术，从源头上减少农业面源污染。牢固树立“绿水青山就是金山银山”的发展理念，挖掘农业的生态功能，推行农业绿色生产方式，改善农业生态环境，用科技为农业绿色发展赋能增效。推广绿色防控和专业化统防统治技术，2022年全县农作物病虫害防治面积15.6万亩，总体防效达70.3%以上，举办培训班3期，培训人数180多人次。在玉米粘虫、高粱蚜虫、谷子白发病等作物重大病虫害发生的关键时期，飞防20多次，统防统治面积达7.6万亩次，取得很好的防控效果，避免了重大病虫危害的继续蔓延。开展农业外来入侵物种普查，已查明火炬树、草木樨、曼陀罗等21种外来植物，美洲斑潜蝇、豌豆象等9种外来病虫害。推广化肥减量增效技术，强化耕地质量监测，化验土样143个，通过实施配方施肥，摸清了全县耕地地力和耕地环境质量，并对耕地地力进行了分等定级，明确了各等级耕地的分布、面积、生产性能、主要障碍因素、利用方向和改良措施，全县玉米每亩节约肥料成本20元，节肥16%，增产15%。完成了农田地膜残留14个省控点监测工作。

【农业科技下乡】 2022年，现代农业发展服务中心深入开展农业科技下乡服务，有力促进农业增效农民增收。努力践行以人民为中心的发展思想，紧密对接涉农企业、农民专业合作社和农民群众的技术需求，开展有针对性的产前、产中、产后全链条科技服务，为农业增效农民增收保驾护航。深入开展“三队包联”服务，组建农业生产科技服务组，开展农业科技下乡、技术培训、咨询活动、田头指导等230余场次。印发《山阴县2022年春季主要粮食作物施肥指导意见》《山阴县2022年农业主导品种及主推技术》等技术方案。完成3个试验示范展示基地、两个社会化服务组织工作，带动示范户182户，试验示范玉米新品种30多个、马铃薯新品种3个、莜麦新品种1个、谷子新品种1个、种植新技术3项。培训高素质农民200名。全力以赴做好暴雨、霜冻等灾害性天气下的农业防灾减灾技术指导及时组织农技人员深入田间地头开展灾前防御、灾后复产等技术指导服务，最大限度减轻极端灾害天气对农业生产的影响。

【农业经营体系】 2022年，现代农业发展服务中心加快推进现代农业经营体系建设，不断培育壮大农民合作社和家庭农场。鼓励发展多种形式适度规模经营，促进小农户与现代农业有机衔接，带动农业增效、农民增收，让新型经营主体为乡村振兴注入活力。组织山阴县惠民农业专业合作社申报国家级示范社，山阴县围牧现代养殖专业合作社等5家申报市级示范社。完成省市级示范社监测工作，对山阴县29家省级示范社和62家市级示范社进行了监测。组织开展省市级示范家庭农场申报。其中，山阴县永和家庭农场和山阴县康之源生态养殖场已被评为2022年度省级示范家庭农场，山阴二花家庭农牧场等3家被评为2022年度市级示范家庭农场。开展列入异常名录的合作社清理整治工作，督促列入异常名录的合作社进行补报年度报告。完成2021年度农村政策与改革年报和农村合作经济统计年报。

【队伍建设】 2022年，现代农业发展服务中心加强干部队伍建设，提升服务现代农业能力。扎实推进思想政治建设。坚持将政治建设摆在现代农业干部队伍建设的首要位置，切实加强党性教育、警示教育、红色教育，引导党员干部不断增强“四个意识”、坚定“四个自信”，自觉践行“两个维护”，准确把握“三农”工作“重中之重”的战略定位，从政治高度认识做好“三农”工作的重要性，更加自觉地在思想上政治上行动上同党中央保持高度一致。加强纪律作风建设，开展基层干部作风建设提升年专项整治，持续开展正风肃纪，坚决纠正不正之风，大兴敢于担当、狠抓落实、为民服务、调查研究、清正廉洁之风，积极营造风清气正的良好环境，牢固树立现代农业干部良好形象。抓好春耕农资保供，打通农资保供“最后一公里”，畅通农资保供“生命线”。不断提升干部业务能力水平，坚持加强新品种、新技术、新装备、新模式等业务知识学习，拓展服务现代农业发展的新思路、新方法、新举措，为实现乡村振兴贡献力量。

水 利

【概况】 2022年，山阴县水利局认真贯彻党的二十大精神和省委十二届五次全会、市委七届四次全会和县委十五届六次全会部署，深入践行习近平总书记“节水优先、空间均衡、系统治理、两手发力”的治水思路和视察山西重要讲话重要指示精神，大力弘扬“忠诚、干净、担当、科学、求实、创新”新时代水利精神，咬定目标不放松，凝心聚力抓落实，攻坚克难求突破，以实际行动践行了初心如磐，以辛勤汗水诠释了敬业奉献，以奋斗姿态彰显了责任担当，勠力同心，实干笃行，推动新阶段水利高质量发展，为打造“灵秀古城”、建设“新韵山阴”提供有力支撑和保障。

【生态治理】 2022年，山阴县水利局统筹山水林田湖草沙系统治理，将生态优先、绿色发展贯穿推动水利高质量发展始终，全面推进以流域为重点的生态修复。完成了2021年度国家水土保持重点建设尾欠工程。完成工程投资600万元，在玉井镇水头村和下喇叭乡吴儿城村栽植油松（2+3）成片林9000亩，建设封禁围栏2.29公里，新增水土流失治理面积3.45万亩。完成了2022年小流域综合治理工程，工程于2022年5月初开工，7月底完工，完成工程投资560.81万元，完成水保林面积6390亩，封禁治理面积12446亩。开工建设晋北地区高原风沙源生态保护和修复重点项目，工程计划总投资1135万元，计划建设水源工程110处，节水工程27处，于2022年11月16日开工建设，年内完成工程投资376万元。

【水旱防御】 2022年，山阴县水利局开展防洪减灾工程体系建设。持续推进桑干河山阴段河道治理续建工程，累计完成主槽疏浚6.66公里，主槽防护3.02公里，堤防填筑23.86公里，迎水面防护9.152公里，完成投资1.99亿元。完成木瓜河二、三水库维修养护项目投资54元。完成山洪灾害防治设施维修养护项目投资15.4万元。编制完成《黄水河黑圪塔村——应县界段河道整治工程可行性研究报告》，治理河道总长21.53公里，工程计划总投资24826.16万元，报告已上报省市水利部门，争取中央和省级资金支持。工程于2022年12月开工建设，作为全县2022年今冬明春农田水利防洪排涝重点推进的工程之一。深入贯彻习近平总书记“两个坚持、三个转变”防灾减灾理念，牢牢守住水旱灾害防御底线。扎实做好责任体系完善、方案预案修订、物资队伍准备、汛前安全检查、隐患排查整治等备汛工作。针对防汛薄弱环节，组织开展汛前全面检查，对木瓜河二、三水库“三个责任人”落实情况和水库大坝、溢洪道、放空设施等关键部位安全隐患进行重点排查，对发现的问题建立台账，限期整改。健全完善联动响应机制。加强与气象、应急等部门会商研判，及时通报情况、发布预警。联合县气象局发布9期山洪灾害气象风险预警，努力提高预报精准度，延长预见期，为防洪调度赢得宝贵的时间。科学调度水利工程，充分发挥水利工程兴利减灾效益，切实保障人民群众生命安全和城乡供水安全，把水旱灾害损失降到最低，坚决打赢水旱灾害防御攻坚战。

【水利项目】 2022年，山阴县水利局全力争取项目资金。把项目争取作为水利工作的重头戏，进一步加大“跑厅”力度，牢记“酒香也怕巷子深”，每季度带领分管副局长、业务负责人赴上级业务部门汇报工作进展，宣传特色亮点、讲好发展诉求，让山阴水利工作更多进入上级关注视野、更多纳入上级考虑范畴，积极争取政策支持和资金保障，让山阴水利事业始终走在发展的快车道，全年共争取上级水利投资2400多万元。迅速谋划水利补短板项目，抢抓新一轮水利补短板强弱项的大好时机，认真做好“十四五”水安全保障规划编制工作，共谋划农村供水保障项目、生态蓄水项目、地下水超采区综合治理项目共三大类12项工程，总投资8.6亿元。形成“在建一批、开工一批、储备一批、谋划一批”的项目滚动接续机制，为启动实施新一轮水利补短板建设打下坚实基础。

【**水利工程**】 2022年，山阴县水利局持续强化水利工程运行管理。推动水利工程标准化管理常态化。年内落实县财政补助福民供水管理站农村饮水安全工程管理经费98.76万元，山区引黄供水工程运行管护费145.7万元。职责明确、服务到位的运行管护长效管理机制的建立落实，初步实现区域供水规模化。推行市场化运作、企业化运营、专业化服务、一体化管理，理顺了管理体制，提高了服务效能，基本建立从源头到龙头的供水规范化管理体系，全面提升了山阴县农村供水保障能力。全面落实小型水库防汛“三个责任人”和“三个重点环节”，逐库明确责任人、落实重点环节工作，确保“三个责任人”有名有实。加强水库维修养护、调度运用、巡查检查和安全管理，年内投资改善了水库工作人员办公和生活居住条件，着力提高水库运行管理水平。落实《山西省河道堤防安全包保责任制管理办法（试行）》有关要求，签订流域面积200平方公里以上的桑干河、黄水河河流堤防安全包保责任书，逐段落实堤防管理责任，打通堤防管理保护的“最后一公里”，助推全县河流防洪能力得到有效提升。深入研究灌区“最后一公里”管理方面的难题，落实运行维护主体、责任和经费，创新管理体制和机制，打通灌区“毛细血管”，发挥灌区应有效益。2022年完成井灌区农业水价综合改革面积6万亩，涉及4个乡镇32个村庄，完成投资60万元，安装水电计量设备25套，新建县级服务器平台1处，新建农民用水者协会1个。完善农田灌溉工程体系和计量体系，实现了用水的精细化，达到了灌溉的智能化和管理的信息化。农民成立用水合作组织成为农田水利工程的管护主体，长期存在的小型农田水利工程“最后一公里”管护主体和责任缺失问题得到有效解决，保障了工程长久运行。

持续强化水库移民管理。不断完善全县水库移民信息管理系统，做好水库移民后扶人口动态调整核定申报和扶助资金的发放工作。持续推进移民美丽家园建设，促进水库移民增收致富。完成了旧广武村人畜饮水改造工程和薛圐圙乡辛兴铺村美丽乡村建设项目，完成投资120万元。

【**依法治水**】 2022年，山阴县水利局全面提升水执法能力，组织全系统执法人员参加省司法厅举办的“行政执法大讲堂”线上教育培训，不断提高水利干部职工的法治意识和法治素养。深入开展“3·22”世界水日“中国水周”“依法行政宣传月”“12·4”国家宪法日等集中宣传活动，营造尊法学法守法用法的社会风尚。进一步完善学法制度，抓住“关键少数”，提高水利系统干部运用法治思维和法治方式推进水利改革发展动力。组织开展水行政执法专项行动，加大对非法采砂、河湖违建等重点领域执法力度，联合县人民检察院、自然资源局、安荣乡人民政府、古城镇人民政府等部门对桑干河沿线河道情况进行巡查检查，对山阴县小苑生态龙虾养殖厂在古城镇卢岭村东桑干河大桥东侧堤岸搭建的违建房屋进行了拆除。开展妨碍河道行洪突出问题整治专项行动，排查河流15条，对1处河道行洪问题（采砂场弃渣侵占河道）进行了整改。持续开展“双随机、一公开”行政监督检查，重点加强河湖执法，对开工建设的3个煤矸石综合利用填沟造地项目、2个旅游公路项目等5个涉河项目进行重点监管，着力维护好河流保护的法治环境。

【乡村振兴】 2022年，山阴县水利局坚持问题导向和需求牵引，强化工程建设管理管护，不断提升农村供水标准和保障水平。积极推进农村供水工程建设，锚定实施城乡供水一体化、农村供水规模化发展及小型供水工程标准化改造，稳步推进农村饮水安全向农村供水保障转变，打牢乡村振兴水利基础。年内完成农村集中供水工程维修改造资金108万元，对砷（氟）改水工程高庄片和苏庄片供水管线进行维护，维修改造管线12.92公里，受益人口3.87万人。完成农村供水工程设施配套项目资金20万元，安装村级智能水表15块，建设村控阀门井13座。完成中央水利救灾资金项目90万元，改造供水管线5.92公里，建设管线阀门井12座，受益人口4871人。严格落实农村饮水安全运行管理“三个责任”，明晰工程运行管理责任主体，确保一旦出现情况能够及时应对处置。加强供水工程水费收缴工作，水费收缴率达95%以上。持续加强农村饮水安全监测排查，发挥基层水管员作用，实行农村饮水状况全覆盖排查，健全快速发现和响应机制。持续用好水利部“12314”监督举报服务平台和“12345”服务热线等监督渠道，建立问题清单、整改台账，保持动态清零。年内及时维修了苏庄、西小河等16村供水支线破损漏水问题，为罗庄、卢岭、河曲堡3村更换智能插卡水表450块，借用苏庄村供水机井一眼，并入苏庄水厂供水管网保障黑圪塔支线夏季供水不足问题，化解农村饮水安全风险。加强水质检测监测。实行千吨万人规模的水厂一年两次检验（从2022年8月开始实行出厂水8项指标每日一检）、万人以下供水工程实行一年一次的水质普检和分散供水水质抽检制度，对120处（村）农村集中式、分散式供水工程进行了水质检测，着力提升供水水质。高质高量的农村供水，为人民群众送去了最直接的幸福感、安全感。

【营商环境】 2022年，山阴县水利局深入实施《优化营商环境条例》，进一步深化“放管服效”改革，以市场评价为第一评价、以企业感受为第一感受，加强作风保障，突出制度建设，在打造一流营商环境中展现水利担当作为。针对已划转县行政审批服务管理局的23项涉水审批事项，大力推进减环节、压时限、提效能、优服务，强化全程服务意识，甘当“店小二”，协助做好取水许可、洪水影响评价、水土保持方案等审批前的指导服务以及审批后的事中事后跟踪监管等工作。对未划转的14项涉水审批事项实行“最多跑一次”办结。对材料不齐全的，一次性告知需补充的材料。对主要申请条件具备，一般性证明类材料不齐全的，经当事人书面承诺后，允许其采用电子邮件、传真、邮寄等方式补齐材料。市场监管方面。对于“互联网＋监管”平台工作，按要求做好事项清单的认领和梳理完善工作。做好监管行为的数据采集工作，监管涉水事项47项。配合县政务服务大厅畅通企业诉求和权益保护的反映渠道，对“12345”服务热线等各种渠道交办、收集的涉企问题做到“咨询类问题2个工作日办结、求助类3个工作日办结、建议类5个工作日办结、投诉举报类5个工作日办结”，最大限度为群众和企业提供高效率、高品质的优质服务。年内共办理群众求助类问题51个，做到件件能落实，事事有回音，群众满意度达到95%以上。

【水资源节约】2022年，山阴县水利局坚持节水优先方针，推动水资源集约节约利用。实施最严格水资源管理制度，加快推动建立水资源刚性约束制度，严格实行用水总量和强度控制。针对无证取水、超量取水、无计量取水等突出问题，按照省水利厅的统一安排部署，开展取用水管理专项整治行动。做好取水工程核查登记，摸清取水工程家底，对专项行动中排查出的42个问题，积极制定整改方案，和县行政审批服务管理局沟通对接，在2022年3月底全部整改到位，进一步规范取用水行为。以煤矿、企业、学校、宾馆等用水大户为重点，做好用水定额和计划监督管理，加强用水统计管理。全面推行取用水“双随机、一公开”监管，依法规范取用水行为及管理秩序。开展“3·22”世界水日、“中国水周”和节水科普周等宣传活动，推进节水护水行动，推动节水进校园、进机关、进社区，引领社会形成珍惜水、节约水和爱护水的良好风尚。坚持依法治水管水，按照“三条红线”控制要求，抓好最严格水资源管理制度指标的完成。截至2022年底，全县用水总量1.063亿立方米（全年指标1.151亿立方米），万元GDP和工业增加值用水量较上年分别下降6.7%和7.7%（全年指标4.8%、0.1%）。加强地下水管理，严控取水总量，加大黄河水利用量，严格地下水取用水审批。在引黄水和地表水供水区覆盖范围内，严禁开凿包括替代井在内的新井，依法关闭未经批准的自备水井以及城市公共供水管网覆盖范围内的自备井。年压采地下水50万立方米（其中，中煤集团山西华昱能源有限公司引黄置换地下水13.47万立方米，山阴轩昂建材有限公司引黄水置换地下水8.78万立方米，其他地下水压采27.75万立方米），浅层地下水超采水位比去年同期有所回升。

【生态治理】2022年，山阴县水利局大力推进河湖生态保护治理。强化河湖长制，扎实推进河湖水域岸线空间管控、河湖突出问题专项整治、幸福河湖创建等项工作。开展县级河流确权登记工作。山阴县共涉及15条流域面积50平方公里以上河流需要进行确权登记，其中桑干河和黄水河分别为省市级河流，其余13条县级河流需要山阴县水利局确权登记。开展“清四乱”“回头看”“再提升”行动，排查出的河湖“四乱”问题全部整改销号。开展妨碍河道行洪突出问题专项整治，县政府对县域内15条流域面积在50平方公里以上的河道妨碍行洪突出问题进行专题研究部署，建立“河长+检察长”工作机制，把检察职能融入山阴生态环境保护中，形成保护合力，全面排查妨碍河道行洪突出问题，开展集中清理整治，保障河道行洪畅通。开展示范河湖建设，委托山西铠溪工程设计咨询有限公司编制完成《山阴县木瓜河山阴县段示范河湖实施方案》。加强河湖生态流量保障，注重加强桑干河生态补水管理工作，持续恢复河流生态功能，为永定河成为“流动的河、绿色的河、清洁的河、安全的河”奠定了坚实的基础。据统计，从2017年6月17日开始至2022年12月1日累计补水9.97亿立方米，其中2022年补水2.05亿立方米，有力维护了河湖生态健康，创造了“水清岸绿、鱼翔浅底、飞鸟翩跹”的河湖美景，山阴县迎来了成千上万只白天鹅，成为了白天鹅的集结地和栖息地。

【水土保持】2022年，山阴县水利局大力推进水土流失综合防治。2022年12月29日中办、国办印发了《关于加强新时代水土保持工作的意见》，这是继1993年国务院印发关于加强水土保持工作的通知以来，时隔30年，国家层面再次对加强水土保持工作专门出台文件，也是党中央首次对水土保持工作进行安排部署。山阴县水利局以国家水土保持、小流域综合治理等重点工程为引领，系统推进“山青、水净、村美、民富”水土流失综合治理，年内新增水土流失治理面积4.3万亩，新增国土绿化建设面积4.71万亩，进一步蓄厚了绿水青山的生态家底。严格水土保持方案审批，实现生产建设项目水土保持方案落实全过程监管。加强自主验收管理，以交通、风电、采石等项目为重点，从严强化水土保持监督执法，遏止人为水土流失增量。围绕“生态保护＋产业发展”做文章，水利部2019—2021年度遥感监管中发现的山阴县生产建设项目水土保持违法违规项目115个，全部整改到位，坚决遏止人为水土流失。

【清廉水利】 2022年，山阴县水利局始终坚持“严”的主基调，认真贯彻落实新时代党的建设总要求，纵深推进全面从严治党，持之以恒正风肃纪，营造勤政廉政、担当实干、风清气正的水利高质量发展政治生态环境。坚持把思想建党放在首位，坚持用习近平新时代中国特色社会主义思想武装头脑，深入学习习近平总书记“十六字”治水思路和关于治水重要讲话重要批示精神以及视察山西重要讲话精神，学习贯彻党的二十大精神、省委十二届五次全会、市委七届四次全会和县委十五届六次全会部署，坚定政治立场，把稳政治方向，在学思践悟中实干，确保水利工作始终沿着正确的方向前进。

自觉遵守党章和党内政治生活、党内监督、廉洁自律等党内法规，严格执行“三会一课”、民主评议党员等制度。

山阴县草牧畜业发展中心

【经济指标】 2022年，全县奶牛存栏77185头，肉牛存栏1.6万头，牛出栏1.18万头；生猪存栏11万头，其中能繁母猪1.36万头，生猪出栏12.9万头；肉羊存栏21.8万只，出栏11.3万只；蛋鸡存栏60.3万羽，出栏40.2万羽；肉类总产1.4万吨，鲜奶产量30万吨，蛋类总产0.84万吨。

【畜禽养殖】 2022年，全县现有规模奶牛养殖园区86座，入园奶牛7.7万头，占到全县存栏奶牛的99%以上，其中存栏奶牛500头以上规模养殖园区有30座，存栏奶牛1000头以上规模养殖园区有15座。肉牛规模养殖场33座，肉羊规模养殖场13座，生猪规模养殖场22座，蛋鸡规模养殖场9座。

完成湖羊良种扩繁项目，5家专业合作社购买能繁湖羊2000只，项目已验收，120万元补助资金全部拨付，养殖效果良好，发展势头强劲。

【草产业发展】 2022年，全县完成优质牧草种植21万亩，其中全株青贮玉米16万亩，燕麦草2万亩，苜蓿保有量稳定在3万亩。完成收贮优质饲草37万吨。全县已建成骏宝宸、隆祥、大农禾牧草加工企业三家，饲草交易涉及内蒙、云南、贵州、四川、陕西、河北、安徽等省。骏宝宸有限公司投资建成全省唯一面向全国的草业平台，实现了饲草产品线上线下交易，饲草供需信息共享。

【奶业发展】 2022年，农业农村部、财政部在全国遴选了50个奶业生产大县，支持实施奶业生产能力提升整县推进项目，并连续支持2022—2023年两年，第一年安排补助资金2000万元，根据实施效果等情况安排第二年补助资金。补助资金主要用于对扩大草畜配套规模、开展数字化智能化改造及养加一体化试点的适度规模奶牛养殖场给予适当补助。山西省奶业生产能力提升整县推进项目由山阴县和应县实施。

县草牧畜业发展服务中心经过考察、调研和座谈，计划在薛圐圙乡、古城镇、马营庄乡三大奶牛养殖核心区及周围川区乡镇中遴选项目实施单位，2022 年实施草畜配套建设 8 家；实施现代智慧牛场建设 22 家。2023 年计划实施草畜配套建设 10 家；实施现代智慧牛场建设 20 家。

【项目建设】 2022 年省级重点项目为塞北恒源牧业和古城乳业臻源牧业两个标准化奶牛养殖场扩建。项目完成投资 6749.9 万元，建设标准化牛舍 43000 平方米、干草棚 2700 平方米、青贮窖 15000 立方米、挤奶厅 3000 平方米，购置 72 位转盘挤奶设备及其他配套设备、建设饲料库 4500 平方米，购置安装饲料机 1 台、购买奶牛 600 头。已全部完工。

2022 年雁门关农牧交错带及北肉平台建设项目投资 300 万元，其中省级财政资金 100 万元（雁门关农牧交错带项目投资 70 万元，北肉平台项目投资 30 万元），剩余部分投资由各实施主体单位自筹资金解决。对 7 个规模养殖场进行新建扩建基础设施建设、1 个饲草企业提升改造和 1 个肉羊屠宰企业改造升级。

【畜禽防疫】 2022 年，县草牧畜业发展服务中心积极配合指导乡镇人民政府对畜禽防疫工作，认真完成全县的春季畜禽免疫任务。2022 年春秋两季共对全县 9000 余个养畜场户的 6.33 万头牛、11.2 万头猪、20.6 万只羊和 41 万羽家禽进行了强制免疫（免疫种类为口蹄疫、禽流感、猪瘟、小反刍兽疫、布病等）。做到了村不漏畜，畜不漏针，应免尽免，畜禽免疫率达 100%，耳标佩戴率达 100%，免疫建档率达 100%。同时对规模养殖场户进行集中消毒，完成全方位消毒灭源工作，消杀面积达 80 多万平方米，有效阻断病源传播。全县未发生重大动物疫病，养殖形势良好。

【安全生产监管】 2022 年，县草牧畜业发展服务中心对饲草料、奶业生产、屠宰场进行监管，对屠宰场派驻了 3 名监管人员和官方兽医，并制定了工作流程和管理制度。严格实行产地检疫和入场隔离观察制度，对每头待宰猪进行非洲猪瘟检测，严把肉品质量关，确保屠宰场生猪产品安全。对生鲜乳生产进行全过程监管。与乳品企业有购销合同的奶牛养殖场，全部安装远程监控，鲜奶运输车安装 GPS 定位跟踪系统，利用中心“健康奶业”监控平台，对养殖场从生产、收购、储存、运输、销售等各个环节实施监控，无缝对接，有效防范了掺杂使假行为；对 3 家饲料生产企业定期抽检，确保产品质量。认真开展检疫工作，程序合法、办事规矩、服务了养殖企业，保障了畜产品安全。

【良种繁育】 2022 年，县草牧畜业发展服务中心积极开展畜禽品种引进工作。积极引进先马士、鼎元、赛科星等国内外知名育种公司入驻山阴县，认真组织实施奶牛良种繁育工程。全县有 13 家规模奶牛养殖场实现了繁育改良外包，繁育改良水平得到大幅提升。在奶牛育种核心群内开展了 DHI 测定，通过对乳脂率、乳蛋白率、脂蛋比例等指标的测定，为改进饲养管理、提高产奶量、改善牛群品质、增加养殖效益提供科学依据。全县已有 26 家牧场开展了 DHI 测定。全县奶牛禁止使用劣质精液配种，统一使用由农业部指定调运的奶牛优质细管冻精，良种覆盖率达到了 100%；全县完成奶牛良种补贴 4.85 万头，推广三元优种猪 3.01 万头；全县奶牛良种精液实现全部免费使用。

【畜禽粪污资源利用】 2022 年，县草牧畜业发展服务中心对农业农村部养殖场直连直报系统内全部的 129 个规模养殖场，进行了畜禽粪污处理和资源化利用设施（堆粪场、污水池、雨水接水槽等）配套新建扩建等的建设和设备购置，并新建设 4 个集中处理中心和沿桑干河、黄水河、木瓜河流域两岸村庄及养殖密集区建设粪污集中收集池。该项目总投资7668.168万元，使用中央财政资金投资3500万元，其余均为县级和养殖企业自筹资金。年产生的畜禽粪污78.77万吨，通过整县推进，改造完善规模养殖场畜禽粪污收集、处理、利用等整套粪污处理设施，全部完成全县畜禽规模养殖场粪污处理和资源化利用，形成农牧结合、种养循环发展的产业格局。2022年9月，省级组织专家验收组对项目进行了验收，项目验收全部合格。

【防疫社会化服务】 2022年，县草牧畜业发展服务中心对山阴县秋季动物防疫社会化服务工作，根据春季散养户畜禽养殖存栏数量为基数，为试点工作顺利开展，结合散养户的集中分布情况，选定古城镇、薛圐圙乡、下喇叭乡3个乡镇开展试点工作，政府购买服务的防疫人员承担辖区内2022年秋季集中强制免疫及补免任务。全面完成对牛、羊、猪、禽类等散养户畜禽的免疫任务。同时要开展辖区内动物防疫法律法规的宣传，畜禽耳标加挂、散养户畜禽防疫档案建立，流行病学调查、动物疫情报告，协助开展辖区内动物的产地检疫、“瘦肉精”抽检、畜产品质量安全监管等公益性任务。在疫情发生时，开展疫点及疫区内动物的扑杀、无害化处理、紧急免疫、消毒等专业技术工作。

山阴农牧场

【概况】 山西省山阴农牧场是山西省农业（农垦）产业集团有限公司管辖的国有农垦企业，土地总面积38515亩，其中耕地19600亩。全场人口3328人，常住人口1926人。截至2022年底，在册职工312人；场部设有5个科室，即党政综合办公室、农业科、财务审计科、政务服务中心、保卫科。

【设施农业建设】 2022年，山阴农牧场为了加快发展设施农业，利用中央衔接资金338万元，自筹资金102.45万元，共计440.45万元，新建暖棚1座，覆被拱棚8座，分拣车间154平方米（内设恒温库50平方米），新建砂石路2条，长度320米；围栏866米；机井维修1眼；输电线路2000米；供水管网500米；购置电动卷膜器、卷帘机、水肥系统、打药机、制冷设备、井用潜水泵及变压器等设备61台。通过项目实施，将进一步扩大设施农业规模，运用先进的管理技术生产优质绿色健康的蔬菜，跟进市场需求，使职工增收、企业增效。

针对农业灌溉设施老化破损的情况，农牧场积极行动，组织力量对农灌机井和渠道进行了改造维修，保证了农业生产有序展开。

【农业技术培训】 农业技术是推动农业发展的关键，只有科学合理种植、管理，才能获取更大的经济效益。2022年6月16日，农牧场举办了农业技术培训会，邀请山西德育丰农业科技有限公司郝红伟教授授课，郝红伟根据山阴农牧场的土地管理现状、设施优势、经营模式等方面进行了系统的教育培训。通过培训，极大地提高了农业的种植和管理水平，为实践操作提供了很大的帮助和指导。

【农业抗灾保本】 2022年，山西省山阴农牧场改变原有的经营模式，弥补农业发展短板，不断向规模化、集约化、科学化、现代化发展。根据土地集中连片经营、农资用量大、大型农机及配套设施齐全、灌溉设施完善等优势，成立了农资集中采购委员会，采购委员会通过市场走访调查，到农资生产厂家实地调研，选择性价比高的生产厂家，直接与厂家签订合同供货。对自有土地所需农资进行统一采购。山阴县8月数日极端降雨，致使场农田严重内涝，农田排水不畅，积水较多，对山阴农牧场农作物造成极大的损害，客观上给青贮工作带来前所未有的困难。场党委在青贮前多次召开会议讨论研究安排部署青贮工作。通过采取措施，山阴农牧场在农业生产方面同比往年极大地降低了经营成本，同时在遭受严重雨灾的情况下，保住了生产成本。

【农业机械化】 山西省山阴农牧场推进农业机械化，提高农业生产效益。根据农业生产需要，在原有农业机械的基础上，2022 年购置了农业收获机械、裹包机械等 5 台，建设钢结构机械车库 525 平方米及太阳能路灯安装。购置雷沃 1804 拖拉机 1 台和液压翻转犁 1 台，充分发挥了机械队伍的优势和作用，完成场农业土地的耕作任务，进一步推进场农业机械化、现代化发展步伐。

【安全生产】 山西省山阴农牧场加强安全生产工作上，举行了 2022 年“安全生产月”活动启动仪式，活动主题为“遵守安全生产法、当好第一责任人”。围绕安全管理、安全生产、应急救援等方面对全场干部职工进行安全生产教育培训，进一步增强广大干部职工的安全意识和安全责任。在日常工作中，对易发火灾等重点部位进行了巡查看护，坚持以人为本和谁主管、谁负责的原则，规范管理，确保了全场安全生产无事故。加大对全场苗头性、倾向性隐患问题的排查力度，化解矛盾，从根本上解决问题。

【政治建设】 山阴农牧场认真贯彻学习习近平新时代中国特色社会主义思想和党的二十大精神，认真落实新的发展理念，不断提高思想政治素养，立足岗位，恪尽职守，做好思想政治、宣传舆论等工作，把学习宣传贯彻作为当前和今后一个时期的重要政治任务，将精神传达到每个党组织、每名党员干部；开展了党史学习教育活动，积极按照学习要求进行组织学习。通过深入学习进一步深化对党的性质宗旨的认识，发扬革命精神，始终保持艰苦奋斗的昂扬精神；要求党员干部持续进入“学习强国”学习平台 APP、“三晋先锋”等学习系统进行学习，进一步增强“四个意识”、坚定“四个自信”、做到“两个维护”，提升自身素养，提高理论和工作水平。

加强新冠疫情防控工作，以一级的责任、一级的标准、一级的状态和一级的措施落实好疫情防控各项工作，建立联防联动机制，大力开展宣传教育，做好必要的物资储备。

古城乳业

【概况】 古城乳业从创办于 1976 年的公社小农场起步，历经多次技改扩建、体制变革滚动发展成为一家集牧草种植、饲料加工、奶牛饲养、乳制品生产、销售、新产品研发、产业服务于一体的产业化龙头企业。公司注册资本 8580 万元，总资产 12 亿元，在册各类员工 1136 人，山阴、晋中两大生产基地设计日处理鲜奶能力 1500 吨、系列乳制品年产能 42 万吨。生产的古城牌系列奶粉、灭菌奶、巴氏奶、酸奶、乳饮料五大系列 80 多个品种，拳头产品全脂加糖奶粉、纯牛奶、酸牛奶饮品先后被评为省优、部优产品、国家质量免检产品、中国名牌产品、山西省标志性名牌产品。以最近的距离、最快的速度、最安全的方式、最贴心的服务赢得了消费者的信任，古城品牌美誉度逐步提升，被誉为“养育山西两代人的好乳品”。

【乳业发展】 2022 年，古城乳业公司完成了“种好草、养好牛、产好奶”草牧业全产业链布局之后，公司着力软实力的提升，面对产品细分大背景下的激烈市场竞争，公司依托省级企业技术中心和行业协会、科研院所的合作基础，借力营销外脑，聘请业内资深营销策划团队运用大数据精准分析研判，确定了一手要在唤醒70后消费群体记忆，一手要寻求有效的沟通对话方式与95后、00后新型消费群体拉近距离，突破品牌阶层、区域固化的束缚，通过事件营销、场景直播、牧场工厂体验游等方式讲好古城乳业近50年的故事、全景展示雁门关外、桑干河畔农牧交错带奶牛养殖核心区的风土人情。公司克服疫情影响带来的困难，借力政策扶持，抓实“五进九销”工作，加大研发投入适应对乳品消费高端化、多元化、个性化趋势，推出“三晋牧场”“醇晋”“S级牧场”牧场奶高端系列产品，更好地补充和扩大超高端产品组合，顺应高端化市场需求不断增长的趋势；用讲故事的方式把奶源优势、文化底蕴分享出去，用“当地、当天、当然新鲜”理性回应消费者，为“常温固市、低温拓展”的差异化突破战略造势，推出“新韵系列”高透PET瓶、纸塑杯、三角杯、爱克林、八联杯、玻璃瓶等多种规格、形式包装的低温冷链产品，在品类上细分酸奶因消费场景、风味及个性化调配的不同需求，推出奶酪味、复合水果味、可添加坚果、杂粮、蜂蜜等多品种酸奶产品；通过丰富多元的产品结构，面向不同群体需求，纳入更多元的用户，从而实现在细分品类赛道的“弯道超车”，助力渠道下沉、拓展，最终实现山西本土市场稳固拓展、周边市场渗透率快速提升的目标。

“十四五”期末，古城乳业公司的总资产突破15亿元，营业收入超过40亿元，其中乳制品销售收入30亿元，奶牛养殖、牧草种植收入6亿元，饲料加工收入4亿元，利税5.2亿元。在进一步做强做大自身的过程中适时寻找最佳合作伙伴，搏击金融市场，为古城乳业跻身百亿级企业行列奠定坚实的基础。

【乳业供销】 2022年，古城乳业公司全产业链延伸拓展战略推进成效显著，种养环节基础进一步夯实，自建牧场奶牛存栏量、农牧公司硬件升级改造、臻源牧业配套完善都得到有序推进，八分厂停厂搬迁期间低温生产的有序衔接工作以及营销团队的多点发力，将疫情影响降到了最低，集团公司销售收入11.32亿元，其中乳制品销售收入8.78亿元，同比增长7.31%，增幅居同行业前列水平；实现利润5492.66万元，同比下降4.36%；上缴各类税金3092.12万元，同比下降3.21%。2022年公司在各类主要成本费用大幅上涨的大环境下，多措并举有效管控各项费用支出，产品吨成本控制成效明显，净利润率稳中有升，销售净利润率达到8.63%，销售利税率达到12.46%。

【安全生产】 2022年，古城乳业公司进一步强化安全管理意识，生产系统抓安全生产力度不减，2022年公司继续保持生产安全零事故纪录；质量标准化推进方面成绩喜人，在持续有效运行七大体系的基础上，突出一体化管理改进，注重体系文件在实际操作中的应用强化，变被动巡检为自觉管控，创新工作思路，加大过程控制力量，转移了日常巡检的力量，把巡检监督责任转嫁到了生产过程的自我约束上，顺利通过了全省质量管理体系监督检查；传承“绿色与发展同在”的环保理念，2022年新增一台10T燃气锅炉，确保烟尘排放减量，为实现“双碳”目标贡献了古城力量；全年各部门、分支机构推荐评选出53名爱岗敬业、乐于奉献的先进代表、优秀员工，公司也先后荣获2022年度中国奶业优秀企业、光荣入选第三届中国奶业D20企业观察员之列、中乳制品行业高质量发展标杆企业、中国奶业数字转型典型案例企业、朔州市民营企业50强等荣誉，古城牌系列乳制品被评为中部六省特色农产品、有机旱作·晋品、消费者最喜爱的特色农产品。

工　业

工业和信息化

【概况】2022年，工信局牢固树立“以知促行、知行合一”的工作理念，始终以理论上的绝对清醒不断校准工作方向，坚决拥护“两个确立”，增强“四个意识”、坚定“四个自信”、做到“两个维护”，坚持不懈用习近平新时代中国特色社会主义思想武装头脑、指导实践、推动工作，以抓党建促基层治理能力提升专项行动为牵引，把学习宣传和贯彻落实党的二十大精神作为重大政治任务，有力保障全县工业和信息化工作始终沿着正确方向前行。

【工业指标】2022年全县完成工业总产值417.04亿元，同比增长19.15%；完成工业增加值占GDP比重51.81%，超目标任务11.81个百分点；高新技术企业数新增1家；规模以上工业企业净增户数11家；规模以上工业企业研发经费支出增长速度达到180.6%；规模以上工业企业中有研发机构的企业占比达到15.3%；制造业增加值占规模以上工业增加值比重上升率为–8%；规模以上工业战略性新兴产业增加值增长速度为–25.4%；规模以上工业增加值增长速度为2.6%、排名全市第二，贡献率达到493.9%、排名全市第一。

【清理拖欠账款】2022年，县工信局切实压实清欠责任，加大工作协调力度，常态化更新偿还清单和偿还计划，防止边清欠边拖欠的情况发生，不折不扣推动清理拖欠民营企业和中小企业账款工作走在前列。2022年全县收到转办拖欠账款9笔、合计6817.934万元。其中，有分歧欠款2笔、合计231万元，不属于拖欠账款的1笔、77.463万元。截至年底，已清理5笔、412.55万元，剩余1笔、6096.921万元，双方已达成还款协议。

【入企服务】2022年，县工信局扎实开展常态化入企服务活动，坚持问题导向，最大限度地发挥政策引导、综合协调、要素保障等作用。坚持从送政策、搭平台、优服务三个方面精准发力，为市场主体增信心、稳预期，优化完善助企纾困政策直达机制，常态化开展入企服务，帮助企业减免各类税费4亿元、协调各大银行为7家企业贷款3.95亿元，持续提振市场主体发展预期、活力和信心，带动全县规上工业企业去年新增11家、总量达到85家。聚焦“人的不安全行为、物的不安全状态、环境的不安全因素”，持续加强分管领域安全生产工作，会同安委会有关部门，对25家非煤电规上企业开展拉网式排查，及时发现安全隐患问题并整改到位，为全县经济社会发展筑牢安全屏障。

【企业转型升级】2022年，县工信局聚焦产业转型升级，常态化指导和推动建链、延链、补链、强链工作，及时组建入企服务工作专班，拉网式开展摸排工作，精准掌握74家规上工业企业的基本情况、存在问题、问题症结、问题层级、牵头部门和解决措施，协调相关部门帮助企业解决各类问题，帮助7家企业贷款3.95亿元；推动4家企业产品信息被列入《朔州市2022年重点新产品推荐目录》，培育升规企业11家，帮助鑫霏农业、骏宝宸2家企业复审省级高新技术企业、帮助泰昌农业成功申报省级高新技术企业，帮助骏宝宸农业科技股份有限公司申报市级技术创新中心，帮助山西超牌煅烧高岭土有限公司和山西金胜达有限公司申报高科技领军企业培育入库；聚焦煤基、钙基和固废综合利用三大主攻方向，持续推进恒科新材料、赢胜陶瓷纤维等10个转型项目。

【科技创新】 2022年，县工信局积极落实中西部地区“三区”人才支持计划科技人员专项计划，以项目为单位，组建产业扶贫技术团队，市县科技特派员对贫困村科技服务和创业带动全覆盖。滚动推进关键共性技术攻关和技术创新项目建设，一批关键技术和产品达到行业领先水平，玉竹微孔硅酸钙新材料填补国内市场空白。加速创新平台建设，推动各类企业技术中心建设达到13户，其中省级3户、市级10户。

【数字基础建设】 截止2022年底，全县已建成并开通5G基站289座，实现县域范围和乡镇主要区域全覆盖。工信局积极协调县移动公司新建数据中心，推动城发集团成立山西广武数字科技产业有限公司，搭建安全的数字基础，打造专业的数字企业，让数字产业更好地赋能高质量发展，推动工业化、信息化有机融合。

【国资国企改革】 2022年，县工信局着眼于转变监管理念、监管重点、监管方式、监管导向，大力推进中国特色现代企业制度建设，将出资人监管要求转化为股东意志，将加强党的领导与完善公司治理相统一，把党的建设融入管理资本的全过程、各方面。印发《山阴县规范县属国有企业经营管理工作规定》和《山阴县规范县属国有企业领导人员经营管理行为“十个绝不允许”》，从制度层面规范和约束国有企业和国有企业领导人行为，确保国有企业健康稳定发展。

能　源

【概况】 2022年，山阴县能源局坚持以习近平总书记新时代中国特色社会主义思想为指导，深入学习贯彻习近平总书记视察山西重要讲话、重要指示，认真贯彻落实党的十九大和二十大精神，多措并举，营造和谐氛围，加强能源行业管理，有序扎实推进煤矿智能化建设工作，积极推进煤矿增产保供工作，大力推动重点工程建设进度，为全县经济高质量、高速度发展提供强有力保障。

2022年，全县累计生产原煤3778.55万吨，同比增加778.55万吨，增长25.95%。全县煤矿产值累计完成11689853.02万元，同比增加322348.98万元，增长23.57%。累计发电量83.01亿千瓦时（火电：61.46亿千瓦时，新能源：21.55亿千瓦时），同比减少3.45亿千瓦时，下降3.99%；累计产值28.8亿元，同比增加2.1亿元，增长7.9%。

【能源执法】 2022年，山阴县能源局把能源执法贯穿于日常工作中，坚持“安全第一，预防为主”的安全方针，按照“三管三必须”的原则，对煤矿、电力企业、燃气长输管道进行了多次全方位的安全大检查。能源局派出煤矿安全监管专员4名，对水泉煤业和朱和咀煤业进行安全监管，通过一年来的排查整治，未发生一起安全事故，有力地保证了能源企业的安全生产。

【煤矿智能化建设】 2022年，山阴县煤矿智能化建设任务（不包括晋能控股）：2021年智能化掘进面12处、智能化综采面1处，2022年智能化掘进面6处、智能化综采面3处；晋能控股安平煤矿2021年2处综采任务，2022年1处综采任务，全县智能化任务概算投资9.77545亿元，实际完成投资8.4718亿元。截至年底，完成市级评定验收（不包括晋能控股）14处，其中：掘进工作面完成10处（玉井、北祖、元宝湾、台东山、华夏、芍药花、腰寨、辛安、朱和咀、口前）、综采工作面完成4处（水泉、五家沟、南阳坡、元宝湾）；晋能控股完成综采工作面1处，包括晋能控股共完成15处。

朔州市能源局《关于全市煤矿智能化建设工作情况的通报》（朔能源发〔2022〕155号）文件对全市煤矿智能化建设工作情况进行了通报，山阴县智能化建设完成市下达任务的63.6%，全市完成率最好，受到市局的表扬。

【洗煤厂标准化建设】 2022年，山阴县能源局大力推进洗选企业达标升级规范发展工作，共验收洗煤厂标准化达标21家。一级标准化1家（华昱洗运中心）；二级标准化11家，（华汇瑞祥、辛安、北祖、五福、红杉、一生辅、升华、新瑞源、海之源、鑫福鼎、瑞之琦）；三级标准化9家（通盛、恒通利、鑫海、捷茂通、神马、亿卉、周泰、圣峰、金鼎博）。全县标准化洗选能力共计7220万吨，洗选煤厂的标准化建设居全市第一。

【清洁能源】 2022年，山阴县能源局打好蓝天保卫战，清洁取暖工作取得了优异成绩，受到省清洁办的表扬，并被授予2022年度清洁取暖工作成绩优异单位。2022年冬季清洁取暖改造计划总户数19477户，清洁取暖包括集中供热、煤改电、太阳能+、生物质锅炉、建筑能效提升5种路径。集中供热涉及住户5457户，已完成5457户。煤改电实施改造11781户，已改造完成11781户。太阳能+实施改造2142户，热风机改造完成2142户，太阳能光伏板改造完成232户。生物质锅炉实施改造97户，安装97户，生物质燃料全部发放到户。实施既有建筑能效提升改造26万平方米（农村地区20万平方米、建成区6万平方米）。

【产能核增及稳产保供】 2022年，全县煤炭产能核增涉及6座煤矿，新增产能1200万吨。华夏煤业产能由300万吨/年增至540万吨/年，增能240万吨/年，核增手续已完毕。晋能控股同生安平煤业产能由90万吨/年增至150万吨/年，增能60万吨/年，获得省能源局批复，并办理相关手续。150万吨/年增至300万吨/年，增能150万吨/年。芍药花煤业产能由180万吨/年增至300万吨/年，增能120万吨/年。中煤集团元宝湾煤业产能由90万吨/年增至300万吨/年，增能210万吨/年。中煤集团水泉煤业产能由90万吨/年增至300万吨/年，增能210万吨/年。朱和咀煤业产能由90万吨/年增至300万吨/年，增能210万吨/年。朔州市《能源安全保供工作责任书》分解到山阴县电煤中长期保供任务2505万吨，各煤矿共签订电煤中长期合同2577.54万吨，完成了全年保供任务。

【项目建设】 2022年，山阴县能源局加强项目建设管理。截至年底，西宜煤业设计新增井巷工程8600米，利用（维修）原有巷道2582米，已施工新增井巷工程1533米，累计完成4115米，其中副斜井、回风立井、主水泵房及通路、管子道、主变电所及通路、等候医疗硐室、避难硐室、消防材料库已完成。土建工程：换热站、风机房配电室（含控制室）、黄泥灌浆站、日用水泵房及水池已完成；机电安装工程：通风机房机械设备安装、水泵房设备安装、运输大巷带式输送机安装、日用水泵房设备安装、配电及照明已完成。

华能2×100万千瓦火电项目，项目厂址、燃煤、生产用水、煤耗、能耗、机组容量、污染物排放指标等建设条件均已落实。项目可研报告通过电力规划设计总院审查，并取得审查意见；取得了华能集团煤质批复意见；完成了全周期生产用水水质监测报告；签订了供煤、供水协议和脱硫石灰石、尿素供应协议，以及粉煤灰、脱硫石膏、炉渣综合利用等19个支持性协议；已完成厂址勘测、勘界钉桩和地面附着物清调，绘制了厂址清调图，制定林地补偿方案。

山阴煤电项目已取得除环评报告审查意见之外的核准必备的全部专题报告及支持性文件。取得了建设项目用地预审与选址意见书（用字第140000202200022）、节能报告初审意见、符合产业政策意见、项目用水许可、水保方案许可、项目对神头泉域水环境影响评价许可、地质灾害危险性评估、地震安全性评价批复、洪水影响评价批复、社会稳定风险评估批复、压覆矿产资源审批、文物选址意见、安全预评价报告审查意见。

山阴100兆瓦农光互补光伏储能发电项目，项目由中国能源建设集团山西电力勘测设计院有限公司开展勘察设计工作，工程监理单位是公诚管理咨询有限公司，主体施工单位是山东电建建设集团有限公司，送出工程施工单位是山西泰尔达工程有限公司。场区低支架、高位支架试桩完成，场区清表统计工作完成，道路施工累计5.5公里；升压站完成场平、通路及通电工作，主变、GIS、预制舱、SVG、龙门架安装完成，电气设备安装完成，升压站设备总调单位准备进行单体设备调试工作，升压站土建尾工施工，四周围墙砌筑，电气接线及避雷针安装。

山阴100兆瓦农光储氢一体化项目，项目光伏区逆变器接线90%；逆变器至箱变接线完成。集电线路架线完成4公里；J3–J4电缆敷设完成。生产控制楼卫生洁具安装完成，照明安装完成。蓄电池充放电试验完成。光伏区、集电线路、新建升压站、送出线路等工作基本结束，预计2023年3月并网。

国家电网

【企业概况】 山阴作为山西北部电网的枢纽县，截止2022年12月，境内拥有1000千伏交流特高压输电线路74公里，±800千伏直流特高压输电线路16公里，500千伏过境线路230公里；拥有220千伏变电站2座/540兆伏安，110千伏变电站6座/560兆伏安，公司管辖运维35千伏变电站6座，主变12台，变电容量105.2兆伏安；10千伏开闭所1座；所有站均实现了双回路供电和综合自动化。山阴电网拥有35千伏线路36条，总长397.92公里；其中公用线路17条，200.57公里，用户专线19条，197.35公里；拥有10千伏线路95条，总长2008.157公里，其中公用线路65条，1788.157公里，用户专线30条，220公里。运行配电变压器共计2793台，总容量544.71兆伏安，其中公用配电变压器1340台，274.900兆伏安，用户专用配电变压器1453台，269.810兆伏安。公司现管理高压用户1755户，低压用户117470户，共计119225户。公司荣获“2020—2021年度朔州市精神文明单位标兵”称号。

【经济指标】 2022年，供电公司售电量累计完成8.6226亿千瓦时，同比增长8.34%；售电均价582.45元/千千瓦时，同比增长46.9元/千千瓦时；综合线损率累计完成4.37%，比计划4.5%降低0.13%；电费回收率完成100%。截至2022年12月31日，公司未发生电力生产人身轻伤及以上事故、未发生一般电网事故和一般设备事故、未发生火灾事故及人员恶性误操作事故、未发生交通事故、未发生信息安全和责任质量事件，累计实现安全生产长周期运行11431天。

【安全生产】 2022年，县供电公司牢固树立“人民至上、生命至上”理念，构建大安全格局，维持了安全生产良好局面。严抓严管现场安全，贯彻省市公司安全责任年各项部署，修订领导班子成员“两个清单”和全员责任清单，坚决落实安全责任55项具体措施。推广“现场+远程”作业督查模式，全年对137个作业现场进行安全督察，发现违章82起，其中行为性违章42起，占比51.22%，装置性违章13起，占比15.85%，管理性违章27起，占比32.93%。专项整治取得实效，统筹推进专项整治三年行动和安全隐患大排查大整治等重点部署，全年变电二次保护动作正确率100%，全年开展检修任务46项，处理隐患492处，隐患消缺率82%，5项国网管控重点隐患全部清零。清理树线隐患76处，修剪树木230余棵，砍伐树木430余棵，更换绝缘导线36.49公里。35千伏公线跳闸15次，同比降低16.67%，10千伏公线跳闸同比降低8.92%，配变平均停运时长同比降低23.7%。

【提质增效】 2022年，县供电公司坚持稳字当头、稳中求进，开展提质增效专项行动，实现了效益效率双提升。扎实开展电能替代、线损治理等工作，创效增利181.8万元；全年累计更换电能表3.2万只，HPLC模块4.4万只；治理高损线路不少于50条次、高负损台区不少于1000台次，完成反窃电、违约用电任务共计120.88万元，线路、台区线损得到明显改善；治理三相不平衡、低压及重过载配变715台，低效设备治理效果显著，综合占比降至37.22%。持续优化营商环境。三级服务调度体系初步完善，高效服务客户需求，3项“三个一批”项目顺利接电。促请政府出台联合审批政策，小微企业全面实现城乡160千伏安及以下接入，累计节省用户投资106.1万元。供电服务质量稳步提升。严格落实投诉管控责任，投诉管控管理点前移至运维管理、过程管控，公司上下服务意识从根本上得到提升，全年投诉共计1例，同比下降80%，意见工单79件，同比下降36.29%；故障报修量842件，同比减少7件，下降0.8%。服务民生工程保障有力。积极服务乡村振兴，开展乡村电气化示范项目，惠及居民500余户，圆满完成张家庄村和西双山村的乡村电气化试点村，泥河、北周庄最美供电所的创建任务。

【电网建设】 2022年，县供电公司不断补齐配电网短板，统筹推进配电网发展。持续提升配电网水平。强化项目动态储备，35千伏及以下配电网改造139.37公里，规模同比增加50%；开展线路通道治理提升行动，完成24条高跳闸线路治理，不停电作业次数63次，同比增加1.6%，配网供电质量明显提升。持续增强网架建设，2022年新投运城环线、河康线康园支线，完成了对永洗线、北郭线、合盛堡线、黑张线新建线路投运，线路停运问题有效改善。奋力攻坚“清洁替代工程”。全年投资4722万元，完成91个村、13923户接网，新建及改造10千伏接续线20公里，立杆2521基，改造配变98台23.7兆伏安，改造接户线68.4公里，新增表箱1242个。

【党建工作】 2022年，山阴县供电公司始终坚持党的领导，公司党总支始终严格落实第一议题制度。强化“三支队伍”建设，2个优秀党员示范岗受到省公司表彰。认真学习宣传贯彻党的二十大精神，组织全体干部职工认真收看大会盛况。召开学习研讨会，围绕习近平总书记的报告进行热烈讨论，谈感受，写体会。以学习宣传贯彻党的二十大精神为工作主线，将《习近平谈治国理政》第四卷、二十大报告精神与山阴公司中心工作有机融合，先后组织全体党员重温入党誓词，参加上级党委组织的专题会议、二十大精神知识竞赛，全局迅速兴起学习宣贯热潮。夯实党建工作基础，精心编制年度党建工作要点和推进计划，落实“三会一课”

制度，完善阵地建设和基础资料，全年共组织理论集中学习12次，召开党建工作会5次、支委会21次、党员大会5次，讲党课6次，主题党日12次，党员信息化管理系统录入率完成100%。狠抓党风廉政建设，公司党组织在贯彻中央关于党风廉政建设的重大决策部署方面，积极落实“三重一大”制度，紧盯关键节点、关键人员、关键岗位、关键场所，聚焦“四风”新形式、新动向，对发现的问题及时通报，并督促整改。发挥纪律作风监督员的作用，做到一班一员，持之以恒推进廉洁文化建设，班子成员带头讲廉政党课4次，保持了风清气正的良好政治生态。广泛凝聚发展合力，全力配合公司融媒体发稿，积极组队参加县政府举办的乒乓球赛，攻坚解决多项房地资源确权难题，持续加强舆情、信访等工作。

城镇集体工业联合社

【概况】 2022年，山阴县城镇集体工业联合社以习近平新时代中国特色社会主义思想为指导，深入贯彻落实党的十九届六中、七中全会，深刻领悟党的二十大报告精神，以推动高质量发展为主线，认真做好城联社稳定各项工作，所属龙头企业华夏煤业公司全力克服新冠疫情带来的不利影响，尽早恢复生产，在确保环保和安全下投入生产，截至11月底完成工业总产值71902.89万元，销售收入55984.73万元，工业增加值40197.22万元，上交税费25331.33万元。

【工艺美术产业】 2022年，全县工美骨干企业众福缘工美合作社充分发挥辐射引领作用，在扶贫助残、教育培训、花色品种、电商销售等领域都有所突破。全县全年共完成工美产品总产值310万元，销售收入108万元，工业增加值同比增加59.8%，实现多出精品、多出人才。

【信访工作】 2022年，山阴县城镇集体工业联合社在信访工作中，不断加大协调沟通力度，合理解决急难上访事件，充分化解矛盾，扎实解决问题，尽量把矛盾解决在萌芽状态，树立提高服务意识，坚持深入调查研究，进一步增强党性修养、宗旨意识和群众观念，深入企业把理论知识和工作实践相结合，修订完善了信访维稳实施方案，主动深入企业，倾听职工呼声，积极解决劳资问题，化解矛盾。

【党建工作】 2022年，山阴县城镇集体工业联合社不断强化理论武装，抓好党的建设工作。联合社制订年度理论学习计划并认真落实，通过以党委专题理论学习带动各支部学习、召开党委（扩大）会议组织集中传达学习和引导党员干部积极开展支部学习活动、利用“学习强国”App自主学习等方式，推动对习近平新时代中国特色社会主义思想、习近平总书记系列重要讲话精神，以及省市系统内和县委县政府重要工作部署、重要会议、文件精神的学习贯彻落实。按照新时代党的建设总要求，以党的政治建设为统领，以宣传贯彻党的二十大为主线，以提升组织力为重点，部署推动机关党建、党风廉政建设和意识形态工作。组织开展政治体检，引导班子成员和党员干部深刻认识“两个确立”的决定性意义，增强“四个意识”、坚定“四个自信”、做到“两个维护”。

突出清廉机关建设，压实意识形态责任。城镇集体工业联合社积极开展干部作风建设提升年活动，上半年及时动员部署和宣传发动，下半年扎实推进各项问题整改落实。强化正风肃纪，常态化开展警示教育，及时学习上级纪委典型案例通报以警醒全体党员干部。把意识形态工作纳入领导班子目标管理，注意分析研判意识形态工作态势，加强对微信群等意识形态阵地的管理，引导党员干部规范线上线下言行。

山阴县城市发展集团有限公司

【概况】 2022年，山阴县城市发展集团有限公司以习近平新时代中国特色社会主义思想为指导，坚持新时代城市发展理念，以增强国有企业活力和效率为中心，优化国有资本布局，健全国有资产管理体制，加快完善现代企业制度，全力推动国有企业率先改革、率先转型，加快提升城市建设发展质量和水平，为山阴高质量转型发展提供新动能。集团公司注册资本18亿元，总资产30.17亿元，下设二级子公司11家，三级子公司6家。

【公司运营】 2022年，城发集团公司以增强企业活力，服务山阴建设为目标。进一步优化国有资本布局，拓宽服务领域和服务项目，提升市场竞争力。年底资产总额301743.6万元，负债77305.4万元，所有者权益224438.2万元。全年实现营收21077.76万元，比上年13242.53万元增加56.16%，其中集团公司成立以来新成立两家公司（通畅建设公司、商贸公司）完成10504.46万元。

【安全生产】 增强安全意识，层层压实安全责任。集团公司与下属公司负责人、下属公司与职员分别签订了2022年度安全生产责任状。层层分解安全职责任务，强化安全教育，结合集团公司及各个子公司的行业特点制定了具有较强可操作性和实用性的《应急管理制度》《安全操作规程的管理标准》《重大危险源安全管理制度》等安全生产管理制度，形成人人重视安全的良好氛围。

【供热供水】 2022年，山阴县城发热力有限责任公司实施了县域内一、二次老旧供热管网更换16.61公里；新建供热点59座；2022年底总入网户4.65万户，集中供热入网面积627.7万平方米。完成了玉井、马营两个供热站建设并投入运营，固定资产净值增加284万元，在建工程2.66亿元。实现了县城外2个乡镇、10多个机关团体、4个村、9个企业、70多家店铺集中供暖，受益覆盖人群1万多人。全县集中供热扩容大幅增加，有效缓解了用煤供热给环保工作带来的压力。

山阴县城发自来水有限责任公司更换居民、机关单位、小区、商业门店等不同类型水表582块，维修损坏井盖169套，改造水表井19座，总收入首次突破千万元大关，创历史新高。

【项目建设】 2022年，山阴县城发市政工程公司完成“八村一区”道路提质改造建设项目，于9月10日竣工，实际完成道路硬化面积352307.33平方米。完成了山阴县方舱医院建设项目，建设3422.74平方米气膜方舱医院主体1座，包括3米高混凝土剪力墙、13.5米高气膜顶棚结构，配套500千伏安箱式变压器1台、10千伏双回路电源1200米、1兆瓦箱式换热站1座，以及入院卫生通道办公用房、PCU实验室、移动CT集装箱根据需要配置，并配套给排水、通风空调、强弱电、消防监控等设施。工程5月下旬开工建设，7月底竣工，9月29日竣工验收，完成概算1288.81万元。惠丰社区党群服务中心建设项目，于2022年12月19日中标。

山阴县城发通畅建设有限公司拥有4000型沥青搅拌站1座、180型混凝土搅拌站2座、600型水稳站1座等配套附属设施，办公区域约900平方米。混凝土年搅拌能力为48.38万立方米；沥青混凝土年生产能力为40.32万吨；2022年完成了经济开发区路网工程、马营乡集中供暖工程、县集中供暖路面恢复工程、隔压站及一网工程、八村一区街巷硬化、弘文阁2#楼、新旧广武改造、湿地公园路桥、场馆项目、山阴县站前街、中商街、广场路道路改造工程、美丽乡村硬化工程、方舱医院、老旧小区改造、荣乌高速连接线、中商街改造、南口前村硬化、水泉村硬化、罗庄村硬化等其他零星项目水稳36824.19立方米，沥青10006.09吨，商砼21.8万立方米。

山阴县城发商贸有限责任公司实现销售额7200万元，实现利润1200万元。下设晨曦商贸有限责任公司完成小区物业无人售货设备的安装运行；纯净水项目以及小区物业综合服务部项目；与山西鑫方盛电子商务有限公司合作入驻网站平台领域实现线上销售。

【污水处理】 2022年，山阴县城发污水处理有限责任公司全年累计处理生活污水281万吨，中水回用254万吨，产生污泥0.25万吨，全部运送至垃圾处理公司卫生填埋。出水均无超标数据（日均值）。COD减排量1010.5吨，氨氮减排量107.66吨。

【文旅发展】 山阴县城发文化旅游发展有限公司下设山阴县晋剧团演艺有限责任公司负责编排新编廉政历史剧（晋剧）《王家屏》，在市县“两会”期间演出，并参加了第三届山西艺术节（云上艺术节）山西省廉政题材优秀剧目展播。以“廉洁”为主题的《白发亲娘》小电影和以集团公司积极进取为素材的《走向复兴》等文艺作品，在各界引起共鸣，取得了良好社会效益。

【物业管理】 2022年，山依房地产开发有限公司代理物业方面。铁东民福小区经济适用住房共计478套，已全部售完。商铺共计83套，已销售44套，出租24套。玉马小区商铺共计90套，已销售7套，出租24套。下设山阴县诚惠物业有限责任公司逐步整合全县物业资源，打造3个试点小区，地毯厂小区物业服务已全面展开。铁路小区、玉马小区已初步制定服务项目、服务标准和收费标准。

【党建引领】 集团公司以习近平新时代中国特色社会主义思想为指导，深入贯彻落实党的二十大精神和习近平总书记考察调研山西重要讲话重要指示精神以及各级党委的决策部署。坚持党建为引领，始终坚持和加强党对企业的全面领导是国有企业的“根”和“魂”，为做强、做大集团公司提供坚强政治和组织保障。深入推进抓党建促基层治理能力提升专项行动，集团党委将党建工作与公司改革、管理、经营等工作同部署、同落实。充分体现党组织服务生产经营、凝聚职工群众和参与公司治理把方向管大局的领导作用，领航公司健康发展。严格落实党风廉政建设。把纪律挺在前面，落实廉政谈话制度，压实管党责任，签订廉政责任书，有效开展对权力运行的制约和监督。充分发挥集团纪委作用，强化对集团公司中心工作、工程建设、资产管理等关键环节的监督检查，为企业健康发展营造了良好的政治生态。

山阴县小微企业发展服务中心

【概况】 2022年，山阴县小微企业发展服务中心坚持以习近平新时代中国特色社会主义思想为指导，全面贯彻党的十九大和十九届历次全会精神，深入学习贯彻二十大精神和习近平总书记“视察山西”重要讲话精神，认真落实省委十二届二次、三次、四次全会、市委七届二次会议和县委十五次党代会部署，坚持“疫情要防住、经济要稳住、发展要安全”的协调统筹，中心全面提升理论学习，全面加强清廉机关建设，全面落实作风整治，全面提高服务意识，全面开展优化营商环境、大力推进“三进三送”服务活动，全体干部职工凝心聚力、勇毅前行，使各项目标任务进展顺利，为持续打造“灵秀古城”、建设“新韵山阴”和推进全县经济的高质量发展贡献了力量。

【企业服务】 2022年，小微企业发展服务中心为全体职工谋幸福、为广大的小微企业谋发展，做实事、办好事，多为小微企业解决“急难愁盼”的问题。中心工会组织为全体职工进行了体检，将工会会费收缴、使用、发放福利、大病救助等相关工作落实到位，增强了职工的获得感、幸福感和安全感。全心全意为小微企业服务，领导班子经过学习调研，带领单位业务干部，分工合作，入企纾困，服务企业160余次，发放宣传资料3000余册，了解企业的难点、堵点、痛点和“急难愁盼”问题后，协调解决了2家企业供电问题，协助15家企业成功签订融资意向书，协助1家企业申报清欠，为企业争取各类奖励资金269万元，并及时发放。

培育拟升规企业11家，已经统计局联网直报。“专精特新”中小企业培育4家，已通过省级认定1家。培育服务市级“双创”基地1家。开展政银企金融对接活动2场，签写信贷意向书企业15家，省、市主管部门组织各类培训活动均已圆满完成。推动企业在享受国家和省、市、县奖补扶持政策的基础上，进一步实现规范经营、练好内功、做强做大企业、干长干久事业，为全县经济的高质量发展贡献了力量。

【优化营商环境】 2022年，山阴县小微企业发展服务中心持续开展“三进三送”活动，多次进企业送政策、送技术、送服务，针对企业“入规升级”“专精特新”的相关惠企政策、申报工作、经营管理、市场拓展以及专项资金的使用等进行指导。利用主题活动，为企业搭建沟通平台促进企业发展。6月27日，借助“联合国中小微企业日”，中心联合金融机构、商会和企业以及相关政府部门，开展了以“精准对接、助企纾困”为主题的“中小微企业日”宣传活动。采取政策宣讲、服务推介、现场对接咨询的形式举办，为企业提供精准对接和有效服务，帮助中小微企业了解惠企政策，发挥政策效应，切实解决中小微企业发展面临的困难和问题，为企业拓展融资渠道，拓宽产品市场起到了良好的效果。中心组织全县企业参加“中国·朔州‘建行杯’2022年‘创客中国’中小企业创新创业大赛，其中2家小微企业荣获“参加省级大赛提名奖”，中心获得了“优秀组织奖”。通过形式多样的现场主题活动和切实为企业的有效服务，营造出促进中小微企业发展的良好氛围，进一步优化了营商环境，促进了市场主体培育，推进了中小微企业创业创新和成长发展速度。

【清廉机关】 2022年，山阴县小微企业发展服务中心加强落实党建工作，全面建设清廉机关。加强专班领导，提高责任意识。成立小微企业发展服务中心清廉机关建设工作领导小组，坚持把党风廉政建设和反腐败工作同入企服务结合起来，同部署、同落实、同考核，切实抓好各项工作任务的落实。中心党组将清廉机关建设列入党组重要议事日程，并强调党组领导坚持“一岗双责”“责任首问制”原则，在抓好分管工作的同时抓好所分管股室的清廉机关工作，按照工作分工，明确党组领导在清廉机关建设中的主体责任，坚持“谁主管谁负责、谁分管谁负责、管行业必须管行风、抓业务必须带队伍”的原则，层层压实责任。同时积极推行党组统一领导，党政齐抓共管，各股室各负其责，努力营造人人肩上有担子，个个身上有责任的齐抓共管的工作新格局。中心党组还制定了《清廉机关建设责任清单》，将全年清廉机关建设和反腐败主要工作任务分解到各个股室，切实做到有部署、有落实、有考核。加强监督，促进作风改进。各股室按照《清廉机关建设方案》认真落实，明确本年度党风廉政建设和反腐败工作的主要任务，将任务责任到人，纳入责任制目标管理体系，实行量化管理。抓好责任分解、责任考核、责任追究、考核结果运用四个关键环节，确保责任制各项规定落到实处，收到实效。中心党组领导加强对制度执行情况的监督检查，确保制度执行的严肃性，坚决杜绝入企服务中“吃、拿、卡、要”的不良行为，对有令不行、有禁不止的行为将一查到底，绝不姑息。建设清廉阵地，营造拒腐氛围。按县清廉专班要求，创建清廉阵地，推进廉政文化教育，营造崇尚清廉的文化氛围。加强廉政文化阵地建设，及时更新党规党纪学习专栏，在醒目位置悬挂警示教育宣传标语，营造积极向上的清廉文化氛围，印发《清廉机关》12 期、组织收看廉政警示教育片 2 次、参观山阴廉政文化基地 1 次，集中收听收看《党课开讲啦》3 次、党的二十大 2 次，进一步深化了作风建设，持续巩固落实了中央八项规定精神，驰而不息的纠治“四风”、树立“新风”，共同筑牢拒腐防变和倡廉促廉防线。

·山西晋北中石油昆仑燃气有限公司·

山西晋北中石油昆仑燃气有限公司，注册成立于 2020 年 5 月 17 日，注册资金 1 亿元人民币，是中国石油天然气集团公司在山西晋北地区唯一的专业天然气销售单位。负责山西省朔州市、大同市境内陕京线天然气销售及批发工作，同时承担着山西省朔州市、大同市境内城市燃气、CNG、LNG 等天然气终端综合利用业务的开发与经营工作，晋北公司作为中石油下属燃气公司，在气源方面有得天独厚的优势，完全有能力保障山阴县用气需求。

晋北公司气源来自陕京一线应县压气站，建有长输管线 40.38 公里，至山阴门站；城镇管道燃气在役管线长度 237 公里，其中中压管道总长度 72 公里，低压埋地管道长度 24 公里，低压架空管道 141 公里，调压箱（柜）246 套，阀井 206 座。基本实现山阴县域管网全覆盖，截至年底，已安装燃气设施小区 18 个、安装户数 5476 户、用气户数 1466 户；安装煤改气用户农村 8 个村、12 个社区共 9800 户，已完成通气 6961 户、实际用气户 3547 户；2021 年年供气量 2414.63 万立方米，公司管网库存为 12 万立方米，可完全保障居民用气需求。

·山阴县城发通畅建设有限责任公司·

山阴县城发通畅有限责任公司 2018 年 6 月成立，原隶属于县住房和城乡建设管理局，2021 年 8 月划转城发集团管理，注册资本 3000 万元。公司位于山阴经济开发区合盛堡工业园区，总占地面积 60.25 亩。经营范围及资质：预拌混凝土制造及销售、沥青混凝土制造及销售、水稳制造及销售等；拥有预拌混凝土专业承包资质以及预拌砼类检测机构资质。

拥有 4000 型沥青搅拌站 1 座、180 型混凝土搅拌站 2 座、600 型水稳站 1 座等配套附属设施，办公区域约 900 平方米。混凝土罐车 25 辆、混凝土泵车 3 辆、铲车 4 辆、洒水车 1 辆、沥青洒布车 1 辆、2 台 HZS180 型混凝土搅拌机年搅拌能力为 48.38 万立方米，可以满足 48 万立方米商品混凝土年供货需求；1 台 4000 型沥青混凝土搅拌机年生产能力为 40.32 万吨，可满足 38 万吨沥青混凝土年供货需求；600 型水稳站年生产能力 40 万立方米水稳，可满足 35 万立方米水稳年供货需求。总资产 8253 万元，其中流动资金 4243 万元、固定资产 3199 万元、无形资产 811 万元。负债 7254 万元，净资产 1399 万元。2022 年度，公司全年生产商品混凝土 11.56 万立方米，沥青 1.09 万吨。2022 年，主营业务收入 3894 万元，利润 11 万元；上缴税金及附加 4 万元。

·山阴县浩泓商贸有限公司·

山阴县浩泓商贸有限公司地处雁门关生态畜牧经济区，具有奶牛养殖优势，是一家从事鲜奶销售、运输，以及储存加工、生产、销售乳制品的公司。公司成立于 2018 年 07 月 30 日，地址为山阴县薛圐圙乡西里庄村；注册资本为 1000 万元。公司自创立以来，在政府的扶持下，企业自身坚持科技创新方面不断加大投入，结合企业发展的实际情况，科学总结、系统分析，加强质量管理、创新渠道拓展建设、增强示范带动，带动了本村及周边村庄的经济发展。通过多年的发展，公司的产品已经得到了合作商的认可。

·山西恒科新材料科技有限公司·

山西恒科新材料科技有限公司位于朔州市山阴经济技术开发区合盛堡园区，注册于 2021 年 6 月 21 日。项目总投资 10 亿元，总占地面积 248 亩，其中一期 4 万吨占地面积 164 亩。一期一号线于 2022 年 8 月 28 日已经进行试生产，运行几月来平稳顺利，所产产品全部达标，其中首批产品现在已经交付客户使用，反馈良好。

公司致力于对锂离子电池负极材料、硅碳负极材料、新型纳米材料、导电剂等的研发、生产和销售，采用国内最先进的生产工艺和设备，将针状焦、石油焦、天然石墨、煤沥青等原材料，采取粉碎除尘、低温改性、高温提纯、碳化除磁等工艺流程，最终生产出锂电池的负极材料负极粉，建设锂离子电池负极材料生产线、硅碳负极材料生产线、自动化碳化生产线和高效节能智能化配套装备。项目符合国家和山西省相关产业政策，项目全部达产后可实现年产 8 万吨锂电池负极材料，年产值达 20 多亿元，年实现利税 2 亿元，辐射带动就业 500 多人。

·山西晋煜泰新材料有限公司·

山西晋煜泰新材料有限公司，2021 年 6 月 23 日成立，位于山阴经济技术开发区合盛堡工业园区，注册资金 1000 万元，公司是一家专业从事陶瓷纤维及其制品的研制开发、生产销售、施工于一体的高科技技术型企业。公司具备国内最先进的生产工艺及严格的生产管理制度，以质量求生存，以服务求发展，始终以重合同、守信用为宗旨。

陶瓷纤维是一种纤维状轻质耐火材料，具有重量轻、耐高温、热稳定性好、导热率低、比热小及耐机械振动等优点，产品广泛用于电力、化工、冶金航天、石油、船舶、消防、建筑、机械等各个领域，在航空航天及原子能等尖端科学技术部门的应用日益增多，发展前景十分看好。陶瓷纤维在我国起步较晚，但一直保持着持续发展的势头，生产能力不断增加，并实现产品系列化，市场需求量大，应用领域广，项目的实施必将为山阴带来较大的经济效益和社会效益。

结合城市建设中的建筑节能、新能源、固废利用可再生材料开发应用，与转型发展高度契合，重点在新基建、新技术、新材料、新装备、新产品、新业态“六新”上做文章，进军国家新型环保保温材料领军企业。

山西晋煜泰陶瓷纤维及其制品山阴生产基地项目，租用山阴经济技术开发区15#和16#两处标准化厂房，总建筑面积9944平方米，总投资26000万元，建设8条陶瓷纤维针刺毯生产线，年产8万吨陶瓷纤维针刺毯。项目建成达产后，年产值约3.5亿元，实现利税约3000万元，安排劳动就业150余人。

工艺流程为煅烧后的高岭土—电炉熔融—离心化纤—集棉布棉—针刺成型—加热处理—切割加工—卷曲包装—入库—物流。为便于人员操作和实现最佳物流路径，生产线采用更合理流水线形式，达到每个环节紧密联动，节省时间和能耗。

·山西致德环保科技有限公司·

山西致德环保科技有限公司是集环保技术创新、环保工程承接、环保设备制造、环保产品集成供应和相关技术服务为一体的环保专业技术企业。致德环保以环保高科技为先导，以吸收国内外先进技术为基础，以改进创新为发展动力，以加工制造为根本，开发并推出多项具有竞争力的产品，在所从事的业务领域中，产品技术居全国先进水平。

公司业务领域包括城镇污水和工业废水处理、给水处理、中水回用、工业循环水处理、垃圾渗滤液处理、污泥减量化无害化处置等领域以及相关环保设备的提供。公司废气治理业务领域：工业废气处理、粉尘处理、VOC有机废气处理、喷漆废气处理、油雾处理、焊烟处理、酸雾处理、废气脱硫脱硝等领域以及相关环保设备的提供。公司位于山西省朔州市山阴县经济技术开发区。生产基地占地24亩，办公大楼2000余平方米，钢结构厂房2400余平方米，具备科研、开发、中试、系统集成等综合技术能力，以及整机和零部件试验、检测等多种硬件设施和软件条件，拥有各类中高级专业技术人员10多人，生产车间工人20多人。主要生产设备有剪板机、卷板机、折弯机、激光焊机、自动埋弧焊机、电弧焊机、等离子切割机、氩弧焊机、CO_2气体保护焊机、摇臂钻床等，具备年加工各类大型设备200余台套的生产能力。

中煤集团山西华昱能源有限公司

【概况】 中煤集团山西华昱能源有限公司（以下简称中煤华昱公司）是中煤集团混合所有制改革的先行者。公司以煤炭生产、销售为主营业务，产业涉及煤电、冶化、建材、房地产、酒店服务及现代农业等多个领域，拥有二级单位19家、业务中心5个、机关职能部门17个，在册员工3063人。公司有7座生产煤矿（分别为五家沟、南阳坡、元宝湾、水泉、国兴、国强、白芦），设计生产能力1360万吨/年，可采储量5亿吨；同时建成年输煤能力2000万吨的带式输煤专线和年入洗能力1500万吨的煤炭洗运中心；与格盟国际能源有限公司合作建成昱光煤矸石电厂，参股40%，装机容量1300兆瓦。连续多年获得集团公司经营业绩考核A级。

2022年公司从容应对内外部环境变化，有效化解新冠疫情等超预期因素冲击，统筹安全生产、煤炭保供、疫情防控、经营管理、改革创新、转型发展各项工作，超额完成各项任务目标，安全生产形势持续稳定，营业收入102.93亿元，完成预算的118%；利润总额实现39.81亿元，完成预算的168.4%。

【安全生产】 2022年，中煤华昱公司自营煤矿全部取消夜班生产。公司元宝湾煤矿全面取消夜班以来，逐步总结经验，在实现安全生产的基础上强化生产组织、提升生产效率，除托管五家沟、南阳坡煤矿，所属水泉、国兴、国强、白芦等自营煤矿相继取消夜班生产，同时做到了减时不减量、减班不减产、安全有保障。为了进一步规范取消夜班作业管理，切实减轻职工劳动强度，提高安全保障能力，公司结合自身实际，制定《取消夜班作业安全管理规定》，明确取消夜班生产的矿井只安排通风、排水、气体监测等工作，并严格夜班限员入井管理，通过硬性考核确保取消夜班取得实效。通过取消夜班生产，把采掘一线工人从最易疲劳、安全最薄弱的时段解放出来，不仅减轻了管理人员的管理压力，还让一线干部职工的作息规律回归自然，工作、生活质量得到明显改善。

【光伏发电】 2022 年，中煤华昱公司园区 3.7 兆瓦分布式光伏项目成功并网发电。该项目于 8 月 22 日正式开工，永皓电厂抽调专业人员成立光伏项目组，明确责任分工，积极配合施工、监理单位，有序推进项目建设，克服了疫情期间人员少、冬季施工难等困难，确保了项目顺利实现并网发电。

【项目开展】 2022 年，中煤华昱公司与华能合作煤电项目取得“路条”。2 月 25 日，山西省能源局印发《关于同意华能山阴 2×100 万千瓦“上大压小”煤电项目开展前期工作的复函》，同意山阴 2×100 万千瓦“上大压小”煤电项目开展前期工作，为该项目下一步核准、开工奠定了基础。洗运中心顺利通过定级评审。7 月 15 日，洗运中心以 90.61 分的成绩顺利通过山西省能源局“一级标准化管理规范洗选企业”终审考核定级，成为朔州市唯一通过“一级标准化管理规范洗选企业”考核定级的企业，其考核得分在朔州市所有洗选企业中排名第一。

山西昱光发电有限责任公司

【概况】 山西昱光发电有限责任公司（以下简称昱光公司）坚持以习近平新时代中国特色社会主义思想为指导，全面贯彻党的十九大、二十大会议精神，深入学习习近平总书记视察山西重要讲话重要指示精神，坚持稳中求进工作总基调，立足新发展阶段，完整准确全面贯彻新发展理念，抢抓构建新发展格局战略机遇，紧紧围绕公司年度重点工作任务，以全面从严治党主体责任为重要抓手，以坚持和加强党的全面领导为关键核心，统筹开展常态化疫情防控和生产经营工作。2022 年，公司从竭力稳定燃煤价格、努力提升生产效益入手，以科学优化燃烧调整，合理把控单位成本为核心，深入推动管理增效工作，积极提升机组运行效率，充分利用自身良好信誉，积极推进信用抵押，有效降低融资成本，以数措并举，多管齐下的行动为公司实现盈利提供了有力支撑。

【安全环保节能】 2022 年，昱光公司进一步提高安全生产思想意识，以员工安全培训为基础，以提高班组安全能力为目标，以风险分级管控和隐患排查治理为抓手，以规范三票执行和现场作业行为为重点，以实现人身、设备安全为中心，贯彻“安全第一，预防为主，综合治理”方针，严格落实安全生产主体责任和全员安全生产责任制，增强忧患意识，严守安全底线，不断完善制度、建立机制、加强监管，深入开展集团安全生产大检查问题整改、全员安全培训、职业健康防护等工作，使公司的安全环保工作呈现出良好发展势头。本年度公司安全生产态势整体稳定，未发生人身和设备事故，未发生误操作和火灾、交通事故，未发生环境污染事故，未发生严重社会影响的电力生产事故，未发生疫情感染事件，全年各项环保指标均达标排放。举办了第三届“安康杯”安全知识竞赛与安全知识辩论赛。通过举办活动，公司员工的安全生产意识有了明显提升，安全生产素质得到进一步增强，在丰富员工文化生活的同时，也为公司安全发展管理注入新活力、做出新贡献。

2022 年，昱光公司将降低厂用电率和供电煤耗作为全年节能工作重要抓手，经过与优秀发电企业指标对比，深入分析差异，并结合自身实际通过合理优化设备运行方式，强化细化燃烧调整等方式，不断深挖节能潜力，确保机组在不同工况下始终保持最优经济状态运行。

【科技创新】 2022 年，昱光公司围绕山西省全力打造 14 个标志性引领性产业集群的部署，狠抓科技创新工作，加大科技创新投入，积极鼓励员工勇于先行先试，大胆实践探索，结合岗位工作与公司实情，踊跃申报发明专利与实用新型专利，为公司高效优质发展提供科技助力。公司申报实用新型专利 4 项和专利发明 2 项，其中三项实用新型专利已获授权，并在 2022 年 6 月经集团公司推荐申报“山西省电业职工（劳模）创新工作室”，在集团公司“五小”评比中，公司申报的通过对母线测控装置优化提高机组 AVC 的合格率项目和一种提高防冻效果的间冷塔温度场监测系统测温组件及布置方法项目荣获三等奖。

2022 年，昱光公司带领发电部、设备部员工科学研判形式，合理分配任务，全面有序推进石灰石制粉系统石料场封闭改造技改项目，年底项目已全部完工，真正做到了“将责任挂在心上，将项目抗在肩上，将进度抓在手上”。

【提质增效】 2022 年，昱光公司严格贯彻落实国有企业深化改革提质增效推进会精神，选取周边晋能控股集团两座优质电厂进行对标工作，从经营指标、业务管控、科技研发、数智驱动、激励机制等方面进行“管理”和“理念”对标；按照公司“走出去、引进来”的对标理念，通过现场走访、观摩、交流等形式。国峰电厂一、二次风机全部为变频调节，变频功率单元模块故障后自动切至工频运行，实现无扰切换，不影响 AGC 投入率，不需要降负荷处理缺陷进而避免产生考核。昱光电厂通过对一单元风机变频器进行改造，实现变频—工频自动切换，增加机组运行的可靠性。通过对比国峰电厂加床料系统，结合昱光电厂一单元现状可将床料筛分后由刮板机直接输送到床料斗提机，同时考虑将床料输送至 #1 给煤机，效率高，减少粉尘污染。参考国峰电厂运行工况，昱光电厂流化风量仍有下降空间，在进行调整前需要进一步对比相关设备数据，作为今后重点推进工作。昱光电厂开始有计划地逐步下降流化风量、总风量，收集运行工况，形成数据模型后下探风量底线。阳高热电锅炉主保护中给水流量低保护定值为 260 吨 / 小时，延时 10/ 秒；对比昱光电厂 MFT 给水流量保护定值为 320 吨 / 小时，BT 为 308 吨 / 小时。阳高热电协调控制方面，增加供热负荷偏置，通过设置参数，供热期可根据环境温度实现灵活调整锅炉热负荷，实现供热期与非供热期无扰切换。阳高热电通过对直接空冷系统进行大数据统计分析，实现降背压节煤与节电的选择优化，自动调整风机出力调节背压。

2022 年，公司深入贯彻省国资委、省国运公司关于“降本增效”的各项安排部署，紧扣国资国企改革趋势方向，充分研究国家税务政策，合理进行资金运作，通过狠抓燃烧调整，优化设备运行方式，积极置换银行高利率贷款，采取厂家直购、线上询价采购等多项举措，为公司实现盈利奠定坚实基础。

【乡村振兴】2022年，昱光公司在对口帮扶点—河曲县金家沟村大力开展帮扶工作。在帮扶工作中，公司全体帮扶干部和驻村帮扶队员始终以“民族要复兴，乡村必振兴”的信念，扎实开展各项帮扶工作，切实发挥公司帮扶的作用，以实际行动践行国有企业“六个力量”，最大限度地争取资金对帮扶对象进行帮扶，帮助帮扶村兴产业、助就业，落实各项惠农扶贫政策，持续巩固脱贫攻坚成果，为助推乡村振兴做出突出贡献。

【新能源建设】2022年，昱光公司推进山阴、应县100兆瓦农光储氢项目建设。同时委派专人认真梳理大同、朔州两地的土地资源和新能源储量，加大与政府及相关部门的沟通力度，积极挖掘新能源建设潜能，不断加快绿色节能改造步伐，驱动公司高质量发展再立新功、再谱新篇。

【人才资源】2022年，昱光公司坚持人才优先发展理念，将人才工作纳入领导班子工作目标责任制，扎实履行集团公司关于人才工作的各项安排部署，持续完善人才激励体系，不断加大人才引进、培养和使用力度，严格落实各项人才政策，在薪酬待遇、岗位职务、居住环境等方面提供优厚条件，不断提升人才的归属感，形成了“一把手”负总责、职能部门抓落实的工作格局。

【党建工作】2022年，昱光公司坚决把全面建设清廉国企责任牢牢扛在肩上，成立全面建设清廉国企领导小组和工作专班，扎实推进“四责”同步落实。党委书记认真履行第一责任人职责，坚持亲自抓、带头做、负总责，切实落实各项工作。班子成员积极落实“一岗双责”，担负起分工范围和分管领域内的“清廉国企”建设任务。公司纪委担负起组织协调、监督检查的责任，协助党组织做好“清廉国企”建设工作落实。各职能部门按照责任分工，各司其职、主动作为、加强协同，形成齐抓共管的工作格局。公司党委以“党建+精细化”为主线，充分发挥党委“把方向、稳大局、保落实”的领导作用，以“完善治理体系，提升治理效率，增强治理效能”为目标，持续细致领悟“部门独立核算、全员参与经营”的管理要义，每月召开专题会议，对公司当月党建、经营情况进行分析，持续完善“党建+精细化”管理模式细节，不断加强党建工作与精细化管理的深度融合，充分彰显党建引领作用，最大程度释放管理效能。同时，不断总结经验，提炼先进做法，向集团所属企业推广“党建+精细化”管理模式，真正做到“以高标准党建引领高质量发展，以高质量发展检验高标准党建”。公司党委聚焦坚持和加强党的全面领导这一核心，在做好疫情防控工作的前提下，充分发挥党委中心组学习在加强领导班子思想政治建设、提高党委“把方向、稳大局、促落实”能力的重要作用，持续深入开展理论学习工作，切实增强了班子成员的政治素养、思想涵养与业务修养。本年度，党委中心组共举行中心组学习37次，以实际行动为广大党员树立了榜样，形成了深学笃思新思想的良好氛围。

住房和城乡建设

环境保护

住房和城乡建设

【概况】2022年，县住建局致力于疫情防控管理、优化城乡布局、改善城乡面貌、完善城市功能、提升城市品味等工作，进一步规范了建设市场秩序、城市管理秩序、物业管理秩序。

【项目建设】2022年，住建局实施的续建项目共13个，总投资约9.94亿元；有4个项目打包在县城集中供热PPP项目中，其余续建项目9个。其中，县城集中供热PPP项目4个子项目，热电联供集中供热新建一级管网工程、县城集中供热扩容工程、集中供热隔压站建设工程3个项目已全部完工，县城集中供热提升改造工程，预计2023年10月完工。

健身步道与自行车赛道建设项目、2021年排水设施道路建设工程（老年公寓至西二环）、岱岳镇综合市场项目、垃圾处理厂改扩建工程、政府街东延工程、2021年老旧小区改造项目（11个小区）、县城绿化工程，已全部完工。旧广武历史文化名村建设项目，一期工程城外道路以及停车场完成85%；道路以及管线敷设完成96%；二期工程城内沿街立面全部竣工，城内修缮全部完成，翻建房屋完成80%。公厕项目，已完成工程量的80%，进行二次装修，已有4个投入使用，预计2023年6月，全部投入使用。

2022年，新开工实施的项目25个，总投资17.82亿元。有11个项目采用PPP模式建设，分别打包在县城基础设施PPP项目、场馆建设PPP项目中；其余新开工项目14个。其中，县城基础设施PPP项目9个子项目，站前街、中商街、广场路道路改造工程，青年西街立交桥段、广场路两侧建筑街景立面改造工程，岱岳火车站广场及县中医院戏台广场改造工程，“八村一区”街巷道路提质二期工程4个子项目，已全部完工。高铁站站前广场工程，高铁站进出站道路工程，河阳大道供水管网建设工程，县城供水设施及管网改造工程4个项目，预计2023年10月完工。顺通街至山阴高速连接线工程，由于占用生态红线，办理相关手续中。场馆建设PPP项目2个子项目，山阴县博物馆、城市综合应急指挥中心、会展中心建设项目和山阴县图书馆、档案馆、文化馆建设项目主体建设中。

2022年老旧小区改造项目（14个小区），县城集中供热扩容二期工程，高速引线、青年东街、河阳大道北沿、洪涛东街道路绿化及环境整治工程，山阴县方舱医院建设项目4个项目，已全部完工。农村生活垃圾治理项目，农村生活污水治理工程，山阴县县城经三路、经五路道路建设及东环路管网混错接改造工程东环路段一期道路工程（南环路至东环路连接线）3个项目全部完工。东环路污水管道顶管工程建设项目，健身步道与自行车赛道绿化工程，山阴县综合商贸区配建道路工程，河阳大道至河阳东路道路建设工程（中图商贸配套道路），荣乌连接线绿化工程，西二环路两侧环境改造工程，山阴县经四路及周边道路绿化工程7个项目，已办理相关手续。

【建设农村】2022年，县住建局对全县房屋进行普查，共计普查房屋151498栋，其中城镇房屋33973栋、农村房屋117525栋。对经营性自建房进行排查，完成排查2391户，完成鉴定2388户，其中存在安全隐患90户（C级），已整治6户，剩余已全部采取管控措施，并下达了整改通知书。持续推进农村生活垃圾治理，对县城周边、国道、省道、县道及乡村主干道路、12个乡镇及辖区村落的积存垃圾进行集中治理，投入人工632人次，租聘清运车队5支，清运车次109车次，累计清理垃圾2万余立方米，进一步改善了农村环境质量。不断做好农村生活污水治理，北周庄镇、古城镇污水处理站共处理污水95890立方米/天，未出现违规、超标排放事宜；对19个村庄的污水进行集中清运，清运车次512车次。

【日常监管】2022年，县住建局持续推进“放管服”改革，依法对山西致德环保科技有限公司，山鹰壹号，陕西建工安装集团有限公司，山阴县政府街东延工程等项目进行检查，对发现的问题下达了书面建议书，并大力推行银行保函制度，为工程按期完工和农民工工资清零提供有力保障；规范建筑业企业领域秩序，分别对金海洋混凝土搅拌站、城发集团搅拌站，华迪建筑安装有限公司中煤华昱园区零星工程项目部进行实地核查，并下达整改通知书，同时要求各企业认真做好维权告示牌，建筑工程从业人员实名制管理系统的录入和更新等；进一步加大建筑市场监管的处罚力度，定期对工程项目进行检查，对不合格的工程要下达整改通知书，制作行政处罚决定书16份，已完成下达并履行缴款行政处罚决定书11份，履行金额为98..4794万元，可结案处罚决定书5份。对取得施工许可证的工程进行质量监督，质量监督注册登记25项，质量监督技术交底25项，建筑面积302000平方米，工程总投资约93360万元。监督在建工程12个项目，建筑面积14.188227万平方米，总投资44271.85283万元，工程质量监督覆盖率100%。严格落实建筑施工项目经理、总监的质量责任，规范管理工作，对不严格在岗履职的项目经理，实行上网记不良记录等措施；落实建筑工程勘察设计质量管理的主体责任，实行勘察设计质量承诺制。结合疫情防控工作，完成发放《城市市容环境整治告知书》600份，规范店外经营120余家，清理占道物品及垃圾200余立方米，拆除长期占道简易房2处，拆除广告条幅400余条，扣押占道车辆2辆，取缔违规烧烤摊点3家，扣押占道经营桌椅15套；加大弱电线路整治力度，共拔除西二环、北环路影响市容弱电线杆220余根，拆除架空弱电线约2公里。对全县住宅小区进行摸排，配合岱岳镇，2个小区成立了业委会，65个小区成立了53个物管会，成立了2个物业联合党支部，14家物业企业完成了党建阵地建设；通过物业党建模范阵地建设，带动全县物业企业的党建、企业文化以及管理模式有了质的变化。完成县城规划区内西二环两侧、铁立交桥北、工程公司门面楼包括地下室一层、门面三层楼共115户居民入户调查；完成铁立交桥北、和顺社区原商业局二层楼未拆迁户4户评估工作，对和顺社区原商业局二层楼未拆迁12户进行复核评估。

【安全生产】2022年，县住建局在狠抓日常安全生产监督检查的基础上，加强了节假日期间安全生产，春季复工安全，扬尘治理，疫情防控的安全监督检查工作。1—11月，共检查房屋市政施工企业15家，项目21个，发现隐患69项，下发隐患整改通知书21份，隐患整改完成率100%。下发消防检查意见书6份，并督促指导5个在建人防工程在保证安全提高工程质量的前提下加快建设进度。对县域内15家燃气经营企业安全生产实行清单制管理，并就燃气经营许可、液化石油气瓶充装和公用管道等进行全覆盖排查，发现安全隐患问题13条，已全部整改完成。

【政务信访】2022年，县住建局日常接待、处理信访矛盾案件以及省、市、县专项信访交办案件累计10起，办结10起，办结率100%。办理规划前置5个，完成节能专项验收8个，在

"双随机一公开"检查中检查建设项目20项，竣工验收消防备案凭证核发4份，办结商品房网签合同277份，完成商品房预售资金收存1782万元，完成专项维修资金收缴275.5万元。

山阴县智慧城市发展服务中心

【概况】2022年，县智慧城市发展服务中心始终围绕县委、县政府加快打造灵秀古城、建设新韵山阴，在全方位推动高质量发展的新征程中取得新突破，凝心聚力，强化担当，随着路灯事务和垃圾处理股室的成立，重点实施"两个一体化"，即环卫保洁和垃圾清运处理一体化，道路维护、园林美化和路灯管护一体化，对标对表先进标杆，全力提升县城环卫园林道路管护水平，以优质的服务实现"群众满意、社会认可"的总体目标。

中心负责的县城环卫保洁面积352万平方米（建成区范围内主次干道和街巷300万平方米，今年新增52万平方米）；园林绿化管护面积为81.5937万平方米；市政道路维护面积263万平方米（县城主次干道和已硬化的街巷）。通过实施环卫保洁和垃圾清运处理一体化，道路维护、园林美化和路灯管护一体化，大大提高了工作效率，做到了人员配置合理，职责明确，管护到位，处置及时。

【卫生综合治理】2022年，县智慧城市发展服务中心强化日常保洁，环卫工作精细化水平不断提升。累计清运垃圾8.53万吨，完成165条背街小巷卫生治理，59个城乡结合部卫生治理。清理新星驾校北面、五中南门、移民村、乌金路、爱民巷、凤凰小区、世纪大道南段等城乡结合部集中供暖改造中居民自行拆除火炕、灶台、厕所、炭房等倾倒在街巷路上的建筑垃圾180余次，共计清理垃圾6.5万余吨。智慧中心对交警安装的道路隔离栏2636挡和交通标识牌，总长7908米，安排环卫人员属地清洗一周，美化市容环境，特别是高速引线清洗后给人焕然一新的变化。各管护大队将道路隔离带清洗列入常态化管护工作，为环卫人员配备了拖把和抹布，及时清理马路牙、公交站点等公用设施。中心修订完善了《环卫工行为规范》《环卫工奖惩办法》，从制度上明确了环卫工作的职责要求、保洁标准、奖惩办法，并建立了工作考核机制，从制度上压实责任，靠制度管人管事，有效提高环卫人员的责任心和工作的积极性，同时为环卫人员购买人身意外保险。为保障县城空气质量，应急安排开展环保抑尘和造雪工作，共抛洒抑尘剂150吨，在深夜严寒期间深入县城施工裸露地带人工造雪20多次，为全县应对重污染天气做出了积极贡献。积极推进垃圾分类工作。以县城洪涛大街为试点，加大垃圾分类减量化投资，以点带面逐一全面推行，设置分类垃圾厅、垃圾箱，对沿街门店、单位及居民投放垃圾进行宣传教育，配专人监督约束，定时分类投放垃圾，并安排两辆垃圾分类收集车定时上门收取垃圾。今年共购置垃圾分类厅46座，三分类果皮箱400个，垃圾分类桶800个，三方垃圾分类转运箱50个，垃圾分类运转车5辆。加大机械清扫力度，抑制道路扬尘。按照2022年政府工作安排，购置湿扫车4辆、干扫车2辆，对县城主次干道加大清扫、湿扫力度，以吸尘式机械化湿式清扫作业为主，人工清扫为辅，保持路面湿润，抑制道路扬尘。

【日常养护】2022年，县智慧城市发展服务中心加强日常养护，城市建设园林化效果整体凸显。县城建成区园林绿化管护面积为81.5937万平方米，中心积极作为全力做好县城园林、排水设施养护管理工作。强化县城公园及绿化带日常管护。完成县城建成区绿化带、绿化色带管护修剪221万平方米（同太路绿篱隔离带面积4万余平方米修剪5次，共计面积20万平方米，高速引线绿篱隔离带面积4.5万平方米修剪5次，共计面积22.5万平方米，青年路绿篱面积27万平方米修剪5次，共计面积135万平方米，河阳北道绿篱、色带面积6.7万平方米修剪5次，共计面积33.5万平方米，紫源广场林木面积1万平方米修剪5次，共计面积5万平方米，儿童公园草坪和树木面积1万平方米修剪5次，共计面积5万平方米）。3月份对所辖绿化带、色带及行道树进行了返青水浇灌，出动车辆150余辆次，浇水量3000余吨，尤其在5月、6月出动车辆50余辆次，浇水1000余吨，进行了抗旱保苗，11月中旬组织车辆进行防冻水浇灌。强化市政设施维护。管护范围内共有下水井3000多个，雨水井1000多个，注重强化县城公共区域窨井盖排查、维修、更换，及时消除隐患，累计出动疏通车58次，疏通雨污水井820个，更换和补充井盖273套；雨季汛期共处理各路段积水10余次，及时排水防止产生内涝，及时雨中现场应急抢修，切实保障了县城居民出行安全。提升公园广场管护水平。对儿童公园、紫源广场认真做好树枝绿植的养护工作，对园内及广场的树木、草坪、绿篱、花坛进行补栽、修剪，对卫生死角进行清理。同时对儿童公园和紫源广场内破损路面，损坏的路灯、座椅以及脱落的墙体瓷砖，喷泉设施进行了维修，新安装了大型照明射灯和健身器材，推动提升公园广场的整体面貌，提升景观景貌的美观度，让公园广场真正成为市民休憩、娱乐、交流的舒适场所。

【市政维护】 2022年，县智慧城市发展服务中心修复破损路面，市政道路维护常态化确保畅通。中心负责市政道路维护面积263万平方米（县城主次干道和已硬化的街巷），对县城道路进行适时维护，发现一处，修复一处，确保道路畅通。2022年，重点对市政道路情况进行全面排查，对在排查中发现的主次干道和人行道破损、塌陷、坑洼不平等影响城市面貌和居民出行的问题，集中力量开展维修维护。对同太路、儿童公园附近、南环路、西环路、东环路、北环路、青年路中段等多处塌陷破损路面及人行道进行修复修补，全部采用沥青铺面，道路创可贴封边，共计应急修复破损和塌陷路面7923平方米。及时完成小街巷道路提质铺油硬化和居民反映强烈的同太路技校段污水管网堵塞不畅的管网更新和路面修复、东环路南端的40多户居民区道路破损和下水主管断网的彻底修复、土牛沟华联背后的污水管断网堵塞的管网更新和路面修复工作，及时消除安全隐患，确保设施管道运行快捷高效。着力抓好路灯设施维护管理工作，提高县城亮化水平。进一步做好小街小巷亮化升级改造工作，结合群众实际照明需求，给县城部分小街巷安装路灯，消除亮化死角，大力方便群众出行。加强路灯检修工作，对老化的路灯设施分批分次改造，确保亮灯率在98%以上。

【智慧平台】 2022年，县智慧城市发展服务中心积极推动智慧城市平台运行，以智慧城市平台为依托，以先进技术为支撑，通过网格化、精细化、规范化等方式，实现城市智慧式、智能化管理和运行。在城市管理中通过监督员上报、群众反映、上级交办等方式反映的问题，汇总到智慧平台进行立案审核，再由信息处理员进行任务派遣至联动单位进行任务处理，将关乎群众切身利益的问题得到及时解决，有效提升山阴县城市管理水平，为打造“灵秀古城”，建设“新韵山阴”做出智慧城市应有的贡献。

生态环境

【概况】 2022年，山阴县环境保护工作以习近平新时代中国特色社会主义思想和习近平生态文明思想为指导，在党的二十大和党的十九大、十九届历次全会指引下，在上级部门的领导下，在县委、县政府的帮助支持下，提高政治站位，以党建引领生态环境保护工作，大打污染防治攻坚战，持续保持打击生态环境违法犯罪的高压态势，环境质量得到稳步提升，生态环境保护工作取得较好成效。被省生态环境厅授予2021年度执法大练兵先进集体。

【约束性指标】 2022年1—12月，山阴县空气质量达标（二级以上）331天，同比增加18天；综合质量指数3.92，全省排名第42，全市排名第三，同比下降6.9%，改善幅度排名全市第二。

地表水水质状况。山阴县共两个跨界考核断面，分别为河头村、大东庄村，断面水质要求达到地表水Ⅳ类标准。1—3月，河头村出境面均无水断流。4月，河头村出境面水水质达到地表水Ⅳ类标准。5月，河头村出境面水水质达到地表水Ⅳ类标准。6月，河头村出境面水水质达到地表水Ⅲ类标准。1—4月，大东庄村出境面断流。5—6月，大东庄村出境面水水质达到劣Ⅴ类，7—8月，河头村出境断面达到地表水Ⅲ类标准。大东庄村出境面断流。9月，河头村出境断面达到地表水Ⅱ类标准，大东庄村出境面水水质达到Ⅳ类。10—12月，河头村出境面、大东庄村出境面均无水断流。

地下水水质质量状况。山阴分局委托第三方检测公司对山阴县水峪口饮用水源地进行了取样检测，共检验39项，全部达到地下水质量标准Ⅲ类标准。

【环境管理】 2022年，山阴县创建生态文明建设示范区。山阴分局协调召开生态文明示范创建会议5次，召集各相关部门就43项创建指标进行分析研判，收集相关指标数据资料43套，咨询委托第三方开展编制省级生态文明创建规划前期工作。在项目资金规范化管理中，山阴分局及时对中央生态环境专项资金项目库进行动态更新，形成建设一批，补充一批，退出一批的良性循环机制，对有条件的、成熟度和积极性高的及时上报，6月下旬，从项目库中选取《山西朔贸同煤炭有限公司160万吨/年铁路专用线煤台全封闭建设项目》申请中央生态环境专项资金。12月中旬成功为该企业争取到3000多万中央生态环境专项补助资金，为打好大气污染攻坚战，缓解企业建设压力，提供有力帮助。积极与上级部门沟通，时刻关注申报动态，争取为资金申报打好提前量。

山阴县对山西昱光发电有限责任公司等5家企业及2021年未完成清洁生产的山西晋能集团、山阴冶金有限公司2家企业开展了清洁生产审核工作。除山西晋能集团、山阴冶金有限公司停产外，山西昱光发电有限责任公司、山西朔州山阴金海洋南阳坡煤业有限公司、山西省山阴县华夏煤业有限公司、山阴金海洋五家沟煤业有限公司、山西朔州山阴金海洋台东山煤业有限公司完成了编制工作。加强核与辐射管理，对全县7家持证单位进行安全风险隐患核查，7家企业无安全隐患；对废品收购站、洗煤厂、垃圾处理厂、水泥厂进行现场排查，未发现存放及使用的放射源。对全县已申领排污许可证的43家企业开展核查，核查中发现4家加油站需更新大气污染物排放标准及相关信息。经指导，4家企业都已变更排污许可证大气污染物排放标准信息。完成对57家需提交执行报告的企业进行核查。统计基础规范化管理，开展工业、畜禽养殖业和集中式污染治理统计。完成34家生产工业企业环境数据统计，科学、客观、真实地反映工业企业排污情况，为全县减排工作打好基础。

【大气污染防治】2022年，山阴分局对涉VOCS企业、汽车修理行业、加油站油气回收等开展专项执法检查。检查企业70余家次，未发现偷排偷放行为；联合县交警大队开展柴油货车路检路查355辆，发现尾气超标车辆16辆，交警部门处罚1600元，对柴油车使用大户开展入户检测，检测52辆。未发现不达标现象。

重型货车污染治理“百日专项行动”。市生态环境局山阴分局按照《朔州市重型货车污染治理“百日专项行动”实施方案》要求，迅速行动，制定细化实施方案，会同县交管大队、县交通局、县市场监督管理局组建专门执法队伍，强化重型货车污染治理，在全县开展重型货车污染治理百日专项行动。在专项行动中，县公安交管部门，交通部门结合日常执法，与环保联动，建立整治台账，发现环保违法车辆及时记录，及时处理，形成交警、交通、环保信息共享，做到对车辆的即时管控。专项行动开展以来，市生态环境局山阴分局联合相关部门深入辖区重型柴油货车集中停放场地进行专项抽查，对全县5家重型柴油货车运输企业入户抽测，共监测车辆153台，同时成立联合执法组，在县城周边五个交通重点路段（二级路、西二路、同太路、岱马路、应山路）开展路查路检，路检路查300余辆重型货车，发现1辆尾气超标车，处罚100元，发现1辆国六重型燃气车后处理装置私改问题，处罚200元。

山阴环境分局着力在工业扬尘、施工扬尘、道路扬尘、裸地扬尘四个方面齐向用力，多部门联动，常态化攻坚，靶向治理，清单推进，开展市容市貌环境整治，提升县城清洁化和精细化管理水平。全县36家洗储煤场已全部完成治理任务的有28家；有8家长期停产，场地无堆煤，无扬尘问题。4月，28家洗储煤场全部完成了整改，占到总数的77.7%。15家煤矿堆煤场所实现全封闭，建设了规范的矿井水和生活污水处理设施。9家煤炭发运站，除朔州矿业公司岱岳煤炭集运站长期停产外，其余8家推进了全封闭煤棚建设，通过整治扬尘污染，降低了PM10对空气的含量贡献，减少了煤粉尘排放量。

为加强臭氧污染防治，持续改善大气环境质量，全县范围开展了严查严管严打臭氧污染治理攻坚行动。减轻臭氧污染天气影响，缩短臭氧污染时段，消减臭氧污染峰值，完成了市下达空气质量改善指标，下降了0.8%，下降率全省第一。攻坚期间对全县涉VOCs的企业开展了全面摸底排查，建立了臭氧攻坚重点工业企业分级管控清单和台账，加强对挥发性有机物排放企业的执法检查，要求VOCs处理设施稳定运行。联合交通部门对汽修企业VOCS治理情况进行了排查检查，检查汽修门店17家，对5家涉及喷漆业务未安装VOCs处理设施的门店提出整改要求，这5家门店已全部安装了VOCs处理设施。持续推进非道路移动机械编码登记工作。截至年底，已登记449台，发放环保号牌267台。

烟尘排放控制。全县上下大力控制散煤燃烧，推进清洁取暖，按照宜电则电，宜气则气与集中供暖相结合的办法，实现了县城10个城中村5个城边村清洁供暖全覆盖。县能源局2022年冬季清洁取暖改造计划总户数21103户，其中建成区查漏补缺巩固改造和天然气户改造共4144户采用集中供热改造、农村地区改造共16959户（农村地区集中供热改造1313户，“太阳能+”改造2423户，生物质锅炉97户，“煤改电”13126户），力争2022—2023年两年改造任务，一年完成，使县城建成区、农村地区清洁取暖覆盖率均达到100%；此外，在玉井、马营山片区替代小燃气、生物质锅炉39台259蒸吨，实现集中供热，降低环境污染。

【碧水保卫战】 山阴县经济技术开发区东区无工业废水排放企业，生活污水约为54立方米/天，远低于原设计3000立方米/天的规模，为了避免造成人力物力的浪费，开发区建设了日处理200立方米的地埋式一体化污水处理站。工程全部完工，已具备进水条件，待污水管网与其对接后，可进行调试运行。针对桑干河流域质量水质情况，为了全面消除劣Ⅴ类，实现桑干河流域水质量水晏河清。按照要求，制定《山阴县水环境质量巩固提升2022年行动计划》，落实水污染防治各项措施。推动河道综合治理工程。县政府投资150多万元对大东庄监测站点黄水河道沉积多年的淤泥进行了清理和河道整修。

入河排污口排查整治，山阴县共有3个入河排污口。其中，山西宝山腰寨煤业有限公司入河排污口已办理入河排污口设置审批手续，积极推进山阴县污水处理厂入河排污口和山西古城乳业集团有限公司入河排污口设置审批工作，已全部设立了入河排污口标识牌。

【净土防御战】 2022年，山阴环境分局加强对农村生活污水治理。按照省市和山阴县制定的县农村生活污水专项治理规划，山阴环境分局与农业、住建、水利、乡村振兴、草牧畜业联合印发了《山阴县深入打好农业农村污染治理攻坚战实施方案（2021—2025年）的通知》，推进农村生活污水治理，年末，完成了西寺院、河阳堡、花园、先进、河头5个建制村的农村生活污水治理任务。加强农业源治理，积极推动县畜禽养殖污染规划工作。山阴环境分局协助县政府委托山西省生态环境保护服务中心完成了《山阴县十四五畜禽养殖污染防治规划（2022—2025）》编制工作，推进全县畜禽养殖污染防治。严控农灌退水进入黄水河。要求各乡镇加大排查力度，严防灌溉退水进入河流，对水质造成影响。强化沿河畜禽养殖粪污无害化处理和资源化利用，严禁养殖废水排入黄水河。减少农用化肥、农药投入量，防止残留化肥、农药进入河流。

土壤污染重点监管企业的管理。针对县垃圾填埋厂土壤污染详查后发现的部分问题，责令垃圾填埋厂积极整改，并将整改情况报送市局。山阴环境分局对全县行业企业涉重金属土壤污染开展排查整治工作，加强对涉重金属污染的监督管理，确保建设用地、农业用地安全利用。经排查，山阴县无涉重金属企业，未发生涉重金属企业土壤污染环境事件。严格加强建设用地准入制管理，开展土壤污染状况调查评估，以用途变更为“一住两公”的地块为重点，前期依法开展土壤污染状况调查和风险评估。对山阴县医疗集团肿瘤专科医院等三宗地块建设项目前期进行了土壤污染详查，检测结果均未发现污染物超标。山阴环境分局联合12个乡镇和职能部门开展辖区内农村黑臭水体排查，要求对新发现的黑臭水体或返黑返臭的水体，要及时纳入相应监管清单有序安排整治。经联合各乡镇排查，未发现农村涉黑臭水体。

【危废管理】 2022年，山阴环境分局全面梳理建立了全口径工业产废和经营单位清单。根据全国固体废物管理信息系统申报要求，全县工业危险废物产生单位39家，较上年新增5家；医疗机构医废产生单位21家，危险废物收集经营单位2家，较上年增加1家。全县39家重点工业企业产废单位和21家医疗机构产废单位全部完成固废系统危废申报登记与管理计划备案，2家危废收集经营单位全部完成固废系统申报登记与管理计划备案。申报率和管理计划备案率100%。

加强医疗危废规范化管理。为了补齐山阴县医疗危废规范化管理以及医疗废物收集处置设施建设短板，山阴县于2021年底建成一家医废收集贮存点，该医废收集点的建成使山阴县边远地区、各社区街道卫生及小门诊的医疗废物收集达到全覆盖收集。该医废收集点已于4月正常运行。

【监管执法】 2022年，山阴环境分局对环境污染犯罪行为进行依法打击、重点打击、精准打击，检查企业100家次，查处违法企业9家、行政处罚6家30.5万元，移送公安典型案件1件、刑拘1人。为了规范企业守法生产，环境执法建立了日常监管，强化日查夜巡制度，扎实开展“双随机”检查，加强事中事后监管，采取“人工随机摇号、分配任务”方式抽查企业110家200余次。组织开展了涉气工业企业、砂石料堆场、涉危险废物行业企业等环境整治专项执法行动。严格执行环境监管正面清单制度，通过遥感、无人机巡查、在线监测、视频监控、快速检测等手段，开展“非接触、不打扰”现场执法检查150余次。

山阴环境分局依托污染源监控平台，逐日远程实时监控企业在线监控设备和污染物排放达标状况，实时监督、预警通报企业在线监控数据值变化、缺失等异常情况，对山阴县城发污水处理有限公司等7家企业推进联网运行监控。在打击生态环境违法犯罪“利剑斩污”专项行动期间，对6家企业7套污染源自动监控设施，开展了自动监测数据和自动在线监控设备运行质量专项检查。对发现的问题，下达限时整改文书3份，确保监控数据实时有效传输，保障自动在线监控设施正常运行。联网运行的7家在线监控企业，在线监控设备数据有效传输率均达到90%。

【环保宣传】 2022年，山阴环境分局积极组织开展系列宣传活动，以国际生物多样宣传日、“6·5”世界环境日、低碳日等大型专题宣传活动为载体，举办以“共建清洁美丽世界”为主题的志愿徒步系列活动，广泛发动300余人次参与。在地税广场开展“6·5”环境日宣传活动，展出环保类展板5块，发放宣传册2000余册，接受群众咨询60余人次。依托新闻媒体强化环境宣教，在县级主流媒体播发环保新闻5条。推进环境信息公开，及时报送生态环境信息，主动公开重点污染源信息、污染源监测、总量控制、污染防治、监管执法、环境应急以及环境行政处罚等信息50条。

【营商环境】 2022年，山阴环境分局进一步优化营商环境，主动上门服务企业，开展环保法规宣传、环保技术指导和项目推进服务，主动对接企业项目，提出支持市场主体倍增、加大纾困帮扶力度、促进工商企业健康有序发展的工作措施13条，新申办环保类项目9个支持山阴县市场主体倍增。推进了华能山阴2×100万千瓦“上大压小”煤电项目建设，该项目大气污染源区域削减需替代颗粒物243.726吨，二氧化硫913.860吨，氮氧化物1665.27吨。截至年底，山阴炫昂建材有限公司等9家企业可削减颗粒物64.263吨，二氧化硫157.249吨，氮氧化物127.576吨。

【机关党建】 2022年，山阴环境分局加强党风廉政建设，加强清廉机关建设以及加强对“一把手”和领导班子监督的工作措施，提升全局党风廉政建设水平。组织党员干部收听收看每周一期《党课开讲了》，学习党员先锋模范事迹，共观看了10余期。组织党员干部学习省市党风廉政建设视频会议精神，开展生态环境保护系统警示教育8次，学习警示教育案例30余件，教育警示全局党员干部要以案为镜、以案为鉴、以案明纪，时刻把纪律和规矩挺在前面。树立正确的世界观、价值观和人生观，筑牢思想政治防线，切实做到知敬畏、存戒惧、守底线，筑牢拒腐防变的思想道德防线，不断增强党性观念和廉洁从政意识，永葆共产党人的先进性和纯洁性。

桑干河湿地管护

【概况】2022年，桑干河湿地公园管护中心坚决扛起湿地保护的政治责任，坚持以生态保护优先理念协调推进湿地公园管护工作，着力在组织领导、责任落实、资金投入、项目实施、政策保障等方面下功夫、做文章。坚持人与自然和谐共生，践行“绿水青山就是金山银山”的绿色发展理念，加快形成绿色发展方式和生活方式，坚定生态自信、增强生态自觉、实现生态自强，把湿地公园的生态环境保护与日常工作同谋划、同安排、同落实、同考核，坚持问题导向，全力补短板，堵漏洞，提质量，把湿地公园的环境质量“只能变好、不能变坏”作为湿地公园环境保护责任的红线来抓、来落实。

【林木养护】2022年，桑干河湿地公园管护中心全力抓好做好林木养护工作。中心下设园林养护队伍，对公园的树木进行剪修、浇水、喷药等。单位现有洒水车3辆、喷药车1辆，从3月开始，每天不间断对河阳大道、顺通大街、河阳广场、滨河路段、河阳湖畔、观景台等主要景区的30公里路段的55万平方米的树木进行养护，保证了树木的成活率。

【区域环境】2022年，桑干河湿地公园管护中心全力抓好管护区域环境卫生。中心下设环卫队，有垃圾车2辆、扫地车1辆、电动三轮车6辆，坚持每天对湿地公园内所有道路、广场、景区、河畔、湖畔进行日常清理、维护，保障湿地公园内的干净整洁，给市民及游客一个绿色环保的休闲场所。

【防火防汛】2022年，桑干河湿地公园管护中心调整充实了防火防汛领导小组，明确了各部门工作职责，提升事故预警响应能力、应急处置能力。强化24小时值班制，建立了领导干部带班的工作制度，压实值班工作责任，落实了工作责任制。春季，为防止火灾发生，在湿地公园周围用机械推路做防火隔离带；在林木集中的路口做“防火”拦路架，并有专人负责把守，严防死守，杜绝一切易燃易爆物品进入林地。为防止游人因戏水、垂钓、洗车等因素造成生命财产安全，在存在安全隐患的湖边、河边不定期更换、增添警示牌。

【日常监管】2022年，桑干河湿地公园管护中心日常巡查和定期专查湿地公园树木及设施的监管以及公园内的日常管理工作，配备有监察巡逻车3辆，实行分布巡查，如发现问题和隐患及时上报中心，并做出相应处理和处罚。通过强化公园监管，既保证了公园的整洁，又保证了游客的安全，为市民的休闲提供了安逸的环境。

【晋升国家湿地公园】2020年经县委、县政府研究决定启动实施桑干河省级湿地公园晋升国家湿地公园建设工程以来，桑干河湿地公园中心起草了《山阴县桑干河省级湿地公园晋升国家湿地公园工作实施方案》，并拟定了建设内容，经过保护恢复工程的投入、宣教类工程的投入、科研监测方面的投入等，已完成游客接待中心、管护站、瞭望塔、宣教长廊及科普宣教馆等的建设与布展，2021年3月，完成晋升国家级湿地公园的省级初步验收，于2021年7月通过了国家林草局湿地管理司的考察评估，最终于2022年5月通过了国家林草局湿地管理司大评审会晋升为“山西山阴桑干河国家湿地公园”。

交通运输　通信

交 通

【基础设施建设】 2022年，山阴县建设“四好农村路”。乡镇通三级及以上公路建设项目：共涉及3条道路，设计里程21.76公里，预算总投资4324.65万元。应县—汴子疃线（帐头铺—后所段）9.5公里，已完工；马营—苑家辛庄4.3公里，已完工；快乐村—古城奶业园区线（洪济屯—羊圈铺段）7.96公里，由于本年度雨季降雨量较大，导致道路两侧处于雨水浸泡状态且无处排放，如按照原设计进行施工，无法保证工程质量，该道路已停工，2023年雨水下渗，完成路基稳定后实施。建制村通双车道建设项目，共涉及6条道路，设计里程15.043公里，预算总投资1883.24万元。下疃—西安峪1.9公里、应汴线—马西线0.8公里、应汴线—许家洼2.5公里、大营—西沙堆3.6公里、古老线—雁门关林场2.4公里、合山线—贺家堡3.9公里，已全部完工。资源路、县乡公路改造建设项目，共涉及3条道路，设计里程9.538公里，预算总投资2284.96万元。四里庄—奶粉厂线1.1公里，已完工；故驿—南辛寨线4.7公里，已完工；虎山线—董元线（玉井镇过境改线）3.708公里，路基工程已完工。荣乌高速连接线道路工程，设计里程1.86公里，预算总投资7683.51万元。桥梁梁板预制共28片，已完成混凝土浇筑；桩基共15根，已全部完成；2号桥台盖梁已浇筑完成，0号桥台盖梁已浇筑完成，1号桥墩盖梁已浇筑完成，T梁吊装已完成；已完成主线管道铺设500米，横穿过路管铺设各144米，横穿强电144米，桥梁墩柱2根，弱电144米，给水288米；K0+260—K0+760段完成砂砾垫层铺筑。

黄水河桥危旧桥梁改造工程，桥梁长度35.04米，桥梁宽度10米，中标价156.33万元。受降雨量较大和河道泄洪的影响，已完成旧桥拆除工作，桩基共8根，已全部完成，0#、3#桥台盖梁已完成，1#、2#墩柱已完成，计划于2023年8月完工。

建设长城一号旅游公路。G208（新广武）—胡峪口段工程，路线全长37.087公里（主线34.747公里，支线2.34公里）。该项目建设标准为三级公路（支线四级），沥青混凝土路面，路基宽度7.5米（支线6.5米）。预算总投资20638.25万元。项目于2021年9月18日开工建设，2022年4月底复工，路面主线34.747公里已铺筑完成，于2022年11月6日完成主线通车。

【安全生产】 2022年，县交通运输局高度重视交通运输安全生产管理工作，狠抓严管，全系统没有发生重大交通安全生产责任事故，安全生产形势持续总体平稳。实行重大节假日和防疫期间领导班子成员分片负责督查制度，与30家行业责任单位签订安全生产责任书。每季度召开一次安全生产工作会议，督促企业落实“五到位”，增强企业风险意识和责任意识。开展重要时间节点安全隐患排查整治，督促有关单位全部落实被排查出的风险隐患点防控措施。对客货运输企业开展安全生产督查，要求对发现的8项问题隐患立即落实整改。加强客运站场管理，严格执行“三不进站、六不出站”的规定，严禁未经车检、门检的客运车辆上路营运，严格执行长途客车凌晨停车休息或实行接驳运输的规定。加强了工程建设项目规划、设计环节的安全把关，严格执行安全生产行政许可制度和新、改、扩建设项目安全设施和职业病防护设施“三同时”制度。

【超限超载治理】 2022年，交通运输事业发展中心、交通运输综合行政执法队联合交警大队等相关执法部门加强对运煤线路常态化执法。同时，强化源头管理，加大对货运车辆进行监督检查，要求源头企业负责人切实履行治超第一责任人的义务，积极配合、落实治超相关工作要求，严格控制超标装载。两个超限检测站共检测车辆108.561万辆次，查处非法超限超载车辆70辆次，卸载货物971.68吨，计分177分，罚款3.86万元。通过加强执法，有效遏制货车超限超载行为，全县货车超限超载率为0.006%，切实保护了公路设施安全，保障了交通秩序正常运转。

2022年共组织检查行业领域次数340余次，出动执法人员1360余人次，执法车辆340余车次，共查处交通违法案件45起，收取罚没款39.8万元，其中：查处超限超载车辆34起，罚款36.9万元；查处非法营运“黑车”4起，罚款1.6万元；查处无从业资格证2起，处罚2000元，从业资格证未年审1起，处罚1000元，查处抛洒滴漏案件4起，罚款1万元。到企业宣传4次，执法人员宣传20余人次，发放宣传资料3000余份。

【法治建设】 2022年，县交通运输局始终坚持把学习贯彻习近平法治思想贯穿于工作之中，将推进法治建设与交通运输工作相结合，认真履行第一责任人职责，不断增强全县交通运输系统法治观念，建立健全法治体系，提升依法行政效能，推进严格规范公正文明执法，坚持学法用法，强化法治思维。通过局党组理论学习中心组组织集中学习，系统学习、深入领悟习近平法治思想，认真学习宪法、中国共产党章程、行政复议法、行政处罚法等党内外法律法规，以提高自身依法治理意识和依法决策能力，增强交通干部依法履职本领。坚持民主集中，推进依法决策。为确保决策科学化、民主化、法制化，推动建立重大行政决策执法决定法制审核工作机制，明确了法制审核工作机构和审核的范围、程序。坚持依法行政，提升治理能力。将执法与普法、执法与服务融会结合，组织开展“宪法进机关”、“路政宣传月”等形式多样的活动，面向企业和群众大力开展普法宣传。坚持依法履职，服务发展大局。围绕“建设交通强县、打造交通枢纽”目标，坚持带头运用法治思维和法治方式推动高质量发展。

【道路运输管理】 2022年，全县拥有营运客车56辆1698座，营运货车3500辆11万吨，出租车75辆，公交车82辆，维修企业48家，驾驶员培训学校4家。着重完善客运驾驶员的教育培训，确保车辆安全规范运行；完成了“清明”“五一”“端午”等小长假的运输组织及安全监管工作，节日期间无重特大运输安全责任事故发生。规范货运管理工作，加强货运市场发展调查，及时上报货运车辆数统计信息，进一步落实企业安全主体责任。做好机动车维修企业管理工作，对全县二类以上汽车修理厂进行了维修健康档案规范工作，从而优化了车辆维修管理的程序。加强驾培管理人员日常监管，不定期深入驾培学校，对每期培训学员档案做了规范化指导，对教练员理论和实际操作课的授课情况及车辆性能进行检查。

【党的建设】 县交通运输局加强党的建设，深入推进基层干部作风建设，打造“清廉交通”“清廉机关”。加强转变干部作风、机关效能以及党风廉政建设，着力转变思想观念，端正工作态度，改变工作作风，增强服务意识，降低工作成本，不断提高工作效率和依法行政能力。认真推行政务公开，树立交通行业良好形象。着力推行公路建设项目公开，大力推进依法行政执法程序公开，强化为民办实事公开。认真开展提案、议案办理工作，2022年共承办县人大、政协提案、议案14件，已全部进行了答复。制订党建工作年度计划，推进基层党组织标准化规范化建设，坚持落实好“三会一课”、民主生活会和组织生活会、谈心谈话、民主评议党员等制度，巩固基层党建规范提质增效。开展以案促改活动，以纪委监委典型案例为抓手，对全体党员干部进行教育警示，以案为戒，“不忘初心、牢记使命”，严格要求自己，加强党纪党规的学习，敬畏纪律规矩，并对身边有违规违纪苗头倾向的同志多提醒、多批评，防微杜渐。

【公路养护】 2022年，县交通运输交通基础设施建设服务中心负责管养道路总里程1317.429公里，其中县道192.16公里、乡道397.183公里、村道728.086公里。按照“路长制”工作要求，建立了农村公路养护管理长效机制，已正式实施。

公路管理段

【概况】 山阴岱岳公路管理段管养里程192公里，由机械化养护中心和13个道班负责养护。养护5条主要干线：G208线K561+504—K615+680、大忻线K57+000—K88+000、天神线K555+800—K582+643、虎山线K68+000—K122+382、呼北线K131+000—K156+000

【养护生产和中修工程】 2022年，县公路管理段对路基边坡进行了挂线整修，对路两边绿化平台和绿化带进行了整修平整。共整修路肩边坡9810平方米，整理路肩1000米，清理边沟138.21公里，清理塌方49.5立方米，填补坑槽17742平方米，修补龟裂14434平方米，松散4871平方米，横缝95999平方米，纵缝104349平方米，处理病害纵面积237394平方米，铲草355789米。

在日常养护方面，清理公路垃圾170吨，补设平交道口柱22根，清理排水沟13200米，清理防撞设施2100米，补设、安装标志74块，维修各种标志86块，补划标线20700米，维修平交道口包石242块，清扫路面4201.938公里，扶整路沿砖825块，扶正标志146块，疏通涵洞37道，扶正警示柱392根，扫雪打冰1074328平方米。

中修工程完成情况：虎山线、208线、大忻线同步碎石封层对局部路面进行预防性养护，共计206355平方米。呼北线对煤矿水泥路段沉陷及采空区砂砾路面等问题与属地煤矿进行路产赔偿协商，对路面进行修复，已处理煤矿采空区砂砾路面1处400米。

【防汛应急抢险救灾】 2022年，县公路管理段通过已建成的应急保障中心能快捷、有效处理公路水毁、道路阻断、除雪保畅、山坡滑坡等应急抢险，使应急保障机械与物质处于完好状态，2022年处理水毁共计6处。加强应急管理工作，切实提高应急保障能力。公路管理段采取实物储备和协议储备相结合的办法。建立物资储备库，已在应急物资库储备了草袋500个，蛇皮袋1000个，铁锹50把，雨衣50件，镐5把、撬棍6把，50发电机、30发电机各1台，警示标牌95块，防撞桶85个等。在段机养中心储备了融雪剂40吨，冷补料35吨，沿线道班及油场备防滑料2600立方米，与所雇用的抢险应急车辆签订了雇用合同，切实做到有备无患，随叫随用。

【桥梁隧道养护】 2022年，县公路管理段以提升公路桥涵安全耐久水平为宗旨，对桥梁进行日常巡查，经常检查、定期检查，重点开展桥梁预防性养护，继续开展桥梁技术水平提档升级，争取消灭三类桥，使一、二类桥提升。落实桥梁分类处置制度，加大危旧桥改造力度，消灭存量危桥，2022年度由朔州分局建设的省道大忻线苑家辛庄桥拆除新建。

【地质灾害预警】 2022年，县公路管理段对管养的国省干线公路地质灾害认真排查，完善地质灾害档案，对地质灾害进行监控预警。通过已建成的监控设备对国道二淅线、省道虎山线4处易发生地质灾害的路段进行监控预警。

【路政管理】 2022年，县公路管理段加大宣传力度，提高公众知晓率，共在沿线为人民群众和司乘人员发放安全、法治宣传单1500份，全年共上路巡查1100人次，清理路障28处共400余平方米，纠正各类路政违章98件，排除非公路标志23处共23块，拆除临时广告牌90余块，下达违章通知书5份，拆违章建筑2处共30多平方米，对加水站、停车场、搅拌站等进行整治，其中清理加水站5处、立案查处3起，路政案件的查处率、结案率均达到100%，共收取路政赔（补）偿89120元。

岱岳站

【概况】 岱岳站站中心里程位于北同蒲线86公里93米处，隶属于太原局集团有限公司朔州车务段管辖，为三等客货运站。有干部职工73人，其中党员23人，涉及工种有行车、客运、货运，设置有运转甲班、运转乙班、客运班组、货运班组4个班组。

【车站运营】 2022年，车站统筹抓好客货运输组织工作，完成春运、暑运、防洪抢险、防寒过冬、集中修施工组织、疫情防控等重点工作任务。

2022年，车站客运累计发送旅客46865人，实现客票收入1109944元。货运发运玉米、高粱、高岭土等货物759车，发送量48324吨，实现货运收入12254895元。

公共汽车站

【概况】 山阴县公共汽车站于1997年建站，共投资98万元，其中省交通厅投入60万元，自筹38万元。自1999年4月运营后，占地10亩，站级核定为三级汽车站，属于全民所有制分支机构（非法人），山阴县交通运输管理所为法人、股东。山阴县公共汽车站是山阴县唯一的国有长途汽车客运站。汽车站营运以来安全生产责任事故为零，旅客安全运送率100%。车站内装有电视监控系统，车站售票大厅入口处配有安全检查设备和疫情防控设备。山阴汽车站为山阴县公益客运事业的发展发挥了应有的保障性、服务性功能，也是山阴县的对外“文明窗口”单位，公路客运中心集散地。

【车站运营】 近年来由于各种运输方式的叠加冲击，山阴汽车站的经营收入连年来大幅下滑，由于受到疫情的严重影响，山阴汽车站正常运营的班线只有山阴—朔州、山阴—应县；山阴—太原、山阴—呼和浩特、山阴—大同、山阴—右玉、山阴—怀仁、山阴—阳泉全部改为定制客运，点对点接送，不进站营运，每天客运量平均不到10人，每天运营款不到130元。

对所有班线客车采取进站消毒，旅客上车前消毒、出站消毒等方式。加强客车空调通风设施的检查、维修和消毒，做好客车通风换气，保持车内空气清新。客车司机和乘务人员必须佩戴口罩。一经发现未消毒客车，严禁旅客上车并停运该车，对其相关人员作出严厉处罚。

山阴站

【列车运营】 2022年，山阴站开行旅客列车共20趟，去往西安、呼和浩特、郑州等方向，其中动车组11趟（上行5趟、下行6趟），普速车9趟（上行4趟、下行5趟）。旅客发送15万4297人次，运输收入1054万6846元。

联　通

【概况】 山阴县联通分公司坚持以党建为统领，以市场为导向，以客户为中心，建立完善了以“内容+应用+接入+服务”为主的综合信息服务产品体系，坚持服务创新，建立完善以客户为中心营销服务体系，面向个人、家庭客户实行标准化服务，面向商务客户实行差异化服务，面向政企客户实行“一站式”服务。坚持管理创新，建立了完善的内部控制管理体系，实施精确化管理。坚持服务社会，公司始终热心公益事业，勇于承担社会责任，全力建设农村基础通信网络，为快速提供应急通信服务做出突出贡献。

【通信网络】 山阴联通肩负着全县257个行政村的固网、互联网、移动通信任务，为保障山阴县人民通信畅通，联通公司共建成通信主干网、市话网、移动网、瓦斯监控网、平安城市网。国家级干线网有京太西一干网，大同朔州太原二干网，京呼太一干网。市话通信网有城市市话传输网，农村通信支撑网，共计三大环路五条支链。为满足人民群众日常需求，无线通信建成南环、北环、市内环的移动通信传输网。为保障煤矿安全生产保护人民生命，建成矿区瓦斯监控网，53座煤矿接入该网，整合为13个网点。响应县委、县政府要求城市管理智能化，联通公司与交警队合作建成平安城市监控网。

【服务群众】 2022年，山阴联通分公司深入驻村工作队专题研究扶贫工作3次，有针对性的给予帮助，依托“5G+智慧乡村”核心平台为载体，出资为张家庄村搭建智慧综治平台，积极提升“一中心一张网十联户”智能化水平，为加强智慧乡村、美丽乡村、平安乡村建设，持续推进基层社会治理体系和治理能力现代化做出了有益探索。

【党建】 2022年，山阴联通分公司高度重视党建工作，加强部门作风建设，推进党风廉政建设，坚持党建工作和中心工作一起谋划、一起部署、一起安排，认真做好党建工作，充分发挥了党组织和党员的先进性，强化各项工作的稳步推进。

山阴分公司党支部全年共组织开展二十大精神专题集中学习8次、二十大精神学习专题党课1次。坚持落实“三会一课”、主题党日、组织生活会等党内生活制度，引导支部全体党员以实际行动切实增强“四个意识”、坚定“四个自信”、做到“两个维护”，不断提升全体党员政治素养。加强队伍建设，完成支部换届工作，重新划分与明确了各支部委员职责。强化警示教育，年初召开专题党风廉政建设会议，全年共组织观看专题警示教育片4次，提交心得体会12份。

移　动

【党业融合】 2022年，山阴移动公司注重加强对党务工作者业务的培训，开展基层党组织规范化建设实务学习，提升党员对党支部相关工作流程、标准的理解掌握；完善党建工作机制，建立党建工作绩效考核办法、党员教育管理制度和激励约束机制，推动党建整体工作再上新台阶；建立党务公开栏，自觉接受党内外监督。按照“党建工作成效推广年”工作总要求和全面履行从严治党主体责任清单开展工作部署，注重基层党支部“三个显性化”作用发挥。积极开展“党建和创”、书记项目等活动，按照“奋进新征程、整装再出发”活动要求，开展事实暖人心、创新争先锋活动。积极推进“党建和创”活动的开展，截至年底，“党建和创”项目拓展山阴县卫生健康和体育局、山阴芍药花煤业有限公司、山阴县北周庄镇人民政府等 11 个信息化项目，收入 40 万元。岗区队项目中，党员先锋岗 5G 资费达到用户 76635 户，5G 资费渗透率 58.9%，权益包完成 4.01 万户，收入 162.21 万元，新业务收入及用户指标均完成目标；重点集客业务责任区和飞信累计新增 2766 户，企业视频彩铃 2700 多户，企业宽带新增 630 户，集客市场累计收入 1080 万元，完成目标；空白小区突击队攻坚成功 8 个小区，完成目标的 114%；委员项目累计开通家宽 3585 户、电视 4188 户，销售小度、摄像头、路由器等智能硬件 5484 台，累计替换质差网关 3785 户，新增宏基站 43 处，弱光比控制在了 1.04 以下，达到了高质量党建引领保障高质量发展的目的，助力集团公司加快创世界一流“力量大厦”的进度。

【反腐倡廉】 2022 年，山阴移动公司不断加强自身建设，始终坚持廉洁自律，自觉抵制各类不正之风和腐败行为。结合嵌入式风险防控体系建设，每月开展关键岗位自查，季度开展互查，针对风险点每月选取部分员工进行“每月一评”、“季度互查”，有效提升了各位员工对嵌入式风险防控的认识和风险点的掌握，实现了嵌入式防控“塑身增效”。通过清风行动 2.0 和“靠企吃企”自查整治，对县公司进行了全面体检，借助智慧党建、“学习强国”学习平台 APP 等平台开展线上线下相结合的警示教育活动，进一步引导广大干部员工切实筑牢“不想腐”的思想防线，守住纪律底线，增强廉洁从业意识，让求真务实、清正廉洁的新风正气不断充盈。

【依法治企】 2022 年，山阴移动公司做强做优企业法治工作，切实履行推进法治建设第一责任人职责，对重要工作亲自部署、重大问题亲自过问、重点环节亲自协调、重要任务亲自督办。站在新的历史起点上，自觉承担起做好意识形态工作的战略任务。高举习近平新时代中国特色社会主义思想伟大旗帜，不断树牢干部职工正确“三观”，激发正能量。山阴移动公司以“八五普法”为契机，积极开展全员学法、懂法、用法、守法教育活动，全员开展网上学习和法树依法治国、法治移动、法律事务等学习，人均学习时长 20 小时以上。办公区域张贴了法律内容，宣传营造了良好的文化学习氛围。组织全员签订嵌入式风险告知书，并开展防控知识学习，合规意识进一步增强。通过开展普法活动和网上法律学习，全员学法遵法守法用法的意识进一步增强，维护公司利益的法律意识和自觉践行法律的意识进一步增强，坚决不做违法乱纪之事、坚决不损坏客户与公司利益的意识进一步加强。

【网络安全】 2022 年，山阴移动公司组织代维公司、自有维护人员开展网络安全、用户信息安全教育集中学习 2 次，组织开展集中隐患巡检排查 5 次，协助政府及公安部门开展电信诈骗专项宣传整治 1 次，通信应急保障 2 次，节前安全检查 3 次。全年未发生二级以上网络安全责任事故。全员签订安全责任书，安全管理员及主要责任人通过了安全认证考试。

电 信

【概况】 山阴县电信公司作为综合信息服务提供商，主要经营固定电话、移动通信、卫星通信、互联网接入及应用、信息应用、云平台等综合信息服务。公司坚持秉承让客户尽情享受信息新生活的企业使命；追求企业价值和客户价值共同成长的经营理念；用户至上，用心服务的服务理念；并以安全畅通的网络、健康环保的产品、方便快捷的服务，为国民信息化建设提供强有力的通信支撑和综合信息服务。坚持高质量健康发展理念，稳步推进用户规模及收入提升。

【网络建设】 2022年，山阴县电信公司结合实际情况，以市场为导向，有步骤、有规划地持续优化网络结构，提高网络技术层次，通过市场调查，突出发展重点，充分挖掘现有设备潜力，以适应通信市场高带宽需求。2022年新建宽带端口570线，累计建设端口11107线，累计覆盖小区（村）32个。其中县域累计建设端口29452线，覆盖小区152个，城市小区覆盖率达到92%。农村累计建设端口5578线，覆盖行政村34个，覆盖率达到14.5%。

【生产经营】 2022年，山阴县电信公司落实提速降费要求。全面下调套外流量价格。针对用户担心产生高额套外流量费的情况，全面下调套餐外流量资费至不超过0.03元/兆，推出更加优惠的“达量放心用流量包”。针对套餐流量使用饱和度较高或有溢出的畅享套餐用户，推出“达量放心用流量包”。用户订购后，不达量不收费，达量后直接叠加5元/GB或3元/GB流量包，解除大流量用户手机上网的后顾之忧。推广“无忧卡”套餐。面向不喜欢受套餐约束、希望简单消费的用户，推出了“地板价”、阶梯计费、越用越便宜的“无忧卡”套餐。主动以短信形式向用户告知套餐消费情况，重点对套餐使用达量、使用期限、消费账单等情况进行及时提醒，让用户明明白白消费。确保用户知情、敢用、放心用。2022年全部业务累计收入1350万元，移动用户到达23400户，宽带到达10200户。

【党建工作】 2022年，山阴县电信公司全面贯彻党的十九大精神及十九届历次全会精神，以习近平新时代中国特色社会主义思想和党的十九届历次全会精神为指导，紧紧围绕公司党委工作计划和党建工作目标，扎实推进支部主体责任和党风廉政建设任务的落实。坚持党建统领，深度融合各项工作，开展“四个专项”活动，稳步推进各项工作，不断增强党建工作水平。

财税　金融

财 政

【概况】 2022年，面对艰巨繁重的改革发展稳定任务和新冠疫情防控等多重因素叠加影响，山阴县财政局坚持以习近平新时代中国特色社会主义思想为指导，深入贯彻党的十九大和十九届历次全会精神，认真学习贯彻党的二十大精神，认真贯彻落实习近平总书记视察山西重要讲话重要指示精神，围绕中央、省市和县委决策部署，坚持稳中求进工作总基调，统筹助力疫情防控和经济社会发展与安全，严格执行县十七届人大三次会议审查批准的预算，加大资金调控力度，应对超预期因素冲击，财政政策更加积极有为，预算质量取得新的突破，与人民生活息息相关的民生领域得到有效保障。

【一般公共预算收支】 2022年，山阴县财政局一般公共预算收入249832万元，加转移性收入223664万元，收入总量为473496万元；一般公共预算支出298109万元，加转移性支出15774万元，支出总量为313883万元；收支总量相抵，年终结转结余159163万元。

一般公共预算收入249832万元，为预算的128.3%，比2021年增长38.5%，主要是煤炭价格上扬和大规模退税政策带动，增值税、企业所得税和资源税等税收增加较多，以及“两权”价款（探矿权、采矿权使用费）合同征缴到期影响，国有资源（资产）有偿使用收入等非税减少较多。主要收入项目具体情况是：增值税82851万元，为预算的109%，比2021年增长32.9%；企业所得税77450万元，为预算的188.9%，比2021年增长117%；个人所得税2960万元，为预算的227.7%，比2021年增长130.9%；资源税39059万元，为预算的114.2%，比2021年增长23.7%；城市维护建设税5762万元，为预算的137.2%，比2021年增长48.3%；房产税4105万元，为预算的132.4%，比2021年增长95%；印花税3290万元，为预算的99.7%，与2021年持平；城镇土地使用税2240万元，为预算的186.7%，比2021年增长79.6%；土地增值税157万元，为预算的15.7%，比2021年下降84.7%；车船税848万元，为预算的121.1%，比2021年增长22.9%；耕地占用税1188万元，为预算的49.5%，比2021年下降51.5%；契税1101万元，为预算的220.2%，比2021年下降53.2%；环境保护税712万元，为预算的80%，比2021年下降18.4%；专项收入14427万元，为预算的116.3%，比2021年增长24.7%；行政事业性收费收入7975万元，为预算的106.3%，比2021年增长1589.6%；罚没收入2546万元，为预算的101.8%，比2021年下降52.3%；国有资源（资产）有偿使用收入2712万元，为预算的117.9%，比2021年下降80.5%；捐赠收入377万元，为预算的125.7%，比2021年增长737.8%；其他收入72万元，比2021年下降59.1%。转移性收入223664万元，为预算的172.9%，比2021年增长30.6%。主要收入项目具体情况是：返还性收入3267万元，与预算和2021年持平；一般性转移支付收入105186万元，为预算的157%，比2021年增长50.4%，主要是共同财政事权、留底退税和调整工资转移支付增加较多；专项转移支付收入24691万元，为预算的663.6%，比2021年下降14.4%；上年结转收入34873万元，与预算持平，比2021年增长152.9%，主要是转移支付资金和债券转贷资金；一般债券转贷收入27992万元，为预算的466.5%，比2021年下降9.7%；动用预算稳定调节基金27046万元，为预算的186%，比2021年增长10.6%；政府性基金预算调入资金609万元。

一般公共预算支出298109万元，为预算的94.6%，比2021年增长18.3%，主要是受适度加大财政政策扩张力度和转移支付财力下沉力度影响。主要支出项目具体情况是：一般公共服务支出25431万元，为预算的96.2%，比2021年增长17.6%；国防支出30万元；公共安全支出11231万元，为预算的100.2%，比2021年增长40%；教育支出34207万元，为预算的89.5%，比2021年增长13.8%；科学技术支出343万元，为预算的33.3%，比2021年下降49.9%；文化旅游体育与传媒支出7954万元，为预算的59.4%，比2021年增长82.8%；社会保障和就业支出61578万元，为预算的103.8%，比2021年增长22.1%；卫生健康支出26932万元，为预算的111.1%，比2021年增长11.5%；节能环保支出15226万元，为预算的121.9%，比2021年增长412.3%；城乡社区支出25995万元，为预算的103.5%，比2021年下降7.8%；农林水支出49058万元，为预算的129.6%，比2021年增长29.2%；交通运输支出13575万元，为预算的100.6%，比2021年增长22.7%；资源勘探工业信息等支出1386万元，为预算的94.8%，比2021年下降33.9%；商业服务业等支出742万元，为预算的289.8%，比2021年增长449.6%；自然资源海洋气象等支出4366万元，为预算的78.1%，比2021年下降38.8%；住房保障支出9769万元，为预算的112.4%，比2021年下降3.3%；粮油物资储备支出637万元，为预算的111.6%，比2021年下降13.3%；灾害防治及应急管理支出3964万元，为预算的96.8%，比2021年下降28.7%；债务付息支出4858万元，为预算的100%，比2021年增长7.1%；债务发行费用支出21万元，比2021年下降22.2%；其他支出806万元，为预算的3.2%，比2021年下降63.2%。转移性支出15774万元，为预算的177.4%，比2021年下降58.1%。主要支出项目具体情况是：上解上级支出10369万元，为预算的116.6%，比2021年下降11.1%，主要是城市环境空气质量改善奖惩专项上解减少较多；债务还本支出5405万元，比2021年下降79.2%，主要是偿还到期债券本金减少较多。年终结转结余159163万元。其中，结转下年的支出55494万元，主要是转移支付资金和债券转贷资金；净结余104119万元，主要是超收收入52042万元、收支结余51468万元、政府性基金预算调入资金609万元。净结余全部安排预算稳定调节基金。

【政府性基金预算收支】 2022年，政府性基金预算收入12759万元，加转移性收入57733万元，收入总量为70492万元；政府性基金预算支出52636万元，加转移性支出15616万元，支出总量为68252万元；收支总量相抵，年终结转结余2240万元。

政府性基金预算收入12759万元，为预算的58%，同比下降10.5%，主要是土地出让收入减少较多。主要收入项目具体情况是：国有土地收益基金收入1267万元，为预算的63.4%，与2021年基本持平；农业土地开发资金收入400万元，为预算的114.3%，比2021年增长63.9%；国有土地使用权出让收入10505万元，为预算的55.3%，比2021年下降13.2%；城市基础设施配套费收入249万元，为预算的38.3%，比2021年下降61.4%；污水处理费收入338万元。

转移性收入57733万元，为预算的140.1%，比2021年增长2.6%。主要收入项目具体情况是：专项转移支付收入322万元，为预算的370.1%，比2021年下降52.9%；上年结转收入16111万元，与预算持平，比2021年增长228.8%，主要是债券转贷资金；专项债务转贷收入41300万元，为预算的165.2%，比2021年下降18.5%。

政府性基金预算支出52636万元，为预算的83.3%，比2021年增长6.5%。主要支出项目具体情况是：社会保障和就业支出117万元，为预算的97.5%，比2021年增加116万元；城乡社区支出8311万元，为预算的44.6%，比2021年下降34.2%，国有土地使用权出让收入安排的支出减少较多；债务付息支出4107万元，为预算的99.4%，比2021年增长96.3%；债务发行费用支出36万元；其他支出40063万元，为预算的99.6%，比2021年增长15.6%，专项债券收入安排的支出增加较多。

转移性支出15616万元，比2021年增长212.3%。主要支出项目具体情况是：上解上级支出6万元；债务还本支出15610万元，比2021年增长212.2%，偿还到期债券本金增加较多。

年终结转结余2240万元，比2021年下降86.1%。其中，结转下年的支出1631万元，比2021年下降89.9%，主要是债券转贷资金减少较多；调出资金609万元，比2021年增加609万元，主要是政府性基金预算单项结转超过该项基金当年收入30%的部分调入一般公共预算弥补收支差额或者安排预算稳定调节基金。

【社保基金预算收入】 2022年，山阴县城乡居民基本养老保险基金收入9710万元，支出6989万元，本年结余2721万元，年末滚存结余29744万元；机关事业单位基本养老保险基金收入34599万元，支出26076万元，本年结余8523万元，年末滚存结余27820万元。企业职工基本养老、城乡居民基本医疗、职工基本医疗（含生育）、工伤和失业等保险基金由上级统筹。

【政府债务】 山阴县2022年末地方政府债务余额247875万元（一般债务余额145165万元、专项债务余额102710万元）。2022年当年新增债务69292万元，全部为发行政府债务，其中政府新增债务48292万元（一般债务22592万元、专项债务25700万元）、再融资债务21000万元（一般债务5400万元、专项债务15600万元）。当年城乡债务21012万元，其中一般债务5405万元（再融资债务5400万元、县级资金偿还5万元）、专项债务15610万元（再融资债务偿还15600万元、县级资金偿还10万元）。全县2022年末地方政府债务余额296152万元（一般债务余额167752万元、专项债务余额128400万元），在政府债务限额之内。

2022年政府新增债务48292万元，用于9个单位18个项目使用，涉及园区建设、市政、文化旅游、老旧小区改造、教育、水利等领域，对山阴县经济社会发展起到积极作用。

【支持重点工程建设】 2022年，县财政局积极争取转移支付和债券转贷资金，统筹各类县级资金，支持重点项目重点工程推进和实施。其中：美丽乡村建设支出11000万元，消费券支出2059万元，产教融合实训基地建设支出2500万元，长城遗址遗迹基础设施建设支出8881万元，长城博物馆装修改造支出927万元，殡仪馆建设支出1228万元，双拥基地（纪念广场）建设支出989万元，广武村中国历史文化名村建设支出5558万元，农村垃圾市场化政府购买服务支出1114万元，府东街道路东延支出1009万元，县城绿化支出1000万元，农村危房改造支出1252万元，新韵体育公园建设支出4160万元，老旧小区改造支出5343万元，八村一区生活污水和街巷道路提质支出2912万元，县城集中供热、基础设施和场馆建设三个PPP项目支出3364万元，集中供热工程支出15426万元，西二环道路硬化支出1000万元，府东街跨线立交桥一标段支出1308万元，冬季清洁取暖支出1477万元，健身步道支出1000万元，高标准农田建设支出6626万元，渗水地膜穴播种植支出872万元，黄土高原水土流失和小流域综合治理支出1307万元，县区造林支出1522万元，荣乌高速连接线支出1553万元，长城一号旅游公路支出5275万元，西山矿山生态修复支出3000万元，补充耕地项目社会资本投资收益支出1400万元，粮改饲项目支出1173万元，开发区东区装备制造业基地标准化厂房建设支出1427万元，开发区东区基础设施路网建设支出6570万元，乡村振兴衔接资金5294万元等。

【预算管理】 2022年，县财政局启用一体化系统。落实预算管理新要求，正式启用预算管理一体化系统，将预算管理规则嵌入信息系统，规范整合项目储备、预算编制、集中支付、会计核算、政府采购、绩效管理等财政核心业务环节，实现上下联通、横向到边、纵向到底的覆盖，实现从资金分配向项目管理的转变，更加便于规范管理、审计监督和跟踪问效，更加便于贯彻执行党和政府决策部署。

压缩“三公”经费。牢固树立过紧日子思想，有保有压、精打细算，严格控制“三公”经费。预算调减432万元，调整后预算为884万元，比2021年下降0.3%，其中公务接待费调整为230万元、公务用车运行维护费调整为419万元、公务用车购置调整为235万元。全年支出744万元，为调整预算的84.2%，比2021年下降11.8%。其中，因公出国（境）费用0万元，与预算和2021年持平；公务接待费173万元，为调整预算的75.2%，比2021年下降43.6%；公务用车运行维护费359万元，为调整预算的85.7%，比2021年增长17.7%；公务用车购置212万元，为调整预算的90.2%，比2021年下降8.6%。

加强直达资金监管。充分认识直达资金监管工作的重要性和紧迫性，沟通和协调上级财政和部门（单位）形成合力，全流程监控确保资金用途精准、发放到位，助力资金直达基层、直接利民惠企。全年直达资金总量60216万元，支付45143万元，支付率75.0%。其中，中央50235万元，支付率79.3%；地方9981万元，支付率53.1%。

盘活用好存量资金。落实盘活财政存量资金长效机制，排查、梳理财政资金结余，加强统筹能力，提升财政资金使用效益。2022年，盘活使用的存量资金9465万元，收回的存量资金结余3762万元。盘活使用的存量资金主要用于支持美丽乡村建设、土地整治社会资本投资收益、征地拆迁补偿、融资担保机构市县一体化运营投资本金。考虑财政收入下行压力，结余暂不统筹安排支出，以保障财政运行可持续发展。

全面实施绩效管理。夯实基础工作，出台事前绩效评估、绩效目标管理、绩效运行监控、评价结果应用等管理办法，以及重点支出绩效评价实施方案等制度性文件。依托预算管理一体化系统，以绩效目标为项目入库前置条件，实现所有支出绩效目标全覆盖，绩效目标和评价同步预决算公开。重点开展千万元以上项目事前绩效评估工作，同步推进重点支出重点领域绩效评价工作。受疫情因素影响，评价工作进入招标环节。

强化国有资产管理。2022年末，山阴县资产总额（账面净值，下同）347985万元，比2021年增长35.6%；负债总额28522万元，比2021年下降28.1%；净资产319463万元，比2021年增长47.2%。重点资产情况：土地账面面积22.9万平方米，账面原值3118万元，账面净值3105万元；房屋账面面积44万平方米，账面价值74595万元；车辆账面数量425辆，账面原值6896万元，账面净值1666万元；在建工程账面价值50108万元。

发挥财政监管职能。依托代理记账机构管理系统、政务服务事项动态管理系统、“互联网+监管”系统等平台，完善行政许可、检查等体制机制；开展会计信息质量、中介机构从事代理记账业务和政府采购代理机构执业等“双随机一公开”检查工作，对检查对象作出行政指导，财政领域营商环境更加优化；组织机关事业单位开展内部控制报告编制工作，并反馈审计整改意见，对存在的问题要求单位及时全面整改。

推进政府集中采购。对23个部门（单位）的74个项目实行政府采购，涉及预算资金9972万元。积极推进购买脱贫地区农副产品“832平台”采购，45个部门（单位）25万元购买脱贫地区农副产品预留份额全部完成采购。推进信息化系统应用，全年完成订单1970笔，交易额达3004万元，政府采购逐步面向中小企业和小微企业倾斜。

集中公开预算决算。继续在县政府门户网站集中统一公开批复的政府和部门预决算信息，公开率均达到100%；推动重点项目绩效目标和部门所属单位预算公开，公开内容更加全面规范。

【基本民生】2022年，县财政局落实“三保”政策，助力“三保”工作在保障和救助上应保尽保、应兜尽兜。全年“三保”支出121166万元，为调整预算的91.8%，比2021年增长4.3%。其中，保基本民生支出47746万元、保工资支出67088万元、保运转支出6332万元。

保障民生重点项目，助力民生领域提质增效。教育、文化旅游体育与传媒、社会保障和就业、卫生健康、住房保障等民生直接相关支出140440万元，比2021年增长17.9%；科学技术、节能环保、城乡社区、农林水、交通运输、商业服务业、自然资源气象、粮油物资储备等民生密切相关支出109942万元，比2021年增长23.7%。民生支出占一般公共预算支出比重提升到84%，打造“灵秀古城”、建设“新韵山阴”目标成效显著。

【乡村振兴】2022年，县财政局继续坚持“四个不摘”政策，持续保障巩固脱贫攻坚成果与乡村振兴有效衔接，2022年全县共投入衔接资金5282.51万元，其中县级投入907.5万元，有效保障了全县项目需求，极大改善了脱贫地区生产发展和农村基础设施建设条件，为巩固脱贫成果，防止返贫提供了可靠的财政保障。

【“三基建设”】2022年，县财政局坚持经费向基层组织倾斜。待遇向基层干部倾斜、硬件向基层一线倾斜，顺利推进“三基”建设，涉及运转经费、工作补贴、机关基础设施均等化、美丽乡村、一事一议等相关领域。全年累计支出8477.416万元。

税　务

【概况】2022年，国家税务总局山阴县税务局以习近平新时代中国特色社会主义思想为指导，深入贯彻落实党的二十大精神，以依法组织税费收入主业为中心，围绕“抓好党务、干好税务、带好队伍”主旋律，大力弘扬建党精神，深化党的建设、组织收入、减税降费、征管改革、税费服务、队伍建设“六位一体”重点工作，扎实推进“夯基础、优服务”行动，持续优化税收营商环境，综合提升纳税人、缴费人满意度和获得感，全方位推动山阴税务高质量跨越式发展。

【税收】2022年，山阴县税务局始终坚持依法依规征收税费，牢牢掌握组织收入工作的主动性。县局累计完成收入898987万元（中央级344913万元、省级182825万元、市级74979万元、县级296270万元），同比增收299337万元，增长49.92%。其中，税收收入798919万元，同比增收280671万元，增长54.16%；非税收入29057万元，同比增收14847万元，增长104.48%；社会保险基金收入62020万元，同比增收496万元，增长0.81%；其他收入8991万元，同比增收1921万元，增长93.94%。

【减税减负】 2022年，山阴县税务局全面落实党中央、国务院以及省市县关于保市场主体的各项决策部署，针对不同行业、不同规模企业分类落实税收政策，稳定县域经济大盘。2022年共留抵退税18163.32万元，惠及147户企业。六税两费退税140.42万元，惠及437户企业。2022年新增减税降费政策减免情况：增值税小规模纳税人、个体工商户、小型微利企业“六税两费”优惠837.36万元，惠及2908户企业；小规模纳税人减征增值税优惠227.47万元，惠及285户；阶段性缓缴企业社会保险费457.31万元，惠及262户企业。制造业中小微企业缓缴税款1493.6万元。

【税源管理】 2022年，山阴县税务局全面强化税源管理，不断提升征管质效。截至2022年底共有管户5701户，其中单位纳税人2593户、个体纳税人2880户、扣缴登记纳税人178户、其他纳税人50户。定期开展征管基础数据治理，着力夯实征管基础，全年共完成6批2512条数据修改。及时维护征管信息平台，确保征管信息系统硬件、网络、环境安全运行，提交运维单112条。金三系统全年承接办理电子税务局段流转业务2081项，完成率100%。

【税收改革】 2022年，山阴县税务局严格落实税制改革要求，坚持将“夯基础、优服务”专项行动与组合式税费支持政策落实、纳税人满意度提升与优化税收营商环境四项工作一体扎实推进，组合式税费支持政策稳步落地，纳税服务不断优化，税收征管质效显著提升，“夯基础、优服务”专项行动取得阶段性成果，逐步走深走实，并向基础稳固化、服务长效化方向发展。在全省133个考评单位中，取得全省第五的好成绩。

山阴县税务局在提高增值税、所得税、资源税等各税种征收质量的同时强化社保费征收，推进税费同征同管。2022年共征收机关事业单位基本养老保险费11810万元，企业职工基本养老保险费27972万元，职工基本医疗保险费10986万元，工伤保险费2039万元，失业保险费708万元。城乡居民基本养老保险征收49776户次，补充养老保险征收16963户次。

【税收执法】 2022年，山阴县税务局优化税收执法规范，防范化解执法风险。健全税收治理新格局，建立“执法＋服务＋风险防控”机制，加强重点税源管理，防范税费收入风险，提升征管纳税服务质量，统筹协调、内外联动、团队共建，切实履行企业基础服务和日常管理职责，开展政策宣传和纳税辅导，将税收管理从“事后处罚”向“事前辅导”转变，引导纳税人自查自纠，打造廉洁自律、文明创新的现代化山阴税收风险管理干部队伍。全面推行“三项制度”，通过实行多人执法、配备执法记录仪、会议集体研究和部门相互监督等手段，压缩自由裁量空间，限定税收行为的随意性。做好行政执法公示，在办税服务厅公示各类办税信息和人员信息，张贴申请材料示范文本。全年共公示行政许可信息1295条，公示行政处罚信息26条。按照执法过程记录制度要求，通过山西税务指挥中心平台采集执法信息52条。采取日常风险管理和专项风险核查相结合，防范和化解税收管理风险。2022年完成总局、省、市局推送风险管理任务共104户，实现疑点核查率100%，问题整改率100%。

【优化营商环境】 2022年，山阴县税务局不断夯实征管基础，调整征管职能，提升服务水平。县局始终坚持以纳税人缴费人为中心的服务理念，全面开展“践行以纳税人为中心　我为纳税人办实事”大讨论，统一思想凝聚全员合力，通过优化整合内外环境设施、人员综合素养提升培训、纳税人“引进来”交流座谈、税务干部“走出去”入企服务等形式，转变思想观念，提升服务水平、改进工作作风，补齐税务干部“领办”“帮办”“代办”能力的短板弱项。在8月举行的国家税务总局朔州市税务局深化税收征管改革工作推进会上，全市通报中4类提醒办理事项完成率均位于全市前列，其中提醒类、核心征管代办完成率名列全市第一。2022年上半年全省夯基础优服务专项行动中，山阴县圆满完成各项工作任务，取得了全省第五的成绩，第三季度回头看中再次取得全省第六的成绩。

【党建活动】 2022年，山阴县税务局党委以党委理论中心组学习、专题学习、支部学习、主题党日等多种形式学习党的二十大精神、习近平总书记重要讲话精神、中央经济工作会议精神、巡视巡察相关会议精神以及党史学习教育相关篇目，广泛号召全体党员利用好“学习强国”学习平台APP、“学习兴税”等平台，在集中学习的基础上加强个人自学。各支部按要求开展专题学习，上党课。同时把政治理论学习与各类党建、文化活动结合起来，进一步强化政治理论的思想教育意义。在“三八”妇女节之际，组织全局妇女干部职工开展“巾帼建功向未来，踔厉奋发谱新篇”文艺活动，通过歌唱、朗诵的形式，掀起爱国爱党爱税收事业的热潮，开展“以税之名致敬青春——青春献礼二十大”活动，青年干部结合“五四”运动100周年、结合纳税人缴费人满意度谈感受、讲体会，并根据百年团史所学所想开展主题征文。在“七一”来临之际，组织党员干部开展“重温入党誓词”活动，参观下立羊泉烈士陵园和彭云先进事迹展览馆。在重阳和国庆双节来临之际，举行“‘传承古城税务薪火，筑梦山阴税月青春’喜迎国庆欢度重阳献礼党的二十大”活动，邀请退休老干部“回家”与新入职公务员叙旧迎新，共忆往日峥嵘岁月，共谋山阴税务发展。深入朔州市朔煤古城食品公司、山西晋能集团山阴冶金公司、山阴县太行村镇银行、中煤集团山西华昱能源有限公司、山西山阴芍药花煤业有限公司、山阴县五福煤业有限公司、山阴偏岭风电厂、山西玉竹科技钙业股份公司等多家企业，通过入企走访，开展“学思践悟二十大，助企纾困送温暖”活动，宣讲党的二十大精神，为纳税人答疑解惑，搭建税企连心桥，铺设快享“高速路”。

全面落实《党委工作条例》，深化全面从严治党各项举措。始终坚持民主集中制。不折不扣落实上级党委各项决策部署。通过党委会议、党委理论中心组会议、局务会议、民主生活会加强党委班子成员的沟通协作。认真落实领导干部谈心谈话制度。县局党委认真履行全面从严治党主体责任，严格落实《全国税务系统党建工作规范》和四级四岗责任清单，党委书记履行第一责任人职责，党委委员履行“一岗双责”，职能部门抓好职责范围内全面从严治党工作。不断完善党内组织和生活制度，落实好“三会一课”、组织生活会、党员谈心谈话、民主评议党员等制度。严格干部日常管理，坚决杜绝违规违纪违法问题发生。在从严落实管党治党责任中突出政治性，引导全局干部听党话，跟党走，始终保持同党中央和上级党委步调一致。完善党建工作机制。坚持把完善基层党组织建设作为推进税收改革的主阵地，充分发挥党委、党支部、党小组以及群团组织的作用，为全面从严治党提供坚强的政治和组织保障。着力完善“条主责、块双重，纵合力、横联通，齐心抓、党建兴”新纵合横通工作机制。加大资金投入，着力完善党员活动室、文体活动室、党建走廊、图书阅览室等硬件设施，为各类党建活动和文体活动开展提供了场地设施保障。

中国人民银行山阴县支行

【概况】 2022年，山阴县辖内设有银行业金融机构11家。其中，国家政策性银行1家，为中国农业发展银行山阴县支行；国有商业银行6家，分别为中国工商银行股份有限公司山阴县支行、中国农业银行股份有限公司山阴县支行、中国银行股份有限公司山阴县支行、中国建设银行股份有限公司山阴县支行、中国建设银行股份有限公司山阴同太路支行、中国邮政储蓄银行有限责任公司朔州市山阴县支行；股份制商业银行2家，为晋商银行股份有限公司山阴县支行、大同银行股份有限公司山阴县支行；地方性金融机构2家，分别为山西山阴农村商业银行股份有限公司、山阴县太行村镇银行股份有限公司。年末，全县再贷款余额9.4亿元，再贴现1亿元，其中支农再贷款余额5.1亿元、支小再贷款余额4.3亿元。涉及票据贴现企业8家，惠及小微企业、个体工商户、农户、已脱贫困户等市场主体691户。引导地方金融机构发放普惠小微贷款4.75亿元，普惠小微贷款余额达到2453户16.22亿元，加权平均利率6.91%，下降0.53个百分点，稳企纾困取得明显效果。

【金融指导】 2022年，人民银行山阴县支行强化政策窗口指导，助力实体经济发展。指导山阴农商行、山阴县太行村镇银行推出“应收账款质押贷款”“活体抵押贷款”等产品。全年累计在动产融资统一公示系统登记51笔，对接办理贷款51笔，8.24亿元。登记应收账款12笔，办理质押贷款7笔，1.97亿元。引导地方金融机构发放普惠小微贷款4.42亿元，普惠小微贷款余额达到2612户16.14亿元，加权平均利率6.91%，下降0.53个百分点，稳企纾困取得明显效果。

【风险防范】 2022年，人民银行山阴县支行强化风险防范化解，确保区域金融安全。依托风险监测系统对辖内金融机构进行风险监测，对存量风险处置进展、风险形势总体判断做出全面分析。修订了《金融机构突发事件应急预案》；适时召开地方法人投保机构风险监测推进会；成功堵截化解了一起地方法人机构舆情事件。组织金融机构开展山阴县存款保险集中宣传活动，指导地方法人银行业金融机构完成存款保险评级系统机构信息确认工作，进一步提升了存款保险宣传效果，拓展了受众范围。

【金融服务】 2022年，人民银行山阴县支行强化提升金融服务，优化金融营商环境。切实履行经理国库职责。全县公共预算收入完成24.98亿元，同比增长38.5%。办理增值税留抵退税147户，金额1.82亿元，“六税两费”437户，金额140.42万元，惠及相关企业480家。全力优化支付结算服务。开展银行网点优化服务暗访回访工作；联合县公安局召开金融系统电信网络诈骗和跨境赌博“资金链”治理工作推进会；组织开展“推进国债下乡助力乡村振兴”等主题宣传活动。稳步推进征信管理服务。完成197个行政村走访评级授信，累计授信3734户，授信金额4.09亿元，用信2370户，金额

2.08亿元；认真做好金融消费咨询投诉工作，稳妥受理、办理金融消费咨询投诉案件3件；开展“普及金融知识，守住‘钱袋子’”“金融知识普及月金融知识进万家争做理性投资者争做金融好网民”“宪法宣传周”等各类金融知识宣传15次，发放各类宣传资料3000余份。

【党业融合】 2022年，人民银行山阴县支行以深入学习贯彻落实习近平新时代中国特色社会主义思想为主线，研究制订2022年山阴县支行党组理论学习中心组学习计划，开展主题联学、调研式学习。认真落实党员领导干部讲专题党课制度，抓好党员干部学习贯彻党的二十大精神集中学习培训，以网上和现场知识竞答等方式检验理论学习成果。加强青年理论学习组织工作，建强青年理论学习小组。全年共组织党组中心组理论学习7次，党员集体学习9次，行领导讲党课3次，主题党日活动3次，网络远程培训5次。制定年度全面从严治党主体责任清单，层层压实责任。按要求召开相关会议，及时研判全面从严治党形势。紧盯“关键少数”，通过参加或列席会议、谈心谈话、监督检查、问题线索处置等方式强化政治监督。将领导班子和领导干部履行管党治党责任情况作为考核的重要内容，强化考核结果运用，逐级压实锁紧管党治党责任链条。2022年召开全面从严治党暨党风廉政建设专题分析会4次。定期研判和通报意识形态领域情况，加强对金融领域网上敏感热点舆情的监测和引导，旗帜鲜明反对和抵制各种错误观点。进一步加强对微信工作群等意识形态阵地的建设和管理。积极配合上级行和县委开展意识形态责任制落实情况专项检查，跟踪抓好问题整改。2022年，编发舆情200余条，工作动态被《山西日报》、黄河新闻网采用20条，发出人行声音、展现金融作为。强化基层党组织建设。加强党支部标准化规范化建设，严格执行谈心谈话、组织生活会、民主评议党员、主题党日等制度，提高“三会一课”质量。坚持和完善重温入党誓词、党员过“政治生日”等政治仪式，开展党员承诺践诺、党员先锋岗创建、岗位建功立业等活动，打造“党建+品牌”特色工程。持续做好党员发展培养工作。扩大党内基层民主，推进党务公开。

抓实日常监督。开展新提拔干部任前谈话2次。全面排查工作日中午饮酒问题；开展涉刑涉诉隐患问题排查工作；开展对干部职工经商办企业、拥有非上市公司（企业）股份、注册个体工商户和违规兼（任）职等情况进行处置工作。完善纪检监察干部学习制度，定期召开纪检组工作例会，通过集中学习讨论、交流工作经验、分析问题原因及提出意见建议等方式，进一步发扬斗争精神、增强斗争本领、提升工作质量，不断提高纪检监察干部的政治思想素质、政策理论素养、纪法规矩意识和业务工作能力。

银保监局山阴监管组

【小额信贷】 2022年，银保监局山阴监管组做好脱贫人口小额信贷工作。严格贯彻落实习近平总书记关于巩固拓展脱贫攻坚成果与乡村振兴有效衔接的重要论述和视察山西重要指示精神。通过召开会议、现场督导调研等方式，督促银行业机构投放脱贫人口小额信贷。全年为865户脱贫人口发放小额贷款4122万元，完成投放任务106%。

【涉农信贷】 2022年，银保监局山阴监管组持续加大涉农信贷投放力度，助力乡村振兴。银行业机构涉农贷款持续增长。全年涉农贷款累计发放272657万元，较上年增长2%。重点持续做好农业发展特色优势产业，特别是全县养殖户的发展，为600多户养殖户累计发放贷款12756万元；为31户畜牧业中小企业累计发放贷款13716万元，有效解决了畜牧业发展壮大的资金需求。

【企业信贷】2022年，银保监局山阴监管组持续加大中小微企业支持力度，增信贷降成本。有效满足信贷需求，银行业机构为1000多户中小微企业累计发放贷款达282606万元，其中为190多户办理了无还本或展期续贷，金额47853万元，基本解决了融资难。降低融资成本，中小微企业贷款利率较上年平均降低0.15个百分点。

【风险防控】2022年，银保监局山阴监管组加强法人机构监管，重点关注流动性风险。督促指导银行业机构处置存量风险，不良贷款实现了“双降”。不良贷款下降2207万元，不良率下降0.4个百分点。督导机构做好案防工作，守住风险底线。

中国农业发展银行山阴县支行

【概况】中国农业发展银行山阴县支行（以下简称农业发展银行山阴县支行）服务于山阴县地方经济发展。按照国家的法律法规和方针政策，以国家信用为基础筹集资金，承担农业政策性金融业务，代理财政支农资金的拨付，为农业和农村经济发展服务。服从大局、推进创新发展、遵循银行规律、为保障国家粮食安全、保护农民利益、维护农产品市场稳定、促进城乡一体化做出重要贡献。

【保障粮食安全】农业发展银行山阴县支行把服务保障国家粮食安全作为重大政治责任和政治任务，坚决守住粮食业务“主阵地”，统筹做好粮食政策性收储和市场化收购。2022年累计投放粮食购销储贷款3240万元，持续擦亮“粮食银行”品牌。

【绿色信贷投放】农业发展银行山阴县支行加大绿色信贷投放，发挥“绿色银行”品牌优势，广泛对接县域内重大基础设施项目，加强对绿色领域重点项目信贷支持。2022年成功投放贷款2.33亿元，支持山阴县县城集中供热PPP项目，实现经济效益、民生效益、环保效益的有机统一，持续助力朔州市打造能源革命创新高地。

【助企纾困】农业发展银行山阴县支行助力企业纾困解难。充分发挥政策性金融服务实体经济使命担当，以优化办贷流程、缩短办贷时间、提升服务质效为抓手，2022年累计投放小微企业贷款1850万元，支持3户小微企业，助力小微企业稳步发展。

中国工商银行山阴县支行

【概况】中国工商银行山阴县支行（以下简称工行山阴支行）业务经营范围为：人民币存款、贷款、结算业务，办理票据贴现、代理发行金融债券、代理发行、代理兑付、销售政府债券、买卖政府债券、代理收付款项等。为深入学习贯彻党的二十大精神，工行山阴支行始终坚持以人民为中心的发展思想，维护人民根本利益，站稳人民立场，把维护客户利益、提升消费者体验放在首要位置，通过营业环境微改造，升级“软服务”等系列措施增强金融服务可及性，提升客户满意度，让服务更有温度。

【存款】2022年，工行山阴支行各项存款余额

542222万元，较年初净增115464万元。其中，个人存款余额395958万元，较年初净增65784万元；对公存款余额146264万元，较年初净增49680万元。

【贷款】2022年，工行山阴支行各项贷款116521万元，较年初增加-1156万元。其中公司类贷款108865万元，较年初增加-1827万元；个人贷款7656万元，较年初增加671万元。

【利润】2022年，工行山阴支行紧密围绕全行中间业务发展战略，拓宽收入渠道，深挖增收潜力，实现净利润7665.12万元，中间业务收入616万元。

【内控管理】2022年，工行山阴支行以提升内部管理水平和风险防控能力、遏制各类案件及重大风险事件发生为目标，狠抓内部管理不松懈，全年实现无案件、无重大风险事件。在抓业务发展的同时，全行以制度执行落实为重点，根据上级行及监管部门的安排部署，按季召开案防会，研究部署行之有效的防控措施，健全案防管理体系，保障支行各项业务安全稳健运营。

【党建】工行山阴支行始终坚持党建引领业务发展，深入学习贯彻党的二十大精神及党中央系列重要会议精神，胸怀"国之大者"，把落实中央政策和总省行党委决策部署作为首要任务；把推动地方经济、社会高质量发展作为根本任务；把服务实体经济、为群众办实事解难题作为金融工作的使命与初心，用实际行动诠释忠诚尽责、敢于担当、勇于奉献的精神，通过定期开展先进文化教育、革命文化教育、廉政文化教育和主题党日活动，把党的理想信念转化为支行发展的凝聚力、战斗力，融入支行工作各方面。

中国农业银行山阴县支行

【概况】中国农业银行股份有限公司山阴县支行（以下简称农行山阴支行）主要业务有人民币存款、贷款、结算业务；票据贴现；代理发行金融债券；代理收付款项及代理保险业务以及总行在中国人民银行批准的业务范围授权的业务，经中国人民银行批准的其他业务。该行4个营业网点分别位于县城同太北路、北环路、南环路和火车站对面。

【存款】2022年，农行山阴支行各项存款时点余额33.88亿元，较年初净增5.6亿元。其中个人存款余额27.67亿元，较年初净增3.9亿元；对公存款余额6.2亿元，较年初净增1.66亿元。各项存款时点余额占四大行市场份额的24.25%，排名第二；各项存款时点增量占四大行市场份额的22.83%，排名第二。

【贷款】2022年，农行山阴支行将服务实体经济、助力乡村振兴、支持地方发展作为开拓市场的重要途径，截至12月末，各项贷款余额12亿元，较年初净增4.38亿元。其中，法人贷款余额10亿元，较年初净增3.82亿元；个人贷款余额1.92亿元，较年初净增5371.6万元。该行切实提高政治站位，按照党中央关于能源安全保供的重要讲话和重要指示批示精神，为支持保供工作和企业复工复产工作，该行为中煤华昱集团发放流动资金贷款6亿元，依托总行研发的"农银智慧畜牧场景平台"为古城乳业甄源牧场投放奶牛抵押贷款4000万元，有效满足了企业融资需求。

【乡村振兴】2022年，农行山阴支行始终坚守服务乡村振兴领军银行定位，认真落实上级行党委、县委县政府关于“三农”和乡村振兴发展的决策部署，加强信贷投放，倾斜资源保障，不断提升金融服务乡村振兴质效。截至年底，该行累计为全县农户投放惠农 e 贷 8676 万元，累计投放户数 675 户，余额 7331 万元，较年初净增 3827.31 万元，惠农 e 贷已覆盖全县 136 个行政村，已占到全县 197 个行政村的 69%。其中，支持养牛户 132 家，共计金额 3186.66 万元；支持养羊户 119 家，共计 876.2 万元；支持生猪养殖 50 家，共计 305.6 万元；支持家禽养殖 2 家，共计 45 万元；支持蔬菜种植 30 户，共计 335.8 万元；支持饲草、玉米、谷物种植 88 户，共计金额 818.5 万元；支持零售、制造、服务等个体经营 254 户，共计金额 3108.23 万元，惠农 e 贷业务切实解决了农户贷款难贷款慢的困扰。在巩固脱贫成果方面，该行坚持“脱贫四不脱”的原则，全年为广武镇 74 户脱贫户提供 365 万元贷款，完成 3 户展期贷款，帮助他们继续发展生产。继续为山阴县众福缘合作社投放贷款 60 万元，帮助周边 11 名建档立卡贫困和 7 名残疾妇女解决了就业问题；通过为山西古城乳业、山西华森木业投放贷款来促进一批脱贫人口增收。

【内控管理】 2022 年，农行山阴支行始终把风险案件防控作为重中之重，全行风控案防能力进一步提升。在业务风险防控上，按期开展条线风险排查，做到问题早发现、早预防。在员工行为管理上，通过外部走访，对全行员工实现信息全监测、监督全覆盖，走访地方工商、纪委、公安、法院和人行、银保监部门，查询本行员工经商办企业、违纪行为、犯罪记录、涉诉情况和违规行为等。通过家访、谈心谈话等渠道，了解员工行为动态，做到掌握全面，疏导及时；同时，该行对个别员工进行了重点关注，开展了不同形式的家访和谈心谈话，员工行为管理方面取得了新成效。

【企业文化】 农行山阴支行不断加强企业文化建设，从员工切身利益出发，常态化开展关爱员工活动，用心落实人文关怀。继续做好送温暖、职工体检、生日慰问、爱心帮扶等活动，对生病住院、家庭有重大困难的员工上门探望，给予帮助。同时积极组织开展内容丰富、形式多样的文体活动，在丰富业余文化生活的同时也进一步增强了员工的认同感、幸福感、归属感，营造了积极向上和谐发展的良好氛围。

【党建】 2022 年，农行山阴支行围绕党中央和行党委的决策部署，扎实开展党建工作，理论学习进一步提高，坚持班子成员带头示范，“关键少数”引领，认真坚持党委理论中心组学习制度，深入学习贯彻习近平新时代中国特色社会主义思想和党的二十大精神。丰富组织生活，开展老党员慰问活动；组织党员干部前往右玉干部学院实地参观，重温红色记忆，铭记初心使命；在党的二十大召开之际，组织全体党员干部收看了党的二十大会议盛况，同时开展了学习党的二十大精神知识竞赛活动，以赛促学，在全行掀起学习热潮，全面增强党员干部的党性修养。扎实做好党员发展管理工作，坚持成熟一个发展一个，从严要求，严把关口，保证发展党员的数量和质量。2022 年，该行为 2 名党员转正，接收预备党员 1 名，1 名青年员工列为发展对象。

中国银行山阴支行

【概况】 中国银行山阴支行始终秉承“为社会谋福利、为国家求富强”的历史使命，深入践行“建设全球一流现代银行集团”的发展战略，积极履行国有大型银行社会责任，助力普惠金融，构建和谐社会的理念，为山阴县域经济金融发展做出了贡献。2022年，为中煤集团山西华昱能源有限公司发放长期贷款、山西奕光发电有限公司、朔州市骏宝宸农业科技股份有限公司发放各类贷款46765万元，其中支持小微企业贷款利率低至3.65%，在支持地方经济发展方面做出了巨大贡献。

【业务发展】2022年，中国银行山阴支行各项存款余额317353万元，较上年净增46031万元，其中公司存款余额52365万元，较上年净增8113万元；储蓄存款余额264988万元，较上年净增37922万元。各项贷款余额50281万元，较上年下降34908万元，其中：普惠金融贷款新增发放5137万元，年利率低至3.65%；小额脱贫贷款201万元，在支持小微企业方面，个人普惠信用贷款投放达1100多万元，主要投放领域为养殖种植等。

【党建工作】2022年，中国银行山阴支行全面落实党总支书记“一岗双责”职责，党建业务两手抓。坚决贯彻执行党的路线、方针、政策和金融行业工作的一系列决定、指示，在政治上同省市分行党委保持高度一致。紧紧围绕全行工作重点，把握政治方向和改革发展的大局，坚持讲稳定、求发展，从政治上、思想上、工作上、制度上确保党的路线方针及上级行规定的全面贯彻执行。

中国建设银行山阴支行

【概况】2022年，建行山阴支行在市行党委的坚强领导下，以“优化激励机制，转变发展方式，提高市场份额”为指导思想，克服新冠疫情的不利影响，精诚团结，强化管理，改进服务，较好地完成了市行下达的各项业务。银行牢固树立“存款立行，存款兴行”的发展理念，千方百计抓客户，抓服务，负债业务实现了近三年增速最快，增长幅度最大。截至12月31日，银行一般性存款余额达160246万元，较年初新增16692万元。

【贷款业务】2022年，建行山阴支行继续加大对楼盘项目的营销力度，截至年底个人类住房贷款余额10469万元，当年投放315万元，回收1005万元，净投放-690万元。

【利润】2022年，建行山阴支行持续把中间业务作为实现创收的重要渠道，充分调动和发挥客户经理、大堂经理以及外包团队成员的积极性，挖掘部分优质客户的潜在需求，年内通过销售压岁金钞、信用卡专项分期、装修分期等多种途径增加收入，全年实现净利润784.81万元。

【电子银行】2022年，建行山阴支行继续强化管理，多管齐下，大力宣传电子银行业务的优势，加强售后服务，现场对客户进行业务指导，帮助客户激活使用建行电子银行产品，同时调动前后台人员工作积极性，内外协作，互相联动，实现了电子银行业务同步签约率在年内大幅提升。

【裕农通】2022年，建行山阴支行积极开展了“裕农通”激活及活跃巡检工作。支行组成“裕农通”激活、巡检工作小分队，深入乡镇、农村开展工作。参战员工圆满完成上级行交给的工作任务，受到市分行的肯定和表扬。

【内控管理】2022年，建行山阴支行严格执行各项规章制度，进一步提升全行员工按章操作的自觉性，在全行营造依法合规经营的工作氛围，每半年对各项业务进行全面自查，对检查发现的问题以及内外部审计发现的问题，积极进行整改落实。反洗钱是各级银行应尽的社会公共职能，同时也是防范金融风险的一项重要工作，建行山阴支行根据监管部门及上级行的有关精神，及时调整充实反洗钱工作领导组成员，明确反洗钱信息员，责成会计、个金部门专人严格落实反洗钱相关规定。

【案件防控】 2022年，建行山阴支行抓好《案防安保工作责任状》的签订和落实工作，加强警示教育工作和案件防控，抓好员工行为日常与集中排查工作和员工轻微违规行为积分工作。按规定召开了案件风险分析月例会和季度分析会议，邀请银监部门领导参加，做好相关记录并按时上报有关部门。支行负责人做好案件防控的九项规定性动作，包括定期查库、查看监控录像资料、对账、业务风险自查自纠等。

【党风廉政】 2022年，建行山阴支行全行上下认真贯彻执行党风廉政建设工作责任制，坚持标本兼治综合治理的方针，从源头上加大预防和治理腐败的力度，班子成员担负起“一岗双职”的责任，“一把手”认真履行第一责任人的职责，其他班子成员按照“谁主管、谁负责”的原则和“管业务必须管廉洁”的要求，抓好职责范围内的反腐倡廉工作。通过开展主题教育活动，强化党纪法纪教育、廉政教育。领导干部在工作中要率先垂范，以身作则，全行上下风清气正，形成良好的干事创业氛围。

【乡村振兴】 2022年，建行山阴支行积极响应各级党委、政府及上级行的号召，保留“巩固脱贫攻坚成果及乡村振兴工作队”，持续开展驻村帮扶工作，收到良好效果。年内共回访、走访2917户次，征求意见、建议9条，已经得到落实的7条。如村民普遍反映的村两条主干道雨天泥泞，不便出行，村委会办公室墙体严重脱落，地面长期潮湿，村委会院落道路狭窄，不便出行，村内机井太少，村内没有文化活动场所，村主干道两旁路灯损坏严重等问题，经过多方努力，于今年国庆节前已经得到落实。故驿村新打机井6眼，可满足1800多亩土地的灌溉之需。2022年工作队同村两委主干一道与县水利部门取得联系，积极争取到2700亩高标准农田水利项目落户故驿，计划年后开工建设。村民反映的电力负荷不足问题，年内通过努力，电力部门为故驿村架设专线3公里，供电能力不足问题已得到解决。通过回访、走访，进一步拉近了村民与工作队的距离，密切了干群关系，村民幸福指数得到很大提升。工作队积极宣传党的金融政策，为村民普及金融知识以及防范电信诈骗的知识、网络知识等。向有关部门咨询相关政策，诸如慢性病申报办本、报销药费的流程，具体时间、地点等，使有需求的村民少走弯路。为村民联系出售农产品、书写对联、清扫积雪等。

中国邮政储蓄银行山阴县支行

【概况】 中国邮政储蓄银行山阴县支行于2008年5月成立，属一级支行。截至2022年底，支行内设部门4个，具体为：综合管理部、综合业务部、风险合规部、营业部，辖内二级支行1个，为邮储银行山阴县同太南路支行。山阴县支行员工总人数43人，后台部门员工人数23人，营业网点人数20人，其中4人下乡驻村服务乡村振兴工作。机构网点山阴县支行营业部，位于府东街县支行一层办公区，占地200多平方米，共开设2个台席，1个个人金融业务台席、1个对公业务台席。机构共有11人，其中部门经理1人，机构柜员7人，客户经理3人，外包大堂经理1人，保安2人；支行后台部门位于支行二层办公区。二级支行机构名称为：中国邮政储蓄银行山阴县同太南路支行，位于县城同太南路路南临街一层门面，共占地200多平方米，同太南路支行共开设1个个人金融业务台席，机构共有10人，其中支行长1人、机构柜员4人、客户经理5人、外包大堂经理1人、保安2人。机构网点人员由部门经理（二级支行长）、理财经理、营业主管、普通柜员、外包大堂经理和保安人员组成。

【存款】 2022年，邮储银行山阴县支行储蓄存款总余额19271万元，其中活期余额为6586万元。公司单位存款账户113户，日均余额1862万元，票据累计贴现量3163万元。山阴县支行全面贯彻落实党的二十大精神，认真领会省、市分行工作会议精神，经过共同努力抢抓机遇、攻坚克难，秉承“以客户为中心，为客户创造价值”的经营理念，以“坚持存款高质量发展，坚定推进财富管理转型，坚决推动客群拓展深耕，坚守合规发展底线”为抓手，工薪类客群抓“代发”、经营类客群抓“收单”、中高端客群抓“财富”，突出营销活动精准化、客户服务方案化、重点工作项目化、加强综合营销，加快个人金融业务高质量转型发展。

【贷款】 2022年，山阴县支行发放各项贷款4537万元，其中个人经营性贷款余额2729万元、消费贷款582万元、小企业贷款1226万元，本年放款共138笔。三农业务方面，山阴县支行立足平台合作，做实项目突破，以重点产品（极速贷、农保贷、再就业贷款、产业链贷），平台产品批量拓客（不动产中心、农担中心、再就业中心、农业农村局），产业链贷瞄准县域重点产业进行分类确定净增目标。消费贷款方面，支行作为房贷发展主阵地，重点签约新开工项目和优质二手中介公司；车贷业务以“总对总”合作为依托，以优质二网经销商为营销目标并借力易鑫平台；非房贷业务以支行保结余，负责非房消费贷款营销和小贷业务的受理申请。支行加深客群开拓，围绕优质集团客户、地方企事业单位，组织专项营销活动，将装修、购置电器等邮享贷场景嵌入，提高支用率和额度类消费贷款目标。

山西银行山阴支行

【概况】 山西银行是经中国银保监会批准，于2021年4月28日挂牌开业，以原大同银行、长治银行、晋城银行、晋中银行、阳泉市商业银行为基础，通过新设合并方式设立的省级法人城市商业银行。山西银行注册资本239.96亿元，有员工6500余名，拥有分行级机构12家，各类营业网点300余个，遍布全省10个地市、23个区、36个县，搭建了连接东西、横跨南北的金融服务网络。

山西银行秉承“为公、恒信、义利、共融”的核心价值观，坚守“服务地方经济、服务中小企业、服务城乡居民”的市场定位，紧抓构建新发展格局战略机遇，紧跟全省产业转型、项目建设、“六新”突破、民生改善等重点领域，全面提升山西银行综合服务能力和经营管理质效，全方位推进山西省高质量发展取得新成效，以专业化、综合化金融服务，助推居民消费升级和生活品质提升。

【扶贫帮扶】 山西银行山阴支行积极响应各级党委、政府及上级行的号召，组建专门工作队到吴马营乡开展帮扶工作。所帮扶的脱贫户达631户。积极宣传党的各项惠农政策，持续巩固脱贫成果。

【贷款业务】 山西银行白领优享贷是一款针对稳定职业、稳定收入自然人发放的、满足个人及家庭综合消费需求的个人信用贷款。适用人群为国家公务员、事业单位、国企等优质企业在岗正式职工，贷款额度最高30万元，一次授信3年，可循环使用，利率优惠，手续便捷，无需担保。截至2022年末，山西银行山阴支行共计发放白领优享贷122户，授信2905.36万元，用信余额1878.67万元。

山阴农商银行

【概况】山阴农商银行始终坚持以“服务三农”为宗旨，努力打造山阴人民自己的银行。经营范围包括：吸收公众存款；发放短期、中期和长期贷款；办理国内结算；办理票据承兑与贴现；代理发行、代理兑付、承销政府债券；买卖政府债券、金融债券；从事同业拆借；从事银行卡业务；代理收付款项及代理保险业务；代理发放理财业务；经银行业监督管理机构批准的其他业务。

【存款业务】截至2022年末，全行各项存款余额92.8亿元，较年初净增11.02亿元，增幅13.48%；其中对公存款余额20.04亿元，较年初净增3.2亿元，增幅18.18%；储蓄存款余额72.76亿元，较年初净增7.82亿元，增幅12.05%，一年期（含）以内存款余额44.02亿元，较年初净增6.14亿元、增幅16.19%；三年期（含）以上存款余额43.43亿元，较年初净增3.83亿元、增幅9.67%。存款平均付息率2.54%，存款偏离度-0.46%。全年实现各项收入5亿元，经营利润实现1.15亿元。资本充足率12.13%，较年初提高1.39个百分点；拨备覆盖率171.49%，较年初提高13.85个百分点；成本收入比35%，监管指标保持在监管要求的范围内。

【贷款业务】截至2022年末，各项贷款余额63.38亿元，较年初增加4.06亿元，增幅6.85%，实体贷款余额53.93亿元，较年初净增5.61亿元、增幅11.6%；涉农及小微企业贷款余额50.4亿元，较年初净增5.19亿元、增幅11.48%；绿色信贷余额1.25亿元；普惠型涉农贷款余额11.71亿元，较年初净增1.98亿元，增幅20.39%；普惠型小微企业贷款余额13.09亿元，较年初增加1.23亿元，增幅10.37%；民营企业贷款余额40.39亿元，较年初净增4.06亿元，增幅11.19%；信用贷款余额5.4亿元，较年初净增1.78亿元，增幅49.28%；公职人员授信户数完成933户；商户授信户数完成327户；农户授信户数完成1507户，推动信贷投放由“脱实向虚”向“回归本源”、由“重大轻小”向“倾力小微”转型；依托三级授信模式，实现前台客户经理只做专职调查，中后台审查、审批人员集中进行“工厂化审批”的专业化经营；初步建立“亲清”信贷文化，强化以客户为中心的信贷服务理念。

【银行卡和电子银行业务】2022年，全行继续加大信用卡业务推进力度，持续快速完成发卡业务扩张。充分利用网上申请平台和移动营销平台，通过将首刷礼变成开卡礼，并且在网点进行大力宣传，深挖山阴县消费领域客户群体，提升用卡客户质效，提升银行信用卡使用率。同时，围绕银行卡营销活动，参加全省组织的“云闪付加油满减”和“农信卡·惠生活”等营销活动，取得不错效果。2022年，个人客户渠道新增绑卡40215户，特约商户净增435户，月活跃收单商户961户，手机号支付业务绑卡量2507户，信用卡发卡6056张，营销活动核券量6288张。

【党建引领】2022年，山阴农商银行始终高举新时代中国特色社会主义伟大旗帜，牢记省、市、县三级政府重要指示，贯彻落实省联社和朔州审计中心各项会议精神和要求；全行举办党建知识大讲堂，激励大家见贤思齐、创先争优；开展“我为群众办实事”，把广大员工和人民群众最急迫、最期盼的事情放在心坎上；开通客户信箱，架起服务基层“连心桥”；组织党史知识竞赛，构筑党建“红色阵地”；组成“农信先锋”志愿服务队，共绘疫情防控“同心圆”。

【乡村振兴】 2022年，山阴农商银行全面聚焦乡村振兴，持续巩固脱贫攻坚成果，“整村授信”达到全覆盖；扎实推动信用工程，全力打造信用乡镇、信用村、信用户；大力开展包联帮扶，助力企业发展；创新“支农支小”信贷产品，提升信贷业务质效；不断改进服务，惠及广大客户和城乡群众；全面实行客户经理等级管理办法，在薪酬上实现了多劳多得，增强了客户经理队伍信贷营销与风险意识，提升了信贷管理水平，优化了信贷资产质量。全行紧紧围绕“增户、扩面、提质、增效”这一主线，全方位开展拓户营销活动，全力实施信贷转型战略，以网格管理为基础，以“名单制”营销为抓手，进行深度辐射，深耕商圈、机关、社区、农村。持续推进“全员营销”，站稳“三农”市场，坚持“做小、做散”的市场定位，拓宽“整村授信、小微作业”等渠道，紧盯基础客群，在营销上实现“农户、居民、个体工商户、小微企业”长期推进。

【创新信贷产品】 2022年，山阴农商银行丰富创新信贷产品，规范贷款管理，防范贷款风险，制定了共计四个系列、37款信贷产品。分别为：富农系列4款，具体是农兴宝、农链贷、农易贷、脱贫人口小额信用贷款；惠民系列12款，具体是随薪贷、随薪白领贷、随薪公职贷、随薪医师贷、随薪园丁贷、蓝领贷、住房按揭贷、商铺按揭贷、二手车住房按揭贷、车位·车库贷、易享家装、便易贷；兴业系列18款，具体是首贷通、简押贷、经营贷（助业贷、兴业贷、富业贷、尊享贷）、科技贷、煤企贷、农企贷、商通贷、陶瓷贷、农民专业合作社贷款、诚商贷、粮油贷、商场上下游合作项目、优企贷、账款质押贷；融合系列3款，具体是银税贷、银担贷、农担贷。

【防控风险】 2022年，山阴农商银行在抓好声誉、流动性、科技、操作等全面风险防控的同时，重点攻坚风险资产清收处置，借助内外合理，清收成效显著；全员发力，风险持续下降；夯基固本，提高拨备减值准备。紧盯结息日关键时点，前移风控关口；紧盯系统性风险，持续保持无聚集、无上访、无挤兑，社会信用环境得到极大改善。

山阴太行村镇银行

【主要指标】 截至2022年12月末，山阴县太行村镇银行资产总额25.19亿元，较年初增长了7.33%。负债总额26.32亿元，较年初增长了7.04%，负债主要集中在各项存款上。各项存款25.37亿元，占比96.39%。存款结构以储蓄存款为主，相对较为稳定，增长势头良好。

【信贷投放】 2022年，山阴县太行村镇银行始终坚持“服务三农·服务小微”市场定位和“小额、分散”的放贷原则不动摇，持续深耕细作农户市场，创新产品，优化流程，不断提升金融服务能力，2022年当年实体贷款累计发放1995户，2346笔，金额40438.7万元，全部用于支持实体经济发展。其中投放行业中农林牧副渔业1307户，1492笔，累放金额20836.68

万元，占比为51.53%；批发零售业302户，243笔，累放金额7665.1万元，占比为18.95%；交通运输业256户，293笔，累放金额3652.52万元，占比为9.03%；投放类别中个人生产经营贷款1530户，1816笔，累放金额26844.84万元，占比为66.38%；公司生产经营贷款37户，55笔，累放金额9184万元，占比为22.71%；脱贫小额人口贷款39户，40笔，累放金额198万元，为支持地方经济发展做出了一定贡献。

【产品创新】 2022年，山阴县太行村镇银行根据当地市场竞争情况、行业运行特点及行内实际情况，同时经过大量实地市场调研后，前后台联动，在信贷产品上积极创新。根据市场变化，在原小额农贷产品基础上，升级为“乡村振兴·兴农贷”，产品出台后收到良好市场反馈。细分客群，创新“乡村振兴·农资贷”贷款产品，深挖延伸“农资”客群链。通过产品创新和市场推广，在拓展信贷业务的同时积极宣传、维护银行品牌形象，完成了本年度“两增两控”户数净增任务。

【教育培训】 2022年，山阴县太行村镇银行充分利用学习基地这个平台，给员工搭建良好的成长平台，构建科学的内部培训激励体系。在2022年的全年培训工作中，紧紧围绕全行的发展战略，以思想教育、合规教育和业务提升为培训重心，以塑造学习型团队、培育学习型员工为培训目标，有计划、有步骤地开展各项教育培训工作。本年度全员参训达30余次，分条线学习共计40余次，按年初制订的培训计划有条不紊地推进，并得到较好的效果，全员均有不同程度的进步。

构建总分框架，由党支部牵头，综合办公室承责，制定全员培训计划，由各条线负责人牵头制定条线培训计划，并要求牵头部门或人作为课程安排推进的监督者，确保培训有质效。丰富培训内容，注重内外联动，员工培训教育更加体系化，整体素质得到进一步提升。内部培训的组织实施上，从全行层面，坚持周一例会制度不动摇，培训内容根据内部需要有针对性安排，学习形式丰富多样，并结合“走出去，引进来”的模式让员工不断汲取丰富的营养，开拓思路。从条线层面，目的明确，效果显著，创新学习模式，注重学习效果，通过以考促学，学用并重等方式，提升学习效果。为了更好地发挥内训师“传帮带”的作用，经过内部选出了各个条线的“老师”，组成师资力量，为日常学习、培训奠定基础，加强对内训师的培养，建立起一支有力量的师资队伍。使每堂课都有温度、有内涵，有效地传输知识。

【服务提升】 2022年，山阴县太行村镇银行在服务上不断突破，不断提升，深化开展“6S”管理实践活动。按照基础工作求实，内部管理求严，工作标准求高，服务求优的要求，结合上级行的考核内容，创造性地把企业管理理念“6S”管理引入内部管理文化中，切实把“6S”管理引申为“标准确立，程序执行，流程监督、安全运维、素质提升”的五大内部控制环节，通过开展内部制度学习，业务标准修订，业务流程再造，内控监督强化，极大提高了各项业务操作的标准化和内部管理的规范化水平，丰富了内部管理文化内涵。建立服务提升检查和评比机制，按月开展各条线服务提升专项检查及回头看活动，并进行适时通报点评，按季开展“明星服务网点评选”，通过检查和评选机制的建立，激发服务提升的良好氛围。

【营销活动】 2022年，山阴县太行村镇银行利用金融知识普及月、金融知识进万家活动契机，持续开展存款保险制度、打击网络电信诈骗、打击整治养老诈骗等内容，通过线上、线下宣传，做实做细消保工作。创新线上线下多方宣传，持续加大品牌形象维护。通过创新“抖音”“快手”和直播等线上宣传方式，增强与客户的互动，同时扩大业务及品牌的宣传广度；利用节日契机，推出“惠民购”、包粽子等一系列活动，增加与老百姓黏度的同时，实现了网点人气和业务增加的目标。

【助力脱贫】 2022年，山阴县太行村镇银行坚持以村为单位的分片包干责任制。主动对接扶贫部门和包干乡镇干部，对包干乡镇所辖行政村实行名单制管理，逐户走访、宣讲扶贫小额信贷政策，全面摸排、有效对接建档立卡脱贫户的金融需求。对确实不符合贷款条件的做政策解释工作。在确保应贷尽贷的同时，做实“三查”、严控流向、严守底线，切实发挥包干、帮扶带动作用。组建驻村工作队，并制订2023年马家河驻村工作队帮扶计划，严格落实乡村振兴责任制，全面推进乡村振兴新进展。优化审查审批流程，根据自身条件为扶贫贷款开通绿色通道，并建立信贷业务授信权限下放机制，有效缩短业务审查、审批流程，提升金融服务效率。

落实涉农及扶贫信贷业务尽职免责制度，明确不良容忍度，优化尽职免责流程，让业务人员敢做、想做，打消其“担责”顾虑。

2022年该行共计发放脱贫人口小额贷款39户，40笔，金额198万元，圆满完成了既定目标任务，所有脱贫人口小额贷款均无不良情况产生。

【党建引领】 2022年，山阴县太行村镇银行发挥党员的先锋模范作用。每位党员坚持从我做起，党员带头，身体力行，充分发挥党员先锋模范作用，树立一个党员就是一面旗帜的先进工作理念。党员把自己融入群众，要求别人做到的，自己先做到，要求别人不做的，自己坚决不做。所有党员拿出追求完美的企业精神，以身作则的姿态，以所取得的成绩说话。无论在技能上、业务上事事做表率。开展“党员示范岗”活动，鞭策党员时刻记得“从我做起，向我看齐，对我监督”。

坚持把抓党员干部的学习摆在首位，不断强化措施，多形式全力推进党员思想政治建设，在学习教育活动中，将深入学习与广泛讨论相结合，与贯彻落实党章相结合，与推动业务工作相结合，将学习理论与指导工作实践相结合，进一步提高党员的党性修养。

人寿保险

【业务】 中国人寿保险股份有限公司山阴县支公司2022年实现保费收入3991.5万元，其中，个险业务达成3326.6万元、团体保险业务达成341.38万元、银行保险业务323.52万元。向社会给付满期金、生存金、红利分配及各类赔款共计909.01万元；其中短期险赔款170.12万元，为山阴县经济发展和社会保障体系的完善做出积极贡献。

【提升服务】 2022年，中国人寿保险股份有限公司山阴县支公司坚持以客户为中心，始终把“提升服务”作为公司的服务宗旨，关注大众生活，积极为客户分担风险，把客户利益放在首位，做到如实宣传、诚信为本、稳健经营。通过“微信回执和微信回访”的有效运行，节约了营销人员和客户的时间，提高了工作效率和服务质量。同时，视频调查的有效推广，给客户快速赔付的同时，调查质量和调查时效较上年有所提高，更好地发挥了保险对社会经济的助推作用及稳定作用。2022年，中国人寿保险山阴县支公司坚持一手抓业务发展、一手抓队伍建设，以夯实客户经理、保险规划师队伍建设和提升服务质量为保障，努力打造一支优秀的保险业务拓展团队。常态化的抓增员及育成辅导，对公司主管精心培训，充分调动主管及新人的积极性，为山阴县社会保障事业提供更有力的支持。

【乡村振兴】 2022年中国人寿山阴支公司为全县奋战在乡村振兴一线的第一书记及工作队员（总计125人）承保了国寿绿洲团体意外伤害保险（A型）（2003版），为全县乡村振兴工作起到保驾护航的作用。

【党的建设】 2022年，中国人寿保险股份有限公司山阴县支公司党支部把学习贯彻党的二十大精神作为当前和今后一个时期的首要政治任务，结合党史学习教育长效机制制定方案和学习计划，组织党员观看专题教育宣传片，严格落实“三会一课”制度、“组织生活会”制度，通过参观党史文化长廊、观看警示教育、红色教育电影、组织纪律条例学习等方式开展主题党日活动，不断加强党员干部的党风廉政建设学习，使党员干部始终保持清醒的头脑，与时俱进，恪尽职守，廉洁自律。认真贯彻执行中央“八项规定”，把持续纠正“四风”问题作为一项重要政治任务，锲而不舍，常抓不懈，并从会议、文件的规范，人寿业务管理风险方面入手开展自查自纠和扎实整改，形成风清气正的干事创业环境。

商务　商贸

商　务

【概况】2022年，县商务局以习近平总书记新时代中国特色社会主义思想为行动指南，认真贯彻落实党的十九大、二十大精神，贯彻新发展理念，本着全心全意为人民服务的工作理念，不断加强自身学习，深入一线实地考察调研，提高自身素质，锤炼过硬业务本领。坚定捍卫“两个确立”，坚决做到“两个维护”，始终将“四个意识”体现到工作实效上。以维持经济稳定、促进商贸领域流通为重点，加强行业监管，整顿和规范市场经济秩序。

2022年1—12月，社会消费品零售总额完成44.7亿元，全市排名第三。本年度壮大外贸主体，提升山阴外向型经济发展水平。1—12月，山阴县外贸累计进出口总额为310.05万元，受疫情影响，同比有所下降。全年，成功发展新入库企业17家，入库企业大幅提高，超额完成市下达的8家任务。

【开拓消费市场】2022年，县商务局积极开拓消费市场。成功申报“山阴古城乡村e镇”项目，培育主导产业，打造中国好奶的创新聚集地，进行牛奶产业建设，已建设1个有竞争力的电商销售矩阵、1个产业数据库。供应链已下沉古城e镇，开发第一产业（原奶）、第二产业（奶制品）、第三产业（溯源系统+电商全渠道运营）。针对“袋奶、酸奶、奶粉、盒奶、礼品装奶”五个爆款系列、产品10款进行采购开发，供应链已完成选品。储备五个岗位的人才，即办公室主任、带货直播、助播、商务专员、物流仓储经理。截至年底，累计应聘者492人，沟通过81人，收到简历32份，预约面试19人，其中有8人各方面条件都比较优秀，已进入人才库备案。

通过多渠道发挥电子商务推动乡村振兴的赋能作用，加快推进电子商务在农村的应用和推广，促进农产品网络销售，提高农村流通现代化水平。通过对农村电商工作的调研督导，将去年的38个脱贫村分散且产品结构单一的资源现将其整合为29个，并对29个脱贫村和周边村的优质农副产品进行了整合，让特色农产品的资源优势转化为经济优势，以提高产品的知名度、扩大产品的市场份额。通过“一店带一村或多村”的模式，重点打造玉井镇、岱岳镇、吴马营乡、下喇叭乡4个乡镇8个电商直播示范村，对其他21个村级直播间进行升级与设备补充。对脱贫村村民以及全县有意向的人员开展培训、孵化、运营指导。

为促进消费，提振市场经济复苏，根据省市文件精神，结合山阴县实际，2022年开展了两批“爱心消费券”活动，第一批“爱心消费券”发放1222人，共发放122万元，第二批“爱心消费券”发放1245人，共发放186.75万元；开展了2022年“晋情消费·悦享山阴”促消费活动和2022年山阴县汽车促消费活动。全年核销各类消费券1744.98万元刺激消费复苏，带动消费9111.77万余元，市场主体发展活力持续得到释放。

“山阴中图农旅商贸港”项目是朔州市、山阴县的重点招商引资项目。中图农旅一期工程已完成，对市场售卖和招租，预计2023年6月投入运营，“五星级酒店”已开工建设。

【市场保供】2022年，县商务局为保障商贸领域有序运行，结合实际，走访督促指导重点商贸企业加大储备量，保障市场供应，各商超要有紧急调货、补货渠道的应急方案，确保各类蔬菜、米、面、油、肉、蛋等生活必需品充足供应。经过综合考虑，确定佳佳利超市、客都超市和太阳城超市3家超市为山阴县生活必需品保供企业，加强对生活必需品市场供应情况每日监测，并于每日12时前向市局上报《朔州市重点保供骨干企业生活必需品市场供求情况统计调查表》，并建立应急方案，建立储备制度。

【规范市场秩序】 2022年，县商务局通过走访企业、实地调查，集中开展商贸流通市场整顿行动。县商务局成立专项整顿小组，细化方案，重点开展商贸流通市场整顿，畅通投诉举报通道，加大力度打击扰乱市场经营秩序的违法犯罪行为，全力保护经营者、消费者的合法权益，维护市场公平有序营商环境。推进商贸流通领域信用体系建设，贯彻执行“双随机、一公开”工作机制，配合其他部门联合执法，加强事中事后监管和市场监测，做到公平、公开、公正。

【安全检查】 2022年，县商务局以习近平新时代中国特色社会主义思想为指导，以做工作就要保安全为主旨，以推进安全生产专项整治行动为重点、“安全生产月”活动为辅助，坚持目标导向、问题导向和结果导向，增强企业安全生产责任主体意识，强化安全发展理念，成立安全检查专项领导小组，制定详细安全检查方案，会议安排部署，实地督查，集中开展商贸领域的安全生产隐患排查治理，防范化解各类安全风险，坚决杜绝重大以上事故、有效遏制较大事故、努力减少一般事故，确保人民群众生命财产安全，努力营造安全稳定的社会环境。

【省校合作】 2022年，县商务局深入贯彻习近平总书记视察山西重要讲话重要指示精神，按照省委、省政府，市委、市政府关于深化省校合作总体安排，按照县委、县政府全方位推进高质量高速度发展的决策部署。围绕实施科教兴县、人才强县战略，创新开展与高校共建“12大基地”，推动山阴县与全国高校全方位合作，本着资源共享、优势互补、互利互惠、合作共赢原则，县商务局与山西工程科技大学交通工程学院签订《校友招商引才基地建设战略合作协议》，多措施并举完成好省市县与高校合作共建“12大基地”相关任务。

【营商环境】 2022年，县商务局高度重视优化营商环境工作，促进市场主体倍增，积极申报山阴县古城e镇，年内持续推进各项工作进行，依托古城e镇打造产业园区和物流园区，不断强化县域内商业体系建设。“互联网+监管”监管业务数据报送224条，“双随机、一公开”报送数2条。受理商贸领域12345政务服务热线事件9件，处置满意率达100%，市场满意度较好。

供　销

【概况】 2022年，山阴县供销社坚持以习近平新时代中国特色社会主义思想为指导，深入贯彻党的十九大和二十大精神，全面落实习近平总书记对供销社工作作出的重要指示批示精神和各级深化供销社综合改革的决策部署，凝心聚力，狠抓落实，各项工作实现了新进展、新突破。

【惠农工程】 2022年，山阴县供销社深入推进基层组织建设，不断强化农业社会化服务，先后改造提升薄弱基层社1个，提升惠农服务中心1个，惠农服务站1个，新建农村综合服务社4个，新增土地托管面积5000亩，并制定了各项规章制度，强化了三会制度管理，充实了工作人员，扩大了经营项目，增加了经营品种，改原来日用品经营为农资供应、农机农技服务、农产品进城、工业品下乡配送，将原先社员上门购买农资的被动服务，改为主动将农资配送到农民家中和田间地头，同时，采取招商引资、合作共建的方式，升级改造、盘活供销社的老旧资产，激发基层社发展产业的活力，确保基层社在为农服务中有阵地、有人员、有资金。彻底改变原来基层社的落后面貌，真正打造成服务能力强、服务范围广、业务能力突出的为农服务最前沿阵地。

运用多元化合作方式做大做强专业合作社，积极吸纳农村能人、土专家、土秀才、种粮大户等进入合作社，引进第三方专业人才参与合作社管理，倡导“保底收益＋分红”模式，并完善各项激励机制，不断增添产业发展活力和抗风险能力。广武镇张家庄村佳利专业合作社按照“党建带社建、社村共建”的要求，以土地托管服务为重点，以惠农服务中心为平台，面向广大农民开展施肥、耕地、统防统治、收割、收储加工等“菜单式”土地托管服务，实现服务主体多元化，服务链条全程化，服务形式多样化的为农服务新格局。同时，采取“公司＋基地＋合作社＋农户”的运营模式，为农户提供产前、产中、产后全过程农业生产及农业机械化服务。主要包括测土施肥、统一育苗、耕地、统一栽培、技术全程跟踪、统一病虫害防治、统一收割、销售等，进而从农业生产服务延伸到农产品加工、仓储物流、电子商务、合作金融等配套环节，推动了一、二、三产业的融合发展，使合作社成为了服务农民生产生活的主力军和综合服务平台。为村集体经济的快速发展发挥积极的作用。

【作风建设】 2022年，山阴县供销社把基层干部作风建设提升年专项整治行动作为首要政治任务，精心组织，周密部署，以“治庸治懒、提能增效、狠抓落实、促进发展”为重点，强化学习，有序推进，取得了明显成效。县供销社党委及时召开供销系统基层干部作风建设提升年专项整治行动动员会，对全系统作风建设提升年专项整治行动进行了安排部署，要求全系统各支部和广大党员干部要充分认识全县开展基层干部作风建设提升年专项整治行动的重要意义，在思想上高度重视，认识上坚定明确，行动上保持一致。进一步统一了全系统党员干部的思想认识，增强了参与专项整治行动的主动性和积极性，形成了主要领导亲自抓，分管领导具体抓，层层负责，狠抓落实的工作机制，有力地推动了全系统基层干部作风建设提升年专项整治行动的深入开展。

县供销社基层干部作风建设提升年专项整治行动领导小组办公室安排学习，规定学习内容，为做到学习人员、实践、内容、效果“四落实”提供了保证。认真组织学习规定篇目。严格落实中心组学习和干部集中学习制度，采取自学与集中学习相结合、集中辅导与大会交流相结合、安排部署与督促检查相结合的办法，重点学习习近平总书记关于加强作风建设的重要论述和中央、省委、市委、县委关于纪律作风建设的新部署、新要求，进一步提高了全系统广大干部职工的思想认识，增强了搞好作风建设的自觉性和主动性，激发了全系统广大干部职工昂扬向上的精神状态和工作热情。注重学习方式方法。采取集中学习原文、听取专题辅导、交流心得体会等多种形式，组织广大干部职工开展学习，为搞好作风建设专项整治起到指导和促进作用。深入开展调研讨论。

【从严治社】 2022年，山阴县供销社以“建一流班子、带一流队伍、创一流业绩、树一流形象”为目标，拥护“两个确立”、增强“四个意识”、坚定“四个自信”、做到“两个维护”，讲政治、讲纪律、守规矩，从严治社取得了明显成效。

全面加强政治建设。持续深化学习习近平

新时代中国特色社会主义思想，在学懂弄通上下功夫，切实将党的创新理论转化为坚定的理想信念、有效的政策举措、显著的工作成效。深刻认识“两个确立”的决定性意义，自觉做到“两个维护”，坚持和加强党对供销合作社的全面领导，把落实落细习近平总书记重要讲话重要指示批示精神作为履职首责，修订《山阴县供销合作社联合社章程》，全面加强意识形态工作，保证党的路线方针政策和决策部署在供销工作中得到全面贯彻，把供销合作事业积极融入全县服务“三农”工作大局，更好地发挥供销社在全方位推动高质量发展中的独特作用。利用红色资源开展忠诚教育，增强践行初心使命的政治自觉，引导广大党员干部从伟大建党精神中汲取奋进力量，激发推动新时代供销合作事业高质量发展的使命感责任感。

持续强化不敢腐的震慑，加强内部管理制度建设，织密扎牢不能腐的制度笼子，强化警示教育，开展党风廉政建设，引导党员干部遵守“六大纪律”，提醒在先，防患未然，增强不想腐的思想自觉，“三不”一体有效推进。

高质量召开民主生活会和组织生活会，认真实行“三会一课”制度，领导干部对照党员标准和党性要求，带头找短板，补短板，常态化开展批评和自我批评，自觉把管党治党要求贯彻到整体工作全过程，坚持严管与厚爱结合、激励与约束并重，不断增强班子的整体合力，真正做到坦诚相见，真诚相待，全力优化党内政治生态。

烟　草

【概况】 2022年，山阴县烟草专卖局坚持以习近平新时代中国特色社会主义思想为指导，全面贯彻党的二十大精神，认真落实省、市局工作会议精神，坚持稳中求进工作总基调，完整、准确、全面贯彻新发展理念，坚定不移推动高质量发展、推进高效能治理、造就高素质队伍，科学精准做好疫情防控工作。

【卷烟销售】 2022年，山阴县烟草专卖局全年销售卷烟9869.2334箱，比上年同期增加266.4836箱，增幅为2.78%。截至2022年，卷烟销售收入31056.1479万元，同比增长2838.5449万元，增幅为10.06%。

【营销服务】 2022年，山阴县烟草专卖局通过培养3名零售户开口营销的能力有效带动其他零售户提高销售技巧、增强销售卷烟能力，客户经理首先针对零售户卷烟背柜地柜的摆放做出了调整，并结合视频主题进行培训指导。扎实开展客户帮扶，解决急难愁盼问题。为解决部分卷烟零售户资金周转困难的问题，县烟草专卖局营销部积极为零售客户铺路搭桥，与建设银行沟通协调，协助客户办理贷款，帮助客户降低资金成本，提高客户资金使用率和周转次数。及时解决客户遇到的问题，真正让客户放心、安心，不断提高客户满意度和获得感，截至年底，共帮扶客户贷款50余万元。全面开展消费者信息调查工作，6名客户经理对各自负责片区的共120个样本开展烟草消费状况调查。在整个调查过程中切实加强领导督导，认真组织实施，落实工作责任，高质量完成调查执行工作。之后对24位接受调查的消费者进行回访，并按时完成回访和结果验证表。

【终端建设】 2022年，县烟草专卖局开展现代终端建设工作。县云POS使用户数为31户，通过建立云POS扫码工作群，每周对云POS使用情况进行不定期群内通报，及时关注扫码数据真实性、上线客户扫码率、上线客户稳定度以及在线时长未达标等指标，为下一步实现全商品扫码奠定基础。

开展加盟终端建设工作，前期组织全体客户经理对各自片区内有自愿改造意愿的零售客户进行摸底调查，优先选择地理位置好，店铺实力强、示范效应足的零售客户，切实保证“金叶晋丰”加盟终端的建设质量。共筛选出3户加盟终端户，确认1户。

【卷烟品牌培育】 2022年，县烟草专卖局认真开展卷烟品牌培育工作。今年重点品牌销量为8896.9004箱，同比增长3.74%，销售收入为29288.0641万元，同比增长10.9%，销量比重90.15%、单箱销售额3.2919万元/箱、单箱销售额增长率6.9%、零售客户卷烟综合毛利率11.2%。地产烟销量32.7080箱，同比增长51.82%。含税销售额199.5514万元，同比增长51.57%。精细化开展农网整洁化陈列改造，为提升品牌培育能力奠定基础。山阴县烟草专卖局对马营乡、玉井镇、北周庄镇、古城镇等乡镇的36户零售客户卷烟陈列整改工作已全部完成。客户经理在引导客户合理投入资金改造的基础上，还为客户提供陈列货柜、装修指导、专业培训等一系列服务。向古城镇、薛圐圙乡等共7户客户无偿提供背柜，便于进行卷烟陈列，提高门店形象。

【诚信互助小组】 2022年，县烟草专卖局高质量推动诚信互助小组健康运行。城农网小组成员共1114人，城网29个诚信互助小组共有零售户536人，农网22个诚信互助小组共有零售户578人。城镇小组覆盖率100%，农网小组覆盖率97%。参与卷烟配送，展现小组凝聚力。疫情期间，协助送货员、客户经理开展卷烟配送工作，定期宣传防疫知识，为小组成员解疑释惑。

【专卖管理】 2022年，县烟草专卖局全年共查办涉烟案件82起，同比下降26.13%，结案66起，结案率80.5%。其中真烟案件47起，查获卷烟75.3万支，同比增长68.1%，涉案金额64.9万元；假私烟案件35起，同比下降30%，查获卷烟3.532万支，涉案金额4.83万元。其中1万～2万元案件11起，2万～3万元案件1起，3万～4万元案件2起，5万元以上大要案件4起。先后组织开展了元旦、春节双节市场整顿统一行动，“清理整顿不符合持证条件零售户”专项行动，国庆、中秋双节卷烟市场整顿专项行动，以及电子烟、茶烟等各类专项行动，出动车次达268次，出动人次1267次，查获违法卷烟案件54起。其中真烟案件29起，假烟案件25起；共查获违法真品卷烟53.008万支，假烟2.12万支，其中5万元以上案件4起，包含1起10万元以上案件。通过专项行动的有效开展，卷烟市场监管能力得到明显加强，规范经营情况明显好转。

积极开展各类宣传活动，巩固专项整治工作的成果。利用“3·15”消费者权益保护日和“12·4”法制宣传日，隆重纪念烟草专卖法颁布30周年，共计发放宣传资料200余份，制作《保护未成年人免受电子烟侵害》的宣传视频1部，美篇3篇，悬挂宣传横幅5副，开展真假烟鉴别宣传2次，举办各类咨询、走访30余次，通过有效的普法宣传，使经营户和消费者对烟草专卖法律法规有了更加深入的了解，为营造良好的执法环境奠定了基础。

【市场监管】 2022年，县烟草专卖局深入开展市场监管工作，规范辖区卷烟经营秩序。积极开展“双随机、一公开”和APCD市场检查。与市场监督管理局积极协调，于5月底出台了《山阴县烟草专卖局、山阴县市场监督管理局跨部门联合“双随机、一公开”抽查专项行动工作实施方案》。完成了与市场监督管理局首次联合检查，对照检查事项清单逐项开展现场检查，及时填报抽查结果并进行了公示，取得了良好效果。全年通过市场终端检查零售户182户，命中率31.4%，运用随机抽查零售户204户。持续开展大户治理，先后对34户采取了停供限量的措施，对2户采取了责令停业整顿的许可证后续监管措施，有效遏制大户二次批发、扰乱市场价格和秩序的行为，进一步规范了卷烟市场经营秩序。

【规范行政许可证】 2022年，县烟草专卖局坚持依法行政，严格规范行政许可工作。有持证户1146户，较年初新增15户。全年共新办96户，变更7户，延续373户，歇业41户，审批注销40户，责令停业整顿2户。严管无证经营。通过组织专卖管理人员对辖区烟草专卖零售许可证进行全面排查，对停、歇业、转让客户进行核实登记，依法依规做好烟草专卖零售许可证的核发、延续、停歇业、注销等工作。2022年后半年开展清理整顿不符合持证条件零售户专项行动以来，新办16户、延续7户、歇业24户、审批注销10户，其中清理一户多证3户，进一步强化了零售许可证后续管理。

严格审核把关。在受理零售户申请过程中严格进行材料把关，在审查审核材料过程中严格进行实地核查，对提交申请材料内容不实的，不予受理。材料受理、实地审查人员实行责任追究制，保证零售许可证发放质量，对符合办证条件的商户，全年共办理零售许可证96户，切实提高办事实效。

加强后续监管。专卖管理人员在日常监管中，对零售户是否持证、亮证经营，证照、法人、经营地址是否相符等问题进行现场纠正。同时，对停、歇业零售户及时办理注销或变更登记手续，有效维护许可证的严肃性，进一步夯实了专卖工作基础。从经营地域、业态等几个维度，对许可证新办、延续的年限进行了规定，为进一步加强许可证后续监管提供依据。

【电子烟监管】 2022年，县烟草专卖局对辖区电子烟零售户进行全方位检查。检查内容包括是否发布电子烟虚假广告、是否违规向未成年人出售电子烟、是否诱导购买电子烟等。对部分警示语不明显、身份核验不认真商户作出警告。要求其严肃履行社会责任，严格依法开展经营活动。专卖执法人员还鼓励商家及群众积极举报贩卖“上头电子烟”违法犯罪线索。为符合条件的积极办理电子烟许可证。通过对辖区4户电子烟零售店进行检查，发现其中3户符合办证条件，并于6月中旬为其办理了许可证，半年以来未发现有违法行为。

【综合管理】 2022年，县烟草专卖局落实健康单位建设，大力改善职工办公、住宿环境。通过调整办公室整体结构和内部布局、整改环境卫生、住宿条件、粉刷墙面、改善食堂等方式提升单位整体形象，有效提升干部职工的幸福指数和归属感。加强日常安全隐患排查，对单位重点区域的安全风险点进行日常排查，严防各类安全事故发生，确保安全生产形势持续稳定。针对办公楼、宿舍楼电路老化、车辆使用、办公环境等问题进行了整改，严格制定食堂管理办法、保洁员卫生清洁规范、安全保卫人员工作规范，全力保障食堂饮食安全、卫生安全，全面保障单位环境整体安全。完善创新工作机制，营造全面创新氛围，激发全员创新动力，全年共完成1个QC课题。持续加强教育培训，提升职工自身素质和综合能力。其中开展了电子烟法律法规专题培训、烟草专卖许可证件管理相关法律法规知识培训、网络学院培训等活动，推动专卖队伍的业务能力水平稳步提升。

【党建引领】 山阴县烟草专卖局把学习贯彻

习近平新时代中国特色社会主义思想、党的二十大精神作为当前和今后一个时期的首要政治任务，坚持用科学理论淬炼灵魂、坚定方向，用党的领导把关定向、领航掌舵，制定方案和学习计划，多形式、分层次、全覆盖开展学习，持续强化理论武装，推动学习成果转化为工作落实的强大动力。2022年，开展集中学习24次，专题研讨4次，开展组织生活会、转作风专题组织生活会、警示教育、党章党规学习月主题活动、二十大专题学习各1次，支部班子成员讲党课5次，开展党员大会9次、支委会议9次，主题党日12次。

山阴县局持续加强党风廉政教育，严格履行中央八项规定，切实做到廉洁自律。同时组织开展警示教育活动，组织党员集中学习了党章、《中国共产党纪律处分条例》等党规党纪知识，通过学习违纪违法案例深化标本兼治，强化以案促教。集中观看警示教育片，时刻提醒广大党员树立红线意识、底线思维。按时完成支部换届选举工作，同时严把发展党员质量关，严格按照《发展党员规定》，抓好支部党员培养，2022年共培养2名预备党员、2名预备党员如期转正，同时发展了3名优秀入党积极分子。坚持好“三会一课”制度，要求党员按时参加，保证学习有效果、有作用，确保各种活动不走过场。开展助力社区核酸检测工作、参观红色教育中心、全体党员下沉社区、助力卷烟配送等活动，解决了3名离退休老党员党组织关系落户难的问题，与诚信互助小组助力乡村振兴，有36位零售户帮扶冻牛坡销售抿豆面500袋左右，还帮助销售了绵羊和土豆等农牧产品，合计帮助村集体和村民增收3.5万元，积极履行社会责任，为冻牛坡乡村振兴事业的发展贡献力量。

文化　旅游　广电

文　化

【文化惠民】 2022年，山阴县文旅局紧扣学习宣传贯彻党的二十大主题精神，全县文化惠民活动扎实开展。文艺创作空前兴起。突出创建“清廉文旅”“清廉机关”创建，县文化馆创作了以传播廉政文化为主题的小品《为了孙孙》、方言快板《夸山阴》《廉政文化进万家》、二人台小戏《山阴清廉风气正》等作品；挖掘长城文化、边塞军事文化，县文化馆创作了情景剧《广武汉韵》，民间文化艺人创作了《广武怀古》《大韵塞北》《唱响山阴，我爱你中国》等视频；突出民间文化传承，县文化馆创作了广场舞《梅花赋》、歌舞《黄花梁》《苦豆豆谣》《山阴朋友圈》等，极大地繁荣了城乡群众文化生活。

年内县文旅部门牵头组织开展了正月十五闹元宵、“文化下乡走进黄巍村”、清明诗会、端午朗读展播、“5·4”奋斗的青春诗歌朗诵会、“中国旅游日”山阴主题宣传活动、“浓浓端午情”非遗展示活动、“礼赞二十大、清风润山阴”清廉山阴剪纸展览、“喜迎二十大　奋进新征程”“学习宣传二十大　引领新时代”等专题文娱活动；坚持线上线下相结合，组织文艺小分队、文化带头人、文化能人开展送文化下乡活动，全县35支文艺小分队、37名文化带头人、18名文化能人年内完成文化惠民活动1710场，送戏下乡136场次，送电影下乡3177场次。年内县文旅部门重点培育地方特色戏剧人才、晋北吹打乐人才、乡村文艺骨干等，一方面引进省市专家强化其学习培训，另一方面送出去学习锻炼提高，推选全县文艺骨干参加了全省农民工歌手大赛、全省戏曲票友大赛等。

年内县图书馆新购置了一批社科、文学、法律、名人传记等图书；组织开展了“全民阅读”活动，年服务读者9958人次，借还书刊12560余册次。组织参加了省图书馆“书香三晋，文化山西”世界读书日全民线上阅读大赛；积极响应省图、中部六省公共图书馆联盟轮值馆倡议、策划，并通过县图书馆微信公众号推出“六省共读一本书”活动；组织开展了“万物复‘书’”线上阅读马拉松、“书籍春风还有你，给读者的一封邀请信”“奋进新征程、阅读再出发”阅读推广活动等。

【文物保护】 2022年，山阴县文旅局加强专职文保员队伍建设管理。年内在聘用22名省级以上文物保护人员的基础上，又选派了14名责任心强、扎根基层的文物保护员，专门从事省级以下文物保护巡查工作，并按照管护区域进行了重新配置，实现了县级以上文物保护巡查监管的全覆盖。同时，在省级每天补助文保员10元的基础上，又给予每天5元的补助，切实提高了文保员队伍的待遇，每名文保员年补助达5000元以上。并解决了每年600元的人身意外伤害保险，有效稳定了文保员队伍。年内县文旅部门进一步严明了文保员责任，全面加强文保员管理，推行居住地就近配置乡村级专职文物保护员看护文物机制，健全了责任到人的巡查日志及安全台账制度，织牢织密了全县文物保护网。

健全了从县文旅部门到县文保员分级安全监管文物、加强常态化巡查的文物保护体系。年内县文旅部门领导班子成员采取“四不两直”方式，不定期督促指导文物保护工作；县文物保护与利用服务中心组建成立了巡查督导队，对文保员看护效果进行常态化督促检查，并及时处置突发情况，防范化解安全隐患风险；县文保员切实加大巡查密度，增加巡查频次，加强常态化文物安全巡查保护。特别是对广武三大国宝级文物加派了保护员，轮流值守，24小时监管，做到谁值班谁负责。全县构建了职责明晰、分区划片、巡查到位的文物保护体系。

完成了全县低级别不可移动文物调查。年内县文旅部门对全县268处低级别文物和石刻文物进行了全面调查。经调查，低级别文物已经消失了27处。现存的共241处，其中石刻文物2处、古遗址66处、古墓葬59处、古建筑92处、近现代重要史迹和代表性建筑20处、革命文物1处和其他1处。按照级别分类，241处低级别文物中，市级文物9处、县级29处、未定级203处。实施了重点文物抢救性保护工作。2022年，实施了新广武北关楼保护修缮工程，投资770万元，其中争取上级专项资金600万元，主要采用原工艺、原材料对北关楼进行修复与加固，截至年底已完成投资290万元，预计2023年10月底竣工。

【乡村旅游】 2022年，山阴县培育了以广武长城国家文化公园建设为引领，打造南部文旅康养集聚区；以及玉井镇口前村依托全县第一个农村党支部红色基因，挖掘红色文化，新建了村史馆，发展乡村旅游；下喇叭乡织女泉村挖掘原生态文化及山坡区产业优势，发展农家乐、山村民宿；薛圐圙乡白坊村打造省级乡村振兴示范村，发展乡村旅游等先进典型。

【文旅融合】 2022年，山阴县文旅局全面推动广武长城国家文化公园建设，文旅融合发展势态强劲。实施项目带动战略，推动广武长城国家文化公园园内基础设施建设。全县紧紧围绕“塞上广武三千年、长城两侧是故乡”主题，遵循《长城国家文化公园（朔州段）建设保护规划》，按照“一环四区”的布局，精心打造文旅品牌。投资3000万元的县博物馆装修改造工程，10月底已基本竣工；投资1.2亿元的广武长城遗址遗迹基础设施建设项目，截至年底已完成投资0.6亿元，预计2023年10月全面竣工；投资1.2亿元的旧广武村传统村落保护传承项目，已完成投资0.8亿元，预计2023年10月工程竣工。年内沿长城1号旅游公路推进了南洲书院、瑞云寺、化悲岩庙、蝴蝶谷等10大景区景点建设，推进广武旅游核心景区、精品线路建设。

山阴县文旅局大力招商引资，构建“吃住行游购娱”全产业链。年内投资3亿元的广武国际滑雪场首期工程，年底投入运营，太原、忻州、朔州、大同等周边地区人们春节期间纷纷前来广武长城旅游观光，体验户外滑雪的美景。广武国家滑雪场首期配备的16条雪道实现了广武长城美景与现代户外滑雪的完美交融。春节期间广武滑雪场日均接待游客2000多人，最高峰3000多人。同时，年内引进了金瓯集团，拟投资2.6亿元，在广武镇周边建设“月亮湾”风景区，打造夏季水上运动、冬季冰上摩托等娱乐、体育、健身、休闲、户外运动于一体的大规模融合旅游三产综合体，服务广武长城国家文化公园园内三产服务业蓬勃兴起。

做足“长城+”“文旅+”文章，推动全域旅游产业大发展。年内积极引导全社会在“长城+农业”“长城+体育休闲”“长城+康养”“文旅+体旅+农旅+”等融合发展上大做文章，在唱响“广武长城”品牌的同时，同步推进富硒小米、特色小杂粮、有机旱作农产品、古城乳品、手工制品等市场营销；同步推进桑干河国家级湿地、王家屏纪念园等自然人文景观旅游，讲好山阴故事，引导广大游客到山阴走走看看，推动山阴农产品走向全国，走向世界，全面开启了创建全域旅游示范区的良好局面。

山阴县文物保护与利用服务中心

【概况】 山阴县境内共有不可移动文物370处。其中全国重点文物保护单位3处（广武长城、旧广武城、广武汉墓群），省级文物保护单位2处（沙彦珣墓、王家屏墓），市级文物保护单位9处（新岱岳关帝庙、白殿沟遗址、瑞云寺遗址、化悲庙遗址、黄巍佛殿庙、来远文昌庙、西双山恒山庙、王宪武墓、榆树洼摩崖石刻），县级文物保护单位29处，未定级的203处；烽火台118个、堡址6个。

国有馆藏可移动文物共178件/套，其中二级文物7件/套、三级文物29件/套、一般文物142件/套。

【文物安全】 2022年，县文物保护与利用服务中心增加文物保护员数量，落实文物安全责任，坚守文物安全底线。协助县文物局按照“属地就近原则”选聘了36名文物保护员，提高文物保护员的待遇，由原来每天10元提高到了每天15元，给每个文物保护员缴纳了“50+5”万元的人身意外伤害险，提高了文物保护员的工作积极性。将全县的165处县级及以上文物保护单位进行全覆盖，做到每个文物保护单位都有专人看管，明确分工，责任到人。健全巡查日志，通过文物保护员在巡查微信群上传巡查照片和县级巡查人员抽查对文物保护员进行考核。第一时间发现问题，第一时间上报问题，使问题能够得到及时解决，严格落实文物安全责任。

防火安全，摆在首位。为全国重点文物保护单位旧广武汉墓群派了5名文物保护员，轮班轮岗值守。在防火的关键时期，抽调长城文物保护员进行全员值班。配合县消防队对古建筑文物保护单位进行了摸底检查。发现问题及时整改，完善了防火消防设施和防火管理制度。

【文物维护】 2022年，县文物保护与利用服务中心做好日常维护，确保文物安全。利用有限的县级配套资金，对山阴县有安全隐患的文物保护单位进行日常维护。2022年山阴县的降雨量增多，有多处文物保护单位古建筑漏雨，对王家堡老爷庙、新岱岳关帝庙、帐头铺村寺院遗址和快乐真武大帝庙遗址4家文保单位实施瓦面维护工程；对有火灾安全隐患的净明寺、王家堡老爷庙、西双山恒山庙、东双山关帝庙、快乐村真武大帝庙遗址5家文物保护单位更换电线、整理线路；对具有消防安全风险的广武汉墓群、王家屏墓、瑞云寺遗址等20家文物保护单位及时增配了灭火器，并对其使用方法进行现场培训。对无法解决的问题，已上报省、市、县相关部门。县文物保护与利用服务中心全力支持山阴县基本建设工程，配合县自然资源局和行政审批管理局对基本建设工程项目用地情况与山阴县不可移动文物“两线”范围重叠情况进行勘查。

党史方志

【概况】 2022年，是党的二十大胜利召开之年，面对严峻疫情形势和经济下行压力，山阴县委认真落实“疫情要防住、经济要稳住、发展要安全”重要要求，县委党史研究室围绕县委、县政府重点工作，以开门办史志、做好三服务的工作思路，认真履行“资政、存史、育人”的职能职责，服务和融入县委重要工作，党史工作同样跨上了一个新的台阶。

【年鉴出版印刷】 2022年，县委党史研究室依照中央、省、市地方志规划纲要要求，成立2022年《山阴年鉴》编辑部，下设联络指导小组负责全县单位的资料收集与编纂工作。在年鉴编纂过程中牢固树立精品意识，科学设置年鉴篇目，合理安排工作流程，抢抓时间节点，全体编辑编校人员的长时间努力和县委、县政府及各部门的大力支持，从篇目设置之初前后经过多次的编纂修改，于2022年11月完成了

2021 年《山阴年鉴》初稿的编纂任务。12 月完成定稿送方志出版社编审，同时 12 月在全县下发 160 余份征求意见稿，要求各单位和个别个人填写了《年鉴》征求意见反馈卡。对各单位与个人反馈意见进行梳理、汇总，拾遗补缺。

《山阴年鉴 2021》经出版社对供稿内容进行三审三校修改完善后形成 70 万余字定稿，于 2022 年 12 月完成印刷出版。

【省市年鉴编纂】 2022 年，县委党史研究室按照省委、省政府的要求和省地方志办的安排，收集、整理、编辑《山西年鉴》山阴部分，完成了 2021 年《山西年鉴》的编纂任务，顺利上交山西省委党史研究院（山西省地方志研究院）年鉴处。

按照市委、市政府的要求和市地方志办的安排，党史研究室积极主动收集资料、整理文稿、编辑《朔州年鉴》山阴部分，完成了 2021 年《朔州年鉴》的编纂任务，顺利上交朔州市地方志办。

【党风廉政建设】 2022 年，县委党史研究室坚持严的总基调不动摇，从严落实中央八项规定精神，坚决抵制“四风”反弹，狠抓党史研究室纪律作风整顿，一体推进不敢腐、不能腐、不想腐，动员全体党员干部进一步严明纪律、转变作风，不断强化党员干部的纪律意识，从思想深处筑牢抵制不良作风的“防火墙”。通过支部集中学、个人深入学等多种方式，以案为鉴开展学习教育，统一思想认识，切实引导党员干部自觉抵歪风、杀邪气、树正气，切实做到严格自律、严以治家、严管所辖。弘扬求真务实、真抓实干的工作作风；突出聚焦主业，盯人跟事，在编撰志书年鉴方面均符合规定。

【抓党建促发展】 2022 年，县委党史研究室从严落实“第一议题”制度，切实加强基层党建工作，一年来多次召开党员大会、支部委员会讲党课，着力破难题、补短板、激活基层党组织，增强基层组织力，创建政治强、作用好、服务优的党支部，切实增强支部政治生活的政治性、时代性、原则性和战斗性。根据单位在职党员少，为了全体干部职工整体提高，所有学习延伸到全体干部职工。组织党员干部用好“学习强国”学习平台 APP、三晋先锋党员学习管理平台，引导党员干部掌握内涵更全面、学习领会更深刻、贯彻落实更坚决，实现理论学习常态化、长效化，铸造忠诚担当政治品格。

文　联

【概况】 2022 年，县文联坚持以习近平新时代中国特色社会主义思想为指引，坚持文艺“二为”方向和“双百”方针，围绕培养文艺人才，繁荣文艺创作，配合中心工作等方面开展工作。

【文化活动】 2022 年，县文联举办“喜迎二十大·共建清廉山阴”主题书画展。该书画展，是山阴县深入贯彻习近平总书记关于加强新时代廉洁文化建设的重要论述精神、落实县委推进清廉山阴建设的一项重要活动。活动在城发集团大厅共展出各类书画作品 146 幅，其中书法作品 125 幅，绘画作品 21 幅。这些作品全部是山阴县广大书画家和书画爱好者的原创，主题鲜明、形式多样、内容丰富，集中展示了“书香山阴”的书画技艺，展现了全县喜迎二十大、奋进新征程的良好精神风貌。

【书香山阴】 2022 年，县文联与下属书画协会联合发出以“庆新春·书香山阴”为主题的征稿通知，全县广大文艺工作者积极参与，征集书画作品 200 幅，有离退休老干部、机关工作人员、农民、在校小学生的作品，也有天津、太原、大同、朔州寄来的稿件。在2月1日新春之际，如期在《山阴文艺》公众号展出。作品一经展出，点击率、点赞人数不断攀升。

9月2日，县文联举办以“喜迎二十大”为主题的“山阴文联首届书法笔会”。笔会持续5个多小时，现场创作50余幅精美作品。这是县文联近年来举办的首次笔会，为今后类似活动做了有益的尝试，积累了丰富的经验。

【志书编纂】 2022年，县文联主动参与《安荣村志》编撰工作。为《安荣村志》定编目、对编撰人员进行培训授课，指导编撰工作有序开展，并承担“概述”一章做撰写任务。对推进乡村文化事业发展，对存史、资政、育人等起到积极作用。

县文联主动作为，联合县纪委监委，依托《桑干河》期刊阵地，共同编印了《家庭家教家风》专辑。内容分为公序良俗、家风家教、家庭楷模、家风剧场4大块，该书从组稿到印刷耗时3个多月，内容丰富、图文并茂，印刷2000册，分发到朔州市纪委监委、县四大班子领导及各乡镇、县直各单位，获得一致好评，为清廉山阴建设注入廉洁文化内容。

【刊物发表】 2022年，县文联完成《桑干河》期刊的编印工作。全年共印发5期，其中包括《家庭家教家风》专辑1期。内容包括文艺号角、小说、诗歌、散文、戏曲、经典回放、人物等，共40多万字，150多篇作品；推出书法、绘画、摄影、篆刻、剪纸等艺术作品50多幅。通过逐步地精选内容、改进版式、提升档次，形成独特的办刊风格，很受读者欢迎。“秀水文园”微刊越办越好。通过微信平台，征集作品，以歌颂祖国、赞美家乡为主题，以诗词为主要表现形式，打包群发，以文会友，沟通交流，以最快捷的方式与读者分享，弥补了纸质版编印、邮寄费时的不足，受到读者喜爱。已推出70余期。

【服务大众】 2022年，县文联开通了“桑干河书法苑”公众号。山阴县是书法大县，“桑干河书法苑”的开通，为全县广大书法家和书法爱好者提供了沟通交流、展示技艺的平台，为推动山阴县书法事业的发展，传承中华优秀文化起到积极的作用。开展送文化进乡村、进社区活动。文联机关刊物《桑干河》，每印一期，都及时送到联系点甘庄村和集贤、幸福社区，丰富基层群众精神文化生活，推动乡村、社区文化发展。年初，县文联经过多方了解、考察，按照市文联深化改革方案精神，批准成立了文联下属音乐舞蹈协会、摄影协会、民间艺术家协会3个协会。通过协会组织开展一系列活动，活跃群众文化生活。

【党的建设】 2022年，县文联坚持深入学习习近平新时代中国特色社会主义思想和党的文艺方针政策，文联班子成员除了正常的理论学习外，还参加了县里面组织的各类培训、授课，并通过支部学习、交流发言、开展主题党日活动、线上线下学习等多种形式，真学、实学、深入学，提高思想理论水平，保证了党在文化艺术领域的领导地位，坚持了先进文化的正确方向。县文联编印了《县文联学习资料》以及十八大以来习近平总书记关于文艺工作的历次讲话精神。

认真贯彻落实党风廉政责任制。组织党员干部认真学习党章党规党纪，不断提高廉洁从政意识和公仆意识。突出党建的主导地位，文联班子坚持以身作则，以上率下，认真落实党风廉政建设责任制，支部书记坚决扛起全面从严治党主题责任，紧盯重要时间节点，抓早抓小，谈心谈话。严格落实中央八项规定及实施细则精神，严防“四风”反弹回潮。全体党员干部严格要求自己，自觉遵纪守法，勤政廉洁，努力做好本职工作。

把意识形态工作作为一项重要的政治任务，时刻关注，积极引导，对文联系统的刊物、公众号、文艺文史微信群、网络新媒体等内容，严格审核把关，确保主流媒体方向正确，艺术高雅，确保意识形态阵地管理安全。

新华书店

【经济指标】2022年，新华书店实现营业总收入1526万元，实现利润152.5万元。其中三教发行码洋1111.94万元，门店销售316.97万元。

【政治书发行】2022年，新华书店共发行各类政治图书码洋85.36万元。其中《中国共产党宣传工作简史》1500册、14.7万元，《百年大党面对面》750册、2.01万元，《百年初心成大道》900册、6.21万元，《总体国家安全观学习纲要》150册、0.3万元，《习近平谈治国理政》第四卷共6380册、码洋51.04万元，《习近平经济思想学习纲要》共3000册、码洋6万元。“二十大”系列读物共850套，码洋2.1万元。

【社会服务】2022年，新华书店共举办了各种不同内容、不同形式的活动14场次（含线下门店内活动6场、门店外活动8场）。在连锁门店举办“我为读者写春联”促销活动；举办以“厉行节约、反对浪费”为主题的文明实践活动；举办“书香知阅、亲子阅读”为主题的讲故事活动；举办“猜灯谜”促销活动；举办“学雷锋”活动；举办“世界读书日”促销活动；举办欢庆“六一”特价图书大联展活动；举办“爱心助考”活动。举办题为“喜迎二十大、永远跟党走”党建图书大联展活动；举办题为“品读经典扩展‘七进’”优秀图书大联展活动；举办题为“全民阅读、共享书香”晋版图书大联展；举办“八一”慰问复转军人活动；举办题为“用泉林纸品、享健康人生”泉林纸品大展销活动。

【农家书屋】2022年，新华书店山阴分公司连续多年中标农家图书采购工程，今年的中标金额为33.89万元，所有中标图书均已配送完毕。农家书屋补充图书的发行为全县257个行政自然村的读者提供了优质的精神食粮，彰显了渠道优势及企业担当。

【党建工作】2022年，新华书店以深入学习党史及集团公司各项方针政策为指导，积极响应省常委宣传部部长提出的“防疫情、稳经济、保安全”的重要批示，带领全体职工深刻领会习近平总书记提出的“两个确立”的决定性意义，不断增强“四个意识”、坚定“四个自信”，坚决做到“两个维护”，在企业管理、发展创效和文化建设中充分发挥党支部的政治核心作用。强化学习教育，提升党员政治素质。为切实提高党员干部思想政治觉悟和理论水平，筑牢信仰之基、补足精神之“钙”、把稳思想之舵，拧紧思想的“总开关”，进一步细化学习安排和内容，以党支部集中学习与个人自学相结合、突出个人自学，通过“三会一课”、观看警示教育片、收看专题视频、应用“学习强国”学习平台APP等形式，扎实推进主题教育学习常态化开展。组织开展了习近平总书记系列重要讲话精神的专题学习、《习近平谈治国理政》第四卷的学习以及党的二十大精神专题学习，积极组织党员干部通过电视直播、微信、“学习强国”学习平台APP等媒体观看二十大开幕式直播，自觉了解掌握二十大精神，丰富学习内容，撰写学习心得，培养党员终身学习的好习惯。

山阴分公司党支部能够严格执行上级党组织制定的各项方针政策，落实主体责任，签订《廉政承诺书》，强化班子成员“一岗双责”。在日常工作中严格落实纪检监察部门的各项要求，努力做到工作做到哪里、党建责任就延伸到哪里。保质保量完成“课前到书、人手一册”的政治任务，开展“无接触购书”、困难帮扶、爱心捐赠等服务，满足不同阶层读者需求，为退休老职工补足医疗保险、为复转军人缴齐社会保险、多次为退休老党员申请困难补助金，切切实实解决职工的愁事难事，把党的温暖送到职工心坎上，体现应有的责任和担当。

山阴县广武风景名胜区

【概况】2022 年，县广武管委会坚持以习近平新时代中国特色社会主义思想为指导，深入学习党的二十大精神和习近平总书记考察调研山西重要指示精神，围绕全方位助力推动全县各项事业高质量发展，坚守初心、踔厉奋进，圆满完成年度目标任务，为打造“灵秀古城”、建设“新韵山阴”做出积极贡献。

【旅游业发展】2022 年，县广武管委会积极谋划建设广武风景名胜区，推进县域经济向绿色文化旅游业的转型发展。现阶段广武景区旅游业发展刚刚起步，一些资源的挖掘和整合仍然处在较低层面，开发的质量、水平和规模与资源富集优势并不对称，各方面条件存在困难，发展相对滞后，要加大景区建设资金投入力度，融通“大雁门”，打造广武游，打响山阴文旅牌，引忻州代县雁门关游客入广武长城游、广武古城游、广武汉墓游，继而实现“出关游广武，消费在朔州”的谋篇布局，促进山阴文旅事业的大繁荣、大发展，实现山阴县经济的绿色转型发展。

【安全生产】2022 年，县广武管委会加强广武风景名胜区安全生产工作，保证安全无事故。为加强对广武风景名胜区旅游安全生产工作的领导，建立了安全生产工作领导小组，由主任任组长，副主任任副组长，各股室负责人为成员，负责广武风景名胜区旅游安全工作。加强区内森林防火工作，聘请专职防火员深入广武汉墓群、广武明长城景点定时巡查，处理堆积落叶，劝阻附近村民携带纸烛焚香上坟，严格控制野外用火。建立节假日和旅游高峰期应急值守制度，实行每日巡查制度，记录巡查日志，发现问题及时上报整改，及时消除安全隐患，保证区内全年旅游安全无事故。

【清廉机关】2022 年，县广武管委会提升机关干部作风，加强建设清廉机关。以党建为引领，加强机关自身建设。把党的政治建设摆在首位，坚定政治信仰，强化政治领导，提高政治能力，净化政治生态，始终在政治立场、政治方向、政治原则、政治道路上同党中央保持高度一致。旗帜鲜明讲政治，坚决贯彻落实中央重大决策部署，经常检点审视县委各项部署要求落实情况，确保令行禁止、政令畅通。

改进工作作风，加强干部队伍建设。以“干部作风建设提升年专项整治行动”和“清廉山阴建设”为契机，持续加强机关干部队伍建设，制定、完善机关各项规章制度等规范性文件。力戒官僚主义、形式主义，聚焦四风问题、不担当不作为、违反中央八项规定精神等群众反映强烈的突出问题，开展警示教育活动。通过观看警示片、参观廉政教育基地、学习典型案例、上廉政党课、开展线上廉洁教育活动等方式，对党员干部群众进行广泛深入的廉政教育，引导他们树立正确的人生观、价值观和世界观，清清白白做人，堂堂正正做事。落实一岗双责，加强清廉机关建设。将严明纪律作为从严治党的总抓手，严格落实一岗双责、党政同责，坚持立足全面，既突出关键少数又面向全体党员，强化班子成员对各自分管领域党风廉政建设责任，确保管党治党有重点、无盲区。精准把握运用监督执纪“四种形态”，加大对重点工作以及涉及群众利益问题监督检查力度，做到问题早发现、早提醒、早处置，创建风清气正的清廉机关。

融媒体中心

【概况】 2022年，县融媒体中心坚持以习近平新时代中国特色社会主义思想为指导，全面贯彻党的十九大、十九届历次全会以及党的二十大精神，以“守正创新、踔厉奋发”为主旋律，充分发挥媒体职能，认真履职尽责，正确引导社会舆论，真诚用心服务群众，不断提高队伍整体素质，促进融媒体中心各项工作走深走实，为打造“灵秀古城”，建设“新韵山阴”营造了浓厚舆论氛围，展现了融媒担当。

【技能培训】 2022年，县融媒体中心强化业务技能培训。加强与省市媒体沟通协作力度，采取请进来的办法，对一线编辑记者业务培训学习实践2次，不断提升干部职工专业素养。“提笔能写大稿、抬手能拍视频、持筒能出现场、上线能吸粉丝”的全媒体青年记者不断涌现，形成了“70后为核心、80后为中心、90后为重心”的人才梯队架构，为山阴县级融媒体中心增添了亮色与活力。

【讲好山阴故事】 2022年，县融媒体中心重点报道推陈出新，讲好山阴好故事。聚焦迎接和学习宣传贯彻党的二十大、疫情防控、乡村振兴、抓党建促基层治理、重点项目实施、基础设施建设等主题主线开展重点报道。在品牌栏目《山阴新闻》中重磅推出《二十大精神在山阴》《打造灵秀古城、建设新韵山阴》《新春走基层》、干部作风能力提升、抓党建促基层治理、疫情防控等10多个新闻专栏，《二十大精神在山阴》播出20期，《打造灵秀古城、建设新韵山阴》制作播出专题新闻43条，引发社会强烈反响。《新春走基层》播出10余期。着力讲好全县经济社会发展故事和群众真切的获得感和幸福感，用有深情、有温度的新闻报道，营造良好舆论氛围。全年制作播出《山阴新闻》150余期，稿件1086件；在做好内宣工作的同时，进一步细化量化外宣任务，外宣工作积极开拓、精心谋划，创作出了一批诸如《喜迎二十大，共绘丰收节，100秒看三晋丰收图景》《山阴：安居乐业，搬迁群众解锁幸福密码》《党建引领壮大村集体经济，凝聚合力助力乡村振兴》质量优、社会反响好、思想性艺术性强的外宣作品。2022年中心外宣稿件采用量呈稳步上升趋势。在朔州市融媒体中心发稿108条，《直通县市区》栏目上稿143条，向中央媒体推送稿件12条，向省级媒体推送稿件13条。新闻外宣工作再创佳绩，持续扩大山阴的宣传覆盖面和影响力。

【新闻宣传】 2022年，县融媒体中心立足新闻宣传工作职能，聚焦中心工作，把握基调和节奏，创新宣传模式和宣传方法，精心制作各类专题报道，传递山阴正能量，传播山阴好声音。聚焦全县“两会”，刊播《筑梦新征程，画出同心圆》《奋辑扬帆再出发》《踔厉奋发新韵来》等评论；制播《北盐池村：坚持“党建+”助力乡村振兴》《“富硒”杂粮华丽蜕变，精深加工效益倍增》《基层宣讲接地气，凝聚人心鼓干劲》《凝聚前行力量，践行担当使命——下喇叭乡学习贯彻党的二十大精神》等专题报道20余篇，多方面、多角度、立体化反映全县的经济建设与社会发展，展现出新时代山阴美好形象。

【公益广告】 2022年，县融媒体中心主动承担主流媒体的社会责任，紧紧围绕迎接宣传贯彻党的二十大、文明创建、疫情防控等重点主题和重要内容，精准开展公益广告宣传。播发征兵、保密、疫情防控、保护环境、乡村振兴、中小学生安全、时代楷模系列等公益广告1.4万条次、1.5万余分钟，起到了引领社会风尚，传播文明的作用，为全县经济发展、社会稳定提供了强大的精神动力和舆论支持。

【移动优先】 2022年，县融媒体中心实施“移动优先”战略，推进“融媒+”体系建设。以“主流舆论阵地、综合服务平台、社区信息枢纽”的定位，推动“融媒+”体系建设（“新闻+政务+服务模式），倾力打造全媒传播矩阵。注重内容和形式原创，推陈出新，每日发布的原创优质短视频，倾力打造“爆款”。一年来，抖音（山阴）、快手（山阴）、视频号（微信公众号）均发稿445条。抖音（山阴）官方账号总播放量达到433.5万次，快手（山阴）官方账号总播放量达到246.4万次，抖音（山阴）单条短视频最高播放量达到4万+。今日头条发稿1893条，微博发稿279条。一次采集、多种生成、多元传播的全媒矩阵已初步形成。

推进“融媒+”体系建设。把“爱山阴”APP客户端建设作为媒体深度融合发展的“一号工程”，始终保持在要素配置、资金投入、配套服务、资源整合上的“四个优先”，加大力量投入，提供流量支持，鼓励各平台新闻资源向客户端倾斜。坚持以用户为中心，以体验为核心，形成“图、文、音、视”四大内容形态和涵盖咨询服务、政务服务、便民服务在内的全领域功能结构。“爱山阴”客户端《山阴新闻》等13个板块推送新闻稿件、精彩微视频1.1789万条，向中央媒体推送稿件12条；向省级媒体推送稿件13条。依托全县智慧城市建设成果，全面推进“爱山阴”客户端为核心的政务服务体系建设，不断完善信息枢纽和便民服务功能，客户端注册用户达4.4万余户，综合点击量近122万余人次。此外，2022年开通三个短视频平台，视频号用户数6085人，快手号粉丝9088人，抖音号粉丝5165人，今日头条用户数5082人。在客户端上开设专题专栏、活动直播、活动投票等，增粉提质，提升粉丝忠诚度。

【基础建设】 2022年，县融媒体中心夯实发展根基，事业建设实现新突破。中心对一楼广电网络中心、记者部等科室的办公设施和中心办公环境进行了改造。建设中国广电5G山阴营业厅，加大与省市中国广电网络公司业务沟通力度，积极开展推广5G业务。地面数字电视700兆赫频率迁移项目。按照《国家广播电视总局办公厅关于开展全国地面数字电视700兆赫频率迁移实施工作的通知》要求，协助上级广电主管部门完成中心所属西山森林公园广播电视发射基地地面数字电视700兆赫频率迁移。

【安全播出】 2022年，县融媒体中心认真落实安全播出管理责任、主体责任和监督责任，强化内部科室协同联动，加强沟通协调，将安全播出放在重中之重的位置，完善安全播出应急预案，强化应急演练。不断提升中心的安全播出人防、物防、技防水平，确保传统媒体、新媒体节目安全优质高效播出。圆满完成了元旦、春节、全国“两会”、党的二十大等重要安全播出时段的安全播出工作任务，全年没有发生任何安全播出事故，无线安全传输5840多个小时，有线安全传输8760个小时，安全播出工作实现了态势平稳。开展安全隐患排查。坚持常态化安全播出排查，发现隐患，及时排除解决。组织人员对安全播出管理体系、技术措施、规章制度等进行全面梳理，缜密查找漏洞，及时整改，层层落实安全播出责任，健全监督检查机制，强化各项保障，做到了技术到位、人员到位、责任到位和应急措施到位。

严把安全播出关口。成立了安全播出领导小组，各成员部门明确分工，各司其职，针对播出工作可能出现的各种情况，健全完善了《机房安全管理制度》《值机人员岗位职责》等各项制度。并按照《山阴县融媒体中心（山阴广播电视台）安全播出应急预案》要求，进行培训和演练，做到全面动员、全面部署、全面熟悉、不留死角、明确责任，使每个值机人员都具备安全播出意识，熟悉程序操作，确保应急处置到位。严把节目审校关。在电视剧播出方面，严格遵守国家广电总局的有关政策、规定，坚持原则，严格把关，坚决做到不利于党的方针政策的节目不播，不利于百姓安定团结的节目不播，不利于青少年身心发展的节目不播。保证了播出节目的政治导向正确。严格审校自采节目。所播出的自采节目均实行“自办节目台内三审制度”，《山阴新闻》、“爱山阴”客户端等平台播出的节目，均经三审播出。强化党的二十大等重保期内的安全播出工作。在重要播出期，主要领导督导、分管领导靠前、播出部主任和技术骨干靠上，以“字字千金、秒秒政治、天天考试”的态度值班值守，确保了党的二十大等重保期间播出精准、安全。

【党建引领】 2022年，县融媒体中心扎实推进党的建设。严格落实集中学习制度，把习近平新时代中国特色社会主义思想、党的二十大精神、习近平总书记考察调研山西讲话精神以及省委十二届五次全会、市委七届四次全会和县委十五届六次全会精神作为重点学习内容，制订学习计划，组织党员干部第一时间传达学习，精准落实。持续引导广大党员干部深刻领悟“两个确立”的决定性意义，始终在思想上政治上行动上同以习近平同志为核心的党中央保持高度一致，增强“四个意识”，坚定“四个自信”，做到“两个维护”。年内，组织党员干部开展集中学习16次，撰写学习党的二十大等各类心得体会200余篇，参观红色教育展览1次，有力地提高了全体干部职工的理论水平和政策水平；按规定开展党内政治生活，坚持“三会一课”、主题党日、谈心谈话、民主评议党员等制度，加强党员干部党性教育；进一步规范支部工作，完成支部换届工作。

微波站

【概况】 山阴微波站是集数字电视发射与微波中继传输于一体的综合性台站，是“京、冀、晋、蒙”山西省内北线数字微波电路的重要中继站，担负着中央和各省卫视及山西卫视、黄河电视台、山西综合新闻广播电台等200多套广播电视节目信号的安全传输任务、还担负着中央地面数字电视覆盖的发射任务。

【安全传输】 山阴微波站圆满完成了2022年春节、冬奥会、清明节、两会、国庆节以及党的二十大等重要保障期的安全播出任务。

2022年1—12月山阴微波站站内零停传。

【设备维护及更新】 2022年，山阴微波站新安装一部24CH备用地面数字电视发射机。配合完成700M频迁工作，将原30/32频道德芯发射机更新为北广24/26频道发射机。对两台柴油发电机进行更换防冻液、机油等保养维护。为保证机房设备的用电电压稳定，自行安装50千伏安稳压柜一台。安装150千瓦发电机一台。7月，更新安装10千伏/200千伏安干式变压器一台。9月，在中央无线覆盖铁塔位置，做铁艺围栏，用于保护铁塔及卫星天线。

山阴微波站认真贯彻落实维护管理规程，组织实施维护检修计划。24小时不间断监视站设备的运行情况，及时发现并处理设备故障。定期对天馈线系统、供配电及生活区等重要设施进行维护，确保不间断、高质量地完成广播电视节目的安全传输任务。

【业务培训】 山阴微波站为提高值机员的业务水平，确保安全播出，制订学习计划，开展学习活动。山阴微波站每班组由副站长或机房主任组织职工集中学习5次，学习内容主要侧重机房中的专业理论知识，其余时间自学。每季度开展业务知识应知应会考试，以检查学习效果。同时每月选择两个换班日，人员比较集中的时候，集体学习讨论，学习内容包括政治理论和业务知识。2022年7月，班组人员、技术骨干集中参加全省安全播出远程班培训。8月，山阴微波站指派2名技术骨干参加“京—冀—晋—蒙”微波电路培训，成绩优秀。指派3名技术骨干参加山西广播电视无线管理中心举办的广播电视技术能手竞赛，其中2人获得二等奖、三等奖的好成绩。参加中心网络安全培训。

【精神文明建设】 2022年，山阴微波站以创建省级青年文明号为契机，积极推动和提升精神文明建设工作，开展了一系列丰富多彩的活动。深入开展践行《社会主义核心价值观》活动，引导广大干部职工和人民群众，遵从社会公德，弘扬传统美德。积极开展“敬老孝亲”、“敬业奉献”等评选活动；定期开展“文明宿舍”评比活动；大力倡导绿色健康生活，开展健步走活动；广泛开展文明风尚宣传教育活动，倡导厉行勤俭节约、反对铺张浪费、清明节“文明祭祀”等移风易俗宣传教育活动；积极开展道德讲堂。这些系列活动的举办，既提高了干部职工的文明素养，又起到了很好的示范带动作用。积极开展文体活动，举办庆元旦晚会；开展“植树造林·美化台站”主题活动；开展“学习习近平总书记在庆祝中国共产主义青年团成立100周年大会上的讲话精神”知识竞答活动；开展“读书分享会暨职工书屋捐书仪式”活动；开展“学习习近平总书记在庆祝中国共产主义青年团成立100周年大会上的讲话精神”专题研讨会；举办了第八届乒乓球比赛。

扎实开展志愿服务活动。进一步充实了团队力量，微波站共有16名职工注册加入志愿者服务团队，积极开展学雷锋志愿服务活动，今年共开展志愿服务活动2次。开展了“心系村民·义务维修”学雷锋活动，帮助村民安装视频监控设备，并义务维修部分家用设备。开展了“全面大扫除·保护公共环境”学雷锋活动，志愿者们将微波站工程施工期间产生的建筑污渍、垃圾等进行了一次大清理，倡导大家爱护公共环境，共建美好家园。开展“情系疫情防控·助力森林防火”，弘扬传承志愿者服务精神，展现广电无线人良好精神风貌。

【党建工作】 2022年，山阴微波站不断加强基层党支部建设，深入学习党的二十大精神、新时代中国特色社会主义思想，增强“四个意识”、坚定“四个自信”、做到“两个维护”。按照支部全年工作计划认真贯彻落实“三会一课”制度。党支部按照“一台站一党建品牌、一支部一特色亮点”要求，以“红心向党保安播为民服务争先进”为党建品牌开展创建工作，结合业务需求，围绕单位业务的痛点、难点，党员同志主动作为，敢于担当，发动党员群众和业务骨干认真贯彻落实“不间断、高质量、既经济、又安全”的维护总方针，确保安全播出无事故，以强有力的技术保障党的二十大胜利召开；党员担当调解员的角色，负责班组站内各岗位、各班组的矛盾、误解等登记调解，争取做到“小事班组内解决、大事站内解决、矛盾不上交，就地化解于萌芽状态”；成立党员先锋岗，每一名党员在“党建品牌”创建工作中，带领一名积极分子或者群众在业务方面提供辅助，在党的思想理论方面提供宣传引导作用，充当“播种机”的功能，共同进步，在年底考核中共同考核。将“我为群众办实事”融合到“党建品牌”创建工作中作为党史学习教育的出发点和落脚点，高度重视、精心安排。共为群众办实事 6 件，其中开展各类专项行动 12 次，开展与业务相关的实践活动 6 次，解决职工群众“急难愁盼”问题 3 件。

山阴微波站积极落实中心创建清廉中心实施方案，以党的政治建设为统领，着力抓管党治党责任落实、权力运行制约、干部管理监督、廉洁文化培育、清廉台站创建工作；坚持集中性教育和经常性教育相结合，推进党史学习教育常态化制度化；落实全面从严治党第一责任人职责，加强日常监督和相互监督，督促班子成员履行“一岗双责”，深入了解掌握情况，及时发现问题、纠正偏差；通过“三会一课”、主题党日形式开展宣传活动，充分汲取中华优秀传统廉洁文化精华，挖掘山西历史遗存、文化经典、文物古迹中的清廉思想、廉政故事，传承以伟大建党精神为源头的精神谱系，大力宣传弘扬清廉文化。

教育　科技

教　育

【概况】2022年，县教育局以习近平新时代中国特色社会主义思想为指导，深入贯彻落实党的教育方针和全国、全省教育大会精神，坚持以人民为中心、教育姓教、办人民满意教育的理念，紧紧围绕教育质量这个核心，以建设教育强县为目标，以深化教育领域综合改革为动力，以消除大班额、教育扶贫、新高考改革等为抓手，不断强化作风建设，优化教育环境，改善办学条件，提升师资水平，努力办好人民满意的教育。

【清廉学校】2022年，县教育局完善清廉学校建设保障。将清廉学校建设与党组织建设相结合。签一份廉洁承诺书，上一节廉政党课，开展一次好家训展播主题党日活动；将清廉学校建设与项目管理相结合。落实权力监管，加强重点领域监督。进一步完善学校治理体系，加强重点领域和“小微”权利监管，加强“双减”政策落实指导，加强教育收费专项检查。将清廉学校建设与校园文化相结合。认真研究新形势下，思政课以学习清廉、红色文化为主，推动习近平新时代中国特色社会主义思想进课程、进教材、进教案、进学生头脑。开展“廉洁教育进校园”活动，已打造山阴一小、三小、六小三所“清廉学校文化品牌”的学校。进一步营造清廉文明的育人环境，不断为全方位推动教育高质量发展创造风清气正的政治生态和发展环境。

【教育振兴】2022年，县教育局狠抓教育振兴，全面落实立党为公、立德树人，按照市第七次党代会和县第十五次党代会精神，县第十七届人代会第一次、二次、三次会议精神，牢固树立“以人民为中心”的思想，坚持“立德树人”根本任务，紧紧围绕“振兴山阴教育、打造教育强县”这一整体要求，运用好“竞争激励机制、改革创新机制、制度约束机制”三项机制，大力实施“教学质量提升工程、优秀校长选树工程、名优教师培育工程、师德师风建设工程、优质生源巩固工程、数字化校园建设工程”六大工程，明确“用一年时间理顺各种关系、三年时间实现全县教育根本好转、五年时间教育面貌大变样”三个时间要求，实现打造“精致、优质、均衡”的山阴教育品牌这一目标。

【校园安全】2022年，县教育局认真落实“全县学校安全工作会议”精神，全面保障学校师生生命和财产不受损失，自觉提高师生安全意识，形成“人人关心校园安全”的浓厚氛围。健全校园安全管理制度。全县各级各类学校进一步健全安全管理制度措施，积极推进校园安全防范建设三年行动计划，最大限度减少安全事故发生。同时，加强对教职员工和临聘人员教育管理，及时化解矛盾纠纷。严格落实门卫值守和内部巡查制度，禁止无关人员和爆炸物、管制刀具等危险物品进入校园，严防暴力恐怖事件发生。定期对教室、宿舍、食堂、图书馆等人员密集场所和实验室、锅炉房、配电室、校园内施工现场、老旧房屋等重点区域进行全面排查，对部分学校存在的安全隐患问题要求立即整改。

加强校园周边综合治理。依托平安中国建设协调小组新平台新机制，会同各成员单位，加强对校园周边网吧、学生托管点、小旅馆、娱乐场所、无证摊贩等治安、卫生乱点的清理整顿，做好对校园周边化工厂、危化品仓库、加油站、油气管道、重污染源、危险山体及水域等重大安全隐患的排查整改。配合公安机关，健全落实校园周边“高峰勤务”和“护学岗”机制，积极组织学校安保人员、教师和家长志愿者等，配合执勤民警做好上下学时段校门周边防控工作，确保重点时段、重点部分安全可控。会同有关部门制定明确具体的区域性学校安全风险清单，全面了解掌握校园周边特殊人群信息动向，及时发布安全提示，确保校园周边环境安全、稳定、有序。加大安全隐患排查力度。县教育局包校工作人员对所包学校进行了安全隐患大排查，对排查出的56条一般安全隐患全部造册登记，并建立台账，落实整改时限、整改责任人、整改措施、整改资金和整改预案，逐条消号，整改率为100%，有效防止了各类安全事故的发生。

加大对校园食品卫生安全整治力度。联合市场监督管理局对全县45家学校食堂进行了专项检查，重点排查使用变质和超保质期的原料、不规范使用食品添加剂等食品安全隐患。先后对学校食堂“明厨亮灶”“供餐单位”“校园周边餐饮店和食品销售单位”，以及校园周边19个小饭桌进行了全覆盖检查。在检查中共下发《安全隐患整改通知书》16份，约谈供餐单位2家，取缔小饭桌1家。

加大对私立幼儿园和校外培训机构的整治力度。安排幼教股、安全办、监管股、成职教股对全县民办幼儿园和校外培训机构的办园、办班条件、安全保卫、教职工队伍内部管理等方面进行了专项检查。共发放《安全隐患整改通知书》18份，取缔了人数少、办园条件差且存在安全隐患的幼儿园1所，拆除了校外培训机构牌匾61副，规范其办园、办班行为。

开展消防安全隐患专项整治。安排部署包校工作组深入所包学校和幼儿园进行火灾隐患排查，共排查出一般安全隐患29条，全部造册登记，逐条消号，整改率为100%。据统计，全县各学校2022年新购置灭火器186个，新安装应急灯265个，新配置应急疏散指示标志621副，维修消防管道6处，整修延长线路1800米。全县严格执行中小学一月一次、幼儿园每季度一次的应急演练制度。做到演练有方案、有应急处置预案、有活动总结、有影像资料。据统计，全年全县共进行防震、防火、防恐、防暴等应急演练165次。

开展学生欺凌防治行动。全县各学校深入开展防范中小学生欺凌专项治理行动，按照有关要求，进一步完善工作机制，压实工作责任，细化工作举措，健全教育预防、及时发现、有效处置长效机制，切实防范学生欺凌事件发生。定期开展预防欺凌专题教育，引导学生掌握防范欺凌的基本知识和技能，增强自我保护意识和能力，自觉遵规守纪、知法守法。加强中小学生心理健康教育，对有心理困扰或心理问题的学生开展科学有效的心理辅导，培养学生健全人格和积极心理品质。重点做好家庭经济困难学生、学习困难学生、情感困惑学生、言行异常学生，以及留守儿童、进城务工人员子女、单亲家庭子女等群体的关爱工作，及时做好思想引导、心理疏导和矛盾化解。

【安全教育】 2022年，县教育局加强安全教育工作。各学校紧紧抓住“安全教育”这一主线不放，把安全教育贯穿于课外活动之中，渗透在课堂教学之中，体现在日常生活之中，做到安全教育课程化、应急演练常态化、安全职责全员化。各学校都将安全教育课程纳入义务教育阶段地方课程，并严格落实安全课程教学计划、教材、课时、教师、教研和考核“六到位”；其次是利用“开学第一课”、“3·29”安全教育日、“4·15”国家安全教育日等组织开展安全主题宣传教育活动；2022年，在全国学校安全教育平台3次学习中，全县各中小学教师、学生和家长三个板块的参与率和完成率均达98%以上，在全市名列第一，受到市教育局的通报表扬。

【教学质量】 2022年，县教育局紧紧围绕“振兴山阴教育、打造教育强县”这一整体要求，坚持“立德树人”，全面落实“双减”政策，全面提高教育教学质量。全县高考报名人数1032人，二本及以上达线人数共314人，达线率达到30.4%，与去年保持不变。每学期初，局教研室根据教学教研工作安排的要求，参考各学校工作计划，科学制订教研教学计划，明确工作思路，让教研工作的开展有章可依。为了切实夯实“双减”政策，进一步强化常规教学管理，学期开始，局教研室全体工作人员深入全县各中小学检查和指导。在肯定成绩的同时，指出问题，提出整改意见，限期整改，整改率为100%。

开展多种形式的线上线下教学教研活动。县教育局组织全县初中地理老师参加晋教版《地理》教材线上培训，进一步提升了山阴县地理学科教师专业素养和教育教学能力；组织全县各初中学校相关领导和教师参加“双减”政策下山西省义务教育阶段各学科教材（人教版）线上专题培训，了解各地市在课堂教学、教材使用和课后作业设计等方面的实施情况，全面落实双减政策；组织全县初三年级老师参加2022年山西省初中学业水平考试各学科的线上培训，为山阴县初三教师指明了考前复习的方向，效果显著；学期末组织并顺利完成了各项教学质量监测工作。提高义务教育办学质量。各学校全面实施德智体美劳“五育”并举，积极引进一线城市专业教育机构和教学模式，在全面抓好学生思想品德培养和知识能力提升的同时，进一步注重强化体育和美育教育，扎实推进劳动教育工作，建立劳动教育基地，作为学生参加生产劳动、服务性劳动的实践基地。

【党建工作】 2022年，县教育局坚持“围绕教育抓党建、抓好党建促发展”的思路，牢牢把握意识形态工作的主动权，多次召开党组会议，及时学习传达中央和省、市、县委重要会议精神，认真听取基层党组织工作汇报，定期专题研究部署党建工作。年初，教育局党组把廉政建设的政治思想放在首位，贯彻党的教育方针，进一步健全和落实党建工作责任制、领导干部党建工作联系点制度，制定出党组、各学校党组织书记工作责任清单和党支部工作联系点制度，严明政治纪律、政治规矩，牢牢把握教育系统的意识形态工作领导权，推动党建责任落细落小见实效，进一步强化党建引领提升机关服务效能。县教育工委强化组织引领，稳步提升党支部标准化规范化建设水平。积极推进星级化管理，建有三所三星级学校党支部。创建岱岳第二小学支部的“党建双减双融合”示范点；打造岱岳第六小学支部“党建文化双融合”示范点；山阴县第二中学校支部打造的“党建服务双融合”示范点。36个党支部坚持党组织“联建共享”，三星支部与一星、二星支部结对子，建帮扶。加强机构建设，按期换届。县教育局进一步推进实施“双头雁”“力耕”培养计划，选优配强各级各类党组织领导班子，并为山阴县第二机关幼儿园等8所学校党组织书记任期届满进行了按期换届选举，为党组织领导下的校长负责制提供指导和保障。

制订实施创建清廉机关计划，坚持以“做清正廉洁优秀干部、创群众满意高效机关”为主题，在提升基层干部作风建设的同时，把各种清廉要素融入机关、办学、治校全过程。分别制定《山阴县教育系统“清廉学校”创建工作实施方案》和《山阴县教育局关于创建“清廉机关”的实施方案》，出台一系列具体的工作举措，为落实创建“清廉机关”“清廉学校”提供行动指南。

开放大学

【概况】 2022年，山阴开放大学以习近平新时代中国特色社会主义思想为指导，深入学习贯彻党的十九大、十九届历次全会和二十大精神，认真落实中央和省、市、县重要决策部署，坚持以党的建设统领工作全局，充分发挥开放教育优势，围绕创建全民终身学习平台这条主线，着力夯实招生、教学和考试等各个环节的基础业务工作，不断提升学员服务社会的能力和水平，为山阴县实施打造“灵秀古城”、建设“新韵山阴”战略提供有力的人才支撑。

【招生宣传】 2022年，山阴开放大学积极开展招生宣传，努力提高学校的社会影响力。在春秋两季开学期间，学校进一步加强招生宣传力度，深入机关、企事业单位和社区、乡镇、农村宣讲开放教育优势和办学特色，并与有关部门建立联络员机制，长期保持互通协商；同时在县乡主要交通要道、广场和人群聚集场所悬挂张贴招生宣传条幅、标语，通过设立咨询台、出动宣传车、转发微信朋友圈等多种方式，大力推广开放教育的办学质量和服务能力，进一步增强社会影响力。本年度，学校共发放宣传资料1500份、悬挂张贴条幅标语60条，张贴招生海报300张，出动宣传车12台次。2022年招收学员92名，其中春季招生52名（本科35名、专科17名）、秋季招生40名（本科27名、专科13名）；与2021年相比增长26%。2021年春秋两季毕业学员共计195名；共有在校学员261名。

【教学服务】 2022年，山阴开放大学扎实做好服务学员工作，不断提升教学质量。针对学员学历层次、学习方法和学习能力参差不齐的实际情况，学校为学员订购相关书籍，并印制教学指南。同时组织教师和学员通过电话或微信、QQ等社交方式，及时答疑解惑、精心辅导，帮助学员按时保质保量完成终结性考核。在春秋两个学期当中，全体教职员工认真细致地开展课程辅导和教学指导，共回复学员疑难问题90多条，指导毕业论文81篇，修满学分顺利毕业的学员达到195名。

根据开放教育课程终结性考试模式的逐步调整，学校按照山西开放大学有关要求，大幅减少纸质考试科目，增加了网考频次。加强考务管理，杜绝替考和考试作弊行为，学校对所有网考学员进行考前“人脸识别”，并安装了远程监控系统，最大限度地防止考试过程中的违纪违法行为，确保开放教育的办学水准和毕业学员质量。因疫情原因，根据山西开放大学安排，2022年学校只在春季学期期末组织了终结性考试，考试共举行纸质考试2天、网考7天，经过全体考务的共同努力，圆满完成了考试任务，继续保持“零差错”纪录。

【政治建校】 2022年，山阴开放大学以党的建设为统领，坚持不懈深入学习贯彻党的最新理论成果，努力提升党员干部职工的思想境界和政治素养，在思想上政治上行动上始终同以习近平同志为核心的党中央保持高度一致，听党话、跟党走，政治建校不断取得新成效。坚持政治理论武装头脑。采取学习与个人自学相结合的方式，深入学习了习近平新时代中国特色社会主义思想，认真学习了党的十九大、十九届历次全会和二十大精神，跟进学习了党中央和省、市、县重要决策部署，重点学习了习近平总书记对教育工作的指示批示精神，持续强化政治理论的深刻内涵和精神实质入心入脑、融会贯通，全体党员干部职工的政治意识不断增强，深刻领悟了“两个确立”的重大意义，充分认识了做到“两个维护”的坚定性意义。

发挥支部战斗堡垒作用。认真执行“三会一课”制度，及时传达党中央和省、市、县委的重要会议精神，有针对性地开展讲党课活动，积极座谈讨论理论学习心得体会，不断丰富支部活动内容和形式，把全体党员的思想和行动统一到贯彻落实党的决策部署上来；充分发挥支部战斗堡垒作用，教育引导党员强素质树形象，在学习工作生活中起好头、作表率，带动了全体干部职工积极向上、真抓实干的热情，形成了认真负责、努力工作、争先创优的良好氛围。

认真落实意识形态责任制。深入开展马克思主义基本理论的学习宣传，加强爱国主义情怀和社会主义核心价值的教育培养。进一步加强监督管理，密切关注教职工队伍和在籍学生的思想动态、言行举止，做深做细抓早抓小和预防警示工作，坚决杜绝利用教学平台和社交软件发表不当言论、传播违规信息。充分发挥大思政课作用，讲好党的最新理论成果、讲好党中央决策部署、讲好伟大建党精神、讲好中华民族优秀传统文化，弘扬正气、树立新风，努力营造清朗文明的校园环境。

【清廉学校】 2022年，山阴开放大学以创建清廉学校为契机，把从严治校引向深入，认真落实全面从严治党主体责任，充分运用党风廉政建设和反腐败斗争成果，持续正风肃纪、加强监督管理，抓早抓小、防微杜渐，一起推进“三不”的体制机制，弘扬廉洁文化、创建清廉学校，不断把从严治校引向深入。采取思想引领、理论教育、督促指导、纪律制约等方式，在学校营造了积极工作、履职尽责、担当作为、遵纪守法的良好氛围，有力地推动了教育教学工作的健康有序开展。

认真组织学习了习近平总书记关于作风建设的系列重要讲话精神，运用警示教育以案明纪、以案说法，坚持以习近平新时代中国特色社会主义思想武装头脑、指导实践、推动工作，党员干部的政治领悟力、政治判断力和政治执行力显著提高。学习方式、工作理念、工作方法和工作机制不断创新发展，新思路新方案新举措得到了深入贯彻，进一步推动了开放教育各项工作落实到位。全体教职工真抓实干、积极作为，确保了招生、教学和考试等各项工作的顺利开展。同时深入贯彻新发展理念，充分发挥开放教育不受时间、空间、地域限制的优势，推动“互联网+教育”创新发展，为构建“方式更加灵活、资源更加丰富、学习更加便捷”的全民终身学习平台奠定了坚实的基础。

进　修

【概况】 2022年，山阴县教师进修校强化内部制度建设、专师队伍建设、不断提升综合实力以适应新阶段基础教育高质量发展的对师资培养发展的需求，学校制订了多途径、多方式、多层次的内部提升计划，从制度完善、作风建设、强化内部管理、引深学习教育等方面入手，不断提升学校教职工的整体素质，特别是专任教师理念更新、视野拓展方面，学校借助国家智慧教育平台丰富的网络资源，与稻浪教育研培机构合作，采取线上跟岗实践的方式，将全新的教育理念、教改、课改前沿信息植入专职教师内心，通过全新的师训组织形式，拓展了全校教职员工的视野，为提升和改进学校培训成效，强化培训服务奠定了坚实的基础。

学校全面贯彻落实党和国家的教育方针、教育规划纲要，积极应对困难，在线上教学服务方面强化沟通、开展服务，组织全县中小学幼儿园教师参加智慧教育平台的师训专栏模块，先后六次组织视频答疑、互动交流，全县一线教师参与受益人数达2013人次。9月初组织完成全县1186名教师参加了朔州市中小学幼儿园教师全员培训远程网络学习，总体合格率在全市排名第一，学校派出的9名辅导教师参与力、辅导力等综合考核指标均居全市前列。

【师资培训】 2022年，山阴县教师进修校继续承担全县中小学幼儿园教师全员培训的组织、监督、管理任务，9月初安排组织以县直各学校、乡镇中心校、幼儿园为单位报名，全县共有205名高中教师，18名幼儿园教师、452名初中教师、511名小学教师报名参加远程培训。学校把努力做好全县中小学幼儿园教师全员远程培训的包校辅导、学习监督工作作为全校的主要工作任务之一，全县教师参训率、学习率、在线率均位居全市前列。

【校本研修】 2022年，山阴县与中国教师教育网合作，深入推进当前校本研修与网络研修整合工作，校本研修作为一项新时期教研工作的新方法、前沿做法，各级各类学校已逐步开展，但受传统习惯的影响和大部分老教师的思想抵触进展相对缓慢，山阴县的校本研修工作还没有突出亮点、形成特色，为此，山阴县教师进修校利用远程网络教室的平台，尝试开展网络环境中的校本研修。提倡教师建立博客，积累教学经验，要求以教研组和师训组为单位分别建立QQ群、微信群，提倡将每项任务的总结反思直接写到群里，不仅促使个人及时反思，而且便于同行之间的业务交流。

【队伍建设】 2022年，山阴县教师进修校突出师德师风建设，以强化教职工日常作风建设为抓手，始终把全面提升学校服务全县中小学幼儿园一线教师成长发展能力和促进课改、教改、学改，“三改并进”摆在首要位置，采取有力措施，不断强化全校教职工主动服务全县教育改革、教师队伍培育、建设的责任意识，自觉遵守各项工作纪律，对教师工作十不准、教师日常工作行为规范、教师廉洁从教行为规范，以自觉签订承诺责任书的方式自我约束，在全校上下形成了浓厚的学习氛围，通过政治学习引领专业知识学习，通过专业知识学习促进了队伍的整体素质提升，在学校整体形象得到了有效提升的同时，进一步提升学校教职工的凝聚力、战斗力。

职教中心

【概况】 山阴县职业教育中心校占地面积达73.43亩，建筑面积25388.7平方米。新建校舍全部完工并投入使用。学校还配备了先进的微机室、焊工室、广告图文设计室、多媒体教室、机电数控实习室、汽修维修实习室、电子电工实习室、高铁乘务实习室、无人机操控实习室、智能制造实习室。专业设置有计算机应用技术、机电应用技术、音乐专业、汽车维修与应用、运动专业、舞蹈美术绘画专业、美发与形象设计、会计电算化专业、会计专业、城市轨道交通运营管理、无人机操控与维护、软件与信息服务等12个应用型专业。

2022年学校产教融中实训基地建设项目被批准实施，并于2022年11月完工，项目购置设备2500多万元，大大加强了学校实训力量。

【硬件设施】 山阴县职业教育中心校原有教学仪器设备100台（套），教学仪器设备总值450万元，平均每台（套）教学仪器设备总值3.2万元。2022年新购置设备总价值在2500多万元，共购置家政服务、体育及康复医疗、信息化建设、新能源汽修等实训设备948台（套）。

【学生发展】 2022年，山阴县职业教育中心校招生情况有所突破，各专业招生均比上年有所增加，有机电专业、计算机专业、航空服务专业等3个专业共5个班级。学校始终秉承“以就业为导向，以服务为宗旨，以创新为灵魂，以质量求生存，以特色求发展”的办学理念，按照建立现代职业教育体系的要求，制定了“坚持内涵发展，追求特色立校”的办学目标，凸显“养德励志强技精业”的校训，立足当地，面向社会，通过实施中等学历教育和职业培训，努力培养各类技能人才。学校根据国家发展战略和地方经济社会发展的实际，立足校情，不断调整办学思路并狠抓落实。提出了“学历教育与技能培训两手同抓，就业与升学教育齐头并进”的办学新思路。

学校注重学生思想品德教育，通过各种活动引领学生，开齐开足德育课，在校生犯罪率为零；强化教学常规管理，注重学生专业思想教育，不断提高学生学习的积极性，学生文化课合格率达98%，同时按照人才培养方案开展专业技能训练，学生技能水平得到明显提升，学生中级工考核合格率达98%以上。学校重视体育卫生工作，开齐、开足体育课、音乐课等，加强学生体质监控，学生体质测评合格率达99%；强化学籍管理，注重学业水平监控，学生毕业率达100%。

【教学管理】 山阴县职业教育中心校实施分级制管理下的领导联系工作制度，形成听课、说课、优质课评选等教学管理工作的常态化，建立了教务处—教研室—班级三级检查记载和反馈的日常教学管理机制，以教科研组进行包括课程、教法、人才培养模式等内容的课题研究机制，以学生为主，家长、用人单位参与的教学评价机制，健全多元有效的教学质量监控体系，形成学生对理论课学习的在校体验性测评。经统测学生理论学习满意度调查问卷中非常满意、比较满意和一般满意占总数的88.6%。学生对学校的实习实训条件满意度较高，学校根据专业课程设置和实训条件，开设了足够多的实训项目，所有专业的实训开设率均达到90%。

学校每学期都建立健全安全防范与应急处理机制，加强防范演练，定期开展防灾教育，把可能发生的灾害降到最低。强化安全环境的维护与防护措施的执行，定期进行各项安全检查，更新消防设施与保安器械等。学校的建筑及各项设施的安全性好，学校领导每天带值班教师、学校保安共同维护校门口秩序，确保学生安全学习环境。

学校重视就业创业指导工作。开展丰富多样的创业教育活动，进行职业生涯成长规划教育，以培养职业能力、职业素养；建立就业创业信息平台，强化就业创业管理，完善就业服务体系。建立就业学生管理的跟踪和巡视回访制度，积极为毕业生提供后续管理服务和技术支撑。

【教育教学改革】 山阴县职业教育中心校推动公共课课程改革，落实立德树人根本任务。学校推动课程统筹，初步开展公共基础课课程改革，将立德树人目标融入各课程教学之中，根植于学科课程的核心素养，使德育与智育、体育、美育以及学生实习实践有机融合，丰富德育载体，努力实现全员育人、全科育人、文化育人、实践育人，提高育人成效。学校稳步推进学校的课程体系的改革与建设。学校机电技术应用专业为省级重点专业，同时计算机应用、汽车运用与维修、音乐专业申报了省级重点专业。学校实训设施场所基本能满足学生实验实训的需要。

【教师培养培训】 山阴县职业教育中心校学校十分重视教师队伍建设与师资培养工作，尤其是青年教师培养，学校本年度用于教师培养培训的经费大幅提升。培训重点为提升职业教育理论水平，师德素养，教学能力，帮助教师更新教育理念，学习掌握新知识、新技能、新工艺、新方法。校本研训规范执行。教师继续教育及时布置，及时督促，及时登记，2022年度继续教育签证率100%，合格率100%。学校对各教研室、教研组有明确的专题研修要求，各教研室、教研组每周结合教研活动正常开展业务培训，结合课程标准、人才培养方案、考纲等进行专题学习研讨。学校组织教师按要求利用假期到相关企业实践锻炼。专业教师下企业学习新工艺、新技术、新方法，积极参与企业产品研发，专业能力得到了提升。学校制订了专业带头人、骨干教师培养计划，以及骨干教师、青年教师培训制度，积极组织教师参加各级培训。培训侧重向专业带头人、骨干教师、优秀青年教师倾斜，用足名额。

【规范管理】 山阴县职业教育中心校教学管理规范运行。学校形成校长、教务处、教研组三级教学管理机构，严格执行相关的教学管理规章制度，注重教学管理和质量的监控工作。学校教务处本年度全面、全员、全程抓教学，强化教学过程管理，以规范教风促进学风转变。通过定期“四查”（查教学计划、查备课、查作业批改、查教室日志）、“两看”（看课堂教学效果、看学生评议情况）、“三巡”（课中巡课、教学场所安全巡查、考试巡查）、“三防”（防止私自调课、防止提前下课、防止“放羊式”上课）、“一分析”（考试成绩的质量分析）等管理措施，努力提高教学质量。积极开展校本教研活动，实践创新课堂教学模式。全校开展说课大赛、教学基本功大赛和课堂达标比赛，提高教师课堂教学采用“先学后教，当堂训练”的模式，熟练运用信息化手段的教学水平，选拔出了一批业务精湛、素质优良的教学能手和业务标兵，通过多种形式进行宣传，发挥示范引导作用，加大教学管理力度。完善实施学分制管理，促进合理评价机制的形成。学校教务处继续深入完善《山阴县职业教育中心校学分制管理办法》，有效促进了新型评价机制的形成。学分内容包括学生三年在校期间的学分涵盖思想道德、学科知识学习、实习实训、职业资格证书考试、社会实践、社团活动、技能竞赛等方面的成绩和表现。教学课程的开设做到了开足开齐，教材选用规范，德育课、文化课均采用教育部和省教育厅规定教材，专业课程均选用省教育厅推荐目录中教材。

【后勤服务】 山阴县职业教育中心校及时做好各类创建、迎评资料的整理与现场准备；按照规范程序完成各类专项资金、年度预算资金的政府采购工作；及时维修教室宿舍水电设施、办公桌椅等各类公用设施；根据需要及时采买，保障供应各类办公用品及教学实验物资；学校后勤工作的及时到位，为学校各类项目建设提供优质服务。财务管理严格执行财务法规，规范设立总账、现金出纳会计，所有物资采购及支出一律实行先申报、后实施的运行制度。财务运行做到用款有计划，收支有标准，分析有资料，监督有要求。公务活动规范化。学校严格公务消费接待管理规定的执行，接待等公务消费持续保低位运行。

【安全教育】 山阴县职业教育中心校坚持“常防不懈”的安全稳定工作原则，先后组织开展了消防安全、防灾减灾日、全国中小学生安全教育日、防溺水、安全生产月、食品安全宣传周、“校园十排十查”等主题教育活动。进一步强化依法治校和综合治理工作意识，学校先后组织开展了法治教育宣传、国家安全、抵制校园欺凌、禁毒图片展、观看禁毒影片等专题教育活动，师生违法犯罪率为零。学生复学期间，关注学生需求，适应防控部署，坚决做到模范带头、积极作为，争做先锋表率，同时坚持每天在师生入校期间，协助值班教师做好师生入校的排队、测体温和消毒工作，志愿做好周末学校安全值班工作，切实抓好师生的防疫安全工作。

【党建】 2022年，山阴县职业教育中心校把抓好德育和思想政治工作作为学校党员的中心任务。坚持“德育为先、育人为本”思想，抓好学生德育工作，注重做好教职工思想政治工作，深入推进师德师风建设。健全完善“两会一课”制度，推进“两学一做”学习教育常态化制度化。定期召开党员大会。利用网络媒体，创新学习平台，抓好全体党员的学习、全体教职工的学习，开展丰富多彩的教育活动，加强了党员队伍的爱国主义、集体主义教育。狠抓党风廉政建设。坚持全面从严治党，严明政治纪律和政治规矩，加强纪律建设和作风建设，深入落实“四风”专项整顿精神和八项规定，深入贯彻《关于新形势下党内政治生活的若干准则》和《中国共产党党内监督条例》，强化监督执纪问责，坚定不移推进教育系统党风廉政建设和反腐败工作。严格财务纪律，强化对学校可能诱发违纪违法问题的关键环节监督执纪，加强内部审计监督，防患于未然。

技工学校

【概况】 朔州市技工学校创建于1977年9月，是朔州市人民政府主办的一所中级技工学校，隶属朔州市人力资源和社会保障局主管。其主要职能是开展技工学历学制教育和职业技能培训工作，为社会各行各业输送专业技工人才。学校有汽车维修、交通运营管理、计算机应用专业在校生228人。

技校为正处级建制，全额拨款事业单位。编制有81人，内设（行政）办公室、教务处、学生处、总务处、膳食科、保卫科、党务办公室7个科室，以及工会、团委2个群体机构。截至2022年底，学校有退休人员75人；有在职在编职工59人，其中管理人员6人、专业技术人员41人、工勤人员12人。在专业技术人员中，89%为本科学历，分别有高级职称12人，中级职称23人，初级职称6人。技校党总支下设退休党员、在职党员2个党支部，有退休党员33名，在职党员20名。

【学校工作】 2022年，为了改变学校办学条件极其落后的现状，校党总支积极推动新校区建设，选址、立项等前期工作基本就绪，计划2023年初动工。学校校园文化、平安校园等建设也都取得了明显进展。

2022年春季，技工学校招收学生84人，在校生共达到228人。同时，学校认真筹备专业设置改进工作，为提高学生就业能力和综合职业素质、培育德技并修的适用型技能劳动者做了积极贡献。2022年10月，学校公开招聘了12名新人，极大地改善了教师队伍的年龄结构。

2022年，学校积极创造条件开设了线上教学，实行了线上与线下相结合的教学模式，并开展了教学观摩活动，较好地发挥了示范引领和传帮带作用。同时也开辟了线上与线下相结合的思政教育模式，取得了很好的效果。

【政治建设】 2022年，技校根据工学一体化培养模式，全面推进“大思政课”建设，组织开展“学习党的二十大报告精神”专题教育活动5次，领导干部讲党课活动6次，每周二的“思政教育大课堂”10余场。12月，“学习强国”

学习平台App发表了力美澍老师撰写的《朔州市技工学校善用“大思政课”铸魂育人》。2022年，学校新增了2名党员，并全部增加到了党务办公室，并且培养了4名入党积极分子，在上级党组织的关怀下，于“七一”前发展了2名预备党员。年底前又有2名新人向党组织递交了入党申请书。

山阴一中

【概况】2022年，山阴一中共设有教学班64个，学生3860人，教职工388人，其中教师382人、工人6人，专任教师学历全部合格。有中学高级职称的教师81人，中学一级教师132人，中学二级教师169人。师资队伍结构合理，热爱教育事业，业务精，能力强。学校全面贯彻落实党的教育方针政策，坚持”营造书香型校园，打造学术型队伍，培养创新型人才”的办学理念，以”服务学生，服务家长、服务社会”为办学宗旨，求发展，创特色，谋跨越。学校多次受到国家、省、市、县的表彰，成为国家基础教育实验中心重点课题“中国学校心理健康教育行动研究”实验基地学校。

【硬件设施】山阴一中总占地面积288674平方米，其中建筑用地面积223049平方米，绿地率35%，总建筑面积100817平方米。地上建筑面积96853平方米，地下建筑面积3964平方米，教学楼及实验楼26766平方米，图书馆9120平方米，行政楼5415平方米，艺术楼4792平方米，餐厅总面积14622平方米，可同时容纳3200人就餐，学生宿舍25942平方米，浴室及锅炉房1500平方米，综合楼3750平方米。

学校有物、化实验室各6个，物、化、生探究室各1个，生物准备室3个，物理准备室4个，化学准备室5个，生物观察室3个，通用技术设计室2个，通用技术实践室2个，语音室4个，语音准备室2个，计算机室6个，电子备课室3个，阶梯教室3个，每间教室配有现代化教学设备，实现了多媒体教学，传统教学与现代信息技术结合有效的促进课堂教学的改革，提高了教育教学质量。

【教师团队】山阴县一中学校有专任教师382名，其中女教师253人、男教师129人。在校学生3860名，师生比1∶9。其中研究生学历83人，本科学历295人，占专任教师人数的99%。专任教师职称结构：高级职称81人，占总人数比例为21%；中级职称132人，占总人数比例为35%；初级169人，占总人数比例为44%。专任教师年龄结构：25—30岁25人，31—40岁136人，41—50岁137人，51—60岁84人。

【学生情况】2022年上学期学校共3860名学生，有64个教学班，平均班额60人。全部学生实行分层均衡编班。学生体质健康率情况：有学生3860名，参加体质测试的学生3860名，其中体质测试的学生及格及以上共3706人，学生体质健康合格率为96%。山阴县第一中学校的进城务工人员子女共50名，和本地学生同等享受国家政策。学校对留守儿童在生活和学习上给予充分的关爱，给予特别关心照顾。

山阴二中

【概况】山阴县第二中学校贯彻执行国家的教育方针、政策、法律、法规，落实省、市、县关于教育的决议，制定初中教育管理规章制度。贯彻执行国家语言文字工作的方针、政策，负责语言文字管理工作，指导普通话的推广和培训测试工作。综合管理、督导、评估本校初中教育工作。指导教职工思想政治工作和学校精神文明建设，搞好学校体育、卫生、艺术教育及国防教育。负责教育经费和补助专款管理，教育基建专款的管理，监督、指导学校基建，校舍安全和校园绿化、美化工作。统筹规划，指导教育教学改革。抓好学校内部人事制度和管理体制改革，管理学校教育科研、现代信息教育技术、教学仪器设备配置工作。抓好教职工队伍建设，组织学校实施资格制度，职称改革、教师的培养、培训和教师专业技术职务的推荐聘用工作和继续教育工作。抓好学校党的建设和领导班子建设，指导工会、共青团、少先队工作，抓好纪检、行政监察、信访、审计和行风建设。抓好招生工作。负责学校人事管理和考核、报批工作，学校教育基本信息统计、分析、发布和信息系统的开发工作，归口管理的对口支援工作和对外宣传交流。

【硬件设施】 学校建筑面积31938平方米，其中教学楼一幢五层8140平方米，综合实验楼一幢五层6984.62平方米，学生公寓两幢五层，共9076平方米，学生餐厅一幢三层（含地下人防工程）7014平方米，阶梯教室一个324平方米，运动场9600平方米，可容纳2000名学生运动。综合实验楼设有图书室3个，阅览室4个，其中图书有26大类，共43391册，生均22册，各类视听资料、教学软件、模型、挂图等计68件，物理实验室3个，化学实验室2个，生物实验室1个。化学仪器135种8868件，物理仪器143种3524件，生物仪器112种3645件。计算机教室2个，共有学生计算机110台，教师专用机4台。音乐教室2个，美术教室2个，舞蹈教室1个，音、体、美专用教室符合标准。音乐器材11种15件，美术器材30种576件，体育器材51种853件。笔记本电脑160台。每位专任教师都配备专用笔记本电脑1台。各班配置有多媒体。

全校所有教室、教研室和办公室全部接入互联网。安全保障方面实现“三防”。分别为人防：有校园义务消防队1个，安全应急小组1个，校园安全保卫1个，专职公寓管理队1个；技防：有校园监控系统1个，有摄像头120个，全部为高清摄像头，实现校园全覆盖，校园一键警报器1个；物防：有干粉灭火器78个，二氧化碳灭火器8个，消防栓60个，微型消防站1个。

【师生情况】 学校有专任教师115名，纪检组组长1名（男），其中女教师86人、男教师29人，在校学生975人，师生比1∶8.47。本科学历112人，占专任教师人数的97.39%，专科学历3人，占专任教师人数的2.61%。专任教师115人，其中语文教师20人、数学教师17人、英语教师21人、物理教师8人、化学教师3人、生物教师6人、历史教师8人、地理教师7人、音乐教师5人、体育教师7人、美术教师3人、综合性学习教师3人、信息技术教师3人、通用技术教师3人、研究性学习教师3人、地方校本课程教师3人。高级职称15人，占总人数比例为13.04%；中级职称51人，占总人数比例为46.95；初级50人，占总人数比例为40.01%。30周岁以下0人，30 ~ 35周岁25人，36 ~ 40周岁20人，41 ~ 45周岁9人，46 ~ 50周岁24人，50周岁以上35人。

学校共975名学生，有22个教学班，平均班额45人。学校严格执行国家课程标准，学生每天的课外作业不超过40分钟。参加体质健康测试的学生共975人，其中体质测试及格及以上共962人，学生体质健康合格率为98.66%，全部学生实行就近入学，均衡编班。

【教学管理】 山阴县第二中学校着力优化师资队伍，师资结构合理，教师资源均衡配置，“老中青”三结合的模式，形成了以老带新，以新促老的良性发展格局。在教学管理上，学校经常组织开展各类教研活动，形成了独特的办学风格，建立并完善了一整套科学、严谨的管理制度和严明的奖惩制度，得到了广大家长的一致认可与好评。学校定期召开学生家长座谈会，向学生家长发放调查问卷，注重听取学生家长的意见与建议。

山阴三中

【概况】 2022年，山阴县第三中学第一学期学校公设14个教学班，736名学生，在编在岗教职工132人，借出在岗教师5名，借入在岗教师3名，专任教师学历全部合格。学校认真贯彻落实党的教育方针、落实全国“双减”政策，坚持以学生发展为本，落实立德树人根本任务，把“双减”作为一项重要政治任务抓紧抓好，坚持素质教育，深化教育改革，多措并举提升校内教育教学质量，丰富课后服务供给，努力帮助家长解决放学后接送学生的实际困难，办好让人民满意的教育。

【硬件设施】 2022年，山阴县第三中学总用地面积38628.78平方米，总建筑面积19189.18平方米，新建食堂建筑面积1498.46平方米，绿化率35%。学校按国家规定拥有理化生实验室、音乐教室、计算机教室、美术教室、阅览室等专用教室，并班班安装了多媒体，拥有1个400米环形跑道和100米直线跑道面积为19553平方米的体育场。学校设有图书室两个，阅览室四个，其中图书有26大类，共60000册，生均69册，各类视听资料、教学软件、模型、挂图等计68件。物理实验室2个，化学实验室2个，生物实验室1个。

【教师情况】 2022年，山阴县第三中学有专任教师132名，其中女教师69人，男教师63人。其中本科学历132人，占专任教师人数的100%。专任教师职称结构，高级职称19人，占总人数比例为14.4%；中级职称40人，占总人数比例为30.3%；初级职称73人，占总人数比例为55.3%。

【学生情况】 2022年，山阴县第三中学共736名学生，有14个教学班，平均班额51人。全部学生实行就近入学，均衡编班。山阴县第三中学无择校情况，严格执行国家课程标准。学生每天的课外作业不超过40分钟。学校有学生736名，参加体质测试的学生736名，其中体健测试的学生及格及以上共729人，学生体质健康合格率为99%以上。全部学生享“两免一补”国家政策。学校对留守儿童在生活和学习上给予充分的关爱，给予特别关心照顾。

山阴四中

【概况】 山阴县第四中学校负责实施所在地区九年义务教育初中阶段的教育教学工作。学校占地面积41067平方米，建筑面积18788平方米，体育运动场地面积6426平方米，藏书40110册。学校有26个教学班，在校学生共1337人，在编教职工125人。学校始终以德育教育和文明素养教育为先导，狠抓学生思想品德和文明素养的养成，努力构建平安校园、文明校园。

【教师队伍建设】 山阴县第四中学校强化师德师风建设，确保队伍的先进性。学校认真抓好师德师风建设，建立师德档案，并在学期初与全体教师签订了《落实“双减”工作承诺书》，开展师德警示教育、宣讲师德先进事迹，树立清正教风。加强班主任培训，提高班主任专业素养。学校采用集中培训和自学相结合，以提高班主任的自身素质，达到育人的目标。学期末，进行班主任经验交流、班主任考评，评选出优秀班主任。

【德育工作】 山阴县第四中学校抓实常规教育，促进习惯养成。制定常规管理制度，强化养成教育，强化学校一日常规管理，规范学生的日常行为，确保校园有序、平安。德育教育与校园文化建设相结合，与日常管理相结合，营造崇清尚廉的育人环境。每月确立德育主题，开展主题教育活动，活动效果比较显著。

【教学工作】 山阴县第四中学校始终坚持以德育为主线，教学为中心，教研为先导，师资队伍建设为重点，教育教学为动力，提高学生综合素质为目标的办学宗旨。始终把教育教学质量的提高视为学校发展的生命线，探索教育规律，完善管理制度，广泛调动广大教师的工作积极性。细化了教学环节的检查。在教学上进一步完善了教学常规检查制度、集体备课制、学情分析制度等教学常规管理制度，进一步强化对教师的备课、听课笔记、学生作业、课堂教学、课外辅导等教学常规的检查。教导处对集体备课加强了督查，有效促进了集体备课的落实和整体教学水平的提高，真正把“双减”工作落到实处。抓实了学生学情的分析。教学中心意识追求的就是课堂教学效益的最大化，学情分析就是效益最大化的具体要求。各年级定期召开分析会，每位班主任和科任老师都会对本班施教情况进行总结反思，并制定下一步提高措施。

【党建工作】 山阴县第四中学校本着以育人为本，全面贯彻党的教育方针，始终围绕“高效、务实、廉洁”这个目标抓好领导班子建设。

通过学习党的二十大精神、习近平新时代中国特色社会主义思想等重要思想，学新党章及与教育相关的法律法规，对班子成员进行党风党纪政纪教育，学习先进的教育理论和经验。加强领导班子作风建设。学校党政班子协调配合，秉公办事。重大事情都由领导班子讨论决定，决策不主观、不武断，作风民主，政令畅通，为政清廉，受到了教职工的好评。

山阴五中

【概况】 山阴县第五中学校占地面积101亩（67333平方米），建筑面积36000平方米，操场面积1300平方米，绿化面积22900平方米。各类实验室20个（化学5个、物理5个、生物5个、地理1个、语音4个），专用教室7个（音乐2个、美术2个、微机3个），多媒体阶梯教室1个，教学用计算机130台。其中，笔记本60台，台式的70台，图书阅览室藏书55000册。学校信息化建设达到了班班通，校园监控实现了全覆盖。

【“双减”工作】 2022年，山阴县第五中学校大力推进“双减”工作。成立了专门的领导组，召开了专门落实“双减”政策的教研组长会议，研究了五中落实“双减”政策的具体办法。由各教研组长负责，压缩各科作业总量和完成作业的时长。规定语、数、英三科每天书面作业时长（以中等生速度）不超过15分钟，政治、历史、物理、化学每科作业时长不超过10分钟，其他学科不安排书面作业。作业量由各教研组长亲自安排，各科任课教师严格执行，严格控制在90分钟之内。由教务处负责，下午课外活动后的下午自习、晚自习及早自习都上自习，严禁老师讲课，更不准上新课。18：15至19：00自习用来完成作业，教师看护自习，指导完成作业，对学困生进行个别指导。晚自习暂定为统一阅读时间（个别下午没完成作业的学生完成作业），21：40全部回宿舍，21：40至22：00为就寝准备时间，22：00全部就寝，保证八小时睡眠时间。由教务处负责取消月考，每学期期中期末考2次，不公布成绩。成绩由老师和教务处掌握。

山阴一小

【概况】 山阴县第一小学校是一所公办全日制寄宿制小学。有16个教学班，在校学生801人，专任教师72人。大专及以上学历63人（其中中小学高级教师1人、中小学一级教师21人、中小学二级教师26人），省市县优秀教师24人，优秀班主任11人。主要服务于闫家巷、梁山、花园、兰园、堡子巷等周边自然村。学校占地面积11000平方米，建筑面积6863平方米，运动场地面积3910平方米。学校建有2栋教学楼以及公寓楼、综合艺术楼。学生普通教室16个，书法室、图书阅览室、微机室、体育活动室、音乐室、舞蹈室、美术室、武术、创客、乒乓球实验器材室等专用教室18个。

【校园安全】 山阴县第一小学校始终把安全工作放在首位，要求全体教师提高安全防范意识，牢固树立“安全是高压线”的意识。安全排查日日做、安全课程周周上、安全演练月月有，安全设施配备齐全，校园监控摄像全覆盖，同时注重安全教育，让学生做一个家庭的好孩子、学校的好学生、社会的好公民。学校建立了强有力的安全工作保障体系，聘保安公司专业安保人员2名，24小时门卫值守；学校带班领导，值班教师配合每日安全管理，政教人员课间活动分区域值守，住宿部工作人员分时段对学生三餐、晚辅、住宿服务照顾并安全管理，形成了学生在校期间网格式、24小时无缝隙对接的安全管理体系。

注重学生身心健康，2022年全校各班开设心理健康课，由专业的心理健康教师任教，呵护学生身心健康，促进学生快乐成长。形成人人关心安全、事事讲究安全、时时注意安全的整体意识，确保学校师生平安，为学校教育教学工作顺利进行保驾护航。

【师资队伍】 山阴县第一小学校以“师德规范”为依托，严格规范教师师德行为和品行操守，切实打造一支作风过硬的教师队伍。鼓励教师积极参与各级各类教学类比赛，教师技能力大赛、优质课评选、老师说课比赛等，促进教师专业水平提升，近年来多人多次荣获教学类各种奖项。不断优化教师队伍，提高教师教学水平，切实开展多种形式培训学习，利用山西省名师工作室基地校培训、学校校本教研培训、国培、教师继续教育培训网等，提高教师的思想认识和教学水平，相互促进，相互学习，不断改革创新，全面提升教师整体文化素养和教学水平。

【教学管理】 2022年，山阴县第一小学校加强教学常规管理，全力提升教学成绩。抓好学生日常规范书写，每班每周开设硬笔书法课，并征集优秀作品在校内展示，形成规范书写常态化；加强师生阅读，注重学生阅读积累，为学生争取多方阅读类书籍，加大学生阅读量，提高学生阅读理解能力，以提升学生文学素养和品德修养。在学校公共区域放置“共享阅读区”，让孩子们课余时间随时阅读精美书籍；学校要求分年级、年段完成阅读摘抄笔记，每班学生在校期间阅读笔记检查后记入语文教师教学考核，教务处对寒暑假学生阅读笔记和坚持书法书写的优秀学生和全校优秀阅读班级前三名进行表彰；连续三年开展四月读书月系列活动。

深入开展教研活动，学校于每周二至周五上午进行推门听课，分学段、分科目教师全体参与，听后集体点评，相互促进，不断改进，旨在整体提高教师课堂教学水平，让每位教师的每节课都是精品课；每周进行一个年级的集体备课；每月进行教学常规检查，对学生作业本、练习册、阅读摘抄笔记、作文，教师教案等进行全覆盖细致检查，并记录在册，与教师绩效挂钩；每月进行阶段练习，期末 3 ~ 6 年级书面测试；每学期对教学成绩优秀学生进行表彰，以带动和激励学生不断汲取新知识，不断进取；充分利用山西省名师工作室，与省级专家直接互动，提高教师教学水平。同时建立教师教学考评制度，严格考核办法，把教师教学常规工作业绩与年度考核、评优、评模、评职等挂钩，也充分调动了广大教师工作的积极性，教学成绩近年来不断进步，稳中有升。

【学生综合发展】 山阴县第一小学校注重学生养成教育，提升学生综合素养。从课堂、从校园、从食宿，从学生一言一行、一举一动规范学生言行举止，时时、处处注重培养学生良好行为习惯、学习习惯、生活习惯、文明礼貌习惯等。注重体艺结合，分年级开设多种趣味性和技能性体育活动，让体育活动有声有色，从而达到增强学生体质健康的目的。做好学生思想品德教育工作，利用校园红领巾广播、每周一升旗、班会等加强学生品德教育，同时在课堂教学中渗透德育教育，并把德育教育贯穿教育教学管理工作始终，全面提升学生综合素养。

【特色教育】 山阴县第一小学校内开设了书法（1、2 年级硬笔、3 ~ 6 年级软笔）、美术、武术、舞蹈（拉丁、民舞）、口才、葫芦丝、口风琴、手鼓、创客教育、乒乓球等 11 种各种兴趣特色社团活动。每个年级每周开展兴趣活动，学生根据自己喜欢的兴趣爱好选择自己喜欢的特色课程，为学生特长爱好打基础，切实实施“五育并举”，促进学生德、智、体、美、劳全面健康发展，为祖国培养全面发展的创新性人才。山阴第一小学校继续打造“墨韵一小，书香满园”书法特色活动，学校有教师 33 人参与书法活动，2022 年在校有 130 多名学生参加书法兴趣社团，系统学习书法，输送具有一定书法书写基础的学生约 350 多人，同时带动了部分家长的大力参与。师生共参加国家、省、市、县各级书展和书法比赛近 30 多次、作品 1000 余幅；获奖 600 余人次，学校在新年、“六一”以及校园文化展览中举办大型书画展 6 次，先后共展出作品 2300 余幅；取得了一系列可喜的成绩，多次接待省、市、县各级领导和社会书法爱好者到校观摩调研。

【食宿服务】 山阴县第一小学校每周一到周五三餐正常提供就餐，学校根据相关要求及学生身体需要，因地制宜制定了营养供餐食谱：达到奶类、蛋类、蔬菜、水果、肉类等合理调剂，保证营养均衡质量搭配。学校严格按照有关食品安全卫生标准及要求，并做到日管控、周排查、月调度的食品安全管理模式，力争服务好每一位学生。

山阴二小

【教学教研】 2022 年，山阴县第二小学校坚持抓好教学流程的各个环节，规范教师的教育教学。组织做好网上教学活动。扎实开展“停课不停学，停课不停教”活动，积极稳妥地推进“线上教学”活动，取得了良好的效果。狠抓教学常规管理。细化“备、讲、批、辅、考、研”六个基本环节，开展高效课堂；进一步加强师德师风建设。采用定期培训、日常监督、年终综合评价等形式狠抓师德师风建设，教师爱岗敬业意识明显增强。

【素质教育】 2022年，山阴县第二小学校以学生为主体，以活动为载体，精心设计打造校园、走廊文化，优化美化育人环境，提升文化育人，环境育人效果，广泛发动师生开展社团活动、文体活动，兴趣小组的活动；大力改善校园环境，营造浓厚的文化氛围，绿化、美化、净化到位；开展丰富多彩的校园文化活动和社会实践活动；积极探索“轻声教室，无声走廊，文明校园”活动；积极探索传统文化教育，全校各班级上午第一节课统一定为国学诵读课；每月组织一次国学知识考试，有效激发了学生阅读兴趣；组织发动学生在家开展做家务等“孝敬父母、体验亲情”系列实践活动；在学校开展做好事、清洁校园等“和谐校园”系列活动；建立了网络文明传播志愿者队伍，开展形式多样的教育实践活动。

【校园安全】 2022年，山阴县第二小学校严格执行上级疫情防控工作安排部署，扎实做好校园安全工作。把安全检查作为常态举措，及时发现薄弱环节和工作漏洞，防患于未然。加强学校内部管理，和睦周边关系，排除矛盾隐患，化解矛盾纠纷。

【精细化管理】 山阴县第二小学校校园建设规划科学合理，校园环境清洁；校园绿化体现学校特色；校舍建筑管护到位，定期对房屋、供排水、用电、消防等设施及系统进行检查；改造升级消防设施；规范教师办公室、教室、功能室室内环境，凸显温馨和谐；凸显人文环境特色；大力提升教师礼仪形象，注重学生行为习惯养成；加大周边环境治理，协助公安、城管、文化、市场监管等部门，定期对校园周边进行治安清查整治。

山阴三小

【概况】 山阴县第三小学校占地面积23000平方米，建筑面积6560平方米。教学主楼“晨曦楼”为教学区，附楼“怡智楼”为活动区。教学楼后建有塑胶运动场，运动场地9000平方米，建有200米环形跑道，规范平整。教学附楼内设有音乐室、美术室、舞蹈室、书法室、微机室、科技室、图书室、阅览室、劳动技术教室等功能教室，所有设施均按照国家标准配备。有教学班30个，学生1549名，学校现有教师90名，其中副高1人，中级职称30人、初级58人，未定级1人。省、市、县优秀教学能手78人，高于规定学历的教师达100%。

学校全面贯彻教育方针，坚持“育人为本，全面发展”的办学宗旨，以“崇德尚学，励志树人”为校训，积极实施素质教有，深化课堂教学改革，教育教学质量不断提升。

【学校活动】 学校全面贯彻教育方针，坚持“育人为本，全面发展”的办学宗旨，以“崇德尚学，励志树人”为校训，积极实施素质教育，深化课堂教学改革，教育教学质量不断提升。山阴县第三小学校在物质文化上，设置了爱国主义教育长廊、书画长廊、科技长廊、航模长廊等一系列爱国教育。在精神文化上，布置了学校荣誉展示柜、少先队员宣誓墙及一系列办学理念展台。在制度文化上，进行了板报评比，制定了目标管理、教学管理、德育管理等一系列管理制度。在校园文化上，举办了法治进课堂，开展了创客、武术、舞蹈等一系列教学创新。

山阴四小

【概况】 山阴县第四小学校占地面积3579平方米，建筑面积2273平方米。学校奉行“一切为了学生的终身发展奠基”的办学理念，秉承“敬业，爱生，严谨，求真”的教风，营造“乐学，静思，自主，合作”的学风。建立“文明，和谐，奋发，求精”的校风。坚持党的教育方针政策，因材施教，形成了快乐学习、健康成长的浓郁氛围。

学校一校两部，小学部教学班级6个，学生93人。幼儿部教学班3个，学生46人。学校教师共计23人，其中本科学历17人、大专学历6人、小学高级教师1名、小学一级教师14名、小学二级教师8人，省、市、县优秀教师和教学能手12名。学校坚持人尽其才、协调发展的工作原则，着力抓好人才队伍建设，为教学质量的提升奠定基石。

【学校活动】 山阴县第四小学校全面贯彻教育方针，坚持“一切为了学生的终身发展奠基”的办学理念，积极实施素质教育，深化课堂教学改革，教育教学质量不断提升。学校先后被评为“朔州市平安校园”、“书法五进”优秀教学基地、“山阴县少先队红旗大队”“朔州市少先队红领巾社团”，获得“中华魂”主题教育活动优秀组织奖，“中华魂”（科技托起强国梦）优秀组织奖，在“庆祝新中国成立70周年书画展”中荣获优秀组织奖，“山阴县少儿魔法还原大赛”中荣获优秀组织奖。

学校让学生诵读诗词，将《三字经》《弟子规》《百家姓》《千字文》等国学经典融入其中，不断丰富、拓展诵读内容。引领学生专心诵读，营造浓厚的经典诵读环境。学校免费为学生们开设了线描、国画、武术、舞蹈、葫芦丝、古筝、书法等社团，给学生们搭建了培养兴趣爱好的良好平台，极大地丰盈了学校的文化底蕴。

山阴五小

【概况】 山阴县第五小学校教室配置全部达标，班班通多媒体、电子白板，新增教学用计算机35台。专任教师达到了“四个一”标准（一人一柜一机一椅），为现代化教学手段得到运用奠定了良好的基础。学校占地面积11555平方米，建筑面积1833平方米。活动场地1353平方米，生均22.1平方米，功能教室齐全，学校实行小班额教学。图书室藏书1483册，生均24册。理科教学仪器3类896件，科学仪器5类1634件，音乐器材4类36件，体育器材5类921件，美术器材9类579件。标准实验室、计算机网络教室、音乐、美术专用教室4个，校园监控全部覆盖。学校推行校园封闭式管理，分项负责、分层管理、分块考核的管理模式，使教育教学管理更加科学、更加完善。学校对住宿生实行全封闭管理。住宿部可容纳学生300多人，每间宿舍配有饮水设备，全天专人负责。

【优化师资】 2022年，山阴县第五小学校师资水平有较大的提升。科任教师40人，其中取得大专学历24人，本科16，教师学历合格率达100%；高级职称1人，中级职称4人，获县级以上荣誉教师20人，获市级以上荣誉教师5人，省级荣誉2人；县级以上教学能手25人。学校注重造就高素质的教师队伍，教师积极参与继续教育、校本培训，各项教学、教研、教工活动，集体备课、教学经验交流、演讲比赛、“六一”活动、元旦表演，既提高了教师的专业素质，又增强了教师的职业幸福感。

【教学质量】 山阴第五小学校以德育为导向，

以教学为中心，以育人为根本。使学生在德、智、体、美、劳等方面得到生动、活泼、主动的发展，学会做人、学会求知、学会生存、学会健体，充分发挥特长个性。学校借鉴新的教学模式，积极推进课程改革，确立了“先学后教、当堂训练”的课堂教学新模式。通过课改，学生的自主学习能力和创新意识明显增强，全校课堂教学水平明显提高。电子集体备课，发挥各种现代教育资源优势，实现了多媒体教学与信息平台的整合，让学生更加直观、易懂地享受到名校教学风采。改变传统单调枯燥单一的教学模式，寓教于乐。

【特色文化】 山阴县第五小学校在特色文化建设的基础上再深入开展班级特色文化建设，打造特色班级，以书香班级、卫生班级、文明班级、文艺班级、温馨班级等形式积极倡导优秀文化的形成。学校逐步形成了鲜明的以传统文化教育为核心的办学特色。在国学教育中，学校将经典国学融入到学生的日常生活及课堂教学，让学生从小学会孝敬父母、文明处事、礼貌待人，遵纪守规，对人、对事、对物都有正确的态度。学校以“均衡教育”为契机，将音、体、美等课程开全开足，并开设校本课程，重视学生学习能力及特长的培养，全面推进素质教育。学校重视德育工作，注重第二课堂学习，学校开展了爱国、爱校、爱家为主题的演讲活动。

山阴六小

【概况】 山阴县第六小学校占地面积26900平方米，建筑面积9426平方米，有43个教学班，学生2358人，教师128人。本科学历84人，大专学历44人，小学高级教师5名，小学一级教师62名，小学二级教师60人，小学三级教师1名，省、市、县优秀教师和教学能手58名。

学校全面贯彻教育方针，坚持“德育为首、教育为本、育人为本”的办学宗旨。以“博学笃志、切问近思”为校训，积极实施素质教育，深化课堂教学改革，教育教学质量不断提升。

【学校活动】 山阴县第六小学校全面贯彻教育方针，坚持“德育为首，教育为本，育人为本”的办学宗旨。积极实施素质教育，深化课堂教学改革，教育教学质量不断提升。山阴县第六小学校在物质文化上，设置了爱国主义教育长廊、书画长廊、科学长廊、航模长廊、民族团结一家亲等一系列爱国教育。在精神文化上，布置了爱国主义教育厅、励志长廊、学校荣誉展示柜、少先队员宣誓墙及一系列办学理念展台。在制度文化上，进行板报评比，制定目标管理、教学管理、德育管理等一系列管理制度。在校园文化上。举办了中医进课堂，开展了中华小茶人等一系列教学创新。进行教师粉笔字大赛，开展首届暑期托管班的新型教学尝试，得到县教育局以及家长的一致好评。

第七小学

【概况】 山阴县第七小学校占地面积24159平方米，建筑面积6821.74平方米，体育运动场地面积8000平方米。在校学生628人，共16个教学班，辖区适龄儿童入学率达100%。学校配备多媒体教学设备，及实验室、微机室、多媒体教室、卫星接收室、卫生室、图书室、阅览室、档案室、广播室、音乐教室、美术教室、体育器材室、多功能会议室。各功能教室配备设施基本达到规范化的标准。各种辅助教室齐全，教学区、活动区、生活区分区明确，布局合理，消防通道畅通，配足配齐符合要求的消防设施，供电系统安全正常。校园文化浓厚，布置新颖。每学期定期举办一些有利于学生健康成长的文化活动。

学校坚持“德育为首，以人为本，质量强校”的办学思想，以教学常规管理为切入点，强化教育教学管理，深化教育教学改革，扎实推进教育教学工作。依法治校，努力构建和谐校园、平安校园。

【教学质量】 2022 年，山阴县第七小学校强化教学工作，提高教学质量。学校开展了教师全员参与的听课评课活动，努力提升教师教育教学水平。在听评课时，评价侧重上课教师教学是否渗透新课标理念，是否有创新性地开展教学，是否精心制作课件，学生是否能快乐轻松地享受课堂，教学效果如何等等。

学校积极开展帮教活动，每周都安排公开示范课，发挥骨干教师、教学能手的示范和引领作用。多次组织各科老师参加外出听课、讲课、评课活动。学校每周开展一次教研活动，促使教师学习课改新理念，积极钻研新教材。

学校对教师的备课、作业批改等教学常规的各个环节进行跟踪管理和监督检查，促进教师认真搞好教学，提高教学质量。学校进行了双减教学活动，在保证各学科的课堂教学质量的同时为学生真正减负做到实处。

【素质教育】 山阴县第七小学校开展丰富多彩的活动，全面实施素质教育。坚持每周一的升旗仪式，利用国旗下讲话、校会、班队等活动对学生进行文明礼貌、行为习惯等教育。开展了丰富多彩的学生课外活动，进行“最美教室评比”、“课桌舞大赛”等活动。让学生得到了展示的平台，从中既得到了快乐又学到了知识。

通过开展各项活动，一起探讨学校德育工作的方式方法。通过家长会、家校联系卡，校讯通，微信等方法搭建家校互动平台，让家长了解到其子女在校的学习情况和行为习惯的养成情况，家庭教育与学校德育工作密切配合，起到了很好的育人效果。

【校园安全】 2022 年，山阴县第七小学校强化校园管理，打造安全文明和谐校园。学校严格门卫制度，坚持出入人员的登记、出示假条制度。严厉打击闲散人员进入校园，维护校园安全、稳定。学校保安员尽职尽责，与当地派出所密切联系，积极创建“和谐平安学校”。每月开展安全演练，内容涉及防火，防踩踏，地震，安全逃生，食品安全等，学生的安全意识得到大幅提高。学校与家长签订安全状况责任书，进行班级安全板报的评比，安全知识竞赛。切实保障师生安全，维护学校正常的教育、教学秩序。

【队伍建设】 2022 年，山阴县第七小学校强化队伍建设，提高教师素质，树立学校良好形象。利用每周一次的例会，加强教师职业道德教育，着重解决教师队伍中违背职业道德要求的不良现象，定期对存在的问题进行排查和整改，增强师德教育的针对性和实效性。通过开展教师职业道德教育全员培训、宣传师德建设先进典型等活动，使广大教师不断增强事业心、责任感和敬业精神，真正做到依法执教，爱岗敬业，热爱学生，严谨治学，团结协作，廉洁从教，教书育人，为人师表。

第八小学

【概况】 山阴县第八小学校，是一所全封闭寄宿制公办小学，校园占地面积 20000 平方米，建筑面积 6212 平方米。学校始终以“办人民满意的教育”为宗旨，秉承“一切为了学生，健康生活，快乐学习，全面发展”的办学理念，在学校抓教学常规、抓师德师风、抓学生养成教育的同时，以“严中有爱，懂得感恩，持之以恒，言而有信，率先垂范”的指导思想对学生进行管理，努力把学生培养成“学会生活，学会学习，学会做人，学会创造”的新时代社会主义建设者和接班人。

山阴县第八小学校管理制度化、民主化、科学化，严格执行课程标准，课程开全开足，开展丰富多彩的课内外活动；严格执行作息时间，严肃工作纪律，规范教师行为，重视师德师风建设。坚持“德育为先，各育并举”，开展内容丰富的德育教育活动。

【德育工作】 山阴县第八小学校以“做一个有道德的人”主题实践活动为主线，以学生行为规范养成教育为主要内容，以学校少先队活动为载体，以重大节日、纪念日为契机，开展生动活泼的德育教育活动，加强对学生进行爱国主义、集体主义、社会主义思想教育和道德规范教育。深入开展“寻找雷锋足迹，弘扬雷锋精神”学雷锋系列活动、“缅怀革命先烈，争当四好少年”清明节祭扫烈士墓活动，让学生在丰富多彩的德育活动中愉快地接受教育，形成良好品德。

【教学工作】 山阴县第八小学校组建了学校教学管理领导小组，构建“校长室—教导处、德育处、总务处—教研组—备课组—教师”五级管理，明确工作职责。对教材钻研、备课、上课、作业批改、学生辅导以及单元检测和分析进行督促和检查；实施集体备课，常规教学的各项环节得到了落实。学校成立教研指导中心，定时开展教学指导活动，促进教师的课堂教学能力和水平。学校在课堂教学的效率和质量上下功夫，建立了课堂教学常规制度加强监控管理，促进了教师的课堂教学改进。学校紧紧围绕办学理念，逐步构建具有学校特色的校本课程。开设多个兴趣活动课，其中“写字教学”“分级阅读”“阳光大课间”“绘画”课程已经全面推开，实现了第一课堂普及与第二课堂提高相结合的课程目标。阳光课程体系已逐渐成为学校的品牌，阳光教育课程分年级得到有效落实。

【校园安全】 山阴县第八小学校始终把学校安全工作放在重中之重的位置，坚持“安全第一，预防为主”的原则，切实加强安全防范工作。利用板报、安全宣传展示板、校园小广播、晨会、班会等，宣传安全知识，做到“安全天天讲，安全时时记”。将安全教育有机地渗透在各门学科、各种形式的专题教育和课外活动之中，每月组织1次安全疏散演练。积极创建“平安校园”，为师生营造安全、和谐校园氛围。

【教师队伍建设】 山阴县第八小学校重视教师素质提升工程，制定实施教师素质提升方案、教师读书方案和教师培训计划并贯彻实施；建立青年教师、骨干教师、新教师成长档案，以老带新，结对互助；认真组织校本培训和校本教研，号召全体教师大练基本功，提升教师理论水平、专业素质和道德水平。

第一幼儿园

【概况】 山阴县第一幼儿园占地面积8143.63平方米，总建筑面积约5900.89平方米，设计规模为6轨18班，承担着3～6岁幼儿的学前教育。幼儿园每个班级都设有独立的衣帽间、活动室、盥洗室；户外配有大型游乐设施，有滑梯、大型迷宫等；综合功能设施配备完善，设有多功能表演厅、感统训练室、蒙台梭利数学室、奥尔夫音乐室、科学探索室，绘本阅览室、淘气堡等多个功能室。园所遵循先进科学的教育理念与教学方法，科学合理地安排一日活动，根据各阶段幼儿年龄特点设有多项加强学科。每个班级配备整套蒙氏学教具。

【校园安全】 第一幼儿园定时对园舍、水电、教学设施等进行排查，及时整改、消除安全卫生隐患。不断健全安全工作应急预案、安全事故报告制度、安全定期检查通报制度等，开展安全教育和培训，做到了安全隐患排查制度化、经常化，职责明确，责任到人。将安全工作摆在首要位置，消除一切安全隐患，杜绝安全事故的发生。

加强安全保卫管理，积极整治周边环境本着切实维护幼儿园安全与稳定的原则，园所安装了一键式紧急报警装置；视频监控系统与当地公安机关联网；校园门口安装了防撞球、防撞栏；高清的校园监控设施设备全覆盖，不留死角；严格执行来客登记，做好体温检测登记，不准无关人员私自出入校园等。校园周边治安状况稳定，每日执勤交警按时疏导上下学的交通秩序，确保道路畅通，消除交通安全隐患，将事故发生率降到最低。

做好日常安全教育。班级每周开展一节安全活动课，通过多种多样的适合幼儿年龄特点的方法（演练、情景表演、儿歌等），内容涉及日常自护常识、保健（食品、防疫等）、心理健康教育、交通安全、消防、地震、自然灾害等，增强师幼的日常自护能力和应对突发事件自救的能力。对于大型活动，严格执行各级审批制度。加强食品安全卫生的管理，严格把握好食品关，保证孩子们的健康成长。

【园本教研】 2022 年，第一幼儿园提高教师的专业发展水平，进一步落实《3 ~ 6 岁儿童学习与发展指南》精神，立足园本教研，提高教师的教育教学水平及五大领域活动的组织与实施能力，扎实有效地开展幼儿园集体教研活动。按照幼儿园教研计划的实施安排，自 3 月 23 日以来利用一个多月的时间开展了系列教研活动，并将每位老师的活动内容进行研讨、评价。

第一幼儿园各班都创设了有利于引发幼儿互动的环境。在走廊、楼梯、班级主题墙、家长园地等环境的创设，做到美观新颖，突出主题。根据孩子年龄特点，力求做到生活化，情趣化，艺术化和儿童化，让孩子主动参与到环境中来，从中受到教育。

第二幼儿园

【概况】 山阴县第二幼儿园属于事业编制，共有在编教职工 35 人，服务山阴县 3 ~ 6 岁的学龄前儿童。全园占地面积 7148 平方米，建筑面积 4940 平方米，户外活动场地 2207 平方米，18 个幼儿活动室，同时还有专用活动室、音乐室、美术室、感统室和科学探究室。开设的课程有五大领域和区域活动、礼仪、安全和主题教育。每班都达到“两教一保”。

【园务管理】 2022 年，第二幼儿园为了使幼儿园管理工作逐步向规范化方向迈进，严格按照管理制度汇编，做到分工明确，责任到人。在实际工作中严格照章办事。通过落实制度，明确职责，提高了教职工的工作责任感，促进了幼儿园各项工作有序、有效地开展。

【教育教学】 2022 年，第二幼儿园各班认真制订教学计划，合理安排各方面的教育内容，根据孩子的年龄特点把领域活动与主题活动有机结合，相互渗透，有效地防止在教学工作的主观性和随意性。定期检查教师备课，落实一日教学常规，加大对一日生活各个环节的监督和调控。以抽查听课为载体，在听完每节课后与教师及时交流，并进行点评纠正。充分发挥幼儿园的区域优势，挖掘自然教育资源，把本土资源的内容渗透到幼儿的一日生活之中，贯穿于游戏、教育活动之中，并以多种形式进行整合，结合本园、本班幼儿的实际情况，灵活开展。

山阴县新洋学校

【概况】 山阴县新洋学校是一所全封闭、寄宿制新型民办学校。学校总投资3000多万元。2022年度有教学班30个，教职工153名，在校学生1419名。学校通过狠抓内部管理，强化教师队伍，丰富学校活动，使学生得到了全面发展。学校主要以创立的“三维七步教学法”课堂教学模式授课，尊重学生个性发展，分层互助教学，让每个学生乐学、好学、会学、善学。学校围绕“一校一品、一校多品”的特色学校发展格局，开设了神笔书写中国练字、国学启蒙教育、小荷作文，丰富了校园文化内涵。学校还开设了口才、奥数、美术、舞蹈、书法、器乐、武术、棋艺等各种兴趣班，做原生态教学还学生自由，特色创新，让孩子感受童年乐趣，张扬学生个性，促进学生全面发展。

【教学活动】 2022年，新洋学校山阴、广灵两校区组织开展了教学研讨会，全体教师共同参与研讨。学校教研室组织所有学科组长进行关于“责任担当促进团队成长，示范引领促进学校发展”的专题培训。学校组织开展公开观摩课教研活动，为教师相互学习、提升自我搭建了一个有力的平台，进一步提高教师的专业素养和教学能力，夯实教师驾驭课堂的基础。学校召开了班主任工作经验交流会，充分发挥班主任在学校管理中的作用，提升了班主任的管理水平。组织开展了第十届青年教师教学技能大赛。进一步推进“双减”工作，提升学校教学质量。启动线上教学方案，准时开展线上教学模式，保证了教学内容的有序进行。

【安全教育】 山阴县新洋学校全力做好疫情防控工作，确保广大师生员工生命健康平安。学校积极组织全体师生及工勤人员进行每周一轮的常规性核酸检测。并不定期组织开展疫情防控应急演练。学校政教处每学期组织全校师生按照学校制定的《防火逃生演练实施方案》进行了安全应急疏散逃生演练活动。学校利用升旗活动和班会组织开展各类安全教育主题活动，提升学生安全防范意识与安全自救能力。

【德育活动】 山阴县新洋学校组织了“追梦新时代巾帼绽芳华”庆祝“三八”国际妇女节联欢会，活动更好地展现女教师健康向上、充满活力的精神面貌，树立新洋学校教师美丽、健康新形象，培养精诚合作的团队意识。学校以班为单位，举行“快乐享童年，故事润心田”故事分享会。举行了韵律操比赛，活动全面推进了“双减”和“五项管理”工作，提升学校素质教育。举行2022年“六一”国际儿童节庆祝活动，表彰了四好少年123名，优秀班干部31名，学科进步生84名，才艺之星221名，接受表彰的还有参加各类竞赛的获奖学生。开展“玉兔呈祥、梦想绽放”为主题的迎新年庆元旦线上活动，丰富了学生的居家网课生活，提高学生的活动能力，营造文化气氛。

山阴县平泽苑学校

【概况】 山阴县平泽苑学校是一所由个人投资兴建的九年一贯寄宿制民办学校。学校占地面积5.53万平方米，总建筑面积3.2万平方米。有36个教学班，204名教职工，学校拥有现代化教学设施，全部教室配备有多功能教学一体机、可调节环保桌椅；标准的理化实验室、微机室、录播室。

2022年，学校适时调整疫情防控和教学安排，及时开展线上教学，确保了师生平安健康，确保了停课不停教、停课不停学。学校响应国家号召，抓规范、减体量，顺利实现由看数量到重质量的转变。

【教学管理】 平泽苑学校秉承“学生至上、质量为本”的教学管理理念，开展课堂教学改革，实施“和谐互助”的课堂教学模式，学生互助结对，师徒和谐并进，教师、学生之间和谐统一。在课堂上教师把时间权、学习权、话语权、探究权还给学生，让课堂充满生命力。2022年突出实施“精讲精练、讲练结合、当堂消化”的课堂教学模式，提高课堂教学效率。课改的实施使学生的主体地位得到了落实，学生的学习积极性提高，其学习、表达、思维、合作、交流等能力得到了提高。

【办学特色】 平泽苑学校坚持规范化办学，保证学生的全面发展。学校课程课时全部按国家要求开设，不分主副课，同等对待，开齐开全。全面更新教学理念，构建特色化精品课堂，让学生在良好的氛围下开展学习活动。学校以养成教育为抓手，从文化课学习、饮食起居、日常生活、学做家务等各个方面培养学生的自理、自立能力，让学生从小养成良好的行为习惯。通过德育系列活动，弘扬社会主义核心价值观。学校重视学生的心理健康教育和学生特长的培养，创办心理咨询、矫正室，开设音乐、舞蹈、美术、书法、绘画等20多种特长班，把全面育人渗透到学校日常活动的方方面面、各个环节、各个角落。2022年，新创办“八大社团”，通过社团活动，锻炼学生的实践能力。

山阴县昱仁中学

【教学管理】 山阴县昱仁中学校秉承“从严、从细、求实、求精，走动式管理，近距离服务，全过程陪伴”的办学理念；施行“集体备课、学案导学，因材施教、分层教学，精批细改、面批面改，个性化辅导、改了又改”的教学策略，创立了一套“昱仁模式”，其核心是“追溯源头，回归课本；浅入浅出，初高融合”。坚持“知识融合，授课融合，作业融合，考试融合”的教学原则，专门解决学困生的问题。学校实行小班化教学、“全封闭”管理制度。制定了一系列管理条例，形成了“一操、两活动”学生课外活动模式，早操、上下午校园舞的活动模式，既加强了学生的身体锻炼，又丰富学生的课外文化娱乐活动；“双朗读、双宣誓”学生课前活动模式，既坚持了学生校内学习氛围，也将学生一些零碎的时间集中利用，增强了学生的记忆和阅读。

【校园安全】 2022年，昱仁中学落实后勤保障，确保校园环境安全。落实防控物资准备工作，每天开展集中消杀活动，做好基础设施准备，包括测试体温的场地与路径，测试装备的使用、保持与更换，隔离室的大小、位置间数和预留间数等。加强食品卫生安全管理，全面落实学校食堂食品安全管理制度，加强对食材原料的把关、审查，确保学生吃热、吃卫生。

气　象

【概况】 2022年，山阴县气象局以习近平新时代中国特色社会主义思想为指导，全面贯彻党的二十大会议精神，树立新时代气象事业科学发展理念，深入学习贯彻习近平总书记对气象工作重要指示精神，以新时代气象事业高质量发展为目标，持续做好气象防灾减灾工作，不断提高气象服务质量。

【综合观测】 2022年，山阴县气象局坚持加强对探测环境的保护，探测环境评估得分91.3分，比2021年90.4分提高0.9分，居全市第一。年内完成华云区域自动站通讯模块更换，对辖区内西小河、马营、下喇叭等5个区域站的供电设备进行了更换。在市局保障中心的指导下下喇叭区域站经过9次实地维修后恢复正常传输。对国家站和土壤水分站进行小路维修铺设、场地平整。

【防灾减灾】 2022年，山阴县气象局对标“监测精密、预报精准、服务精细”，全力做好监测预报预警服务各项工作。8月17—18日山阴县遭遇极端性强降水，单站最大降水量达到148.4毫米。降水来临前山阴局对外发布多条重要气象信息，向县委县政府报送决策服务材料，为自然资源、住建等相关部门、各乡镇负责人、气象信息员提高滚动小时雨情及预报预警信息。根据气象预警，应急局紧急转移煤矿工人300余人。为抢险救援、确保人民生命财产安全，筑牢防灾减灾第一道防线。

全力做好气象灾害风险普查工作。配合完成气象灾害风险普查各阶段任务，参加县级灾害天气监测预警培训，完成相关学习任务。积极与应急局联系开展灾情调查，按照有关业务要求完成每月气象灾害上报工作和灾害调查上报工作。与县应急管理、水利、自然资源、农业等部门深入联动合作，联合发布风险预警、气象服务专报等，通过一体化预警平台、微信公众号、微信群发布气象风险预警以及气象服务材料。2022年以来共发布《重要天气消息》26期、《气象周报》98期、《气候影响评价》12期、《春耕春播气象服务专报》8期、《秋收秋种气象服务专报》10期。

【人工作业】 2022年，山阴县气象局加强人影作业人员审查和上岗培训，单位组织安全培训3次，参加全市人影作业培训1次，丰富作业人员的理论知识，增强人影工作的责任感和安全意识，为今后的人工影响天气工作做好了充分的准备；全年增雨作业共4次，发射火箭弹36枚，作业效果显著。2022年购入人工影响天气作业车一辆，该设备的增添使气象局在开展人工作业时的便携性、灵活性、有效性得到极大改善。

【安全生产】 2022年，山阴县气象局严格履行防雷和升放气球安全监管责任。组织执法人员对辖区范围内的防雷安全重点单位进行检查，配合市局和市市场管理局开展“双随机、一公开”检查，检查重点单位和企业73家。进一步强化部门安全生产合作，与武警山阴中队签订情报保障协议，建立情报信息共享机制，提供与执行任务相关的情报信息及数据资源，做好社会保障。建立应急联动救援工作体系，与消防大队召开应急联动会议，签订应急联动工作合作协议。充分发挥消防和气象部门各自职能及优势，提高消防救援队伍应对气象灾害事故的快速反应能力。统筹做好疫情防控和气象服务保障工作。

【宣传科普】 2022年，山阴县气象局在“3·23”世界气象日、“5·12”全国防灾减灾日以及气象科技周期间，开展形式多样的科普宣传活动，对群众进行气象科普和防灾减灾宣传，共发放科普宣传手册、宣传品共计2000余份。积极使用微信公众号、抖音号等新媒体，及时向公众推送防灾减灾、气象科普小知识。

【文化活动】 2022年，山阴县气象局定期更换宣传学习专栏内容，营造团结进取、积极向上氛围。组织职工开展跳绳、羽毛球、围棋等多样化的文体活动，增加集体凝聚力。积极参加市局工会团建，宣传践行本单位文明创建精神“广武长城塞北景、气象助力好山阴”。

【基础建设】 2022年，山阴县气象局制定完善制度流程，各项支出均严格按照制度执行，完成记账、结账和账务处理工作及各项统计报表且达到进度要求。积极向地方争取气象现代化资金，落实地方财政经费67.73万元，比2021年度增长44%，完成目标任务要求。

8月15日山阴县气象灾害预警中心正式开工，总建筑面积1833.13平方米，总投资816万元，截止到11月20日建设项目主体、门房、水泵房、围墙框架已建设完成，场地已平整完毕，该预警中心的建成极大地改善了职工办公环境，并提高了全县防御灾害事件的能力和水平，为山阴经济发展和百姓生活提供更科学精准的气象服务保障。

【党的建设】 2022年，山阴县气象局加强学习教育，提高政治站位。共计开展主题党日12次，集中学习14次，党员大会13次，党课4次、组织生活会2次，谈心谈话5次，创建“测天耕云，晴暖山阴”党建品牌，使支部的思想引领力、群众向心力进一步提升，党建与业务实现两促进双提高。在党的二十大召开期间，组织学习二十大报告会议精神，通过中国气象局干部远程培训平台、“学习强国”学习平台APP等网络资源，结合“三会一课”、主题党日、学习贯彻习近平新时代中国特色社会主义思想，并制订了学习计划，明确了学习任务和进度要求。紧紧围绕坚定政治信仰、强化政治领导、提高政治能力，扎实开展政治理论学习和党的组织生活。坚持“三重一大”事项集体研究决策，严格执行“一把手”末位表态制度和议事制度。采用“固定项目+专题学习+效果测试”三步走的方式，将党员教育工作落到实处。

卫生　医疗

卫生健康体育

【医疗卫生机构】 截至2022年底，山阴县共有各级各类医疗卫生机构总数376个，其中，公立医疗机构3个（朔州市中医精神病医院、县医疗集团人民医院、县中医医院），民营医院4个（山阴现代医院、山阴阳光妇科医院、山阴益康中西医结合医院、山阴众康医院），建制乡镇卫生院12个、乡镇卫生院分院8个，村卫生室208个、小区卫生室29个，村级卫生所37个、个体诊所54个，专业卫生机构3个（县疾病预防控制中心、县全民健康保障中心、县卫生健康综合行政执法队）。医疗机构编制床位总数1274张，开放床位1686张。全县执业（助理）医师682人，全科医生147人，注册护士654人，其他类别技术人员227人，正高职称36人、副高职称123人、中级职称253人。

【公共卫生服务体系】 2022年，卫生健康和体育局（简称卫健体局）加强公共卫生服务体系建设，改革完善了疾病防疫控制体系。明确了县疾病预防控制机构功能定位、发展方向；深度融合医防一体，建成了“防、控、治”三位一体的疾病防治机制，筑牢了乡镇“防控一体”疾病防控网底，成立了村（居）民委员会公共卫生委员会，加强网格化管理；着力完善了监测预警处置机制，健全了突发公共卫生事件应急预案体系，分级分类组建卫生应急队伍；建立并提高了常态化监测预警、趋势预测预判、传染源追溯等方面的能力；建立了上下联动的分工协作机制，建立了常态化的基层队伍疾病预防控制能力提升机制，加强基层医务人员重大疾病、传染病防治知识培训，提高发现、辨别、报告和应急处置能力；创新医防协同机制，建立了人员通、信息通、资源通和监督监管相互制约的机制；健全了防治结合、联防联控工作机制。

改革完善重大疫情防控救治体系。提高了发热门诊的收治能力，按照应设尽设、全部达标原则，所有乡镇卫生院以上医疗机构按标准设置了发热门诊。按照平战结合、夯实基础、补齐短板的原则，将发热门诊、肠道门诊、呼吸道门诊和传染病科统一整合为感染性疾病科，纳入县医疗救治体系。优化传染病救治床位资源空间布局，县人民医院建设了传染病重症病房。建立健全了应对突发公共卫生事件床位（病区）应急腾空机制，按照编制10%的比例设置可转换ICU床位，平时作为一般病床，配备呼吸机等必要医疗设备，发生重大疫情时可立即转换。提高急救能力，建设部分负压病房，购置负压救护车。强化县中医医院感染性疾病科建设。加强医疗机构检验能力建设。加强了中医药应急救治能力建设。加强了应急医疗救治能力储备。健全了传染病院前急救转运体系。加强重大疫情救治心理干预队伍建设。制定大型公共设施转换为应急医疗救治设施的预案，以乡镇为单位，储备临时可征用的设施。推动建立了基层应急转诊服务网络。助推分级诊疗落实，建立健全分级、分层、分流的传染病等重大疫情救治机制。强化科技和信息支撑，做到“可溯、可诊、可防、可治、可控”。配合医保局健全了重大疾病医疗保险和救助制度。配合工信局、县发改局健全了统一的公共卫生应急物资保障体系。多部门联动强化公共卫生法治保障。

【医改提质】 2022年，卫健体局持续开展一体化改革“提质增效年”活动，按时完成紧密型医共体建设监测平台数据填报工作，及时掌握紧密型医共体建设工作进展和成效。以县为单位，开展“优质服务基层行”活动，达到服务能力标准的机构比例提高到60%以上。主动对接乡村振兴战略，按照山西省基本医疗有保障标准，全县乡、村两级医疗卫生机构达标率均达到90%以上。以推广三明医改经验为抓手，结合山阴县实际，出台《深入推广福建省三明市经验持续深化医药卫生体制改革工作方案》，建立推广三明医改经验落实情况的任务台账。积极推进公立医院薪酬制度改革。实施县人民医院综合能力提升工程，推动建设“10个中心”。完成了慢病管理、微创介入、重症监护、胸痛、卒中、创伤、危重孕产妇救治、危重儿童和新生儿救治等急诊急救建设。推动依托县医院建设互联互通的医学检验、医学影像、心电诊断、消毒供应等资源共享，提高县域医疗资源配置、使用效率和质量。

【传承中医精华】 2022年，卫健体局将县中医医院申报为中央资金支持建设的县级重点医院建设单位，财政投入逐年提升，中医药事业支出占总卫生投入达8.38%；将5大类20种疾病中医诊疗门诊费用纳入医保报销范围，报销比例达60%；为县乡医疗机构放宽条件取消全日制限制要求，公开招聘中医药人员达25名，并将乡镇卫生院全部列入全额事业单位；发挥中医药特色优势的补偿机制；积极推进中医药科室发展，保证了基层中医药事业健康发展。全县形成以县中医院为龙头，乡镇卫生院为枢纽，村卫生室为网底，涵盖县级综合医院和民营医院的中医药服务网络体系。县中医院通过二级甲等中医院评审，乡镇卫生院中医馆建设达到全覆盖，所有村级卫生室能开展中医药和非药物疗法服务，10%的村级卫生室建设了“中医阁”，在全县形成了重视中医、应用中医、发展中医的共识。

县中医院和乡镇卫生院运用中医药“治未病”的意识不断加强。积极建设了5个名老中医工作室，中医药治疗手段运用频率大幅提高。县卫健体局认真履行职能，积极理顺关系，做到开展工作有规划，落实工作有措施，中医管理工作得到了有效加强，县级医院更加注重中药房、中药库房、中医设备添置等硬件建设，加强中医技术研究与传承，服务能力进一步增强，服务质量持续提高。

【老小保健】 2022年，卫健体局以一老一小保健为抓手，全面提高全民健康水平。强化政策体系支持。积极开展全国示范性老年友好型社区创建，全县已达到17个。深化医养结合。岱岳镇卫生院积极开展基层医养结合服务试点示范项目，卫健局拨付项目资金36万元；全民健康保障中心积极开展失能老年人管理服务项目，卫健局拨付项目资金18万元；县人民医院和现代医院均设置老年医学科；山阴益康医院已通过老年友善医疗机构创建工作。积极开展3周岁以下婴幼儿照护服务。打造市级婴幼儿照护服务试点。

【民生实事】 2022年，卫健体局对孕妇进行免费产前筛查，2022年下达山阴县任务数1100人，完成产前筛查1001人，任务完成率为91%，筛查出高风险孕妇90人，其中转诊人数78人，转诊率86.67%（省政府考核标准75%）。共免费婚前医学检查963对，民政局婚姻登记处结婚登记1036对，婚前检查率92.95%（考核标准80%）。检出遗传性疾病1例、指定传染病28例，内科系统疾病5例，婚检疾病检出率1.82%。

共完成宫颈癌筛查2462例，完成率为98.48%，乳腺癌筛查468例，完成率93.6%。其中、宫颈癌筛查出低级别病变21人、高级别病变1人，通过随访已全部进一步复查，无确诊病例，乳腺癌筛查没有发现病变病例。

2022年全县活产数832人，新生儿疾病筛查829人，筛查率99.63%，筛查出肾上腺皮质增生1例，通过随访已告知家长及时治疗。新生儿听力筛查在县医疗集团人民医院、山阴现代医院两家助产机构进行检查，新生儿听力筛查829人，筛查率99.63%，没有发现阳性病例。成立了山阴县危重孕产妇救治中心、危重新生儿救治中心，均设在山阴县医疗集团人民医院。

2022年，共完成叶酸增补1678人，任务完成率93.22%。孕前优生项目任务数500对，完成检查人数469对，完成率93.8%。按照新修订的预防艾滋病、梅毒和乙肝母婴传播工作实施方案，共进行孕产妇艾、梅、乙筛查1208例，筛查率为92.92%（免费试剂1300人），查出乙肝表面抗原阳性3例，查出梅毒1例，并成功进行了免费治疗和阻断。在基本公共卫生服务方面，上半年度0～6周岁儿童健康管理9781人，新生儿访视467人，系统管理孕产妇439人，系统管理率94%，产后访视462人，访视率98.93%。

卫健体局及时拨付补助经费176.4万元，全方位推动全县健康促进管理。建设了健身步道、健康主题公园，发放了健康教育围裙、手提袋和健康套装大礼盒2000余份，印发了健康宣传手册4万册，控烟标识500多份。扎实开展健康知识普及行动。山阴县已申报建设省级健康促进示范县，并积极开展“健康知识进万家”工作。深入开展爱国卫生运动，积极开展无烟党政机关、无烟医疗卫生机构、无烟学校创建活动。积极参加省级营养指导员培训，推动营养健康食堂（餐厅）建设，推动营养健康科普宣教活动常态化，提高居民营养知识知晓率。加强严重精神障碍管理治疗，登记在册的严重精神障碍患者规范管理率达到80%以上、精神分裂症治疗率达到80%以上。持续开展城乡生活饮用水水质监测。加强妇幼健康服务，保障母婴安全，孕产妇死亡率为0。开展职业健康保护行动，做好重点职业病危害专项治理，强化劳动者职业健康，组织开展职业健康达人评选活动，建立职业病危害专项治理基础台账，纳入治理范围内的用人单位申报率、职业健康检查率、定期检测率达95%以上，康复站服务辖区内尘肺病患者康复建档率达到100%，患者服务率达到100%。持续开展老年口腔健康、老年营养改善、老年痴呆防治和心理关爱行动，积极开展加强老年健康宣传活动。加大重点传染病例监测，及时分析研判流行规律和特点，针对性开展宣传、培训和防控工作。组织开展地方病监测评价全覆盖工作，以县为单位开展碘缺乏病、水源性高碘、地方性氟、砷中毒监测。积极开展心脑血管疾病、癌症和糖尿病防治行动。

【医疗防疫】 2022年，卫健体局免疫规划疫苗接种率乡镇达到90%以上，月报表覆盖率达到100%。麻疹病例排除率达到2/10万。根据省市县三级的安排及时完成新冠病毒疫苗的接种任务。严重精神障碍患者管理服务。每年宣传一次，定期项目质控、数据处理，对各乡镇卫生院技术培训不少于2次，技术指导每季度一次，各乡镇卫生院需根据疾控中心现场督导意见形成整改方案，并于一周内交于相关负责人。肺结核患者健康管理服务。对结核病定点医院技术指导2次/年，对乡镇卫生院技术指导4次/年，各乡镇卫生院需根据疾控中心现场督导意见形成整改方案，并于一周内交于相关负责人，对乡镇医生及村医培训2次/年，健康促进教育宣传活动1次，中小学校结核病宣教培训1次/年。健康教育服务、健康素养促进行动。对各乡镇卫生院培训1次/年，技术指导2次/年，各乡镇卫生院需根据疾控中心现场督导意见形成整改方案，并于一周内交于相关负责人。老年人健康管理、高血压患者健康管理服务、2型糖尿病患者健康管理服务。对各乡镇卫生院培训1次/年，技术指导2次/年，各乡镇卫生院需根据疾控中心现场督导意见形成整改方案，并于一周内交于相关负责人。传染病及突发公共卫生事件报告和处理服务。对乡镇卫生院培训2次/年，技术指导4次/年，各乡镇卫生院需根据疾控中心现场督导意见形成整改方案，并于一周内交于相关负责人。

2022年，卫健体局有序开展检测工作。水质检验，按步骤在枯水期丰水期采水，每个乡镇设3个采样点，县城6个采样点，共采水96份，并进行31个项目的检测。地方病检验，按时完成地方病研究所下发的各种盲样检测，尿碘（300份）、碘盐（300份）、水氟、水砷任务。艾滋病检验，配合艾滋病科室进行采样，初筛检测及报表，完成省疾控下发的盲样考核任务，并准备各种资料。疟疾工作，进行疟疾宣传及每月定期对医院疟疾片的复核工作。布病工作包括：进行布病的宣传、乡镇医生培训、职业人群流调发放干预包、可疑布病患者的定性定量检测、布病患者血培养，以及布病病人的督导治疗。

【全民健康】 2022年，卫健体局以卫生体育结合为抓手，全面提高全民健康体质。为了补齐山阴县体育产业发展的短板和不足，满足人民群众日益增长的体育需求，申报了朔州市社会足球场建设项目。完成农村补短板全民健身路径工程8村1校。分别为故驿村、后石门村、山阴庄村、薛圐圙村、织女泉村、下寨村、南辛庄村、安荣村、山阴一小。举办了“喜迎二十大　奋进新征程”山阴县2022年“华昱杯”职工篮球赛。共计有10支球队参加了比赛。组织人员参加2022年山西省一级社会体育指导员培训。举办了“喜迎二十大　奋进新征程”山阴县军民乒乓球联谊赛。全县共计18支队伍，140多人参加。开展了山阴县“全民健身日”广场舞展演，共计20支队伍600多人参加活动。举办了2022年山阴县首届“华夏煤业杯”环（桑干河国家湿地公园）河阳湖自行车公开赛。来自全省340名优秀运动员分别参加了山地青年组（男）、山地壮年组（男）、公路精英组（男）、山地女子组（女）四个单项比赛的角逐。组织1人次参加2022年国家级社会体育指导员培训。举办了“喜迎二十大　奋进新征程”2022年山阴县乡村文体系列活动。全县12个乡镇共计530名农民群众参加了中国象棋、广场舞展演、趣味运动会三个大项的比赛。组织人员参加2022年山西省全民健身指导中心体教融合系列活动培训。

【行政执法】 2022年，卫健体局以综合行政执法为抓手，营造卫健系统良好环境。全县卫生违法案件查处15起，罚款7.7万元。对全县监管的医疗机构、传染病防治、公共场所、学校、生活饮用水等机构进行了日常监督检查并下达了《卫生监督意见书》。所有监督户均按照一户一档要求及《档案管理规定》进行，做到有案可查、有卷可跟。对现场发现的问题要求立即整改，并针对问题下达了卫生监督意见书。配合省、市疫情防控领导组，对各部门、各乡镇以及厂矿企业等单位的疫情防控工作进行了督导巡查。督导巡查次数达150多次。

进一步完善了辖区内医疗机构、学校等被巡查单位的卫生监督协管档案，每季度按时收集各个乡镇的巡查信息报表，并归档；每月召开协管例会；对协管员进行了《国家卫生健康监督协管报告系统操作培训》。通过卫生监督信息平台和网络学习等方法对各类从业人员进行网上培训。在单位微信群里不定期转发相关法律法规和学习课件。开展双随机监督检查，对省卫健委下发的50家双随机监督检查任务进行了认领，及时对这些机构进行了随机监督检查，下达了卫生监督意见书，开展了部门内部双随机监督检查，并现场对被监督机构和监督员进行了现场抽签方式，确定了68家被监督单位，监督人员从执法队所有监督员中抽取，确定了随机监督对象和监督员后，及时进行了随机监督检查，也下达了卫生监督意见书。

【基层党建】 2022年，卫健体局加强组织领导，建立健全领导班子思想政治工作机制。召开党风廉政建设和反腐败工作专题会2次、意识形态工作专题会议2次及从严治党工作专题会议2次，专题部署全年思想政治工作任务，将全年理论学习分成12个专题，通过集中学习、线上学、自主学等多种形式加强党员干部职工的理论学习和培训，增强学习的针对性和实效性。细化党组中心组学习。全局组织理论学习8次，中心组学习12次，各类培训50多次。提高党员领导干部的理论水平，增强运用科学理论分析和解决实际问题的能力提供了有力保证。重视阵地建设，深化思想政治党性教育。成立了中共山阴县卫生健康和体育局机关委员会，并对阵地建设进行了精心的打造。坚持问题导向，重点聚焦贯彻落实开展基层干部作风建设提升年专项整治行动决策部署，切实找准深化作风建设的着力点和突破口，继续紧盯重点时间节点，抓常抓细抓长，坚决防止“四风”问题反弹回潮，强化作风建设。深入开展“守初心，正家风，促清廉”、“创清廉机关、清廉医院，做清廉干部”廉政建设主题党日教育活动和警示教育活动，坚决纠正“为官不为”及“慵懒奢散”不良风气，进一步严明纪律、改进作风，努力打造“崇法善治、忠诚为民、公正清廉、砥砺奋进”的医疗卫生队伍。深入开展山阴县疫情防控工作。组建了卫健系统“抗疫小分队”队伍，宣传新冠疫情防控知识及防控最新政策。持续打击收受“红包、回扣”，纠正医药购销领域不正之风高压态势；深入开展全县医疗卫生系统行风监督员聘任工作，建立完善行风监督员聘任、例会制度，充分发挥第三方监督作用，持续推进行风建设工作；不断完善和升级医务人员不良执业行为记分管理办法、医疗卫生行风建设负面清单，健全医务人员年度考核、职称晋升、医德考评、医师定期考核机制，切实增强考评的激励和约束作用；开展“清廉科室”建设。

防　疫

【概况】 山阴县疾病预防控制中心负责全县疾病预防控制、监测检验、健康教育和促进公共卫生从业人员健康体检和培训、卫生学评价等工作；承担传染病流行、中毒、污染等公共卫生突发事件；实施全县计划免疫接种工作，负责预防生物制品的使用与管理。2022年，中心努力做好新冠疫情防控工作，积极推动全县疾病预防控制工作再上新台阶，切实保障人民群众的身体健康。

【免疫接种】 2022年扩大国家免疫规划疫苗接种情况实行按月预防接种统计报告。以月为单位应报告12次，实报告12次，报告完整率100%。技术指导2次，覆盖乡镇达到100%。组织培训1次，培训人次215人。全县13个乡镇共20个接种门诊全部使用沈苏公司金苗客户端，开展儿童预防接种信息管理。全部实现疫苗流动全程追溯。16家接种门诊配备身份证读卡器，20家门诊配备扫码器、冷藏箱、医用冰箱（包含低温冰箱）。组织开展“4·25”儿童预防接种日宣传，接待群众咨询8000多人次。

2022年，疾控中心冷链运转达到210余次，组织接种门诊开展新冠疫苗接种及免疫规划培训1次，培训215人次。培训内容包括：《疫苗管理法》《预防接种工作规范》相关内容；全省新冠病毒疫苗接种工作相关政策要求；疫苗接种免疫程序、操作实施、禁忌症掌握、常见反应表现和处理方法、信息系统操作等相关知识和技能；新冠病毒疫苗序贯加强免疫接种技术方案；《国家基本公共卫生服务规范》第三版预防接种服务规范等新冠疫苗接种技术指导2次，接种工作稳步开展。

【产染病寄生虫病防治】 2022年，传染病寄生虫病防治形势严峻，山阴县疾病预防控制中心继续完善和健全传染病防治相关制度，使传染病防治工作正规化、制度化。制定了狂犬病、不明原因肺炎病例、麻疹、H7N9高致病性禽流感、手足口、流感等防控预案或指南，为传染病的发生提供了技术指导及应变能力。

传染病报告卡审核工作及传染病自动预警信息处理工作，疾控中心有专门负责传染病浏览审核和处理传染病自动预警信息的工作人员，每天六次浏览审核各级医疗卫生单位录入的传染病卡片，并对传染病信息报告管理系统发出的预警信息及时处理。对山阴县传染病报告信息管理系统管理员、业务管理员、本级用户、直报用户进行了备案。并在10月对全县网络直报系统基础编码进行了核查和验证，确保了网络直报单位的信息系统的正常运行。

2022年1月1日 至2022年11月20日 共报告乙丙类传染病699例，发病率350.3636/十万，其中肝炎268例（乙肝239例、丙肝26例、戊肝3例）；肺结核125例；其他感染性腹泻病122例；隐性梅毒86例；布病82例；流行性感冒5例；猩红热3例；流行性腮腺炎3例；手足口1例。共监测AFP540次、麻疹180次、不明原因肺炎病例48次，处理传染病自动预警信息43条。

【地方病防治】 山阴县疾病预防控制中心地方病防治成效显著，碘缺乏病监测情况，分别从县第三小学、县第二小学、县第四小学、县第五小学、县第八小学，采集儿童尿样各40份，共计200份，盐样200份。自县人民医院采集100份孕妇尿样和100份盐样进行监测，合格碘盐食用率均达国家要求。砷、氟中毒病监测情况、氟砷改水工程落实情况按照国家方案顺利执行。“5·15”碘缺乏病日，县疾控中心联合盐业站的同志进行宣教工作，下发食盐250袋，下发各类宣传资料共计5000份。

【布病防治】 2022年，山阴县疾病预防控制中心布病检测427人次，阳性32人，其中新患24人，老患8人，对确诊试验阳性的12个新患病人进行病原培养，阳性2人。完成省疾控下发的试管凝集试验复核任务（9个阳性样，1个阴性样）。对古城镇西盐池古城及前射躲从事牛羊养殖共60人进行布病防治知识以及布病防护行为调查。进行个案流行病学调查，建立布病档案70人，当面督导治疗人数54人，当面督导治疗人次数521次。

【艾滋病防控】 2022年，山阴县疾病预防控制中心加强对艾滋病防控。自愿咨询检测，全县三个VCT室共完成580例VCT任务，完成全年VCT任务。全县共发现3例HIV感染者，已经对2名感染者进行抗病毒治疗，新增抗病毒比例完成67%。疾控中心对在山阴县居住管理的艾滋病感染者和病人定期进行了随访，随访率为100%，县疾控中心每季度对医疗机构性病报告管理进行1次督导，全县1月—11月21日共发现报告性病87人，发病率为8.7/10万。

【结核病防治】 山阴县疾病预防控制中心结核病防治以“预防为主，防治结合，降低患病率”

为目标，技术指导业务畅通、收集信息，保障公众身体健康、促进社会经济发展。全县1—11月，肺结核病原学阳性6例，病原学阴性25例，无病原学结果11例，结核性胸膜炎4例，应追踪肺结核患者147例，实追踪144例，追踪率93.85%。“3·24”结核病日，采用不同方式发放宣传单31000份、悬挂条幅24条、宣传折页1000份。各乡镇卫生院以不同形式宣传结核病防治知识，使群众对肺结核加强认识，做到早发现、早治疗，促进健康教育的宣传。7月14日县疾控中心接山阴县第一中学报告，同时收到国家专网预警，该校高一某班发生结核病疫情，疾控中心经流行病学调查，按国家方案流程建议卫健体部门和教育部门开展PPD试验和胸部X光片检查，共筛查1452人，实筛查1343人，筛查率92.5%，有效阻止了结核病的传播。

【监测检验】 2022年，山阴县疾病预防控制中心按照《生活饮用水卫生标准（GB5749—2006）》进行水质常规指标和氨氮指标监测，每个乡镇设3个监测点，县城设6个监测点，各监测点于枯水期和丰水期各检测1次，枯水期共监测水质52份，每份监测28项，丰水期同上。完成省地方病研究所下发的各种检测任务，尿碘300份，碘盐300份，各种盲样检测10份。配合艾滋病科室进行采样及检测，完成自愿检测600份的任务，并定期对艾滋病人进行采样，送市疾控进行检测，完成省疾控下发的盲样考核任务，并准备各种资料。每月5号前报表。每月定期对医院疟疾片进行复核，并对省疾控上送复核片。

【精神病防治】 2022年，山阴县疾病预防控制中心根据分级负责，属地管理的原则，将严重精神障碍患者排查信息全部录入系统，山阴县严重精神障碍患者防治管理纳入日常工作，按照防治结合的工作模式建立县、乡二位一体的管理治疗网络。

县疾控中心经防办组织技术指导2次。技术指导覆盖古城、张家庄、黑疙瘩、薛圐圙、合盛堡、北周庄、岱岳、分院、甘庄分院、玉井、马营、吴马营、下喇叭、泥河、史家屯、黑疙瘩、安荣乡镇，截至年底，山阴县登记患者病人1325例，在管患者994人，非在管患者38人，死亡216人，失访77人。

【食源性疾病监测】 2022年，山阴县疾病预防控制中心全年完成采集及送检样品52种，其中放射性样品1种、化学污染物监测样品5种、理化监测样品10种、微生物监测样品3种、常规监测样品7种、专项监测样品26种。全年县人民医院及乡镇卫生院共上报148例病例信息，无死亡病例，中心审核并通过上报148例。

【慢性病防治】 2022年，山阴县疾病预防控制中心慢性病工作稳步推进，心脑血管检测上报913例，超额完成省里任务829例。2022年新增加中医院上报，共有3个二级医疗机构参与上报工作，集中培训2次，迎接省里督导一次，完善工作流程和相关文件。癫痫项目集中培训1次，建立制定工作组及各乡镇工作人员，通过线上培训癫痫网报系统。并给各个乡镇开通癫痫系统，筛查癫痫病人137例、管理96人。制定药品领取发放制度、出入库记录。6月28日，国际癫痫关爱日在岱岳镇分院进行了“提高依从性，有我更有你”的宣传活动。参与公卫下乡督导，对各个乡镇卫生院老年人，高血压，糖尿病，健康教育分别进行查看，找出不足，并给予指导意见。

【职业病防控】 山阴县疾病预防控制中心完成

对全县621人尘肺病人的随访。县疾控中心对工作场所职业病危害因素监测任务数25家。接触危害因素监测共11家企业，体检人数860人（全部正常），接触因素人数860人。粉尘、噪声定点监测44个岗位，44个个体监测全部完成，无超标。

医疗保障

【医疗保险】2022年，全县城乡居民参保总人数为171756人，基金征缴15973.31万元，财政配套资金10477.12万元，参保率为98.8%；特殊人群参保总人数为15754人，参保率为100%；城镇职工参保总人数为23568人，较上年同期增加1353人，基金征缴12253万元；城镇职工医疗保险住院4901人次，支付待遇3096万元；门诊慢病28923人次，支付待遇911万元。城乡居民医疗保险2022年共支出14558万元，其中，住院21298人次，医疗待遇支付9511万元；门诊慢病72633人次，支付待遇1643万元；门诊就诊3372人次，门诊统筹支付65.42万元。

【基金监管】2022年，山阴县医疗保障局推进全县医保基金监管工作，通过自查自纠、日常检查、智能审核、医师积分扣付以及配合上级部门开展联合检查等方式，累计稽核定点医药机构118家，检查覆盖率达到100%，处理定点医药机构12家，其中协议化扣付违规医保基金56万元，按医师积分制相关规定处理医师35名，并解除了山阴阳光妇科医院医保定点资格，案件处理率100%。同时对已处理完成的案件通过上报市局、院内通报等手段，进行了全面曝光，进一步遏制了违规行为的发生。对医保局成立以来，所有飞行检查、联合检查以及日常稽核等各类执法行为进行了全面梳理，将涉及2批次28.8万元没有扣付到位的处罚金进行了全部扣付，切实做到了全部清零。

【医药服务管理】2022年，山阴县医疗保障局完成了对全县定点医药机构医疗服务协议年度考核工作，完成对定点医药机构医疗服务协议的续签工作，累计续签定点零售药店75家，定点医疗机构26家，其中医院5家，诊所21家，签订率100%，同时，与山阴县医疗集团、中医医院、益康医院和现代医院4家二级定点医疗机构签订了2022年度打包付费协议，协议总额为8001.9万元。

【集中带量采购】2022年，山阴县医疗保障局督促县中两院通过带量采购，以量换价，确保药品质量及供应，减轻患者负担，节约医保基金支出，提升医保基金使用效率，提高老百姓医疗保障水平。采购周期内参加了药品220个耗材40个品种，完成了国采3批次84个药物品种、省采11个品种的带量采购工作，累计集采量745.3万元，与年初目标集采量650万元相比，超额完成114.6%，与年初80个集采药品目标相比，完成了105%，通过大力推进集采落地，促使药品平均降价达60%以上。

【医保扶贫】2022年，山阴县医疗保障局为持续巩固拓展脱贫攻坚成果，全面建立城乡居民基本医疗保险、大病保险、医疗救助三重报销制度市域内“一站式”结算，五保、低保等特殊困难群众在市域内办理出院后第一时间就能享受到三重医疗保障待遇。积极会同民政、乡村振兴等部门建立联动监测机制，对特殊人群自费超5000元、一般群众自费超1万元的，建立监测台账，第一时间推送乡村振兴局实施监测。截至年底，共计向乡村振兴局监测推送住院患者信息695人。经监测2人存在因病返贫致贫风险，已第一时间纳入救助范围，给予及时救助。2022年度，对431名低保对象、特困供养人员、脱贫不稳定户、重点监测户、普通低收入对象以及其他特殊困难人员实施医疗救助共计205.4万元。

【便民服务】 2022年，山阴县医疗保障局坚持以人为本的发展思路，开拓创新，夯实服务，不断提升医疗保障经办服务水平。积极推行“一站式服务”“业务下沉”等便民措施，医保工作95%的业务量已实现一次申报、一站办结，县域内定点医疗机构全面实现“一站式结算”。加快手工结算进度，规定市外定点医院住院回中心手工报销时限由30个工作日缩减至20个工作日。努力减少群众跑腿，将门诊慢性病患者市外医院产生的费用，由县中医医院、县医疗集团岱岳镇卫生院、现代医院随时接收、随时报销，方便患者。

【网络信息建设】 2022年，山阴县医疗保障局对全县承担公共卫生的中心村卫生室83家，社区卫生室29家，共计112家全部接入医保骨干网络；对县内5家定点医疗机构和73家定点零售药店全部实现了扫码结算，简化群众看病购药流程。同时针对药店“进销存”监管短板，向市局申请能力提升专项资金，并在3家连锁药店铺开智能监控试点。

【党风廉政建设】 2022年，山阴县医疗保障局始终坚持以习近平新时代中国特色社会主义思想为指导，全面贯彻党的二十大和二十届一中全会精神，深入落实省、市、县纪委全会精神要求，坚持“严”字当头、“实”处着力，坚持将政治建设摆在首位，使党风廉政建设与医保领域各项工作紧密融合。严格执行民主集中制，落实“三重一大”集体决策，制定领导班子、领导班子成员党风廉政建设责任清单，明确党风廉政建设责任和重点任务目标，形成人人有责、人人负责的责任链条。通过组织针对性的专题学习、和股级干部谈心谈话、人人签订“清廉医保”个人承诺书等方式，持续推进业务窗口行风建设，提升服务效能，推进工作成效进一步提升，政风行风得到进一步好转。

医疗集团人民医院

【概况】 山阴县医疗集团人民医院是一所综合性二级甲等医院。医院占地面积53400平方米、建筑面积54000平方米，总投资2.96亿元。2022年，门急诊人数158981人、住院人数11331人、出院10716人、收治危重症患者782人，住院次均费用为4788元，较上年4057元上升731元；病床使用率56.68%（标准87% ~ 93%）较上年69.85%下降13.17%；药占比33.09%较上年上升3.01%；平均住院日8.6日（标准≤18日）较上年12.92日下降4.32日。完成各类手术1460台次，其中一级手术146台次、二级手术630台次、三级手术307台次、四级手术48台次、介入手术329台次。

中医院

【概况】 山阴县中医医院占地面积8517平方米，建筑面积13058平方米。有编制病床150张，实际开放200张。医院设有内科、外科、妇产科、急诊科、耳鼻喉科、眼科、皮肤科、针灸科（特色专科）、中医综合病区、男科、血净室、治未病科、康复医学科、超声科、影像科、胃镜室、心电图室、检验科等临床医技科室。拥有大型医疗设备西门子螺旋CT（双排）、DR、彩超、电子胃肠镜、全自动生化分析仪、血液透析机、C型臂等。2022年，山阴县中医医院以习近平新时代中国特色社会主义思想为指导，巩固党史教育成果，以党的政治建设为统领，紧密团结和依靠全院职工，全力做好新冠疫情防控工作，围绕全国二级公立中医医院绩效考核、二级甲等中医医院复审、全国基层中医药工作示范县创建等目标任务，不断提升基层中医药服务能力，加强医疗质量管理，提升医疗服务水平。2022 年，门急诊 46877 人次，住院 1311 人次，业务收入 1561 万元。

【提升医疗质量】 2022 年，中医医院制定《山阴县中医医院医疗联合体管理工作方案》与 13 个乡镇卫生院签订医联体协议书，督促各乡镇卫生院有序运作。邀请山西省针灸医院、山西中医学院第三中医院针灸科对乡镇村级卫生院中医适宜技术培训 2 次，由县中医医院医务人员为带教老师，对乡镇卫生院 50 名医务人员教学并考核。组织公共卫生科室下乡 20 余次，对乡镇卫生院公共卫生工作进行中医指导，对预防心脑血管疾病起了重要作用。组织医务人员到乡、镇、村义诊 3 次，为老百姓足不出户看病提供方便。对院医师进行 2 次医疗“三基”学习。组织 2 次医疗法律规范学习，严格执行医疗技术操作规范。组织医务人员学习“九不准”制度，坚决杜绝收受红包，向患者收受财物的不良现象。对医师抗菌药物及麻醉精神类药物培训合格者，给予处方权，加强对这两类特殊药品的管理。做好转诊工作，向上级医院转院患者登记 280 余人次。

县中医医院加强疫情防控督导检查、保证院内感染管理工作的顺利开展。院感科认真抓好日常工作，定期、不定期对科里感染控制工作进行督促、检查，每次检查结果记录并现场给予反馈，各科室针对检查存在问题进行整改，落实整改措施，科室由专人负责各科室的监控工作，按时向院感科汇报有关情况。保证了院内感染管理工作的顺利开展。强化院感培训及考核。制订《2022 年度医院感控知识培训计划》，针对全院各级各类人员不同的专业特点，开展现场讲座、线上培训、观看视频、应急演练、技能考核等多种形式的培训活动，提高全医院员感控的意识，确保培训效果，要求培训到全员每个人，不定期组织理论知识考核与技能操作考核。2022 年，县中医医院先后派往应县 9 人、怀仁 6 人，朔州 10 人参加抗疫工作。院感科不断完善各项规章制度，明确医疗废物管理人员职责，落实责任制，加强医疗废物的管理和常规督查，发现问题及时整改并反馈。院医疗废物的分类、收集、贮存、包装、运送、交接等做到规范管理，严防因医疗废物管理不善引起医院感染暴发。重新设计医疗废物回收登记表，利于回收存档。使医疗废物的管理过程规范，减少了污染和医护人员发生职业暴露的风险。

【发扬中医药特色】 2022 年，中医医院疫情防控中充分发挥中医药“治未病”优势，增强重点人群免疫力，指导密切接触者、一线重点岗位人群应用中医药预防处方，在中医院免费提供新冠感染防控茶饮。推进基层中医综合服务能力建设，在各乡镇中医馆实行中医特色精准帮扶，提升基层中医综合服务能力。丰富“中医进校园”活动，组织眼科医务人员端午节前在山阴县第一小学举办以“端午艾草香，关注眼健康”为主题的校园中医药文化主题日活动。为小学生讲解爱眼、护眼常识及中草药知识。

【中医宣传】 2022 年，中医医院进一步弘扬中医药国粹，推动中医药健康文化传播，普及中医药知识及养生保健方法，展示中医药发展成就，举行了山阴县中医药文化宣传周暨《中医药法》《山西省中医药条例》宣传活动。共展示

《中医药法》及《山西省中医药条例》科普宣传展板20块，中药材200多种，饮片100多味，山阴县本土中药植物标本70种，发放宣传手册3000余册，义诊102人次。

【党的建设】 2022年，山阴县中医医院从严从实抓好学习教育，始终牢记职务即是责任，不断强化支部建设，切实抓好政治履职。在思想上、政治上、行动上与党中央保持高度一致，认真贯彻执行上级党组织关于基层党建工作的决议、决定和指示，制订基层党建工作计划、制度和措施，安排部署年度工作任务，并组织实施。认真落实“三会一课”制度，积极组织党员干部参加党内生活，接受思想洗礼、清除政治灰尘，增强党内生活政治性、原则性、战斗性。严格落实党支部议事决策制度，凡重大事项，均召开支部会议集体研究决定，发扬党内民主，不搞一言堂。加强党员队伍建设。紧紧围绕提高党员干部队伍综合素质的目标，建立学习教育制度，坚持每周集中学习，从理想信念、党纪党风等方面提升党员干部能力素质。今年，先后召开党员大会6次、支部委员会12次，主题党日活动12次，开展以“喜迎二十大 永远跟党走”的主题党日1次，组织全体党员参观下喇叭烈士陵园1次，组织全体党员参观马占有红色革命基地1次，领导干部讲党课4次。开展抓党建促基层中医适宜技术能力提升培训13次，院书记带领院内高级职称医师下乡镇进行中医适宜技术培训，并对其进行现场指导。每逢春节和中秋节组织在职党员开展走访慰问活动，为退休党员和困难党员送去了节日问候、慰问品和慰问金。通过走访慰问活动，拉近了党员与党员的距离，在走访慰问活动中，面对面、心贴心、实打实深入到退休党员和困难党员家中，使他们感受到党组织的温暖，有效提升党员群众对党组织的认同感、归属感。

强化责任意识，严格落实党风廉政建设主体责任，创建“清廉医院”。认真履行党风廉政建设主体责任，组织党员干部学习《廉洁从政准则》和《医疗机构工作人员廉洁从业九项准则》。严格执行民主集中制，实行集体决策、民主议事、政务公开。履行“一岗双责”，明确既抓行政工作，又抓党风廉政建设的双重责任。把党风廉政建设和反腐败工作纳入单位的年度目标责任制。严格执行“五个一”规定，召开专题会议研究部署党风廉政建设工作，确保反腐倡廉各项工作落到实处。抓管理，突出制度建设。加强医院作风监督管理，进一步改善窗口形象。

中医精神病院

【概况】 朔州市中医精神病医院承担着全市精神疾病的防治［重性精神疾病的管理治疗（686项目）］、康复、残疾鉴定，以及中医中药、心理卫生的临床、教学、科研、专业培训等任务。医院占地面积31960平方米，建筑面积18100平方米，其中业务用房面积17200平方米，集临床、医技、职能等15个科室和3个开放病区及3个封闭病区，医院编制床位数100张，可使用床位数220张，实际开放床位数175张。诊疗范围主要有各类精神疾病以及各类高血压、胃肠消化系统疾病、妇科疾病等内科杂病。医院技术力量雄厚，具有收治肇事肇祸精神障碍患者的能力和治疗精神科和内科杂病的能力。

2022年，医院门急诊人次数为22043人次，住院人次数为725人次。医院一流的传统中医中药治疗精神疾病和其他杂病的专业队伍，向社会公众提供优质的中医药治疗和护理及预防等服务。

【特色治疗】 朔州市中医精神病医院治疗精神

疾病方法独特，特色突出，以祖传师传、中医中药、开放护理、心理治疗等优势而闻名全国，并确立了以中医药治疗精神疾病的行业品牌地位。医院认真分析精神疾病医疗市场的形势，根据医院特点、优势和条件，因地制宜，按照突出特色、救治精神病人的思路，基本形成了“院是专科、科是专病、病有专药、人有专长”的格局。同时医院也为各地社区和乡村培养中医精神病专业医生1000余人，专业护士230余人，其中输送到内蒙包头，山西大同、偏关、保德，陕西府谷等偏远地区的专业人才30余人。这种从临床到理论，再从理论到实践的培养方式有利于中医药事业的发展。

【精防工作】 朔州市中医精神病院精神卫生防治办公室受朔州市卫生健康委员会委托，承担着全市高达17%人群的心理卫生服务。截至2022年底，全市平均报告患病率为4.61‰，在册患者规范管理率为87.89%，面访率为84.68%，服药率为82.62%，规律服药率为81.35%，精神分裂症患者服药率为83.53%，均超出国家目标要求。

朔州市中医精神病院通过重大公共卫生服务项目，救助严重精神障碍贫困患者240例并免费为每例患者发放700元居家药物；通过下乡关爱帮扶服务，年救助患者600余名，人均药费达120元。辖区内80%的患者基本可以得到康复指导，实现了精神障碍患者应治尽治、应管尽管、应收尽收“三大目标”，且取得了明显成效。

【特色科研】 朔州市中医精神病院在中医药治疗精神疾病的科研、诊断、治疗、护理、预防、康复等方面不断创新，成效卓著。在享受政府特殊津贴的专家，主任医师老院长李清福先生等先辈的基础上医院科研组先后发表论文60多篇，所撰写的《〈易〉·〈医〉心语》《中医中药在治疗精神分裂症中的作用》和《中医中药治疗老年性精神病便秘浅谈》拓宽了精神病的治疗、诊断范围，证实了中医中药在治疗精神病中的重大作用。李清福先生所编写的《中医精神病学》《中医精神病护理与治疗学》《用唯物辩证法指导治疗精神病》等四部医学专著挖掘和整理了中医中药治疗精神病悠久的历史、科学的理论、独特的方法、良好的疗效，填补了中医药治疗精神病与护理的空白，对精神病学科发展起到了重要作用。医院研制出治疗各种精神疾病的丸、散、膏、丹33种，筛选出协定处方67个；在治疗精神病的方法上创用了“先疏达气机、再排有害因素、然后调理善后”的三步疗法，疗效颇著。

社会生活

人力资源和社会保障

【概况】2022年，山阴县人力资源和社会保障局贯彻执行国家、省、市人力资源和社会保障事业发展规划和政策法规，拟定全县人力资源和社会保障事业发展规划，并组织实施和监督检查。拟定全县人力资源市场发展规划，指导全县人力资源市场建设，建设统一规范的人力资源市场，促进人力资源合理流动、有效配置。负责全县促进就业工作，拟定统筹城乡的就业发展规划，完善公共就业服务体系，拟定就业援助制度，完善职业资格制度，统筹建立面向城乡劳动者的职业培训制度，牵头落实高校毕业生就业政策，会同有关部门落实高技能人才、农村实用人才培养和激励政策。统筹建立覆盖城乡的社会保障体系，组织实施城乡社会保险及其补充保险政策和标准，会同有关部门拟订社会保险及其补充保险基金管理和监督办法，编制全县社会保险基金预决算草案。负责全县就业、失业、社会保险基金预测预警和信息引导，拟订应对预案，实施预防、调节和控制，保持就业形势稳定和社会保险基金总体收支平衡。负责统筹全县机关企事业单位人员管理工作，会同有关部门拟订机关、事业单位人员工资收入分配政策，建立机关企事业单位人员工资正常增长和支付保障机制，落实机关企事业单位人员福利和离退休政策，指导和监督国有企业工资总额管理和企业负责人工资收入分配。会同有关部门指导事业单位人事制度改革，拟订全县事业单位人员和机关工勤人员管理办法，参与人才管理工作，建立完善专业技术人员管理和继续教育制度，牵头推进深化职称制度改革工作，负责高层次专业技术人才选拔和培养工作。推动劳动用工相关政策的落实，协调解决重点难点问题，维护劳动者合法权益。落实劳动人事争议调解仲裁制度和劳动关系政策，完善劳动关系协调机制，监督落实消除非法使用童工政策和女工、未成年工的特殊劳动保护政策，组织实施劳动监察，协调劳动者维权工作，依法查处重大案件，受理劳动人事信访事项，会同有关部门协调处理有关重大信访事件和突发事件。

【促稳岗就业】2022年，县人社局促进劳动力转移就业，扎实开展劳务输出工作。两次“点对点”劳务输出外出务工人员70余人。组织开展线上线下招聘会，为企业与求职者搭建交流平台。举办春风行动等线上线下招聘会30余（场）次，组织企业100余家，供应就业岗位4000多个，达成意向性协议500余人。为确保就业服务不断线，创新开展了“直播带岗”活动，直播团队提供“每天九小时，周六日不打烊”的直播服务，在快手、抖音和微信视频号同步开播。在全县12个乡镇和山阴县经济技术开发区成立了就业服务站，通过广泛宣传、精准摸排、主动作为，充分发挥了就业服务站桥梁纽带作用，打通就业服务“最后一公里”。

【人才人事管理】山阴县人力资源和社会保障局全力抓好人事人才招聘工作，2022年招聘大学毕业生到村（社区）工作133人，已全部到岗；招聘事业单位、卫生工作人员140人，已全部到岗。

【创业就业】2022年，城镇新增就业3174人，完成年度任务2900人的109.5%；失业人员再就业1045人，完成年度任务1000人的104.5%；就业困难人员再就业439人，完成年度任务350人的125.4%；农村劳动力转移就业5168人，完成年度任务3100人的166.7%；补贴性职业技能培训1439人，完成年度任务1370人的105%；新增技能人才913人，完成年度任务830人的110%；新增取得高级工及以上职业资格证书或职业技能等级证书60人，完成年度任务55人的110%。城镇居民人均可支配收入增幅目标值为6.5%，完成值为4.5%，全市排名第四。技能人才占从业人员的比重目标值为31%，完成值为37.84%，全市排名第一。

【劳动执法】 2022年，劳动保障监察现场协调处理案件58起，为358名农民工追讨工资488万元。核处国务院“互联网+督查”平台督办案件2起，办理“全国欠薪线索核处系统”案件176起，涉及108人，涉及金额110万元，全部在规定时间核处并上报。核处省领导小组办公室转办案件11起。劳动人事争议调解仲裁受理案件69起，其中仲裁立案裁决17起、立案调解8起、案外调解52起。拖欠农民工工资举报投诉案件结案率100%，劳动保障监察举报投诉案件结案率100%，劳动人事争议调解成功率87%，劳动人事争议仲裁结案率100%。

【社会保障】 2022年，城乡养老保险参保人数157696人，完成年度任务157300人的100%；工伤保险费参保人数31098人，完成年度任务30900人的100%；机关养老保险参保人数6986人，完成年度任务6700人的104%；失业保险参保人数22990人，完成年度任务22821人的100%；企业养老保险参保人数28766人，完成年度任务28168人的102%。社保卡制作完成了27.9万张，有效卡24.34万张，完成年度任务23.41万张的103.9%。电子社保卡累计签发24.98万张，申领电子社保卡人口覆盖率达到50%以上。人社政务服务好评率达到96%以上。

民　政

【概况】 2022年，县民政局积极践行“民政为民、民政爱民”理念，切实履行基本民生保障、基层社会治理、基本社会服务职责，统筹抓好业务建设、民生实事、高质量发展和疫情防控、安全生产等大事要事，努力推动全县民政工作不断发展。

【社会救助】 从2022年1月起，山阴县城市居民最低生活保障标准提高到了每人每月562元；困难残疾人生活补贴资金提高到了每人每月71元；重度残疾人护理补贴资金提高到了每人每月94元；城市特困对象供养标准提高到了每人每月736元；农村特困对象供养标准提高到了每人每月676元；农村分散特困对象护理补贴标准分别提高到了每人每月100元、200元、300元；农村集中特困对象护理补贴标准分别提高到了每人每月188元、470元、940元。截至年底，各类提标资金全部足额发放到位。

县民政局落实救助政策。为3507户5704人农村低保对象发放保障金2810.14万元；为2410户5377人城市低保对象发放保障金2549.56万元；为1124人农村特困对象发放保障金1228.93万元；为44人城市特困对象发放保障金51.42万元；为8644人次困难群众实施临时救助，发放救助资金521.16万元；为3289人重度残疾人发放护理补贴资金332.46万元；为1897人困难残疾人发放生活补贴资金134.83万元。

加强社会救助与乡村振兴有效衔接。进一步巩固脱贫攻坚成果，对于重点对象逐户逐人摸底排查，将所有符合条件的贫困人员全部纳入到低保、特困供养、残疾人两项补贴、临时救助等保障范围，确保“应保尽保，应兜尽兜”。对易致贫返贫监测对象、边缘易致贫人口、突发严重困难人口的747人进行了摸排，将符合条件的240人纳入低保和特困，将127人录入低收入监测平台。对一季度新注册残疾人的社会救助政策落实情况进行全面摸底排查，将16人纳入农村低保待遇，2人纳入农村特困待遇。

【养老服务】 2022年，县民政局扎实做好农村老年人日间照料中心运行工作。以老百姓“急难愁盼”为抓手，为37个农村老年人日间照料中心下拨运营资金74万元，不断提升广大老年人的获得感、幸福感、安全感。加快社区养老幸福工程建设，投资160万元建成了1200平方米的山阴农牧场社区养老幸福工程建设项目，使社区老年人的获得感、幸福感、安全感不断增强。

扎实开展养老服务机构安全风险隐患（消防、食品、建筑等）排查整治工作。联合县市监局、消防救援大队、住建局等部门开展多轮安全检查，对排查出的问题隐患现场下达整改通知书，对存在的问题整改情况进行了“回头看”，确保问题全部整改到位。

【基层治理】 2022年，县民政局扎实做好清廉村居工作。全县12个乡镇紧盯权力运行的薄弱环节，将群众关注度高、廉政风险大的权力事项逐一进行界定，形成小微权力清单。全县197个村、11个社区修定完善形成了务实管用的村规民约、居民公约。成立了人民调解、治安保卫、公共卫生、妇女和儿童工作、环境和物业管理等下属委员会，形成“一约四会”的治理模式。

积极申请示范村创建工作。在成功创建省级乡村治理服务示范社区、省级善治示范村、优秀村规民约示范村27个示范村（社区）的基础上，积极和市民政局、省民政厅申请，又积极推送市级清廉村居示范村（社区）3个，县级清廉村居示范村（社区）17个。各乡镇开展了星级文明户、优秀大学生、致富能手、养殖大户、好媳妇、好兄弟、文明家庭、星级文明户等评选创建活动。各乡镇积极推进村级清廉文化墙、清廉文化宣传栏、清廉文化长廊、廉政宣传标语等清廉文化元素及清廉文化阵地建设，用清廉书画进村、清廉壁画上墙等方式营造清廉村居浓郁氛围。

扎实推进抓党建促基层治理能力提升专项行动。市工作专班将山阴县确定为全市“县域社区治理”试点后，扎实推进县域社区管理体制改革暨村改社区工作。组建成立了以民政牵头，县委组织部、农业农村局、乡村振兴局、县委编办、县司法局、县教育局、县自然资源局为配合单位的工作专班。对拟实行“村改社区”的村进行了反复甄别研究，“村改社区”的各项工作任务稳步推进。

【社会事务】 2022年，县民政局规范做好收养和婚姻登记服务。依法依规加强和规范国内公民收养登记、婚姻登记工作，保障当事人的合法权益，全年共办理收养登记5件，婚姻（结/离婚）登记1304对。扎实开展“僵尸型”社会组织清理等“六大专项”治理工作，未发现有非法社会组织在山阴县活动的情况。对55家社会组织进行了年检，22家列入了异常名录。同时，加强社会组织事中事后监管。积极配合完成了界线联检工作。开展国家地名数据库工作，完成地名信息录入工作。推进婚丧领域移风易俗改革。投资2799.87万元建设了山阴县殡仪馆建设项目。加强乡镇社会工作服务站建设。出台了《山阴县乡镇社会工作服务站项目实施方案》文件，稳步推进乡级社工工作，12个乡镇全部完成了挂牌，实现了全市乡镇社工站建设全覆盖。

【未成年人关爱保护】 2022年，县民政局开展未成年人保护宣传活动，发放宣传资料3000多份，形成全社会共同关爱保护未成年人的良好氛围。加大特殊群体儿童关爱。联合县妇联开展了“爱心相伴温暖童心”留守儿童暑期关爱活动，发放未成年人保护法读本、学习用书、学习用品110多套。县妇联在德望社区举行“防疫健康暖心包”发放暨2023年寒假儿童关爱启动仪式，为20名低收入妇女及困境儿童发放了防疫健康暖心包、口罩等防疫物资及图书。全县12个乡镇儿童主任为所属辖区儿童提供监护指导、权益维护、社会融入和家庭关系调适等专业服务。为62名孤儿发放孤儿生活保障金93.09万元；为106名事实无人抚养儿童发放生活保障金125.38万元；为95名困境儿童发放保障金55.49万元。严格落实未成年人监护有关规定。全县12个乡镇未成年人保护工作站建设全部完成，完善临时监护和长期监护措施。

成立了山阴县未成年人救助保护中心，实现养育、康复、特殊教育、社会工作一体化发展。按照审计反馈问题整改要求，对个人养育孤弃儿童场所进行了取缔，在县第八小学布置过渡安置场所。41名儿童移交市儿童福利院集中供养9名，办理领养手续13名，1名读大学。在院18名在县社会福利中心儿童院集中供养，得到妥善安置。

退役军人事务

【概况】 2022年，山阴县退役军人事务局（以下简称县退役军人事务局）坚持以习近平新时代中国特色社会主义思想为指导，深入贯彻党的十九大历届全会精神、党的二十大精神和习近平总书记关于退役军人工作重要论述，严格落实疫情防控工作，紧扣工作重点，打造特色亮点，推动服务退役军人工作高质量发展，做好退役军人思想政治教育宣传和舆论引导、经费保障、就业创业、社保接续、权益维护、优待优抚等工作。

【服务保障】 2022年，县退役军人事务局严格落实中央“六稳”“六保”要求，退役军人服务保障体系落实“五有”“全覆盖”全部完成。县退役军人服务中心编制16名，有工作人员20名；12个乡镇服务站，每个乡镇编制数量6名，已配齐12名副科级站长，共有工作人员36名；县退役军人服务中心以及乡镇退役军人服务站均已有固定办公场地、配齐配全了办公设施，工作开展正常。县退役军人事务局设立退役军人法律援助工作站，各乡镇退役军人服务站相应设立退役军人法律援助服务体系，聘请司法系统专业人员为全县退役军人提供法律咨询、法律援助，开展政策法律宣传等，为全县退役军人开辟涉法维权通道，提供法律帮助。

【英烈褒扬】 2022年，县退役军人事务局持续做好清明祭扫工作，在全县范围内开展“2022·奋进·网上祭英烈”活动，方便烈士亲属和社会公众遥寄哀思、“云”祭英烈，营造致敬英烈、缅怀英烈的浓厚氛围。投资104.28万元，对古城镇东辛庄刘辛烈士陵园、吴马营乡老洼沟抗日烈士陵园、下喇叭乡下立羊泉抗日烈士陵园3处县级爱国主义教育示范基地进行维修改造。县计划投资3000万元，新建“山阴县双拥基地”。截至年底，山阴县双拥基地建设项目可研、地勘、立项、初设、项目工程建设用地审批工作和项目工程招投标工作全部完成，项目主体工程建设已完成70%。

【就业安置】 2022年，县退役军人事务局为符合政府安置条件的退役军人足额配备了全额事业单位岗位，并安排给予事业单位管理岗位。

将接收退役返回山阴县的符合政府安置条件的退役军人档案材料，组织专人进行审核。将符合提前选聘安置的退役军人服役表现量化评分、县编委会给予3个事业单位及岗位进行公示，通知符合提前选聘安置的退役军人报名、学习及准备参加考试。8月29日，将市局给予的中央企业岗位、省属企业岗位、市属企事业岗位、县级事业单位岗位指标，连同退役军人服役表现量化评分进行公示，提前选聘考试成绩于9月29日公布并于当天进行公示。

2022年，接收自主就业退役士兵，参加线上与线下相结合的职业教育和技能培训。为2022年自主就业退役士兵搭建就业平台，推荐“古城乳业”“草业公司”“奶牛养殖园区”“航空乘务员”“中国海员”“政府专职消防员”“山西猛虎安保”“健身教练”等就业岗位。

【拥军优抚】 2022年，县退役军人事务局严格执行拥军优抚政策规定，有序推进优抚资金发放、困难退役军人帮扶援助等工作，按时足额发放各项优待金。落实提高部分优抚对象等人员抚恤和生活补助。不折不扣落实政策，足额兑现优抚对象补助资金，全年共发放抚恤补助金约9676103元。2021年春季、秋季新兵入伍优待金和大学生奖励金按政策全部发放到位，2022年春季新兵入伍的家庭优待金已发放一年、大学生奖励金已全部发放到位。

2022年1月，按照上级政策、累计发放优抚对象困难帮扶援助金5.8万元，把党和国家对困难退役军人的关心关爱落到实处。春节、八一期间，为全县优抚对象、现役军人、企业军转干部和军队离退休人员、在职“两参”人员每人发放毛毯和慰问信，为其他退役军人发放慰问信；在乡“两参”人员由县财政直接拨付各乡镇，每人每月发放1000元生活补助；2022年，全县优抚对象参合的个人缴费部分由县退役军人事务局全额支付；走访慰问困难退役军人，每人发放1000元慰问金；春节、“八一”期间为19名立功受奖军人家庭送喜报、立功牌匾，并为每人发放500元慰问金，共发放慰问金9500元。

【双拥工作】 2022年，在“八一”建军节来临之际，县退役军人事务局于7月28—29日在县老干局，组织驻县部队、各乡（镇）退役军人服务站举办“喜迎二十大　奋进新征程”庆“八一”“双拥杯”中国象棋竞赛，深入推进双拥模范城创建活动，密切军政军民关系，弘扬爱国拥军传统，激发社会各界爱国拥军热情，携手共建美好山阴。5月16日，专程前往空军野外驻训某部队，看望慰问部队官兵，送去当地特产进行慰问，并及时解决部队官兵核酸检测不方便的问题，发扬拥军优属、双拥共建优良传统，做好后勤保障工作，支持和配合部队完成各项训练任务，巩固和发展了“同呼吸、共命运、心连心”的新型军政军民关系。

扎实推进常态化联系退役军人工作，积极开展退役军人暖心解难行动，充分发挥县退役军人事务系统联系退役军人的纽带桥梁作用，提升服务效能，紧盯使命任务，打通服务保障退役军人“最后一公里”，建立常态化联系退役军人制度工作台账，全县退役军人事务系统积极搭建联系平台，利用“全国常态化联系退役军人信息管理系统”录入联系对象65人，在春节、“八一”等重要时间节点对部分联系对象进行走访慰问。县军休干部医疗补助按时足额发放，开展军休干部体检相关工作，并按照规定享受同职级退休公务员医疗待遇。及时足额发放企业军转干部2022年生活困难补助金。

残　联

【概况】2022年，山阴县残疾人联合会领导班子坚持以习近平新时代中国特色社会主义思想为指导，全面贯彻党的十九大和十九届历次全会和二十大精神，深入落实省委十二届五次全会、市委七届四次全会和县委第十届六次全会精神，学习贯彻习近平总书记视察山西重要讲话指示，特别是习近平总书记七一讲话精神和在作风建设、党的建设、法制建设等方面的重要讲话精神，围绕县委中心工作，创新思路，强化措施、集中发力，使各项残疾人工作取得了显著成效。

【残联服务】2022年，山阴县残联扎实做好残疾各项服务工作，在康复工作方面，2022年民生实事0～6周岁儿童残疾筛查诊断任务数12人，完成7人，完成率58.33%；完成残疾儿童抢救性康复项目任务数39人，完成率100%；疑似残疾人评定任务数200人，完成577人，完成率288.5%。2022年精准康复有需求配备辅助器具的残疾人共275人，辅具适配率100%；全县有需求的残疾儿童和持证残疾人基本康复服务率达到99.58%。

努力推动基层组织及残疾证办理工作。对全县5镇7乡的197个行政村和11个城市社区均成立了残疾人协会，乡残联与村残协均选举产生了专职委员，协助乡残联理事长和村残协主席进行工作，基层组织做到了有专职干部、有公章、有办公场所。由于疫情防控导致老年及重度残疾人办理残疾证极为不便，县残联召开专题党组会议研究此事项，在原则范围内，简化残疾证办理手续，深化“为群众办实事”，探索“残疾证代办制度”，防范化解残疾人员相关政策重大风险；积极协调山阴县医疗集团人民医院，加快办理残疾人鉴定进度；督促乡镇残联结合辖区防疫政策，有效推进残疾证过期人员到县残联办理残疾证。截至年底，共办理残疾人证577人次。

为扎实推动全县残疾人教育就业工作的开展，县残联为全县3名贫困残疾人家庭子女大学生向市残联申请助学金；认真贯彻落实“全国残疾人就业宣传年”“就业援助月”等系列活动，通过宣传政策、调查摸底、登记失业、配合参加人社部门招聘会等形式来开展就业援助；按要求向市残联输送优秀创业、就业、文体人才3人；推动2家单位参加朔州市人社局和市残联共同举办的创业就业比赛；扶持残疾人扶残助残协会山阴县残疾人华康双创园，打造具有雁北特色的残疾人文化品牌，以此展示残疾人风采，活跃残疾人文化生活，促进残健文化融合；完成30名“助残扶贫项目”，每人可享受6000元扶贫物资；审核山阴县残疾人就业创业安置单位5家，安置残疾人4名；协助民政部门做好“两项补贴”审核工作。不断规范残疾人信息动态更新工作。精心组织、明确任务，深入开展残疾人基本服务状况和需求调查，对全县9000余名残疾人的基本信息入户核查，及时比对和更新获取的信息数据，形成科学规范的调查统计和数据分析体系，为规划执行评估和调整完善政策提供支撑。完善动态更新工作常态化机制，加强培训，提高质量，推进部门数据共享，加强调查成果转化应用。

加大重度残疾人民生保障方面，县残联切实落实医疗养老兜底保障措施，协助养老、医保为辖区一、二级重度残疾人统一缴纳医保及养老保险。2022年山阴县残联联合山阴县司法局，贯彻落实《开展“法援惠民生关爱残疾人”法律援助品牌建设的实施方案》；不断推动残疾人权益维护保护工作。进一步完善“12345”市民服务热线联动机制，纾解量大、突发、反复、琐碎、难办等接诉即办事项，着力提升诉求解决率。

【残联扶贫】 2022年，山阴县残联不断做好残疾人脱贫攻坚成果巩固的各项工作。助残扶贫项目覆盖30户，针对项目残联出具实施方案细则，残联根据文件要求各乡镇按时精准上报帮扶对象，确立帮扶项目，细化具体项目实施标准，实实在在帮扶困难残疾人家庭产业发展，服务于残疾人。委托山阴县残疾人实训基地，“用心”为残疾人提供培训服务，拓宽就业渠道，培训农村贫困残疾人18人。为27名持有二代残疾人证且平日靠机动车（三轮摩托车、机动轮椅车等）代步的肢体残疾人及多重残疾人申报机动车燃油补贴，每人补贴260元。促进了贫困残疾人自食其力、自力更生，改善了其家庭生活面貌，切实提高了残疾人的幸福感和获得感。

【残联换届】 2022年，县残联扎实开展好本年度“五个换届工作”。村残协于2022年9月15日前全部换届结束，选出了村残协主席、村残协专职委员；乡镇残联于2022年10月25日前全部完成换届，选出了乡镇残联主席团、理事长、专职委员；县残联于2022年10月28日召开会议，选举出了主席团和理事会；县残联于2022年10月10日召开党支部换届大会，选举了新的党支部领导班子；县残联于2022年11月25日召开会员大会，选举了新的工会委员会领导班子。

【党建】 2022年，山阴残联立足残联工作性质特点，不忘初心，牢记使命，履职尽责，不断抓好党建各项工作责任落实。建立完善残联党组书记责任清单、问题清单、任务清单。落实党组承担党风廉政建设的日常工作，履行党风廉政建设的监督责任，推进全面从严治党工作落到实处。履行第一责任人职责。党组书记认真履行党建第一责任人职责，带头学习习近平新时代中国特色社会主义思想和学习宣传贯彻党的二十大精神，为支部党员讲党课4次。加强监督检查。开展全面落实从严治党主体责任情况和作风建设的监督检查，做好重要节日的警示提醒，做到警钟长鸣。

认真开展强化思想纪律教育工作。广泛开展法纪教育。组织党员干部学习宪法、民法典等法律法规，以及党章等党纪党规。召开党风廉政建设会议2次，观看涉及违反中央八项规定、扶贫、疫情防控等领域的党纪法规案例1次，进一步营造守纪律讲规矩的浓厚氛围。围绕党的二十大精神，开展集体学习与个人自学有机结合，充分发挥“学习强国”学习平台APP、“三晋先锋”等党员网络教育信息化平台作用，开展党员线上学习教育工作。全年召开党员大会4次，开展主题党日活动12次。通过学习，党员干部的政治敏锐性明显增强，政治素质、理论素养有了明显提高。不断强化服务型党组建设。县残联班子充分动员全体干部职工，切实履行职责，积极应对新冠疫情。建立临时党支部，成立疫情防控领导小组，按照县防控指挥部统一安排，下沉社区做好值班，助力疫情防控。深入开展在职党员干部进社区活动。为了进一步加强党员教育管理工作，严格落实“双报到”，充分发挥在职党员先锋模范作用，使党建工作整体水平再上新台阶。

消　防

【概况】 2022年，山阴县消防救援大队坚持以习近平新时代中国特色社会主义思想为指导，坚持党建引领、固本拓新，坚持瞄准靶心、聚焦主业，坚持踔厉奋发，勇毅前行，圆满完成了以冬奥会、党的二十大重大消防安保为主的各项工作任务，社会面火灾防控和队伍内部保持了高度稳定。2022年，大队共接警出动400起，其中火灾266起，抢险救援75起，社会救助53起，公务执勤6起，出动消防车652辆次，出动人员3594人次，抢救被困人员54人，抢救财产价值2126.79万元。成功处置了“4·6”罗庄松树火灾、“4·9”杨村堆垛火灾、“4·12”张家庄大棚火灾、“7·25”元营高速出口对面厂房火灾以及古城镇排涝任务。

【**多元治理**】2022年，山阴县消防救援大队与教育、公安、民政、住建、卫健、市场、宗教、文旅、文物9个部门建立工作协作机制；实体化运行消防安全委员会，落实定期会商研判、约谈警示、函告通报、联合执法等工作机制；提请县政府印发《关于进一步加强基层消防工作的通知》，全县12个乡镇初步完成乡镇消防工作站建设任务。强化精准监管。持续巩固提升3年行动成效，深入开展消防安全大检查，细化落实国务院安委会十五条硬措施，统筹开展打通“生命通道”、高层建筑、自建房、城镇燃气、人员密集场所等领域消防安全专项整治，着力斩断成灾隐患链条。坚持罚、教并举，试行消防安全领域包容审慎监管模式，持续优化营商环境，企业和群众满意度持续攀升。共检查单位688家次，督改火灾隐患和消防违法行为924处，临时查封单位5家，责令三停单位8家，罚款40.4万元，挂牌督改重大火灾隐患1家（时代华庭小区）。提升宣传质效。推动将消防安全纳入全县网格员培训内容。推进消防宣传“五进”，组织集中培训20余次，定期开放消防站96次，消防科普教育馆30余次，出动消防宣传志愿者100余人次，印发宣传资料5万余份；在电视、报纸、政务内网等媒体、平台发表宣传稿件60余篇，央视上稿2条；开展了“小手拉大手”和消防宣传下乡活动，并向中小学生赠送消防安全常识书籍1500余册。

【**能力提升**】2022年，山阴县消防救援大队定期召开会议研究执勤训练工作，科学安排训练计划，2022年全员岗位大练兵普考成绩100%达标，优秀率稳中有升。积极组织学习《中共应急管理部消防救援局委员会关于近期7起安全事故追责情况的通报》精神，引导大队全体人员将安全意识渗透到日常工作、生活的点点滴滴之中，重点加强对不托底的人、事、物管理，严防作战训练安全事故，确保队伍内部安全稳定。定期开展专题授课、集中培训、案例复盘、桌面推演、拉动测试以及综合演练，持续提升综合救援能力，全年开展灭火救援实战演练86次。深化“一短三快”初战机制改革，投入62.9万元用于智能接处警和现场联合通信装备建设，为实战打赢提供智能化、信息化支撑。抽调9人首次参加全省“强能杯”比武竞赛，攀登15米金属拉梯内攻操全省排名第六，水域救援科目排名第七。与应急、气象、水利、防震减灾、卫健、规划和自然资源等部门建立信息共享、预警提示、会商研判协作机制，汇聚公安、气象、水利等部门数据资源，推动部门间形成上下联通、纵横交错的信息网络，更好服务于“全灾种，大应急”的任务需要。

【**消防保障**】2022年，山阴县消防救援大队保障经费持续增长。2022年度经费保障达到918万元（其中人员经费468万元，业务经费200万元，专项经费250万元），为推进全县消防救援工作和队伍建设跨越发展提供了坚实的基础。北周庄镇政府专职消防队全面投入执勤，玉井、古城2个全国重点镇完成建站选址，其余9个乡镇基层消防工作站挂牌成立，总投资1800万元的县城消防二站完成开工前所有手续办理，由县政府拨款200万元购置城市主站消防车、8吨水罐消防车、2辆新消防车和100万元226件套地震救援器材列装队伍。基层基础建设有效夯实。按照全省正规化达标建设总体要求，大队营房基础设施持续提档升级。以先进食堂评比为契机，实现伙食搭配“营养化”、伙食管理“信息化”、出入库“精细化”，指战员满意度持续提高。

【安全管理】2022年，山阴县消防救援大队压实安全责任，把稳工作方向。安全管理是队伍建设综合性、经常性的基础工作，是有效履行职责使命的基本保证。坚持党管安全理念，大队党支部每月议战、议训、议安全，及时查找队伍管理和作战训练安全中的薄弱环节，总结经验教训，明确工作重点，提出防范措施。成立由大队主官担任组长的安全工作领导小组，明确责任分工，将工作任务和具体责任落实到人，形成“一级抓一级，层层抓落实”的良性运行机制。定期开展安全大讲堂、安全知识竞赛、安全检查和安全技术训练，印制作战训练安全口袋书，做到安全工作主官“亲自抓、亲自盯、亲自讲”，压实安全责任，把稳工作方向。夯实安全基础建设。为切实筑牢安全管理基础屏障，2022年，大队投资5万余元配备电动道闸、周界安防设备，实行自动核放、人脸（号牌）识别，实现对人员、车辆出入的智能管理和入侵报警功能。在营区重要区域安装自动开启、不间断照明系统；档案室、财务室等重要库房配备防盗门窗、财务人员办公室配备保险柜、保密柜，选择安装使用电子密码、指纹识别等双人互控防盗锁具。结合队伍实际、经验教训和驻地特点，设立安全宣传阵地5处、安全警示标志17处，总结提炼安全标语口号30余条，大力营造安全文化氛围。健全长效管理机制。从加强指战员作风纪律和日常养成入手，以“三零”“六涉”“九无”活动为抓手，建立并落实人员思想分析、指战员轮休去向推送、一人一策、量化考评等机制，投资3.8万元购置配备智能身心反馈减压系统，严格按照条令纲要和各项规章制度规定，认真落实请销假、晚点名、查铺查哨等一日生活制度，紧盯“人车酒、网电密、训战勤、黄赌毒、婚恋贷”等重点领域和关键环节，深挖细查，用心用情，严管厚爱，切实担负起管理教育的主责，保证管理教育有抓手、有重点，做到见人、见事、见行、见效，切实把影响队伍安全稳定的各类隐忧明患消除在萌芽状态，有效做到视线不脱节、监督不断档、管理不失控，确保队伍始终高度安全稳定。

【队伍建设】2022年，山阴县消防救援大队以党建规范化达标创建为抓手，紧紧围绕“思想建党、政治建队”的根本方向，坚持议抓队站、装备建设及人员套改等大事，定期开展“七议”，全年共落实“第一议题”制度46次，召开支部委员会30次，研究议题145项，不断提升大队党支部议大事、管大事、抓大事的能力和水平，党支部战斗堡垒作用有效发挥。抓紧抓实主题教育、党的二十大精神宣贯活动，开展专题辅导、讨论交流、主题活动、集中展示以及分享会活动，激励广大指战员强化使命担当，奋勇拼搏争先。年内，为2名消防救援人员协调解决子女入学入托事宜，为全体转改人员集中办理退役军人优待证。始终重视推动暖心工程，提振队伍士气。大队认真贯彻落实省政府294号令，顺利完成31名专职队员套改和新工资发放工作。大队党支部始终牢记宗旨、为民解愁，紧紧围绕解决群众最关心、最直接、最现实的利益问题，通过开展走访慰问活动，帮助困难职工解决其日常生活中的实际困难。结合日常量化考核情况，推选1名队员增驾A1驾驶证，4名队员参加B1驾驶证培训，2名队员获得舟艇驾驶证。

乡镇开发区

玉井镇

【政区概况】 玉井镇位于山阴县西北部山区，地理坐标为北纬39°40′33″，东经112°37′23″，西与吴马营乡接壤，经吴马营乡可进入平鲁区，北与马营乡和右玉县接壤，省道虎山线和元元公路贯穿全镇东西两侧，荣乌高速绕境而过，交通条件和区位优势非常明显。玉井镇镇域面积167平方公里，占全县总面积的10.1%，耕地面积9.6万亩，全部为旱地。有18个行政村，人口9008户22164人，常住人口为3085人。玉井镇所辖行政村变为18个，即东庄、水头、王老沟、水泉、口前、沈庄窝、玉井、董庄窝、老庄窝、米庄窝、盘道、千井、窝棚沟、史家屯、吴家坪、一堵墙、福玉新村、康家兴村。

玉井镇是山阴县山区4个乡镇中面积最大、人口最多的乡镇。主导产业为煤炭产业和小杂粮种植，全镇林地面积10.7万亩，退耕还林面积1.9万亩。种植业主要有莜麦、荞麦、豌豆、马铃薯、胡麻、黑黍、白黍等小杂粮，还有柴胡等药材种植，沈万山农牧有限公司，以小杂粮加工为主。全镇地形均属山区，平均海拔1400米，境内洪涛山主峰——大贝山海拔1947.5米，是全县的最高点。

玉井镇是全县的煤炭大镇，煤炭产业是主导产业。全镇矿区面积85平方公里，井田面积38平方公里，煤炭资源总储量50亿吨，地质储量11亿吨。煤炭资源整合和兼并重组后，全镇保留11座煤矿，分别是宝山煤业1座——宝山玉井煤业有限公司，中煤华昱4座——中煤华昱水泉煤业有限公司、南泉湾煤业有限公司、玉皇山煤业有限公司、台东山煤业有限公司，兰花集团2座——口前煤业有限公司、朱和咀煤业有限公司，同煤集团1座——同生千井煤业，中煤顺通1座——北祖煤业有限公司，晋煤集团1座——晋泰煤业有限责任公司，普大集团1座——西宜煤矿。生产的有8座，其他处于关闭停产阶段。

2022年，玉井镇上下深入学习贯彻党的二十大精神，围绕县委工作思路和县政府工作部署，纵深推进抓党建促基层治理能力提升专项行动，紧扣镇第五届第二次党代会和政府工作报告确定的目标任务，按照“两轴四区”规划布局，全面推进“五镇”建设，力争实现“六个起来”工作目标，真抓实干、勇毅前行，全镇经济社会发展态势持续向好。

【基层建设】 2022年，玉井镇全面加强基层组织建设。培养入党积极分子20名，预备党员15名，转为正式党员的17名，培养后备人才32名，全面消除3年未发展党员村。18名大学生村官定岗定责，其中6名由班子成员帮带成长。参与联村、联企党建村达80%。持续加强驻村工作队管理，督促落实“六化十到位”，深入开展“大走访”。投资52万元修缮、扩建4个村级组织活动场。收缴党费5.79万元，足额拨付组织经费60万元，有效保障村党组织标准化规范化建设。打造了东庄村实操实训基地和口前村红色教育基地。推进“三晋先锋”学用结合，并以385.86分，荣登乡镇榜首。依托“红色大讲堂+主题培训”，扎实开展党史学习教育23次和党的二十大主题教育活动21次。在美丽乡村、项目建设、疫情防控第一线开展主题党日13次。组织村党组织书记就发展集体经济进行外出观摩学习4次、“擂台比武”1次。

【经济发展】 2022年，玉井镇坚持谋发展、育产业，集体经济取得新增长。作为能源重镇，立足实际将资源优势转化为产业优势，着力“三个精准”探索农村多元发展道路，持续壮大村级集体经济。精准引导易地搬迁村产业发展，针对采煤沉陷区搬迁村造血难的现状，引导村集体发挥赋闲劳动力资源富集优势，积极推广手工业等劳动密集型产业。福玉新村建成碳素笔加工厂和手工编织厂。精准培育煤款协议村特色项目，针对有煤款协议村缺乏产业项目的问题，提出"村集体领办项目、村民合作共赢"的发展思路，构建入股分红的产业发展模式。史家屯村成立"玉煌山"小杂粮加工厂，东庄村建成生态畜牧养殖基地。精准帮扶资金缺乏村拓宽项目，针对无资金资源的村集体经济发展难的窘况，积极争取各种帮扶政策和资金，培育集体经济新引擎。米庄窝村与古城乳业合作发展饲草饲料加工产业；王老沟村与山西嘉瑞种业有限公司合作建设种薯窖；千井村与山西宏达信新能源有限公司合作发展屋顶光伏项目。

全镇18个行政村集体经济收入全部达到10万元以上。其中10万～30万元村11个，30万～50万元的村1个，50万以上的村6个。

【美丽乡村】2022年，玉井镇坚持搞建设、上项目，镇域发展取得新突破。坚持"规划引领、彰显特色、建管并重"，大力实施美丽乡村建设工程，推动环境更美丽、农村更宜居。实施沈庄窝村美丽乡村建设，投资332万元，对通往热源厂主干道进行硬化和绿化；对东西2条主街道和南北4条主巷道进行污水、雨水、自来水管网改造；修复广场舞台和红白理事会。

实施口前村美丽乡村建设。投资322万元，利用原村委会旧房布展村史馆；硬化2条主街道和5条背街小巷，建设1处村规民约文化广场和1处文化活动大舞台，配套9处垃圾点和50个垃圾箱，新建灯福广场1处和"口袋"广场1处。

实施玉井村（南坪街）改造工程。概算投资3289.33万元，全面实施提档升级工程，已对供水、供暖、供电、排污等设施进行立体改造，重新铺设沥青路，截至年底已完成总工程量的70%。

【优化人居环境】2022年，玉井镇坚持强整治、优环境，人居环境得到新改善。农村"六乱"整治成效显著，人居环境得到了极大改善，进一步提升了群众的幸福感、满意感。村容村貌明显改善，清理整治乱堆乱放，柴堆39处，碳堆28处，粪堆54处，建筑垃圾17处，生活垃圾30处，违章建筑8处，清理村内垃圾7328吨、围村垃圾80吨。对农村居民集中居住的主街道、巷道、以及农户室内外卫生的"脏乱差"问题进行整治，清理村庄排水沟渠垃圾杂物、交通沿线积存建筑垃圾和生活垃圾180吨。依法依规对虎山线、东庄村、水头村和北祖村等相关违建进行拆除，共拆除违建房屋3处。绿化交通沿线1300平方米，整修坑洼路面、隔离带和绿化带19处，拆除遗留、废弃的广告牌和无实际用途、有碍观瞻的视觉污染设施13处。完成老庄窝、千井、一堵墙、范家屯、宋家沟村的街道硬化。史家屯村利用"一事一议"资金，投资8万元修缮村委会院墙60米，更换村委会大门，硬化村委会院落300平方米。

【惠民生】2022年，玉井镇坚持惠民生、促和谐，社会事业取得新发展。布局引水入户，针对多数村饮用水匮乏，群众取水困难、水质差的实际，实施引水入户工程，计划通过三年时间实现黄河直饮水进村入户，彻底解决群众吃用水困难。通过铺设引水管道、修建蓄水池、打造入户井等方式，完成了窝棚沟村和宋家沟村引水改造，两个村的71户190人用上了清洁干净的自来水。针对镇村居民冬季取暖费用高、环境污染问题突出的实际，试点推开镇村集中供暖。沈庄窝村、玉井镇南坪街、虎山线沿街

400余商户完成了集中供暖改造，群众实现清洁取暖的同时，山区越冬空气污染问题得到了有效缓解。积极践行“小厕所、大民生”理念，持续推进镇村改厕工作，近三年共完成改厕296户，其中2022年完成改厕140户，140户全部为完整上下水道式户厕，农村环境卫生得到明显改善。

优化种植结构，重点推进以旱地渗水地膜谷子11754.46亩、荞麦8290亩，糜黍4551亩，小麦34亩、玉米4920亩、高粱4761亩、黄黑豆1868亩、豌豆3765亩、马铃薯8956.66亩、胡麻籽11060亩、黄芥3961亩。投资88.62万元，购置了大中型农业机械30台，用于耕种收割。

提升社会保障水平。精准兑现各项惠民政策，为90户90人发放了特困供养金，为264人发放了一、二级重度残疾护理补贴，为396人发放了临时救助金，共计17.16万元，为36名脱贫户学生办理“雨露计划”。退役军人服务站发放199份慰问品，为全镇400余位退役军人建档立卡，完成率100%。

【脱贫攻坚】 2022年，玉井镇坚持同推进、共落实，巩固脱贫取得新成果。把巩固拓展脱贫攻坚成果同乡村振兴有效衔接工作摆在突出位置来抓，加强对建档立卡脱贫户、边缘易致贫户、突发严重困难户常态化动态监测和帮扶，屋顶光伏等帮扶产业，落实劳务输出、小额信贷等帮扶政策，脱贫农民收入更加稳定、更可持续。建立健全金融扶贫精准服务机制。加大小额信贷投放力度，做到应贷尽贷，助力贫困户增收。2022年山阴玉井镇农商支行涉农小额信贷累计发放807.8万元，惠及农户170户。加快推进扶贫资金匹配和项目实施，利用上级扶贫专项资金在王老沟、一堵墙、米庄窝、千井、史家屯村建设屋顶分布式光伏发电站15座。为脱贫户发放就业交通补贴12万元。持续构建防返贫动态监测帮扶体系，每季度比对住房、教育、医疗、救助等信息，对存在返贫致贫隐患户及时纳入预警，建立跟踪监测、定期评估机制。有序开展劳务输出工作，抓好职业技能培训、安排工作岗位和推荐外出打工，实现稳定脱贫。全镇建档立卡18～60周岁贫困人口1162人，其中有劳动能力人口通过镇村推荐就业839人，劳动就业保障率达到72%，实现了一人打工就业，全家稳定脱贫目标。

【社会治理】 2022年，玉井镇坚持补短板、除隐患，社会治理取得新成效。聚焦重点领域、重点行业，抓好摸排整治和矛盾化解工作，建设平安玉井。

积极化解信访矛盾，将信访工作列入重要议事日程，认真落实“一岗双责”制度，班子成员共包案10余件。

着力优化营商环境。新增市场主体454个，其中个体户425个，企业29个，注销个体户35个，企业15个。市场主体倍增全年任务完成率100%。“12345”政务热线一共接收143条，按时按点办理143条，办结率100%。

持续打击私挖滥采。加大对私挖乱采非法行为的打击，做到“不留死角、不留盲区”；建立群众举报制度，鼓励全社会参与，形成打击私挖乱采违法犯罪行为全民参与的良好氛围。

马营乡

【概况】 马营乡位于山阴县西北部洪涛山腹地，北与左云、右玉县交界，西与玉井镇为邻，南与北周庄镇、下喇叭乡相连，东与怀仁县接壤。马营河贯穿中部，平均海拔在1560米以上，最高山峰宝峰山，海拔1968.5米，位于陆家窑村、腰寨村与玉井镇南祖村之间。全乡版图面积139

平方公里，耕地71425.74亩，林地22000亩（其中退耕还林10710亩）。春夏干旱、秋季短暂、冬季漫长，全年降雨量约450毫米，属温带大陆性气候。主要农作物有土豆、莜麦、豌豆、小杂粮，经济作物主要有胡麻，特色农作物主要有苦荞、藜麦。辖区内自然资源丰富，有煤炭、煤矸石、铝矾石、陶土、铁矿石等十多种矿产资源，品质高，质量好，是朔州市矿产资源的主要产地。其中，煤炭探明储量有14亿吨。辖区内有大型煤矿企业8座，属中煤华昱3座（五家沟煤业、南阳坡煤业、元宝湾煤业）；属普大集团1座（芍药花煤业）；属中煤顺通1座（辛安煤业）；属同煤集团1座（安平煤业）；属民营2座（华夏煤业、腰寨煤业）。还有1家偏岭联成风电有限公司。2022年，马营乡所辖13个行政村建制保留为马营、水泉、下石井、观音堂、张家堡、山村、庄窝、魏家沟、青杨岭、戈道、腰寨、后石门、河阳新村。全乡在册5138户12099人，常住3154户7701人，暂住人口1389人。

【农村经济】2022年，马营乡高度重视规划工作，健全了由乡党委领导、政府负责，各村组织（站、所）统筹协调的壮大村集体经济领导机构，多次召开“十四五”规划汇报会，带领班子成员，深入各村，召开调研座谈会13次，明确提出“一心四区、五位一体”马营空间发展规划格局，研究制定了《马营乡乡村振兴“十四五”发展规划》，确定产业优先发展思路，并经乡人代会审核同意。按照规划要求，从“区域统筹、集体经营；延伸产业、提升价值；挖掘禀赋、引进项目”三个方面进行产业发展。初步形成通过对土地进行集中流转，由各集体经济组织统一经营，增设农机农技农业服务合作社，优化小杂粮加工企业，开办山区食品半成品加工作坊，强化加箱包代加工项目生产线，推动光伏等新能源项目落户山区，利用荒山荒地进行药材种植等产业发展思路。已储备村级集体经济发展项目20个，其中产业发展类项目共16个；管理服务类建设项目共2个，劳务外包服务类建设项目2个。产业发展类由村集体经济入股，管理服务类由村集体经济组织委托经营，劳务外包类由村集体经济牵头。基本实现“发展产业项目，壮大村集体经济”。截至12月底，全乡13个行政村，村级集体经济总收入达856.14万元，其中产业经营收入达到652.96万元，有9个行政村的经营性收入超过20万元。

【社会治理】2022年，马营乡推行网格化治理，加快推进基层党建引领社会治理，深化完善网格责任捆绑体系，建立微网格积极参与社会治理。充分利用专职网格员和村民代表兼网格员，把网格作为加强基层党建、社会治理的重要基础，实现组团联村覆盖、网格党小组覆盖、党员联户覆盖。强化政治功能是开展党支部标准化规范化建设根本目标。结合实际创新党支部设置功能，大力加强支部班子建设，为强化党支部政治功能夯实组织基础。加强党群服务中心建设，设立党员服务、综合业务、帮办代办、咨询投诉等专门窗口，推动“党务+政务+服务”信息化建设平台，让党建、政法、宣传、教育、民政、农业农村等部门把业务延伸到基层。紧紧围绕党的二十大安保工作要求，扎实开展“大排查、大整治、大防控”专项行动。加大排查值守，严格安全生产日常排查巡查，实现重特大事故零控制目标。深入实施“河长制”“林长制”，强化基本农田和森林资源保护，确保科学合法开发建设，避免抓发展与抓治理“两张皮”。充分发挥“法律明白人”作用，参与化解矛盾纠纷，全乡社会治安形势稳定，没有发生重大恶性治安灾害事故。在政务

"12345"方面，全年收到土地塌陷、农业、采暖等各类群众诉求工单95件，回复95件，回复满意率98.9%，推动息诉息访和案结事了。推进扫黑除恶斗争常态化开展，积极引导群众参与公众安全感和政法满意度"双提升"工作，社会治安形势稳中向好。

【乡村基建】 2022年，马营乡围绕美丽乡村建设要求，引导群众巩固推进农村生活垃圾处理、污水治理、"厕所革命"、村庄清洁行动，大力开展城乡环境综合整治，提升农村人居环境。注重激发群众主体作用，采取"以点连线成面"整治模式，以南屏街、乡政府驻地建成区、府东路、三个美丽乡村建设点、较大自然村等为主战场，实现了乡村"旧貌"换"新颜"。投资1919万元，实施马营乡工矿型美丽乡村人居环境整治提升项目，对马营主干南屏街、府东路、滨河街等进行铺设下水、强弱电入地、路面硬化工程以及马营村（梁头村）、水泉村、庄窝村三个村的村容村貌整体提升工程等，共铺设沥青混凝土路面21000平方米，水泥混凝土路面5600平方米，铺设下水管网2000米，弱电线路2600米，强电线路1300米，清理围村垃圾5000多立方米，美化20000平方米，修剪树木15000株，整治河道400米，清淤120吨（数据需核实）；以农村集体经济合同专项清理整治、村级清产核资、农村承包地确权为基础，在全乡压茬推进"清化收"专项工作，摸清农村集体资产"家底"，全面清理合同，化解不良债务，盘活集体资产，发展壮大村级集体经济，实现集体经营、民主管理、民主决策，促进农村集体经济健康发展。进一步盘活用好集体资产、资源，加快村级产业发展布局和项目建设，实现2022年底13个村级集体经济组织都有经营性收入，为乡村振兴赋能村集体经济硬实力。清洁取暖，环保节能。进一步完善马营区域7企2村集中供暖工程，年底实现集中供暖入户率达到100%，其余村庄常住农户实现"煤改电"清洁取暖全覆盖。综治保险、惠民利民。由于连续暴雨，村民房屋受损较为严重，全乡共280户农户的房屋不同程度出现漏雨塌陷、泥皮脱落现象。经向县政法委申报，启动农户财产综治保险赔偿，保险公司第一时间到现场探测险情并做出积极回应，实时做出赔偿，累计赔偿18.67万元，有效缓解了群众因灾受损造成的经济压力。

【意识形态工作】 2022年，马营乡牢固树立"抓好党建是最大政绩"理念，采取"周提示、月调阅通报、季度目标考核评价"等方式，开展党委理论学习21次，全员集体学习32次，专题研究意识形态工作4次，开展意识形态专题培训一次，党政班子成员到支部讲党课13次。切实加强村级"两委"班子建设，完善班子成员联系片、包村干部联系村、村干部及党员联系户的包保责任体系，形成上下协作推动基层党建工作新局面。重点学习二十大报告、习近平总书记视察山西讲话精神、省第十二次党代会、市第七次党代会和县第十五次党代会精神，确保了党的路线方针政策在马营乡落地生根。

【民生福祉】 2022年，马营乡民生事业保障有力。按照动态管理下的应保尽保原则，为全乡277户398人低保户按时发放低保金209.8万元，为40人按时发放了特困供养金21.2万元，为303人发放了临时救助；2022年，城乡居民基本养老保险金已缴纳基本险3753人117.94万元；新型农村医疗保险已缴纳基本险8478人294.56万元；缴纳意外险2189人6.567万元，做到应交尽交，全民参保；全面贯彻落实上级部署精神，将巩固脱贫攻坚成效放在重要位置，始终紧盯防返贫工作，进一步用足用好巩固脱贫攻坚五年过渡政策机遇期，按照要求严格落实“四个不摘”，在健全防止返贫监测和帮扶机制、扶贫项目资金资产管理监督、落实农村社会保障和救助制度等方面持续接力，全力做好脱贫攻坚巩固工作。继续开发公益岗位17个，为7名脱贫户学生办理享受了“雨露计划”帮扶。全年春、秋季征兵圆满完成年度兵役登记工作；7月、12月乡民兵应急排拉动基干民兵，圆满完成了康庄机场跑道开设和民兵综合科目考核任务。

【便民服务】 2022年，马营乡健全乡政府、河阳新村便民服务中心综合配套服务功能，实行民政、司法、土地、户籍、养老、计生、军人等一站式服务，逐步完善其他各村便民服务代办点，形成系统的便民服务体系。把乡便民中心、河阳新村和马营村便民点作为全乡的试点，打造“一般事情就近办、复杂难事帮办代办”和“最多跑一次”等一揽子解决问题的群众接待大厅和“四员六步三级调解机制”的矛盾纠纷调解室，真正实现服务群众“零距离”；为增强高质量发展的动能活力，有力有效落实扶持政策，深入开展“市场主体提升年”活动，对国家、省各类助企纾困、减税降费等政策进行全面梳理，带着政策为企业提供上门服务，推动市场主体扩数量、提质量、增效益、优结构。截至12月底，马营乡增加各类市场主体321户，完成全年目标任务的105.93%；新建新时代文明实践所一个，挂牌并投入使用，办公设施配备等硬件设施一应俱全，组织机构合理、规章制度完善、工作职责明确、工作流程规范，志愿者活动丰富多彩，每月定期搞1~2次大型志愿服务活动；建成文明实践站13个，设在各村党群服务中心，覆盖率100%。按照乡党委要求，把新时代文明实践站所建设，作为深入学习宣传习近平新时代中国特色社会主义思想，打通宣传群众、引导群众、服务群众“最后一公里”的综合平台，一年来累计开展新时代文明实践志愿实践活动170余次。

【网格队伍建设】 2022年，马营乡进一步提升党建引领网格化服务管理水平，结合实际强化党建引领，划小划实网格，选优配强网格员，建立网格党组织。形成一张网布局、一体化推进的网格工作模式。结合实际推进“党建＋网格”管理模式，将党组织建在网格上，优化网格设置。全乡划分13个普网，配备了13个网格长，13名网格员，建立了61党小组。推动“党建网”和“治理网”双网合一、良性互动。整合退休干部16人、退伍军人12人、退休教师20人、乡贤能人50人的各阶层有公信力并且热心公益事业的群体力量，成立“网格志愿服务队”，形成了“网格员＋志愿服务”的新型运行模式。聚焦“执法事项划转、执法队伍重组、执法系统重塑、执法流程再造”四个关键，着力开展基层治理信息化、现代化建设，先行先试，大胆实践，执行“综合查一次”行动，共有持证执法队员8名，执法辅助员30人。全年联合公安、市场、国土执法5次，共计发现问题10个，出具整改通知书5份。紧紧围绕“精心育，导师带，轮岗学，用心管”的目标，精心培育，创新举措，扎实做好大学生村官队伍建设，为提升基层治理水平注入强劲动能。按照“干什么学什么、缺什么补什么”的原则，全方位充电提能，做好日常理论教育培训工作。导师帮带，建立乡镇班子成员、村“两委”主干和到村任职大学生的“2+1”导师帮带制度，着力形成“乡镇领导教着干、乡村干部带着干、大学生村官学着干”的贯通培养机制，切实解决到村大学生“跟谁学、怎么学、学什么”等问题。26名导师与大学生村官完成“牵手结对”。

轮岗制提升，按照到村任职大学生头半年在乡机关工作要求，结合乡村工作实际和大学生村官岗位需要，建立“乡镇科室轮岗锻炼”和县“两办”、县委组织部等跟班培训机制，1名大学生村官完成轮岗，在县政府办跟班锻炼2个月，通过以学带干、以干促学，自身能力水平得到显著提升。严格“三个一”举措，确保“下得去、待得住、干得好”。健全请销假、重大事项报告等管理制度，确保到村任职大学生真正发挥作用、激发大学生村官干事激情，全面投身基层治理和乡村振兴的积极实践中。

【党建引领】 2022年，马营乡围绕抓党建促基层治理能力提升活动，坚持“党委书记负总责、支部书记具体抓”，召开党委会议研究党建工作15次，听取汇报7次，开展讲党课4次，清单式列出乡村干部职责，全面开展问题整改，建立健全农村“三资”管理办法，制定班子成员包联帮扶机制，召开壮大发展农村集体规划座谈会。采取现场观摩“学”、实地检查“促”、安排部署“推”的办法，压实党建工作责任。今年组织党员干部赴玉井镇王老沟村瞻仰红色战斗遗址开展迎“七一”党建日活动，赴大同市灵丘县进行“拓思路、聚合力、抓创新、勇担当”学习考察活动，进一步建强党组织的战斗堡垒和提升党员先锋模范作用。以“三会一课”为基础，以主题党日活动为载体，采取专题讲座、报告会、考试等形式，积极在乡村干部中开展党建和业务知识的学习培训工作，确保最新理论武装深入人心。党委班子成员坚持每周开展集中理论领学，努力提升乡村党员干部政治领悟力、政治判断力和政治执行力，进一步加强党性教育，强化忠诚干净担当意识。充分利用“学习强国”学习平台APP、“三晋先锋”等平台，开展党员干部政治理论学习和党性教育，达到相互学习，共同提高的目的。对不同领域、不同类别、不同年龄的党员，建立“双百分考核办法”，充分实现创新奖评的目的。加强党务工作台账管理，建立健全党员台账。对生活困难的党员建立走访帮扶台账，在定期走访慰问的基础上，落实帮扶联络员制度，确保党员干事创业有岗位、发挥作用有舞台、评先选优有标准、遇到困难有依靠。

积极开展清廉山阴建设工作部署，组建工作专班，细化实施方案，确定任务清单，统筹推动清廉马营建设。按照“班子清廉、干部清正、村务清爽、民风清朗”的“四清”标准抓实清廉村居建设。以“创清廉村居强基层治理”为导向，加强对农村“三资”管理，深化“三务”公开监督，对村内的党务、村务、财务利用村公开栏等进行及时公开，确保全面建设清廉村居工作任务有序推进。同时，要求重视家庭、家教、家风建设，教育引导基层党员干部廉洁修身、廉洁齐家，净化社交圈、生活圈、朋友圈，管好亲属和身边人。弘扬优秀家风文化，将清廉家风纳入“星级文明户”评选活动，以清廉家风建设带动村风民风的转变。马营乡通过开展“以案释纪”“以案说法”的现身教育活动，进一步扩大警示教育范围和效果，推动“三不”机制的有效落实。让党员干部意识到作风建设的艰巨性、更加清醒认识“作风建设永远在路上”“纪律是带电的高压线”。警示全乡党员干部要严守纪律规矩，锲而不舍纠“四风”树新风，坚决杜绝违反中央八项规定精神的行为发生，做到自身正、自身硬、自身净，持续营造马营乡政府系统风清气正的良好政治生态。

吴马营乡

【概况】 吴马营乡隶属于朔州市山阴县，位于晋西北黄土高原丘陵地带，元子河流域上游，东接玉井镇，南、西与平鲁区毗邻，北与右玉县接壤，版图面积106.6平方公里。荣乌高速公路和省道元元公路均经过吴马营乡。距离县城42公里。村村通水泥路全长48.7公里，交通较为便利。属温带大陆性季风气候，多为西北风，年平均气温8℃（最高+39.4℃，最低-28.4℃），无霜期115天；年降雨量在384.4毫米左右，（最高582毫米，最低仅213毫米）且集中在7—9月，占总降雨量的65%。地表水缺乏，地下水在340米左右。耕地面积66156亩，林地面积25523.7亩，其中退耕还林面积10268亩。辖12个行政村，3个自然村，共3508户，8428人，常住人口1356人。

【农业发展】 2022年，吴马营乡在稳定优质小杂粮的基础上，由过去单一的小杂粮种植逐步向产量高、经济效益好的粮食作物转化。玉米种植比例已占播种面积的30%，旱地谷子得到大面积推广，全乡机械化种植占62%左右；地膜覆盖种植占播种面积的65%。养殖业也有较大发展，全乡有养殖园区20多家，其中肉牛养殖园区3处，肉猪养殖园区6处，养羊园区13处，养殖业收入占比明显提升。村集体经济收益可观，光伏电站收益项目，村村建有光伏发电站。资产性收益项目，各村利用财政扶贫资金委托经营到鑫霏农业、骏宝成等企业合计870万元，年收益52.2万元。截至年底，实现了12个行政村村集体经济收入全部稳步达到10万元以上的目标，其中2个村村集体经济收入超过30万元。全乡村集体经济总收入251.38万元，其中产业经营性收入248.87万元，占比98.8%。全部村都通了动力电、互联网，安全饮水得到了保障，村村建起了卫生室、文化活动室，健身广场。基础公共设施有了很大的进步，人居环境得到了较大提升。

【基层治理】 2022年，吴马营乡党建引领网格化服务管理工作体系建设全面建立，全乡设置村一级12个网格党组织，网格长为支部书记，5个二级网格党组织，实现了网格党组织全覆盖。全乡划分党员责任区59个，有63名党员对在村居住的529户进行了联系。在政策宣传、社会治安、服务群众等工作中发挥了很好的作用。在村集体经济“清化收”专项工作方面。全乡共规范问题合同29份，清理并化解债务59.4万元，合同履约增收2万元。创新设置“引”“育”用”三项举措，全面发挥乡贤能人对基层治理的引领、示范、撬动作用，走出基层治理新路子。全乡12名村支部书记中，召回致富能人3名、本土大学生4名、转业军人2名和机关事业单位派驻1名。

【经济工作】 2022年，吴马营乡农业产业扩面成势。粮食播种面积扩大至4.5万亩，种植结构持续优化，玉米种植面积突破1.5万亩，谷子种植面积接近1万亩，种植品种不断丰富，正向着特优方向强势发展。生猪存栏量增至3600头以上，同比增长达28%以上，肉牛肉羊等畜禽存栏量均稳中有升。各类种养殖合作社、农机服务、家庭农场养殖场等涉农市场主体增至112户，占市场主体总量的68.3%。产业模式突破瓶颈。探索确定了“企业/合作社+村集体+农户+基地”的升级版土地经营发展模式，制定了《吴马营乡集体土地流转经营管理制度》，在前榆林村成功开展土地资源整合试点工作，完成土地流转4300亩，实现集体营收12万元以上，集体经济步入良性循环。

光伏规模持续扩大。完成投资220万元，新建106千瓦光伏电站1座和94千瓦光伏电站2座，年内均及时并网发电。全乡总装机容量增至3719.4千瓦，年发电量约560万千瓦时，年收益可达190万元，成为各村经济收入的主要来源。建成100兆瓦农光储氢一体化项目升压站1座。营商环境不断优化。推动市场主体倍增工作落实，截至年底，共为54户群众申请注册营业执照，超出预定目标6户，完成率达到112.5%。“一村一品、一户一业”工程稳步推进。一批新型农业经营主体，脱贫致富带头人有效地发挥了带动贫困户的增收作用。截至年底，全乡村村有光伏电站，300亩以上小杂粮种植大户较去年增加了8户，同时磨坊、豆腐坊、油坊等家庭小作坊也在不断发展。

【乡村振兴】 2022年，吴马营乡坚持严格落实“摘帽不摘责任、摘帽不摘政策、摘帽不摘帮扶、摘帽不摘监管”四个不摘要求，紧盯698户1601人脱贫人口，63户157人监测对象，保持现行帮扶政策、帮扶力度总体持稳和加强。健全防止返贫动态监测和帮扶机制，做到精准监测、精准帮扶，实现巩固拓展脱贫攻坚成果同乡村振兴有效衔接，确保了1户监测对象达到不返贫目标。全年共完成脱贫户小额信贷434万元，脱贫家庭享受雨露计划45人。

充分发挥驻村工作队和第一书记作用，定期召开例会进行培训学习，深入农户调查摸底，帮助村里研究制订工作计划，和村干部并肩作战，服务农村，积极寻求发展壮大村集体经济的新方式、新方法，帮助群众解决生产生活等各类问题150多件次。认真落实劳务经济相关政策，搭建劳务输出平台，积极组织农村剩余劳动力外出务工，脱贫户新增就业95人，总务工人数增至652人，同比增长17%，脱贫人口人均纯收入达1万元以上。

持续巩固发展光伏产业，大力增加村集体经济和农民个人收益，2022年吴马营乡使用上级项目增收资金210万元，实际投入220万元。分别在3个行政村各新建光伏发电站1座，并于9月底全部并网发电。

【美丽乡村】 2022年，吴马营乡加快美丽乡村建设步伐。打造提升元元路沿线郭家窑、西短川、吴马营、东短川4个村的人居环境整治工程，村民屋顶进行彩钢加固、残垣断壁全部新砌、外墙进行统一粉刷、临街墙体书写宣传标语，部分进行了彩绘，其中两个村建设文化长廊，打造了文化广场；闫家窑、黄草梁、大坪、西短川、吴马营5个村进行绿化美化，补植景观树；吴马营村合理规划在路侧巷陌栽植海红果、苹果等经济树种300余株。全乡以深化“六乱”整治为治理核心内容，聚焦交通沿线、村庄街巷、农户庭院、田间地头等重点区域，定期开展环境卫生集中整治行动，推动全乡治理乱搭乱建、乱堆乱放、乱扔乱倒等突出问题。进一步完善村规民约，加大生态环境保护宣传力度，村民的家园、环保意识获得很大提高，在村常住户532户，626人自觉开展庭院清洁行动，覆盖率达91.2%，各村共清理垃圾1100立方米，农村人居环境得到了显著改善。

【生态环境】 2022年，吴马营乡持续推进绿化美化进程。对吴马营村至元元路平鲁段绿化通道进行补植，共植树500多株。进一步扩展西短川、闫家窑、大坪等5个村村间道路绿化面积，补植树木1500余株，其中的3个村实施了街巷绿化工程，补植风景树300余株。乡、村两级配齐专门的护林员，通过常态化的爱林护林宣传和巡林工作，进一步加强了林木管护力度。

不断强化污染防治成效。采取“煤改电”的方式，为全乡12个行政村508户安装电采暖设备，覆盖率达87.14%。同时强化秸秆禁烧管控、道路扬尘治理，以“零容忍”态度打击“散乱污”企业，形成生态文明建设人人有责、生态文明规定人人遵守的良好风尚。

【民生事业】2022年，吴马营乡坚持执政为民，聚焦特殊群体、群众关切，强化社会兜底保障，养老、医疗保障服务水平不断提升，全年完成基本养老保险缴费1743人，基本医疗保险缴费5846人，适龄人群参保率达到99%以上，脱贫户、检测户、低保户、五保户等重点人群参保率达到100%；同时，做好困难群众帮扶救助，按时审核发放低保、五保、临时救助、医保救助、爱心消费券等，全年累计发放临时救助10.08万元，惠及368人次，发放爱心消费券3轮总计30.04万元，惠及823人次；规范公共服务事项办理流程，全年累计处理民政服务类236件次，社保服务类30件次，计生服务类17件次。

在全面落实各项惠民政策的基础上，积极争取上级财政“一事一议”项目，完成了南屯村、前榆林村村内小型水利设施建设工程，屯港村、包家岭村、后榆林村村内道理硬化工程，尖山、大洼两村村容美化亮化工程以及东短川村村容村貌建设工程。有效利用美丽乡村建设资金实施村容村貌建设。共计投资900万元完成了东短川、吴马营、西短川三个村的美丽乡村建设工程。多方争取资金205万元，实施了西短川引水工程，彻底解决了老百姓多年来吃水难的问题。全面开展自建房排查整治，总计排查院落647处，实施了屋顶彩钢加固工程，同时重点对西短川村、吴马营村排查出的14户低承载力房屋进行了抗震加固，筑牢了住房安全防线。

【平安创建】2022年，吴马营乡乡村综合治理能力得到了有力提升，不断改进新时代下的群众工作和信访工作，积极推广新时代“枫桥经验”，推进网格化精细管理，深入开展矛盾纠纷大排查大化解行动，健全及时就地解决群众合理诉求机制。全年受理包括“12345”政务服务热线在内的各类诉求30余件，办结率达100%，满意度100%；处理信访局转办的信访6件，均已办结；乡综治中心排查矛盾纠纷3起，调处3起；全乡刑事案件、安全生产事故均为零，信访案件同比下降了90%。在动态清零的条件下，实现了全乡12个行政村“三零”创建达标，提升了乡村综合治理能力。

深入推进扫黑除恶斗争。坚持标准不降、力度不减、工作不断。对已侦破的案件循线深挖、逐一见底，全面梳理、深入开展重点领域重点行业整治，主动防范、发现、打击黑恶犯罪的制度机制进一步健全。

强化安全生产责任。严格落实安全生产责任，抓实重点行业领域隐患排查、专项整治等工作，共排查出各类隐患9处，均已限期整改完成。坚决预防和遏制重大安全生产、食品安全事故的发生，建立了安全生产隐患、地质灾害隐患排查日报告制度，进一步完善了灾害预警预报监测体系，完善应急处置机制；在森林防火方面，加强灾害风险排查与防范，进村入户大力宣传防火知识，累计发放防火宣传牌70多块，悬挂防火标语60条，防火宣传旗150多面，群众防火意识不断增强。全面排查整治辖区内河道沟洼，重点对非法采砂、采矿进行全面检查。2022年，全乡不存在非法私挖盗采乱采行为，全年未发生一起安全生产事故。

【社会事业】2022年，吴马营乡强化公共卫生保障。全面落实好二孩、优生促进工程及“奖优免补”政策，实现人口均衡发展；抓实基本公共卫生服务，积极开展疫情防控，普及卫生健康知识。提高村级医疗卫生服务能力，保障人民群众身体健康，全面实施健康签约服务，乡卫生院和县医疗集团联合对全乡15个村开展巡下乡义诊，送医送药上门服务；积极开展爱国卫生运动，持续开展农村厕所革命，认真完善并做好后续工作。

繁荣发展文体事业。深入践行社会主义核心价值观，加强公共文化服务体系建设，引导开展健康向上的广场文娱活动，村村建有文化健身广场，同步抓好乡文化站工作，发挥农村书屋作用，办好农民夜校，电影下乡进村每月2场，进一步繁荣了群众文体生活。

社会事业其他各领域工作稳步提升。农村养老保险参保率和新型合作医疗参合率进一步提高，进一步扩大社会保障覆盖面，做到了应保尽保，吴马营敬老院管理进一步规范，服务水平进一步提高，组织农村实用技术和劳动力转移技能培训，为群众创造致富增收机会。

【党建工作】 2022年，吴马营乡及时组织跟进学习习近平总书记重要讲话精神和党的理论政策以及各级党委的会议精神，特别是对党的二十大报告进行了逐条学习，确保在思想上始终能够与党中央保持高度一致，提升班子成员的政治理论素质。开展了“我为群众办实事”、“作风建设提升年”、常态化党史学习教育等主题实践活动，全面建立乡机关干部包村联户和在村党员联户走访工作机制，各党支部党员积分制管理制度探索实施，进一步增强宗旨意识，提升为民办事水平。实施屯港村党群服务中心改扩建工程，基层组织战斗力进一步增强。在12个行政村全部建立农民夜校，5月以来每月坚持开展一次集中学习；乡级党校挂牌成立，每季度组织乡机关干部、村“两委”主干、村报账员、村监会主任开展一次系统政治理论知识学习。全面推行村党支部和党支部书记星级化管理机制，每季度进行一次支部书记述职。实施科学的年度考评机制，奖优罚劣。

落实从严管党治党的主体责任，认真抓好党员干部的党性、党风、党纪教育，共开展专题警示教育5次，进行廉洁从政教育6次。为促进乡村党员干部廉洁履职，进一步筑牢防范廉政风险奠定了基础。扎实开展“清廉机关”、“清廉村居”创建工作，打造廉洁村居广场1座。注重加强对扶贫领域资金项目、惠农政策执行的监督，建立起了扶贫领域资金项目台账。通过日常监管，加大对违规违纪案件的查处力度。今年立案审查违纪案件8件，对8名涉案党员干部给予了党纪处分，进一步严明了党的组织纪律，维护了党规党纪威严。落实民主监督管理。为12个村全部配备标准化公开栏，严格执行“四议两公开”工作法和“三务”公开制度，强化乡村财务的监管与民主监督，有效地堵塞了漏洞。

下喇叭乡

【概况】 下喇叭乡位于山阴县的西北山区，紧靠虎山线，交通便捷。辖11个行政村，8个自然村，区域面积138平方公里，全乡共2889户，总人口6752人，常住户531户，常住人口1003人，耕地面积4.21万亩，农村经济总收入7428万元，农民人均收入8732元，粮食产量320万公斤，农作物总播种面积2.88万亩。全乡养羊3600只、生猪1200头。

2022年，下喇叭乡坚持以习近平新时代中国特色社会主义思想为指导，按照“疫情要防住、经济要稳住、发展要安全”总要求，统筹好疫情防控和经济社会发展工作，坚持稳中求进工作总基调，全面贯彻新发展理念，对照“打造灵秀古城、建设新韵山阴”的目标任务，抓重点、攻难点，各项工作均取得了明显成效。

【经济发展】 2022年，下喇叭乡经济运行态势良好。全乡粮食播种面积2.9万亩，存栏绒山羊、绵羊3600只，生猪1200头。2022年下达下喇叭乡固投任务为3000万元，全年实际完成3005万元（其中投资510万元，用于建设胜煜生猪养殖建设项目；投资1616万元，实施下喇叭乡煤矸石综合利用填沟造地建设项目；投资879万元，实施了下喇叭美丽乡村绿化美化建设项目）。以发展“绿色保健小杂粮”为目标，积极引导发展“一乡一业”“一村一品”提升工程，大力种植小杂粮，发展土豆籽种繁育，大力实施片区规划项目，发展山区现代特色农业，选择宜种则种、宜养则养相结合的模式。2022年全乡共种植小杂粮2.63万亩，种植土豆2600亩，荞麦3100亩，豌豆2800亩、莜麦7500亩，胡麻1200亩、旱地谷子1800亩、黍子6900亩、藜麦700亩。引导广大农民大力发展畜牧养殖业，绒山羊养殖基地存栏量稳中有涨，全乡肉羊饲养量达到3600只，生猪1200头。下喇叭乡积极协调，向上争取资金，加强基础设施建设。今年累计投资1100万元，实施了织女泉街党建广场项目、在榆坪村、吴儿城村、蓿麻沟村实施了晒粮厂建设工程、在黑龙池村实施了道路硬化工程、在上立羊泉村实施了道路硬化工程、在小庄窝村新建了生物质燃料加工厂、在冻牛坡村实施了人畜饮水工程，在吴儿城村实施了村容村貌提升、道路硬化工程，在下喇叭乡实施虎山线入口整治工程，在织女泉、榆树洼、下喇叭乡实施美丽乡村建设工程，全乡基础设施建设得到极大改善。新建成1个年产3000吨的生物质燃料厂、1个集生产、加工、储存、销售于一体的杂粮加工厂，每年可增加集体经济收入60余万元。同时，在榆树洼村、宿麻沟村分别新建93.3千瓦、66千瓦两座光伏电站，均已并网发电。

【民生福祉】 2022年，下喇叭乡不断深化常态化整治运行机制，将人居环境整治一并纳入了网格化管理，各村按照网格化分工，对重点区域、重点问题定期“回头看”，及时处理出现的新问题，持续巩固人居环境整治成效。针对秋收季节易脏易乱的极大挑战，乡党委提出“麦壳装入袋，秸秆码放齐，玉米檐下垒，稻谷扎成提”的倡议，要求乡村两级干部和群众共同奋战，既要保证农民朋友秋收不误，还要确保大街小巷、房前院内干净整洁，切实维护来之不易的生态环境成果。

坚持把教育摆在优先发展位置，严格落实“四个不摘”重大要求，对全乡29名大中专学生、2名二本B类及以上学生实行“雨露计划”资助，减轻了贫困家庭的经济负担；医疗卫生事业稳步推进，2022年下发清册人数4408人，截至12月24日缴费4253人，完成率96.48%；2022年基本养老保险已缴费人数1302，入库率66.77%；补充养老保险缴费人数446人，入库率51.26%；规范低保、五保户的评定、管理与补助的发放，做到了应保尽保。全年累计发放低保金231.831万元、五保金12.4875万元；完善就业困难群体帮扶机制。全年累计为394人次发放临时救助金183800元。做好防返贫监测帮扶工作，紧盯边缘易致贫户、脱贫不稳定户和突发严重困难户，重点监测农户收入支出、“两不愁三保障”及饮水安全状况，全年未发生脱贫户返贫致贫现象；同时，加大防返贫动态监测预警、对3户因病导致具有返贫致贫风险的脱贫户及时启动了防返贫保险，进一步筑牢了不发生规模性返贫底线，有利推进了巩固脱贫成果与乡村振兴有效衔接。健全网格化管理。下喇叭乡在原有一村一网格的基础上，进一步组建村干部、驻村工作队、普通党员为成员的三级微网格专班，全乡共划分一级网格11个、二级网格75个、三级网格217个。形成了网格员、村支部书记包村，村“两委”成员和驻村工作队包片，村普通党员、村民代表包点的综合治理格局，网格实现扁平化管理，稳稳托住基层治理的“底盘”。严格落实安全生产“一岗双责”。强化隐患治理，坚决遏制重特大事故，运用网格化管理模式，定期开展风险隐患大排查、大起底、大梳理、大整改行动，毫不放松抓好安全生产工作。完善各类突发事件应急预案，切实提高应急处理能力，全年无重大安全事故发生。常态化开展扫黑除恶斗争，加强社会治安管控，严厉打击各类违法犯罪行为，全面推进“平安下喇叭”建设，全年无刑事和重大治安案件发生。

【党建工作】 2022年，下喇叭乡坚持把“抓能力、建网格、促发展、强阵地”作为当前最紧迫的工作来抓，切实解决干部治理能力不强、组织根系扎得不深、物质支撑不够有力、阵地功能不优等问题，不断提升乡村治理能力，为乡村振兴赋能助力。进一步提升干部履职尽责能力，下喇叭乡坚持“自主选课、集中备课、轮流授课、进村送课、党群评课”，进一步深化领导干部上讲台，推动干部培训“走新”更“走心”、“走细”也“走实”，不断提升乡村两级党员干部履职能力和水平，一年来，班子成员轮流授课、到村讲党课96次。建强网格、深化治理。精细化、分层化设立微网格，综合整治管理、矛盾调处、森林防火等“多网合一”。组建村干部、驻村工作队、普通党员为成员的网格专班，形成村支部书记、网格员包村、村“两委”成员和驻村工作队包片、普通党员和村民代表包点的治理格局，推动责任压下去、干部沉下去，实现人在网中走，事在网中办，做到早发现、早处置，闭环管理。实行网格员“吹哨派单”工作制度，即百姓“点单”，网格员“派单”，村乡两级“处单”。一年来，通过网格员“吹哨派单”切实解决群众的“急难愁盼”问题48件，有效打通联系服务群众“最后一公里”。

为进一步壮大村集体经济，确保经营性收入在村集体经济收入中占比稳步提高，下喇叭乡综合考虑各村地理环境、自然资源、工匠人才等因素，统筹谋划，精心研究，在全乡11个行政村确定了禽类养殖、种植、小杂粮深加工、生物质燃料加工、劳务输出、工程土建、民俗旅游、农贸销售等10类28个项目，共计投资322万元，年收入可达139.02万元，实现了村村有产业项目、年年有经营性收入，为抓党建促基层治理能力提升奠定了坚实经济基础。下喇叭乡把加强阵地建设作为推进基层治理能力提升的重要抓手，坚持“基地＋阵地”两手抓，同步打造织女泉村抓党建促基层治理能力提升培训基地、冻牛坡村抓党建促基层治理能力提升实践阵地。每月定期在培训基地开展理论学习，专题研讨等，不断提升乡村干部素质，提高履职能力，同时在冻牛坡建设党员志愿者服务工作站，每月组织乡村两级干部在各村开展志愿服务活动，引导党员干部守初心、担使命，不断提升服务群众能力。

北周庄镇

【概况】 北周庄镇地处山阴县北端，境内208国道、206省道南北贯穿而过，北同蒲铁路途径南侧，此外还有荣乌高速北周庄出口位于镇域南部，具有较为明显的区位优势。辖区内有被收录为数字博物馆的中国传统文化村落燕庄，有古建筑、古壁画、宝峰寺等，文化积淀深厚。境内有以中煤华昱集团为代表的企业群形成的北周庄镇低碳循环经济工业园区，工业基础雄厚。镇域面积164.7平方公里，下辖18个行政村，3个自然村，有户籍人口7730户20022人。全镇共有53个基层党组织，690名党员，其中农民党员591名。辖区内基础设施和公共服务设施配套完善。

2022年，北周庄镇在县委、县政府的正确领导下，始终坚持以习近平新时代中国特色社会主义思想为指导，全面学习贯彻党的二十大全会精神及习近平总书记视察山西重要讲话精神，以抓党建促基层治理能力提升专项行动为抓手，持续推进巩固拓展脱贫攻坚成果，全面实施乡村振兴战略，以克难奋进的坚定信心、务实管用的工作措施、苦抓实干的良好作风，抢抓机遇、主动作为，全面完成了年初既定的各项目标任务，全镇疫情防控有力有效，经济发展稳中提质，乡村振兴再谱新篇，社会事业和谐发展，民生工程圆满完成，群众的幸福感、安全感、获得感显著提升。

【基层建设】 2022年，北周庄镇抓牢政治建设工作。坚持把抓好党建和意识形态工作作为主责主业，先后15次召开党委会研究党建和意识形态工作，班子成员带头上党课、每周下村调研、每月参加主题党日活动，认真开展理论中心组学习，深入学习习近平新时代中国特色社会主义思想和党的二十大会议精神、全面学习省市县抓党建促基层治理能力提升专项行动会议精神，强化了理论武装，班子成员“四个意识”明显增强。

全镇紧紧围绕党组织标准化规范化建设有关要求，聚焦抓实“立标、达标、提标”三环节，推动基层党组织全面过硬、全面进步。全镇54个党支部全部达标验收，四星级党支部9个，三星级党支部34个，二星级党支部11个。高标准建设了北周庄村、李家窑村、王家堡村党建示范点，筑牢了基层阵地。从严确保党员发展，严把党员素质关、结构关，全年发展党员25名，其中35周岁及以下的15名，党员队伍进一步优化。

抓好作风建设工作。严格执行“542”工作制度，积极开展“夜学、夜议、夜访”活动。狠抓中央八项规定精神贯彻落实，集中观看反腐警示教育片《零容忍》，并召开了领导班子交流会，每位班子成员都认真进行了检查反思。查处党员干部违纪违规案件7起，给予党纪处分10人，促进党员干部作风整体转变。

抓实“抓党建促基层治理能力提升”专项行动。积极推进重点任务落实。发展壮大村集体经济成效显著。2022年，北周庄镇通过聚焦特色资源，实施了百企带村助力乡村振兴、上下合力领办经济项目、科学种植助力经济提质、三资管理促进经济增效等四大举措，达到了助力村级集体经济发展壮大、助力农民增产增收的双重效果。新进力量参与乡村治理立竿见影。近两年，北周庄镇共招录2名选调生、18名村官、1名执法人员共计21名年轻骨干，平均年龄27岁。在抓党建专项行动、疫情防控、乡村治理等工作中发挥了至关重要的作用。综合执法队伍建设运作有序。北周庄镇严格落实“一支队伍管执法”要求，重新调整人员分工，强化制度牵引，高标准打造北周庄镇执法阵地。今年以来，通过乡镇吹哨，多部门配合，开展联合执法12次，成效显然。分级分类培训持续升温。北周庄镇强化高效统筹、突出专题引领，配套培训“主菜单”，组建培训师资库。全镇已举办8期专题培训，共计350名人员受训，在全镇形成了全面系统抓学习、专项进阶抓培训的浓厚氛围。

【产业发展】 2022年，北周庄镇加大农业结构调整和项目投资力度，形成以经济作物种植、农产品加工、规模化养殖为特色的现代产业群，全力打造现代农业强镇。全镇共有耕地7.9万亩，林地5.5万亩。注册合作社72家，家庭农场40家，生猪、奶牛、肉羊规模养殖20家，杂粮加工厂3家。谷物杂粮种植约2万亩，蔬菜、中药等经济作物种植约3000亩，粮食产量7075万斤，全镇羊、牛、猪、鸡的存栏分

别 为36623只、4241头、14660头、79101只。北周庄镇整合涉农项目，抓好农业基础设施建设。把高标准农田建设作为夯实现代农业发展基础的重要抓手，对北周庄村、新岱岳村、安岸庄村、郑庄村等208国道东侧所有易耕土地集中进行连片平整、改良，新建灌排渠道，修建田间道路，继续推动有机旱作农业向纵深发展，大力推广软体水窖集雨灌溉技术和膜下滴灌水肥一体化技术，持续改善农田水利基础设施，不断优化全镇农业基础设施，助力农业增产、农民增收。加快土地流转、托管，促进规模经营。搭建土地流转服务平台，积极引导和扶持农民专业合作社、家庭农场等各种新型经营主体健康快速发展，推动村集体、涉农企业通过流转、租赁、托管等方式，优化土地、机械、人才、资金等生产要素配置，促进土地规模经营类型多元化，实现农业持续增产、农民持续增收、农业竞争力持续上升。调整种养结构，形成特色产业。以富硒、富硅杂粮种植为主，建成以李家窑村为核心区的小杂粮农作物产业核心带，辐射带动川区6村（下神泉、郑庄、新岱岳、二铺、安岸庄、辛留村）建成多个相对集中连片的杂粮产业基地，在全镇形成“一带多基地”的杂粮产业布局，在此基础上扩大经济类种植品种，在新岱岳村、上神泉村试种成功的基础上，大力发展订单农业，推广小日圆、红甜菜等经济作物两茬种植和菊花、知母、板蓝根等中药材种植，推动蔬菜大棚建设，同时依托6万余亩林地的优势，立足自然条件、产业基础和市场需求，对坡区上神泉、燕庄、西杨庄、郭庄、张庄5村明确提出以中药材种植、特色养殖为林下经济产业的主攻方向，宜种则种，宜养则养，引导林下经济产业合理布局，实现生态富民。依托现有的良好养殖基础和趋势，持续开展养殖场标准化改造提升，高标准推进适度规模经营，积极引进大象、新希望等龙头企业，新建多个万头牲畜养殖园区，带动农户由分散养殖逐步实现规模养殖、专业养殖。

新型工业势头强劲。立足全县经济技术开发区西区地理优势，北周庄镇着力创优营商环境，加大招商引资和改革开放力度，镇域内有各类企业84家，主要涉及煤炭生产洗选、煤炭运销、非煤矿山、加油加气站、陶瓷厂、冶金工贸、商贸物流等行业，其中涉煤企业39家，工贸冶金16家，非煤矿山（采沙采石厂）3家。培育壮大了中煤华昱、中煤顺通，华夏煤业，岩伟峰、观音堂、北周庄煤调站等一大批明星企业，北周庄镇已成为全县乃至全市重点工业发展区，经济总量占据了全县的半壁江山。推动北周庄镇煤炭单一能源向煤基综合能源转变，用新发展理念对号入座、对标对表，积极探索“项目＋人才”创新模式、“企业＋人才”创业模式，以产业聚集人才，促进煤电企业深度融合，形成煤电一体化发展新格局。着力创优营商环境，积极配合开发区完善路网等相关配套基础设施建设，实现促进项目落地、便于发展、提升开发区承载力与服务能力的目标。并以此形成资本吸引力，通过引进一批产业关联大、辐射面广、精加工能力强、规模集约水平高的企业集群在北周庄镇落地，力争形成多个省级水平的智慧产业园，把北周庄镇打造为招商引资的乐土、项目集聚的洼地，带动镇经济取得长效高速发展的同时提供更多就业岗位。实施煤矸石综合利用项目，将煤矸石建材及制品及煤矸石山无害化处理等大宗量利用煤矸石技术作为主攻方向，发展高科技含量、高附加值的煤矸石综合利用技术和产品，力争全镇全年固体废物综合处理利用率达100%。

【美丽乡村】 2022年，北周庄镇全力推进农村人居环境整治工作，紧紧围绕乡村振兴战略，聚焦农村人居环境整治，以百日攻坚行动为契机，全面打响“垃圾歼灭战”“环境保卫战”两场战役，取得了明显成效。全镇因地制宜设立固定垃圾点50余处，垃圾桶491个，专用保洁员53名，垃圾转运车5辆，装载机2台。清理积存垃圾和生活垃圾约4.5万吨，铲除杂草1.2万平方米，拆除违章建筑2处、废弃建筑5处，残垣断壁17处，并栽种了2000余株樟子松、油松，搭配丁香等花卉，实现了净化、绿化、美化。同时注重舆论引导，通过录制“每日一星”评比宣传片和签订《门前三包责任书》，充分发挥群众的主观能动性，乘势而上巩固了整治成果，实现集中整治与“长效管理”的有机结合。此外，以完善城市功能、城乡基础建设为重点，加快推进水、电、路、气、通信、广播电视、物流等基础设施和功能配套等项目建设，统筹垃圾处理、污水治理、厕所革命和村容村貌提升。把美丽乡村建设同农村集体经济发展、农村旅游、盘活农村闲置资源等工作相结合，通过实施自来水全入户、污水管网全铺设、集中供暖全覆盖、卫生厕所全改造等民生工程，完善城镇功能，提升镇村品位。进一步压实环保工作责任，把好产业项目环保准入门槛，规范畜禽养殖管理，严格落实河长制和林长制，抓好散煤管控、散乱污清理、禁燃禁放禁烧等重点工作，实现经济增长与环境保护共赢。

北周庄镇投资1200万元，实施美丽乡村建设工程。白家堡村美丽乡村建设道路工程：铺设混凝土路面7259平方米、人行道3698平方米、路沿石2847米，整修树池237个，下翻原路面7000平方米，清理土方4200立方米；排水工程：安装De300HDPE排水管道860米、De400HDPE管道230米，新建50立方米玻璃钢整体化粪池2座、φ700mm检查井20座、φ1000mm检查井10座；给水工程：安装De20PE给水管道2404m、De32PE给水管道3000米、De63PE给水管道200米，安装DN20水表120块，新建混凝土巷道主井6座，入户砖砌分井120座；墙体加固改造596立方米；绿化工程：栽植国槐67株、樟子松170株。新修文化广场500平方米；改厕125座；拆除残垣断壁1000米。王家堡村美丽乡村建设道路工程：铺设沥青混凝土路面4030平方米、水泥混凝土路面1260平方米，铺设人行道青砖512平方米、面包砖3817平方米，铺设路沿石3465米，整修树池346个；给水工程：安装De25PE给水管道1224米、De50PE给水管道3761米、De75PE给水管道1893米，安装DN25水表164块，新建混凝土水井24座；墙体改造430立方米；绿化工程：栽植国槐72株、樟子松76株、云杉188株；安装太阳能路灯86套；修复粉刷墙体约1200平方米；改厕211座；拆除废旧院落、残垣断壁1800平方米，回填土方约1000立方米 。李家窑村美丽乡村建设道路工程：改造混凝土路面15394平方米，铺设路沿石3875米、面包砖步道4857平方米，改造田间砂石路16000平方米；新建围墙757立方米（围墙16处、包窑后墙7处），新建石护坡540立方米，混凝土打窑顶2处200平方米；绿化工程：栽植金叶榆110株、云杉360株，整修树池120个；其他工程：新建混凝土水井1座，安装太阳能路灯78套，整改土地40亩。

【民生福祉】 2022年，北周庄镇坚持以人民为中心的发展理念，立足民生实事，解决群众难题。自来水入户工程，完成棋道地村、郑庄村、白家堡村、王家堡村自来水管铺设14240米，覆盖470余户，1500余人，切实保障村民特别是老年人生活用水。清洁取暖工程，完成全镇第二批345户村民煤改电工程。至此，全镇范围内全部实现清洁能源取暖，确保群众安全温暖过冬，绿色清洁、节能省电、安全智能备受群众称赞。道路硬化工程，完成村与村之间路面硬化11833平方米，铺设路缘石8836米，铺设面包砖10404平方米、青砖3480平方米，着力解决群众出行难的问题，以宽敞、崭新、靓丽的新面貌为交通出行带来便利，为镇村发展注入活力。农厕改造工程，完成改厕1500座，惠及9个村1500户，因地制宜严把改厕质量关，让群众切实感受到改厕带来的方便和好处。污水改造工程，与厕所改造配套，完成污水储罐安装8座，铺设污水管道5250余米，有效改变了农村污水乱流的现象。抗震加固工程，对符合条件的农户进行土质墙体加固改造，农村困难户的居住条件得到了实实在在的改善。民政暖心工程，通过认真开展低保、五保、双拥、优抚等工作，辖区居民医疗保险参保率达到100%以上；全镇累计享受低保283户、494人，五保261人，困难残疾人302人；为1150名低收入群体、生活困难群体发放临时救助资金28.11万元，真正让困难群体感受到了党的关怀与温暖。土地整理工程，投资1000万元，完成燕庄、李家窑土地整理700余亩，田间道路改造42000米，提高了土地利用效率。

【基层治理】2022年，北周庄镇不断加强基层治理体系和治理能力现代化建设，围绕“防风险、护稳定、促发展、惠民生”，创新“三四五”工作法，深化“五治”融合，做精网格治理，推进综治中心规范化建设、实战化运行，推动平安建设工作高质量发展，取得明显成效。网格治理效能稳步提升。北周庄镇通过建强队伍、定明职责、强化保障，将多项治理任务细化到“18个普网+175个微网+120个企业专网”的网格体系中，网格党员、连心队成员和村干部相互配合，并开展定期不定档“走、看、谈”活动。同时，镇党委建立网格风险隐患排查机制，要求每周四以网格为单位上报排查台账，每周五召开专题会议分析研判，实时反馈，及时化解。截至年底，全镇共收集群众诉求945件，化解矛盾纠纷252件，处置信息690条，处置率达99.7%。综治中心实体化运行良好。做好靠前治理。变“被动应付”为“主动作为”，扎实开展社会矛盾风险隐患大排查大起底大化解专项行动，下沉一线查找问题。对村综治中心研判确定的重点矛盾和风险隐患，主动出击、提前介入，及时化解。2022年，及时介入消除较大矛盾纠纷15起、可能引发民转刑案件风险1起，调成率100%。做深系统治理。坚持党委统筹，充分调动驻镇站所、部门、基层自治组织、两新组织和社会各方面的资源、力量，对矛盾纠纷群防群治，形成化解合力。截至年底，全镇受理劳动争议仲裁3件，成功调解3件；公安刑事立案无；治安警情同比减少18起，下降78%，全镇未发生命案、重大群体性事件、重大安全事故和个人极端案事件。

2022年，北周庄镇充分发挥网格管理优势，做好常态化防控工作，快速反应、优化措施、提升能力，加强人员、物资储备等能力。加强宣传、营造氛围，大力宣传防控知识，及时发布疫情信息，提升村民自我防护意识。

【安全环保】2022年，北周庄镇坚持责任导向，筑牢安全生产防线。继续深入学习贯彻习近平总书记关于安全生产重要论述，全面落实安全生产责任制，强化安全生产十五条措施落实。每月召开安全生产工作会议不少于1次，保证每个星期深入企业例行检查不少于3次。落实镇、村、企网格化监管职责，搞好重要时段应急值守。全年安排镇安监站共检查企业100多家。在抓好检查的基础上，对凡是被开具隐患整改书的，一竿子插到底，落实责任，督促跟踪整改，严格复查验收，切实把隐患消灭在萌芽中，2022年累计共排查出一般隐患50条，均整改到位。八次召开镇村干部安全生产大会，下发了《北周庄镇关于开展安全生产领域风险隐患大排查大整治暨严厉打击盗采、私挖滥采等行为专项行动工作的通知》文件。大力宣传普及安全生产法律法规和安全生产常识，开展了2022年“安全生产月”活动，深入开展安全生产“五进”活动，在周庄村人员密集处、学校、重点企业搞宣传，全镇共悬挂横幅标语30多条、发放安全生产宣传资料5000多份。北周庄镇始终坚持绿色发展不动摇，坚定践行“绿水青山就是金山银山”理念，推动人与自然和谐发展，持续打好“蓝天、碧水、净土”三大保卫战，大力开展扬尘污染专项整治，积极推进生态文明建设。2022年，共投资120余万元清理整治林带田间路无主煤矸石12000吨，覆盖黄土9000余方，对岱马路沿线路面全部整修，硬化岱马路与相邻村道连接处地面18000余平方米，并设立隔离带，栽种树木，安装环保宣传牌。同时借力综合执法改革契机，加大执法检查力度，对非法生产经营、私挖滥采行为，一律依法严厉打击、关闭取缔，累计扣押乱倒矸石、晾晒煤泥车辆机械80余台，提高了环境污染防控水平。此外，狠抓督查整改，举一反三抓好中央、省环保督察反馈问题整改销号，常态化开展好巡河行动，镇域生态环境持续改善，11月下旬，上万只天鹅停留北周庄镇木瓜河水库，镇域内水库成为天鹅驿站，也是该镇生态环境持续向好的有力证明。

【文艺活动】 2022年，北周庄镇充分发挥乡镇综合文化站和“乡村舞台”的功能和作用，进一步促进农村文化大繁荣大发展，丰富广大农民群众的精神文化生活，进而提升基层群众文化素养，推动乡村全面振兴。开展宣讲，推动理论入心。为深入学习贯彻党的二十大报告，领悟二十大精神，北周庄镇党委召开集体学习会议5次，教育引导全镇党员干部牢记担当、不忘使命，在认真学习习近平总书记代表十九届中央委员会所作报告的基础上，坚持学原文、悟原理，持续深入学习研读党的二十大报告，深刻领会精神实质，准确把握核心要义，推动学习贯彻往深里走、往实里走、往心里走。各级党组织书记及包村干部讲授党课12次，镇村干部开展志愿服务21次，各级党组织进行专题学习25次，共计600余名党员参与其中。

举办活动，丰富群众生活。在传统节日和重大节日，多次举办主题鲜明突出的文艺活动，开展了“红红火火庆元宵，虎虎生威开新局”元宵节文艺汇演、“喜迎二十大、奋进新征程”建党101周年系列活动、“庆丰收、迎盛会”中国农民丰收节文艺汇演、“迎新年、话发展、促振兴”元旦晚会等丰富多彩、群众喜闻乐见的文艺活动，丰富了群众的精神文化需求，汇聚了党建共建力量，凝聚了共识。

选树典型，厚植文明乡风。根据《山阴县关于开展“星级文明户”创评活动的工作方案》要求，北周庄镇依据各项指标，全镇共评选星级文明户1364户，并进行了挂牌表彰。此外，全镇在各类活动中共评选表彰出10名“农业现代化带头人”，50名“最美网格员”，50名“最美疫情防控志愿者”，进而引导群众感党恩、讲奉献、树新风，以文化人、以风化俗。

合盛堡乡

【概况】 合盛堡乡位于山阴县城东北10公里处，黄花梁脚下、桑干河畔，东临应县、北接怀仁，人杰地灵，民风淳朴，是全县有名的文化之乡，也是山阴经济技术开发区东区所在地。桑干河、木瓜河、民生渠流经境内，大运高速纵贯南北，荣乌高速横贯东西，并交汇于合盛堡乡，即将建设的原大高铁贯通东西，河阳大道北沿线贯通工业园区，交通便利，区位优势明显。全乡版图面积96平方公里，耕地7.2万亩，盐碱地2.3万亩。全乡辖12个行政村4个自然村，5315户，12245口人。

2022年是党的二十大召开之年，是实施“十四五”规划承上启下的关键一年。合盛堡乡坚持高举习近平新时代中国特色社会主义伟大旗帜，深入贯彻落实省、市、县委和政府决策部署，全乡紧紧围绕筑实“一强五合”、推动“三区建设”总体发展思路，以乡村振兴为主线，以实现“农业增效、农民增收、农村稳定”为目标，坚持守正创新、脚踏实地、自信自强，通过全乡干部群众的共同努力、精诚合作，全面推进合盛堡乡经济社会更好更快发展。

【农业生产】 2022年，合盛堡乡结合各村实际，理清工作思路，确保农民增产增收，调整农业产业结构，确保政策落到实处。做好春耕备耕工作，完成全乡耕地地力保护补贴工作，全乡粮食播种面积7.33万亩，总产量达2.85万吨。富硒小米产业发展势头良好。以东双山村为中心，依托省农科院有机旱作晋北工作站，加强有机旱作农业基地为主体的富硒小米产业，走好山水、田园、康养“农旅一体”之路。进一步扩大富硒产业种植面积、加强了产区基础建设，加大了富硒产品宣传，带动了周边产业向好发展。大力实施“富硒小杂粮”种植。按照“农科院+合作社+农户”的生产经营模式，实现“小杂粮”种植50000亩，旱作农业技术推广5000亩；省农科院完成马铃薯示范实验田种植面积200余亩，高粱示范实验田种植面积8000余亩，玉米示范实验田种植面积5000余亩。全面推动小杂粮产业合作社发展，实现杂粮种植集约化、组织化、规模化发展。

【美丽乡村】 2022年，合盛堡乡充分利用县级资金900万元实施美丽乡村建设项目，极大改善村民的生产生活条件，提升村民的幸福指数，为乡村振兴奠定坚实基础。实施了康庄村美丽乡村建设项目。对进村主街道进行升级改造，街道宽度由原来的6米拓宽为8米，路面铺设沥青1500平方米，铺设马路牙子800米；在村北新修绕村路900米，新修红白理事厅到知青展馆道路600米，群众出行体验大幅提升。高标准改造康庄村党群服务中心和知青教育基地。绿化亮化方面，修剪主街道两旁景观树木370株，安装太阳能路灯68盏。实施了合盛堡村美丽乡村建设项目，硬化主街道3100平方米，铺设人行道2337米，马路牙3141米，巷道硬化9260平方米，改善了村内道路状况。为解决内涝问题，铺设排雨水管网437米，给水管道6500米。高标准改造旧供销社，还原历史风貌。安装LED路灯42盏。实施了东双山村美丽乡村建设项目。主街道路硬化7278平方米，铺设人行道3654平方米，马路牙4329米，修补路面178平方米，铺设污水管道900米；巷道硬化5240平方米，方便群众出行；打造民宿8间1600平方米，利用当地富硒特色产品发展民宿文化；修整残垣断壁760米，粉刷墙面4280平方米，栽植樟子松、云杉、卫茅等景观植物550株，大幅改善了村庄环境。

【重点工程】 2022年，合盛堡乡与朔州市骏宝宸农业科技股份有限公司合作，在上年投资1700万元的基础上，再投资500万元实施二期工程，开发运行牧草交易App软件，新建物流运转和饲草产品化验检测技术中心，完善建设储存和物流转运基地建设。

【平安建设】 2022年，合盛堡乡压实责任落实，由乡综治中心牵头，各村干部配合，定期排查不稳定因素，做到早发现早化解，确保小事不出村，大事不出乡。增强各村争先创优意识，充分调动积极性，完善激励机制，推进全乡社会管理综合治理工作，创建“平安合盛堡”。

【民生服务】 2022年，合盛堡乡以乡便民服务中心为依托，在各村建立便民服务代办点，认真解决群众诉求。严格执行农村居民低保政策，做到按标施保，应保尽保，严格执行政策规定，采取民主评议，实行分类管理，根据家庭困难的程度划分标准享受农村低保待遇，发放困难群众爱心消费券。严格执行“五保”供养政策，按标准打卡发放五保供养资金，实行动态管理，及时掌握五保户基本情况。为确保合盛堡乡居民大病得到及时有效的治疗，解决因病造成的生活困难问题，严格按照医疗救助相关救助审批程序，对符合救助的对象，经个人申请，乡审核，县民政部门审批后，并通知申请人给予医疗救助资金。根据县残联的工作安排和相关部署要求，为符合条件的残疾人提供满意、优质的服务，对生活困难的残疾人及时上报，对符合条件的按照规定发放各类补贴和资助金，解除了困难残疾人家庭的后顾之忧。

【基层党建】 2022年，合盛堡乡全面开展抓党建促基层能力治理工作，不折不扣执行上级党委的统一安排部署，落实“一岗双责”工作要求，提升党组织在各项工作中的核心和领导作用，充分发挥党政班子成员的示范带动作用，圆满完成了各项党建工作，激发了党员干部奋发有为的积极性，在全乡上下营造出清正廉洁、守正创新的工作氛围，推动全乡向更好更快发展。积极开展文明创建工作，努力打造优秀党支部，发展培育优秀共产党员，不断完善基层阵地建设，确保“四议两公开”全面落实，凡涉及村级重大事务和与农民群众切身利益相关的事项，严格按照“四议两公开”相关工作办法解决。

岱岳镇

【概况】 岱岳镇位于山西省朔州市山阴县雁门关外，东西横跨洪涛山与桑干河，是山阴县城所在地。同太公路、大运公路、山和线、北同蒲铁路贯穿全境。山、川、坡区结合，自然资源丰富、交通便利。区位优势明显，是山阴县经济、文化和商业的中心。全镇区域总面积149.35平方公里（224025亩），辖23个行政村、10个社区、5个自然村，户籍户数35149户，87394人，常住户数37130户，102115人，粮食作物主要有玉米、马铃薯和小杂粮等。

2022年，岱岳镇以习近平新时代中国特色社会主义思想为指导，持续深入学习贯彻党的二十大和习近平总书记视察山西重要讲话精神，紧扣县委提出的打造“灵秀古城”、建设“新韵山阴”的工作总目标，奋发有为谋发展，扎扎实实补短板。以抓党建促基层治理能力提升为抓手，深入推进乡村振兴战略，不断提升社区整体服务效能，全镇各项工作均有序推进，经济社会全面发展，群众幸福感得到显著提升。

【乡村振兴】 2022年，岱岳镇持续践行乡村振兴战略，为谱写新时代新篇章贡献力量。优化选种推动规模种植。2022年全镇总播种面积47105亩（其中玉米30169亩、柭薯3号优质马铃薯396亩、杂粮谷物14955亩、黑豆454亩、蔬菜411亩），发放地膜26.26吨，发放化肥196吨。种植旱地穴播渗水宽膜高产谷子7644亩，地膜覆盖黑豆454亩，抗旱绿宝红高粱4946亩，晋黍9号2457亩，荞麦178亩。全镇秋收各类粮食共计17207吨，其中谷物类16856

吨、豆类52吨、薯类299吨。

多点发力打造现代农业。西坡区甘庄等村依托辖区企业鑫霏农业公司，采取“公司＋基地＋农户”模式，发展订单农业，种植杂粮1万亩，并对2000亩低效农田进行改造，配套机井17眼。郭家窑村试种色素万寿菊20亩，与厂家签订购销合同，每亩纯收入达2500元以上，是传统粮食作物的3倍以上，镇党委政府明年计划在全镇进行全面推广，群众初步意向种植面积2000余亩。东部农区实施刘家岭、解庄片区8000亩高标准农田建设项目，一体化推动田间路网、灌溉管网、林网、电网建设，夯实农业基础条件。

同频共振推动“清化收”。全镇共摸排23个村的农村集体经济合同214份，涉及资金1059.39万元，其中问题合同18份。债权债务化解情况：全镇农村集体经济组织债权总额1384.58万元，涉及单位120家，涉及金额582.95万元；涉及个人5283人，涉及金额801.62万元（基本为三提五统）。农村集体经济组织债务总额747.14万元。新增资源及收费情况：收回拖欠承租费21.5万元，集体机动地84.17亩，年上交2.225万元；集体复垦土地5亩。

【美丽乡村建设】 2022年，岱岳镇重点打造美丽乡村示范村。重点打造沿虎山线两侧郭家窑、兰家窑和甘庄三个示范村。全镇共铺设污水管道34000米，铺设自来水管道15000米，修建文化广场5座，新安装太阳能路灯630盏，自筹资金硬化街巷52000平方米，铺设路缘石9780平方米，干道两侧铺装路肩人行通道7100平方米，栽植各类树木10000余株，拆除各类违建120余处。

2022年，岱岳镇美化绿化街巷道路。“八村一区”街巷道路提质工程。道路全长87公里，涉及街巷1078条，同步拆除各类违建3600余处，一期工程已于7月竣工。西二环入县城通道绿化美化工程。自筹资金128万元，整治通道5公里，共清运垃圾5606立方米，平整场地2.3万平方米，道路两侧硬化1.2万平方米，清理排水渠2000余米，铺设混凝土雨水盖板1600余米，补植油松2000余株，栽植槐榆180株，栽植绿篱495延米。河阳大道北王庄段及紫光湖周边环境整治工程。自筹资金80余万元，对河阳大道北段旧砖厂及紫光湖周边进行集中清理整治，清理建筑垃圾2600余立方米，平整场地5万余平方米，整理斜坡3万余平方米，栽植各类树木3000余株。

2022年，岱岳镇自来水及污水管网全覆盖工程。结合县委县政府集中供暖重大民生工程项目，镇村两级自筹资金603万元，集中对西片区王家涧村、夏家窑村、七里沟小康村、关岱岳村、上岱岳村5村自来水和污水管网进行全覆盖改造，铺设自来水管道21200余米，安装污水管道11950余米，硬化街巷24000余平方米，实现了西片区集中供暖、自来水、污水管网、卫生水厕入户全覆盖。在实施新大滩1100户居民集中供暖的基础上，由县城发集团同步配套建设污水管道17000米，供水管道3200米，全镇农村自来水、污水管网基本实现全覆盖。

岱岳镇全面提升城市基层治理效能。坚持党建引领网格治理。重点打造精细化、专业化网格服务体系，确保“网中有格、格中有人、人在格上、格事皆知、服务到位”。全镇调整划分普通网格111个，设置微网格543个，网格员累计入户走访排查20万余人次，化解矛盾纠纷356件，处置信息1.4万余条，处置率达99.3%。社区场所提档升级。综合考量社区划分、“15分钟服务圈”等因素，采取“一室多用、功能兼顾”的思路，对10个社区党群服务中心进行全面提档升级，改造后场所面积基本达到1000平方米标准。镇10个社区均已完成改造并入驻办公。岱岳镇配合住建对建行家属楼、牧工商家属楼、农牧场家属楼等21个老旧小区进行集中改造，同步推动成立业委会8个，物管会55个。依托城发物业对符合条件的小区进行物业托底入驻，实现3个大型无物业小区进驻物业。

【综治工作】 2022年，岱岳镇始终坚持把综合治理工作作为确保一方平安的政治任务，并从组织领导、工作措施、制定平安创建工作制度、建立各项机关内务管理等方面进行了积极有效的落实。以责任机制为核心，坚持矛盾排查和调查处理工作。通过定期排查调处、领导包案和“零”报告等工作制度，按照“发现得早，化解得了，控制得住，处置得好”的总体要求，对排查出的矛盾纠纷及时进行解决处理，今年以来共调处各类矛盾40多起。同时对信访和群众来访实行限期办理，做到有访必复、有件必办，事事有回音，件件有结果，2022年共接待来访人员50人次，比去年同期下降20%。

【基层党建】 2022年，岱岳镇多措并举，着力做好抓党建促基层治理能力提升专项工作。镇党委以加强党对基层治理的全面领导为根本，以增强群众获得感、幸福感、安全感为目标，以党建工作为引领，推动基层社会治理取得新成效。强化学习教育培训。围绕党的二十大精神和习近平总书记关于基层党建、基层治理重要论述，结合省、市、县关于专项行动的重要指示精神，坚持学习中心组集中学、新时代文明实践所（站）常态学、镇党校专题培训学。通过分级分类学习，党员干部真学实学，形成以学促干提能力的良好氛围。提升党员发展质效。针对全镇三年、五年以上未发展党员的村（社区）进行排查，做到底数清、情况明。截至年底，22个三年以上未发展党员的村（社区），已全部吸收培养入党积极分子。优化党员干部管理方式。对党员和党组织书记进行星级化管理，全面提升干部履职尽责效能。对青年干部全面实行导师传帮带制度，优选导师36名，言传身教，手把手、面对面带动年轻干部干中学、学中干，同频共振、共同提高，进一步促进年轻干部在基层历练成长。扎实开展农村发展党员违规违纪问题排查整顿工作。党的十八大以来全镇农村（社区）共发展党员95名，在认真组织自查、筛查、核查的基础上，根据县委反馈意见，经镇党委认真研究，按程序对29名问题党员及相关人员进行了处置。持续发展壮大村级集体经济。镇党委统筹调度，用好“指挥棒”。明确班子成员分片包联23个村，定期入村开展实地调研，深挖优势和潜力，突出区域特色，科学制定“一村一策”，为村级集体经济发展“搭桥铺路”。通过“强村带弱村”、“支部+企业+农户”合作经营，实现农民增收、村企共赢。全镇23个村村级集体经济收入全部达到10万元以上，10万~30万元的有16个，30万~50万元的有4个，50万元以上的有3个。

2022年，岱岳镇深入推进作风建设。加强学习，紧绷思想之弦。以周例会、班子会、党委会为契机，围绕建设一支忠诚干净担当的高素质乡村振兴干部队伍，结合形式主义、官僚主义、涉贫领域腐败案例，定期组织全体党员干部开展警示教育学习，营造廉洁自律的浓厚氛围。强化管理，筑牢反腐之基。通过明确工作纪律、财务及后勤服务管理、保密工作管理、项目管理等各项制度，确保工作纪律严明、有序、有据，资金使用精准、安全、高效。转变作风，提高工作效率。全力抓好中央八项规定精神的贯彻落实，持之以恒纠正“四风”，从源头上防治腐败。将作风建设纳入站所年度考核和干部个人考核，推动作风建设常态化、长效化。

【统战和人武】 2022年，岱岳镇凝聚共识，努力做好新时代统一战线工作。镇党委深入学习贯彻党的二十大精神和习近平总书记关于做好新时代党的统一战线工作的重要思想，全面贯彻落实《中国共产党统一战线工作条例》和中央、省委统战工作会议精神，围绕县委、县政府的中心工作，充分发挥统一战线优势，通过认真落实第一议题学习制度，以理论中心组学习、周例会学习、专题辅导、年度培训为载体，组织统战干部和统战成员学思践悟党的二十大、《中国共产党统一战线工作条例》和中央、省委、市委统战工作会议精神，扎实开展"矢志不渝跟党走·携手奋进新时代""献礼二十大·同心谱新篇"等主题教育活动，引导统一战线忠诚拥护"两个确立"、坚决做到"两个维护"。全年开展理论学习研讨20次，各类宣讲和专题培训班20余次、有力营造了学统战、悟统战和听党话、跟党走的浓厚氛围。有力地凝聚了各方智慧共识，汇聚了磅礴发展力量。

2022年，岱岳镇积极发动，扎实做好人武工作。优质高效完成征兵任务。为了能够征集到优质的兵源，强化对征兵政策的宣传力度，通过入户讲解宣传、电话跟踪对接、在镇政务大厅设立征兵宣传窗口、接受群众咨询及参军青年登记等方式，激发适龄青年应征入伍、献身国防的热情，营造浓厚的征兵氛围。2022年适龄青年网上兵役登记完成率100%。2022年对镇民兵队伍进行了再次优化，每个连都设立了党支部，镇武装部拉动民兵积极参与，主动作为。并于5月，参加了县武装部组织的基地化训练，取得了朔州军分区授予的"军事训练先进单位"称号，为全县武装工作发展做出了积极贡献。

【安全生产】 2022年，岱岳镇重宣传，提高安全意识。以安全生产月和安全宣传咨询日为契机，制定宣传方案，推动"五进"安全宣传，开展各类宣传活动62次，发放宣传资料7000余份，现场宣讲13次，制作标语396条，组织各村利用广播宣传147次，使群众和各有关单位做到风险自知、安全自查、隐患自改。

岱岳镇以"防"为基，开展安全检查。成立专门检查组，配备专职人员，对辖区内的林区、非煤矿山、危化品、燃气、加油加气站、建筑施工、地质灾害治理点、经营性自建房、消防等重点行业领域进行再排查再整治，并逐一建档立卡，形成清单台账。组织召开各类安全生产工作会议编制并发布应急预案，开展应急演练、应急教育培训，建立健全风险防范化解机制，有效地防范了事故的发生。累计检查超市、饭店、宾馆、加油加气站等246家，开展安全生产督导检查21次，排查出一般隐患29处，已完成整改29处，整改完成率达100%。对辖区内的私挖乱采易发区上、下沙河村和面文山的石灰岩矿山全面排查整治，共出动车辆36次，出动人次108人，摸排1个村庄和1个隐患点。深入走访摸排自建房安全隐患，已排查自建房1007户，已整治7户。

【宣传工作】 2022年，岱岳镇新时代文明实践所（站）阵地标准化建设达到新高度。岱岳镇挂牌并开展活动的新时代文明实践所1个，新时代文明实践站33个，覆盖率达100%。镇共注册志愿者200余人，镇党委根据个人的专业与特长，分为21支志愿服务队，全镇形成"8+N"志愿服务机制。志愿服务队开展各类志愿服务活动31次，在理论政策宣讲、文化文艺服务、卫生健康、生态环保、孝善敬老、移风易俗、扶贫帮困等方面发挥了重要作用，受益群众达3万人。志愿服务队让文明实践活动“走街串巷”拓展到每一个“神经末梢”，切实增强居民获得感、幸福感、安全感，将文化惠民落到了实处。

2022年，岱岳镇弘扬传统文化促进移风易俗。围绕抓党建促基层治理能力提升专项活动，在全镇23个行政村和10个社区开展了星级文明户评选活动，全镇居民群众都积极参与，共接收到申报资料10000余份，已全部完成评选。并以甘庄村书画班为建设重点，通过现有学员辐射带动周边村庄，随着书画在村内的普及，打麻将的少了，看书练字的多了，秧歌队伍扭起来了，村风民风逐步向好向善，不仅丰富了村民文化生活，而且也有力地助推了村内各项工作的整体提升。

薛圐圙乡

【概况】 薛圐圙乡位于山阴县南部，东接古城镇，南连广武镇（后所乡），西邻朔城区，北靠安荣乡，乡政府驻薛圐圙村，距县城15公里。面积92平方公里。境内大运高速公路、208国道、林荫路、古老线纵横交错，交通便利。1958年设薛圐圙公社、黑圪塔公社，1984年改乡。2001年，撤销黑圪塔乡，并入薛圐圙乡，辖薛圐圙村、庞家堡村、白坊村、河曲堡村、卢岭村、沙岭村、罗庄村、辛兴铺村、西寺院村、小村、豆庄村、黑圪塔村、西李庄村、大营村、老羊寨村、双寨铺村、老羊寨铺村、曹庄村、双寨村19个行政村。2020年行政村合并后辖薛圐圙村、庞家堡村、白坊村、河曲堡村、沙岭村、罗庄村、辛兴铺村、西寺院村、豆庄村、黑圪塔村、西李庄村、大营村、老羊寨村、老羊寨铺村、曹庄村、双寨村16个行政村，2021年成立山阴县薛圐圙乡农牧场社区委员会。

【经济发展】 2022年，薛圐圙乡全乡春播9.02万亩，其中青贮玉米等饲草播种1.6万亩，瓜果蔬菜种植500亩。全乡肉牛存栏2560头，占比牛存栏总量10%，双寨大象集团万头生猪养殖园区发挥规模养殖优势，养殖5500头，占全乡生猪存栏总量的44%。大力支持“老羊寨”芦花鸡养殖规模和品牌效益，全乡肉鸡养殖3887只、蛋鸡养殖15711只。按照“一村一品”的要求，发展壮大村级集体经济。薛圐圙乡将罗庄村高灌、曹庄村磨坊、白坊村大棚等资源以村集体的形式，外包租赁。将辛兴铺瓜子、老羊寨芦花鸡和农牧场水果西红柿等乡村特色农副产品进行精细加工。年前在全县叫响“辛兴铺子”瓜子品牌，收入达6万元。利用薛圐圙乡自身交通便利优势、一号旅游公路、红色旅游线路为引导，充分利用白坊村知青故居文化旅游资源与“乡村振兴示范村”资源优势，补足薛圐圙乡第三产业结构。

【“清化收”】 2022年，薛圐圙乡通过摸排“三资家底”，盘活闲置资源，共清理出合同81份，整改不规范合同39份；摸排出债权309万元、债务409.39万元；新增资源面积20227亩，占全县的97%，收取资金68万元。

【基础设施建设】 2022年，薛圐圙乡积极协调，向上争取资金，加强基础设施建设，着力解决水、电、路、田等基础设施薄弱问题。硬化罗庄村、辛兴铺村主街道共计2100米，新修高标准排水渠600米；统筹实施薛圐圙、白坊、黑圪塔等10个村庄绿化项目，共栽植樟子松、云杉、块柏等4734株；投资100余万元，为罗庄、曹庄、黑圪塔等10个村安装太阳能路灯200余盏。全乡整村推进完成“煤改电+太阳能”3955户；投资260余万元对全乡17个村（社区）党群服务中心进行标准化、规范化建设。其中，集中打造农牧场社区，提出特色“五心五化七笔账”的工作思路；完成农村抗震加固房436户，帮扶困难群众新建房屋2户；采用“先水后旱、水旱结合”的工作思路，对薛圐圙村、黑圪塔等6个村的厕所进行全域性改造，惠及农户419户；完成薛圐圙村、双寨村、辛兴铺村自来水入户工程500户；完成西寺院村污水管网进行铺设4453米、检查井200座、污水收集池50立方米。在西李庄、黑圪塔、老羊寨、大营、双寨5个村实施高标准农田项目建设；实施田间路网改造1万亩，完成盐碱地改造500亩，完成土地平整项目1732亩。

【美丽乡村】2022年，薛圐圙乡围绕“绿水青山就是金山银山”发展理念，开展“六乱整治”，共拆除残垣断壁11处、拆除乱搭乱建5处、清理各类垃圾3.8万立方米，整治重点区域人居环境突出问题80余处；实施10个村庄绿化项目，共栽植各类树种4734株；5个村共安装太阳能路灯239盏；治理陈年臭水体1处，改造为600平方米街心湖，新建2000平方米的廉政文化广场。加强森林防火和秸秆禁烧，常态化抓实责任落实、防火宣传、野外火源管理及隐患排查工作。继续坚持疏堵结合，推广综合利用。结合秸秆机械化还田政策，采取村干部跟机作业，严把源头关，将秸秆全部收贮，及时翻耕。

提升网格治理能力，设乡级综治中心1个，划分网格62个，其中普网17个，设置党支部17个，微网45个，设置党小组45个，共有307名党员进入网格工作。全年网格接受群众服务诉求359次，服务群众216次，解决52件事，实现基层治理精准精细到户到人。投资100万元，科学设置“一场所六中心”功能室，倡导“一室多用、一室多能”，在社区开辟爱心驿站，最大限度满足“一站式”服务，确保基础设施完备、功能布局合理、标牌悬挂规范，提高社区阵地规范化建设水平。

采取“讲评帮乐行”五种形式，全面推进乡新时代文明实践所（站）建设，充分发挥全乡17支志愿服务队作用，开展政策宣讲、疫情防控、防养老诈骗宣传等各类志愿服务活动36次，实现打通宣传群众、教育群众、服务群众的“最后一公里”。全乡全覆盖开展“星级文明户”创建工作，通过“细化内容评星、严格程序定星、宣传引导追星、奖励激励用星、动态调整管星”的“五星联建”，评出各类“星级文明户”982户，真正实现群众的自我教育、自我管理、自我提高。

【保障民生】2022年，薛圐圙乡积极动员老年人接种疫苗，60周岁以上老年人疫苗接种率达88.63%，为全乡每人发放退烧药6片，保障新冠药物需求；动用抽水泵76台，大中型钩机71台次进行抗洪抢险，保护农田3万亩，挽救损失900余万元，灾后积极对接综治保险，为全乡128户受灾群众赔偿9.7万元；认真落实教育扶贫各项政策，实施雨露计划，共资助脱贫户学生18人4万元；落实2022年度就业交通补贴32人4400元，稳岗补贴35人4.2万元。严格执行“两免一补”政策，全乡适龄儿童入学率达100%。村民医保参合率98%以上，公共卫生服务体系不断完善。规范低保、五保户的评定、管理与补助的发放，做到了应保尽保，农村低保人数新增20户37人、发放低保金132.7227万元，城市低保55.1344万元，五保金56.9912万元。完善就业困难群体帮扶机制。临时救助566人20.735万元，残疾人“两项补贴”

资金 32.836 万元。

做好防返贫监测帮扶工作，紧盯边缘易致贫户、脱贫不稳定户和突发严重困难户，重点监测农户收入支出、“两不愁三保障”及饮水安全状况，全年新纳入监测对象 1 户 1 人；进一步健全防返贫动态监管机制，小额信贷 49 户 211.9 万元；分 3 批发放爱心消费券，涉及 4 户 8 人；发放稳岗补贴 4.2 万元；坚决守住不发生规模性返贫底线，巩固脱贫成果，有序推进与乡村振兴有效衔接。

【党建引领】 2022 年，山阴县薛圐圙乡坚持把履行党建工作主体责任摆在首位，着力加强党的建设，发挥党建引领作用。抓党建促基层治理能力提升专项行动开展以来，全年共召开乡、村干部集中培训 33 次，班子成员到村授课 18 次，全乡党群服务中心提档升级 16 个，秉持“便民、利民、为民”的服务宗旨，形成“马上就办、办就办好”的便民、代办、服务工作新常态。建立“我为群众办实事”项目台账，解决各类群众急难愁盼问题 156 件，切实提升了群众满意度和幸福感。抓好发展党员工作，夯实组织建设基础。胜利召开薛圐圙乡第五届人民代表大会第二次会议，确立了全乡未来五年发展方向与重点，为“十四五”时期薛圐圙乡经济社会高质量发展提供了根本保障。

落实全面从严治党主体责任，严格执行中央八项规定精神，推进作风建设常态化、长效化。认真落实党风廉政建设“两个责任”，强化领导干部“一岗双责”，严格执行个人重大事项报告等制度，强化抓早抓小。全年，乡领导班子召开专题研究党风廉政建设工作会 4 次，修订完善了“清廉村居”一系列规章制度。建立了“三员合一”工作群，公布举报邮箱、公布举报电话、设置举报信箱、做好来访接待，打造了集网络、电话、信箱、来访“四位一体”的信访举报受理模式，方便“三员合一”工作人员通过各种途径随时反映相关问题线索。

【项目建设】 2022 年，薛圐圙乡持续稳定运营好黑圪塔村、西李庄村、白坊村、河曲堡村的光伏扶贫项目。在 208 国道实施造林绿化项目。修剪国道两侧 1200 余株老旧杨树，新栽樟子松、金叶榆等景观树种 4500 余株。做好国道 336 改扩建征迁工作。召开警示教育会，做好项目部与村民的联络员，确保征迁工作稳妥推进。做好军用土地置换工作。成立工作专班，签订合作协议，实现军地互补双赢。

认真落实“党政同责、一岗双责、齐抓共管”制度和主体责任，集中举办安全生产月系列宣传活动，发放宣传资料 1500 余份。深入开展各行业各领域安全生产大检查，全年共组织开展各类安全检查 26 次，共排查处置安全隐患 9 处。2022 全年乡域范围未发生安全生产事故。

【党管武装】 2022 年，薛圐圙乡加强现有武装办公室、资料室、战备物资器材库建设，重新更换了高标准的乡武装阵地版面，重新翻新收拾民兵之家，新购买全套防火阻燃服 20 套，背负式电动水枪 5 套，风力灭火机 2 台、干粉灭火器 100 瓶、消防泵 1 台、无人机 1 台等，应急分队服装等物资充实战备物资器材库。高标准完成征兵工作，悬挂或书写宣传标语 20 副，墙体板面 2400 多平方米、绘画 16 平方米，召开征兵工作宣传动员会议 5 次，发放宣传资料 800 余份，效果明显。对辖区内高中以上学历、应届往届毕业生、往年有入伍意愿人员等群体作为征兵动员重点对象，采取打电话、乡村干部上门宣传动员等方式实行动员，圆满地完成了征兵任务。

切合防汛抗旱、抢险救灾、反恐维稳、森林防火等工作，强化组建民兵应急排。各村分别成立由骨干民兵牵头的防汛防火小分队，汛期来临时，民兵“攥指成拳”，组织群众撤离、抗洪抢险、挖沟壑建堤坝，切实保障了人民群众的财产和生命安全。

安荣乡

【政区概况】 安荣乡地处洪涛山腹地、桑干河北，距离县城岱岳6公里，属于典型的城郊型乡镇。全乡辖12个行政村，即安荣村、安良铺村、贺家窑村、西沟村、八步堰村、岳庄村、泥河村、河阳堡村、大洋村、东鄯河村、西鄯河村、下寨村，全乡有5429户12931人，区域面积90多平方公里。耕地资源41790.51亩。农作物总播面积41790.51亩。境内洪涛山脉储有500多亿吨的优质石灰岩、青钙石资源，其品质享誉周边省份，资源优势明显，还有保存完好的湿地生态系统，自然资源丰富。有企业28家。北同蒲铁路（朔山联络线）、大原高铁由境内穿过，省道大忻线、国道208线两条公路纵横交错，交通便利。引黄（河）工程北干线、天然气输送管道和特高压交流输电线路途径境内。晋北最大河流桑干河流经境内，有保存完好的湿地生态系统和湿地生态公园，明代宰相王家屏的御修坟墓建于安荣河阳堡村，历史文化底蕴深厚，旅游资源丰富。

2022年是党的二十大召开之年，安荣乡坚持以习近平新时代中国特色社会主义思想为指导，紧紧围绕县委打造“灵秀古城”，建设“新韵山阴”发展思路，全面贯彻落实乡第五次党代会精神，全力克服新冠疫情影响和汛情考验，认真落实“六稳”“六保”各项举措，全力抓好保增长、调结构、惠民生、促和谐等各项工作，坚定不移推进乡村振兴战略，主动作为，积极履职，取得了显著成绩。

【产业振兴】 2022年，安荣乡助力产业升级转型，激活农业发展新动力。通过深入推进“一村一品”，重点推进安良铺、四铺、岳庄村“绿色蔬菜瓜果”基地建设，探索发展冬暖式蔬菜大棚，拓展山西马佳禾农业开发有限公司新市场，延伸产业链，提升发展效益，精心打造集生态采摘、乡村旅游为一体的综合园。泥河村和马佳禾公司联合打造西红柿种植基地产业链，带动周边村300余户，既增加了村民收入，又激发了农业发展新活力。

全力推进乡村核心竞争力提档升级。探索实行“党建引领、资源共享、文旅教育融合发展”模式，通过区域统筹、村企联建等方式，缔结红色纽带，搭建合作桥梁，着力打造党建引领产业助推乡村核心竞争力提档升级。如通过聚焦贺家窑村地理位置特殊，交通便利的优势，扩大招商引资，成立劳务服务中心。

【乡村振兴】 2022年，安荣乡改善农业生产生态条件，打造便民惠农新阵地。以县委打造“灵秀古城”，建设“新韵山阴”发展思路为导向，以建设花园村庄为主导思想，打造了二级路上的“三颗明珠”。重点对大洋村、贺家窑村和西沟村实施了美丽乡村建设。贺家窑村进村主路两侧打造了景观墙，对四周的断壁残垣全部进行了拆除，新建杏园及桃园并建设了贺家窑村社会主义核心文化长廊。修缮西沟、贺家窑环田路三条共计2公里。共硬化道路12000平方米，栽植树木1000余株，修理景观墙600余米。大洋村铺设从村口到村中心大圣采摘园主路并对道路两侧进行绿化，栽植松树和丁香等景观树2000余株。新修面积约2000平方米的国飞广场，为群众打造了一处守望乡情之地和集会交流之所。新修河阳堡村排水管网工程，极大地缓解了该村雨污不分流的问题。除此以外，安荣乡共清理交通沿线积存建筑垃圾和生活垃圾30000余吨，拆除遗留、废弃的广告牌和无实际用途、有碍观瞻的视觉污染设施60处，清理整治乱堆乱放、乱搭乱建、乱圈乱占、乱贴乱画1300处，消除道路交通安全隐患14处，整修坑洼路面、隔离带和绿化带40处，取缔违法占道占地3处。同时和两侧商户签订了门前三包责任状并制定了环境卫生整治制度，通过改善农业生产生态条件，打造便民惠农新阵地，美丽乡村建设取得了新成效。

2022年，安荣乡共新打机井4眼，埋设电缆1000余米，八步堰村新修下水道100余米，新修八步堰至西沟环田路1公里，西鄯河新修防渗渠3000米、出水口133个、环田路盖板过水涵5个、出水阀门口75个，大洋村、西鄯河、泥河共埋管9000余米，河阳堡村安装变压机一台，扩大水浇地面积240亩，切实改善了农村生产生活条件。

【"清化收"】 2022年，安荣乡把"清化收"工作作为壮大农村集体经济、全面助力乡村振兴的重要抓手，乡党委统筹谋划、精心部署，攻坚克难、动真碰硬，全乡"清化收"工作取得显著成效。通过成立安荣乡农村集体资产"清化收"专项工作领导小组和工作专班、制定"清化收"工作实施方案、召开动员会、明确分工。通过"三公开"即政策公开、事实公开、家底公开打牢工作基础，通过"三明确"（即责任明确、台账明确、完成时限明确）确保了工作实效。安荣乡共召开不同形式的专题探究"清化收"工作会议7次，张贴、悬挂标语57份，发放宣传资料500余份。共摸排合同58份，其中资源合同39份，涉及土地约1371.52亩；资产类合同8份，预估金额为64万元；流转合同11份，涉及土地约480亩。共排查农村债权253条，涉及金额34万元。排查农村债务299笔，涉及金额789万元。排查闲置房屋20间，旧学校4所，共摸排机井30眼，其中正常使用的22眼、无法正常使用的8眼。

【安全生产】 2022年，安荣乡通过加强监管力度，日常检查、督查以及群众举报投诉等途径，全力做好安全生产、环境污染防治工作。今年以来，已对境内28家企业进行常规检查督导20余次。通过进村入企宣传、巡查、打击等多方面工作，做到了未发生一起安全生产事故和私挖滥采事件，妥善处理了三起私挖滥采未遂事件，将问题化解在初期，营造了稳定有序的社会环境。

【森林防火】 2022年，安荣乡坚持把秸秆焚烧纳入森林防火体系，成立了安荣乡森林防火暨秸秆禁烧工作领导小组，与各村签订森林防火暨秸秆禁烧责任状，层层压实防火责任体系。充分发挥小网格大作用。由网格员担任各村防火员，网格式细化责任，通过村企合作与20余家企业签订《护林防火责任书》，进行联防联控。出台了《安荣乡防火应急预案》并组织开展防火应急演练，通过发动村干部动员村民改变传统观念，落实秸秆打草，扩大打草面积，促进综合利用。安荣乡包村干部进村入户宣讲防火政策，发放防火禁烧宣传册3000余份、横幅200余条、护林刀旗400余面。对重要林区地域拉深、拉宽防火隔离带2000余亩，修缮西山防火通道13公里，安荣乡森林防火和秸秆禁烧工作取得了一定成效。

【民生事业】 2022年，安荣乡坚持民生工作靠前做，民生实事顺利推进，群众幸福感获得感不断提升。社会保障体系不断完善。全乡已完成适龄人群参保人数为1598人。狠抓救灾救济、农村低保、农村五保供养、医疗救助、优抚安置、扶贫帮困助学、退役军人服务等工作，全年核定评出低保户 79 户 175 人，五保户 102 人，其中集中 13 人、分散 89 人，所有相关金额全部按时发放。共为退役军人服务对象进行了建档立卡信息录入。

【重点项目工程】 2022 年，安荣乡主要有六项大的重点工程。一是朔山联络线，占地 389.1 亩。二是集大原高铁建设，该项目工程主体约 13 公里长，涉及 8 个村庄，工程主体占地 402 亩，便道临时占地 150 亩，需建桥墩 374 个，截至年底，在安荣乡已建桥墩 215 个，除了市高铁办协调的两个断点尚未打通外，其余基本完成。其间，解决各类问题如占地纠纷、环境污染、企地矛盾等 30 余个。三是桑干河综合治理工程，涉及 6 个村，占地 165.9 亩，其中永久性占地 138.4 亩，临时占地 28.5 亩。四是高铁站站前广场建设，涉及 2 个村，占地 153 亩，于 5 月完成了征地任务。五是在八步堰村建设县殡仪馆项目，该项目涉及土地 45 亩，已经完成立项，前期的土地养老保险名额分配任务已经完成，目前正在配合县里做征地前期工作。六是 336 省道拓宽工程，该项目涉及 1 个村庄，占地约 121 亩，已经完成了前期地面勘测，为后期征地工作开展做好了准备。此外，认真推进煤改电、“太阳能 +” 工作。全乡总任务数是 2171 户，其中贺家窑村 186 户，贺家窑村“太阳能 +”已经完成了 59 处，均为拆除老旧院落，每处约 300 平方米。

【党建引领】 2022 年，安荣乡坚持把深入学习贯彻习近平新时代中国特色社会主义思想和习近平总书记视察山西时的重要讲话精神作为首要政治任务，以上率下带动学，教育引导广大党员干部筑牢信仰之基，补足精神之“钙”，把稳思想之舵。进一步增强“四个意识”，坚定“四个自信”，坚决做到“两个维护”。通过组织党员干部集中收看党的二十大开幕会实况，举办宣讲会、党委书记讲党课、专题培训等方式开展宣讲学习，严格落实好主题党日、民主生活会等制度，不断强化全乡党员干部的政治素养，开拓干部视野，振奋干部精气神。组织开展理论中心组学习 40 余次，开展“党员干部夜学”等主题活动 30 余次。

成立抓党建促基层治理能力提升工作领导小组，制定工作方案，完善各项工作制度，加强村党支部的运营规范，细化工作流程，完善财务制度、考核制度、村官管理制度等，把每一名干部的工作都用制度来规范和要求，逐步实现党委各项决策工作制度化和规范化。建立了一支由乡长任队长的综合行政执法队，制定《安荣乡综合行政执法事项清单》，鼓励支持年轻乡干部报考执法资格证，全力推进综合行政执法改革。共开展综合行政执法业务培训 2 次，实地指导 10 次，就征地重点工作开展了 3 次执法行动。乡村治理能力实现“三个提升”。一是党委组织管理能力的提升，二是乡政府业务水平显著提升，三是村干部对村务活动的积极性和管理水平明显提升。始终坚持党要管党，从严治党，严格履行“一岗双责”，落实“两个责任”，依托王家屏墓和南洲书院将河阳堡村打造成我县廉洁教育基地、清廉朔州建设的品牌教育基地。通过绘制清廉村居墙绘，建设清廉村居，持续加强党风廉政建设，营造了全乡范围内良好党风政风。

广武镇

【概况】 2022 年，广武镇坚持以党的十九大、二十大精神和习近平总书记考察调研山西重要讲话重要指示精神，按照预期目标，全力破瓶颈、兴产业、惠民生、转作风，全方位推动高质量发展，实现全镇经济社会持续健康发展。

【基层发展】 2022年，广武镇按照“一村一产业”“一村一特色”发展模式，结合实际情况发展壮大村级集体经济。全镇奶牛存栏5万头、养殖园区21家，牛、羊食用的饲料需求日益增加。新广武村、元营村、后所村投资143.1万元成立3个打草公司，收集玉米秸秆等进行打包青（黄）贮，为村级集体经济发展“活血造血”，9月底已投入运营。旧广武村筹资30万元建设小杂粮石磨加工坊，已投入20万元。新广武村成立劳务公司，承揽广武国际滑雪场业务，卫生保洁、防火等工作，村集体收入显著增加。南洲庄村积极招商引资，村集体入股参与，修建王家屏祠堂、书院、民宿等项目，通过发展旅游进一步壮大村集体经济。2022年，全镇24个行政村集体经济收入全部达10万元以上。农村集体经济合同专项清理方面，共摸底清查合同124份，涉及金额638.6万元。经县农业局有关部门联合审核，排查出13份不规范合同，涉及33.6万元。清理清查农村集体债权308.4万元、债务187.9万元，新增资源1175.11亩，新增资源收费13.76万元，成功化解债务5.37万元。新增资源资产收费方面，在南辛庄村进行了机井重新承包试点，33眼机井公开竞拍，每年为村集体经济增收6.36万元，也为下一步全镇553眼机井重新发包提供了经验。南洲庄村对300亩集体复垦土地进行了重新发包。北万庄村对190亩村民私垦土地进行了收费管理。坚持“一支队伍管执法”，推动基层治理更有力。坚持党建引领，通过“五个一”工作法，全面统筹执法力量，优化执法机制，规范执法行为，推动乡镇综合行政执法改革提档升级，为全镇“一支队伍管执法”落地落实奠定扎实基础。

【乡村振兴】 2022年，广武镇全面助力乡村振兴。夯实农业生产基础，推动种植业集群发展。全镇农作物总播种面积130567亩（其中玉米99785亩、蔬菜5890亩，其他作物24892亩），发放渗水宽膜5980卷，化肥10942袋。在山阴庄、陆庄、张家庄、后所等村大力扶持青储玉米、高粱等饲草种植。持续扶持元营、新广武、后所等村发展壮大打草公司，提高饲草收贮和加工机械化水平，推进优质牧草基地建设。在新广武、旧广武、泉子沟、南洲庄、苏庄、辛立庄等村持续鼓励扩大优质小杂粮种植，种植小杂粮面积2万亩以上。在张家庄、水河铺、羊十二庄、后所、帐头铺、南辛庄等村进一步扶持辣椒、青椒、架豆等绿色有机蔬菜种植，引进佳利农业专业合作社建设大型冷链仓储库，全力推动优质蔬菜基地建设。在旧广武、后所、帐头铺、南辛庄、水河铺等村持续扩大杏、西瓜、葡萄、油桃、苹果、梨等优质水果栽植面积，并积极打造广武水果品牌，促进优质瓜果基地建设。突出解决民生需求，全面推进美丽乡村建设。在后所村村南旅游路两侧安装路灯60盏，栽植槐树400棵，村内两条主干道铺设水泥砖3000平方米，村委会周边栽树1500株。在南辛庄和西沙堆两个村实施“饮水工程”。南辛庄村投资114万元，铺设主管道8000米、支线管道11000米，惠及416户村民；西沙堆村投资80万元，铺设1800米管道，惠及386户村民。开展了多项“一事一议”项目。泉子沟村、山阴庄村分别安装了太阳能路灯32盏、新广武村新建文化广场3300平方米、林桥村完成道路两侧绿化300米；帐头铺村修水渠800米、南洲庄村修管道750米、苏庄村修管道804米。协调县交通局，新建了大营—西沙堆3.5公里道路，重新铺设了应汴路后所段11公里道路。对2013年农村改厕以来存在问题的253座厕所进行高标准整改。重点针对环境卫生、违法违章建筑等问题开展集中整治行动，累计出动人员230人次，共清理陈年垃圾330吨，清理农村生活垃圾7680吨，清理畜禽养殖粪污等农业生产废弃物280吨，清理乱堆乱放248处，拆除残垣断壁3处。“星级文明户”创建活动有声有色，全镇5829户常住户参与评选，共评选出星级文明户1043户。抓实重点项目建设，进一步筑牢发展基础。广武长城博物馆装修改造、长城遗址遗迹和旧广武历史文化名村基础设施等项目有序推进，长城一号旅游公路广武段如期实现通车。广武国际滑雪场一期工程当年建设、当年运营，日均接待游客2000多人次，“冰雪”经济持续“升温”。全年累计发放小额贷款492.08万元扶持103户有发展需求的脱贫户持续改善生产、生活条件。实施农户危房改造6户，抗震房93户。办理独生子女证11个，发放奖扶金28.85万余元；发放临时社会救助5.3万元；为140名优抚对象发放补助51万元。

【优化营商环境】2022年，广武镇积极开展好市场主体倍增工作。成立了全镇优化营商环境促进市场主体倍增工作领导组，积极对接完成县优化营商环境促进市场主体倍增工作领导小组及14个工作专班的工作安排。镇村干部深入各村向群众宣传有关市场主体倍增工作政策，积极引导辖区市场主体注册登记。2022年，广武镇新增市场主体登记230户，超额完成全年市场主体净增长率27.62%的年度目标增长要求。积极开展好对企业的上门服务工作，多次深入广武国际滑雪场项目、旧广武历史文化名村项目、长城1号旅游公路项目等重点工程，了解工程中遇到的困难，协调解决土地征收、房屋拆迁等问题。积极联系县工会对工程项目人员进行慰问，全力推进网格便民服务精准化。全镇共划分24个基础网格，71个微网格，3个专属网格。全年共接受群众服务诉求174次，代办服务事项133项，真正打通服务群众“最后一公里”。全年接到“12345”政务服务热线转办工单96件，全部进行回复及处置，做到了“件件有回音，桩桩有落实”，群众满意率较高。

【安全生产】2022年，广武镇牢固树立安全发展理念，加强安全监管，强化安全责任，明确安全目标，加大安全隐患排查治理力度。全镇开展道路交通、校园安全、非煤矿山等专项整治11次，最大限度保障了广大人民群众生命财产安全。

【自身建设】2022年，广武镇全面加强政府建设，依法行政扎实推进。严格落实“三重一大”集体决策制度，实施重大项目职能部门和法律顾问联审制度。依法接受人大监督，办理人大代表建议8件。不断提高资金使用效率，优先保民生、保运转、保考核，“三公”经费持续压减。严格落实中央八项规定及其实施细则精神，持之以恒纠治“四风”。强化重点领域、关键岗位廉政风险防控。

古城镇

【概况】古城镇位于山阴县县城东南部，距山阴县城15公里。古城镇是朔州古镇，始建于元末，即公元1135—1168年间。1937年前为明、清、民国时的山阴县治。全境为平川，水源丰富，桑干河灌区渠系遍布全境，黄水河由中部穿过。北接合盛堡乡、岱岳镇，南临马营庄乡、广武镇，东与应县接壤，西与安荣乡、薛圐圙乡毗邻。全镇东西长约13公里，南北宽达12公里，面积153平方公里。交通便利，大运高速公路由境内穿过，设有山阴互通口；林荫路、虎山线和新建的北同蒲铁路，都途经古城镇。古城镇人民政府下辖21个行政村，分别为古城村、四里庄、王庄、胡疃、上河西、西盐池、快乐村、芦岭、洪济屯、小圪塔、马梁村、杨村、西小河、东小河、东辛庄、北盐池、前射躲、羊圈头、羊圈铺、前皇台、后皇台；5个自然村，分别为南盐池村、中小河村、安居坊村、后射躲村、李珠庄村。

【产业发展】 2022年，古城镇聘请专业人员编制《乡村振兴战略规划（2021—2025年）》，锚定奋斗目标，强化顶层设计，明确发展路径。2022年，玉米播种面积12万亩，产量3.7万吨。奶牛存栏增长0.18万头，肉羊存栏增长0.84万只，生猪存栏量增长0.56万头。完成1.28万头奶牛、0.1万头肉牛、2.46万头肉猪、3.14万只肉羊、9万只鹌鹑等畜禽春秋季两轮免疫。引入众福缘合作社“苦豆豆”香包手工编制项目，复制推广到6个行政村，镇党委书记亲自跑市场、拉订单、抓设计，签订合作意向17万元，增加村集体收入6.8万元，开创“干部跑订单，农户忙生产”良好局面。

邀请县委党校、县乡村振兴局等单位专家到镇党校授课2次，镇村干部抓党建促乡村振兴能力明显提升；邀请网红电商、致富能人等开展电商培训、手工编织培训105人，群众致富技能明显提高；镇党委书记亲自帮带年轻干部，与6名公务员、21名到村任职大学生“一对一”面谈，亲自组建“读书交流群”，年轻干部勤学实干劲头明显增强。建好用好21个村新时代文明实践所，村情民风越来越好。

【民生工作】 2022年，古城镇21个行政村完成10万亩耕地地力保护补贴申报，按时发放补贴资金728万元。完成4038户农户种粮农民一次性补贴资金发放。对上年度2455户“煤改电”项目进行问题整改和设备修护，完成1189户“煤改电”设备安装，3644户常住户全部实现清洁取暖。全面落实“应保尽保”，全年新增低保户13户18人；发放困难群众临时救助339人次13.75万元；累计发放困难人群购物券481人20.02万元。发放残疾人两项补贴328人43.17万元。城乡居民基本养老保险参保5875人，参保率96.56%，新农合参保12639人，达到全民参保。

镇便民服务中心创新开展办事群众“最多跑一次”代办服务，累计为村民代办936人次，切实做到“干部多跑路、群众少跑腿”。镇党群服务中心在推动村支部日常工作、党员教育培训、村级“三务”公开等方面积极作为，在综治工作和平安建设方面履职尽责。镇退役军人服务站对全镇退役军人完成建档立卡，部分退役军人完成年检，发放优待金61万元。

【环境整治】 2022年，古城镇深入整治人居环境，在保障高速路、高铁线、动车站、高速口和国省道周边环境的同时，重点整治各村环境卫生，累计出动人员320人、车辆50台、机械20台，转运生活垃圾200余吨。严格保护生态环境，近千只大天鹅在该镇栖息越冬，央视2套财经频道重磅报道。常态化开展自然资源、安全生产、生态环保、环境卫生等方面执法检查，关停“散乱污”企业1个，对2家草场实施限期整改，对7家将危房用于经营性的户主实施停业整改，为2523辆农用车和电动三轮配备反光条。

【巩固脱贫攻坚】 2022年，古城镇21个行政村村级集体经济超过10万元，8个村注册成立公司，经营性收入有所增长。10个村实施投资96万元的一事一议项目，通过硬化、美化、亮化，人居环境显著改善。发放小额贴息贷款210.9万元，扶持43户脱贫户发展养殖种植。为脱贫劳动力66人发放交通补贴33800元，全年就业帮扶427人，达到332户脱贫户户均一人就业目标，实现了就业人数、就业时间、工资性收入“三个不减”和监测户持续增收。新建80千瓦屋顶光伏电站1座，设置护林员、保洁员等公益性岗位130个，确保脱贫劳动力掌握至少1项劳动技能，全面夯实脱贫成果。

【汛情救援】 2022年，古城镇面对50年不遇的汛情灾情，在县委、县政府和有关部门积极援助下，累计投入资金60余万元、水泵132台、机械43台、车辆76台、人员180余人，及时转发预警信息42条，排查河堤隐患36次，处置化解险情8处，转移安置群众230人，排出村街内涝积水50余处，灾后重建村级道路5条、田间路28条、桥梁2座、协调赔付受玉米保险10万亩200万元，赔付综治保险19个村122户14.72万元，尽最大努力将灾害造成的损失降到最低，确保全镇大局稳定。

【党建引领】 2022年，古城镇党委书记带头学习贯彻习近平新时代中国特色社会主义思想，认真落实“第一议题”制度，组织党政班子成员和镇村干部集体学习50余次，赴村企宣讲党的二十大精神和讲党课10次，带动党员干部深刻领悟“两个确立”的决定性意义。带头坚持读原著、学原文、悟原理，安排编印每周学习指引目录27期，深入学习贯彻习近平总书记考察调研山西重要讲话重要指示精神，省委十二届五次全会、市委七届四次全会和县委十五届六次全会决策部署，引导镇村干部增强“四个意识”，坚定“四个自信”，做到“两个维护”。

坚决扛牢全面从严治党主体责任，压紧压实班子成员“一岗双责”政治责任。从严整治干部作风，党委书记带头执行“542”制度，自查考勤出勤和工作纪律7次，专门召开2次推进会议和1次专题民主生活会反思剖析。深化清廉古城建设，召开专题会议4次，开展违反八项规定警示教育4次。打造清廉村居示范村2个，21个行政村实行“三员合一”，加大村务监督力度，严肃村级财经纪律，严格“三资”管理工作。夯实村党组织书记主体责任，完善村支部书记星级化管理机制，对2名履职不力、1名能力不足村支书进行组织调整，积极回引2名外出务工经商人员、下派1名镇机关优秀年轻干部担任村支部书记，整顿软弱涣散党支部1个，有力倒逼各村“两委”成员履职尽责。完成农村发展党员违规违纪问题排查整顿，依纪依规处分14人。

【网格治理】 2022年，古城镇实施“党建+科技”治理模式，创新研发全科网格大数据平台，构建“镇党委—村支部—党员—村民”全域化治理格局，为镇村护林防火、防汛救灾、应急处置等提供有力支持，平台受到省委政法委、省委组织部、市委、市委政法委等上级领导肯定，市委姜四清书记听取汇报并给予充分肯定。规范化建设镇综治中心，实体化运行“一厅四室”，召开网格员例会和培训4次。

组织开展星级文明户评选，21个行政村从爱党爱国、遵纪守法、卫生整洁、勤劳致富、诚实守信、孝老爱亲、助人奉献、邻里和睦、勤俭节约、移风易俗10个方面，按照农户自评、集体审星、审批定星、集中授星、资料存档等步骤开展评选，共选出各级文明户516户，五星级以上53户，党员户58户，收到良好效果。

【“清化收”摸排】 2022年，古城镇完成21个行政村5个自然村“清化收”摸排任务。共摸排合同共161份，涉及资金296.02万元，规范合同148份，有问题合同14份，已整改问题合同10份。摸排债权814.99万元，债务677.62万元，化解债务89.65万元。村集体新增土地资源235.5亩，已收费2.39万元。

马营庄乡

【概况】 马营庄乡位于山阴县城东南部，东邻应县，南接代县，西毗广武，北连古城。全乡区域面积约105.78平方公里，地势南高北低，南部为馒头山、草垛山坡区，中北部为平川区。全乡年平均降水量500毫米，年平均气温8.3℃，由于地处洪涛山二级阶梯，地下水源十分丰富，光照充足，年日照量为2800多小时，无霜期为130～142天。农业生产条件较好，全乡主导产业为农业种植和畜牧养殖。全乡粮食总产量达4252.2吨，蔬菜种植面积7295亩。奶牛存栏量8556头，年产鲜奶26000吨。肉牛存栏量800头，羊存栏2.7万只左右，生猪2078头。2022年，马营庄乡面对严峻复杂的发展形势和疫情、汛情带来的不利影响，全乡上下深入学习党的十九大、二十大精神和习近平总书记考察调研山西重要讲话重要指示精神，坚决贯彻党中央“疫情要防住、经济要稳住、发展要安全”的重大要求，知难负重、顶压前行，高效统筹推进疫情防控和经济社会发展，奋力打造“美丽马营庄、幸福新家园”。

【现代农业】 2022年，马营庄乡大力推进结构调整，加快发展现代农业。依托良好的自然环境，倡导大力发展优势绿色蔬菜种植，尤其是西安峪白菜、南口前大葱远近闻名，因地制宜根据市场需求在全乡范围内推广种植绿色蔬菜，每亩蔬菜纯收入达1万元以上。为了适应现代化农业发展需求，显著提高农民收入，在全乡范围内重点推广渗水地膜旱地谷子，全乡共种植渗水地膜旱地谷子2000多亩，帮助农民每亩增收200元。为16个养殖园区逐步转化建立牧场化园区建议献策，通过帮助园区进行土地流转和农民签订合同等方式，整合土地资源，引进高产全株青贮玉米，每个园区平均种植青玉米2000多亩。

【人居环境】 2022年，马营庄乡改善农村人居环境，逐步改善乡村面貌。完成了从西安峪到南辛寨、胡峪口到下疃，以及沙家寺到蝴蝶谷的长城一号旅游公路道路硬化工程，全长18公里。新修了西安峪、故驿、马营庄、许家洼村四好公路9.963公里。投资900万元打造沙家寺、南口前、胡峪口3个村的美丽乡村建设项目，完成广场硬化780平方米，沿村造型挡墙1546米，道路硬化2.1万平方米，村内健身场地硬化1780平方米，院墙粉刷彩绘7800平方米。投资280万元建成占地7.8亩的胡峪口村冷链物流基地。投资260万元修建1680米的西安峪村排洪渠。完成了7557.4亩的高标准农田建设，新打机井35眼，平整土地200多亩，更好地满足农田耕作、灌排需要。持续改善水利工程，维修各类水渠、防洪坝30公里。实施清洁取暖项目煤改电3250户。印发了马营庄乡农村人居环境“六乱”整治百日攻坚专项行动倡议书1000份，充分利用广播和微信工作群，大力宣传解读“六乱”整治百日攻坚专项行动的重大意义、总体要求、主要任务和政策措施。马营庄乡共出动人工1200人次，装载机160台次，投放小型垃圾桶120个，经常清运垃圾压缩车1辆，公路巡查车1辆，共清理交通沿线积存建筑垃圾和生活垃圾6520吨，整修坑洼路面、隔离带和绿化带56处，消除交通安全隐患42处，整治乱堆乱放、乱搭乱建、乱占乱贴乱画65处，清理路面污水48处，农村人居环境得到明显改善。

【脱贫攻坚】 2022年，马营庄乡巩固脱贫攻坚成果，推动政策落实落细。全乡享受“雨露计划”的学生41人，已精准落实教育扶贫政策。

加大经营性自建房常态化排查力度，全年实施抗震加固115户，危房改造9户。累计发放小额贷款429万元。

投资65万元建设云水庄蔬菜大棚，投资125万元建设南辛寨光伏项目，投资34.3万元成立大柴棚翠微手工编织专业合作社，为群众稳定增收提供支撑，确保脱贫人口收入持续增加。持续壮大带动主体，完善相关产业链，创新思维方式，带动产业发展，完善农企联结机制。马营庄乡设立专项资金台账，加强监管力度，按项分类管理，强化项目库建设，确保资金及时衔接到位，做到专款专用，加强对涉农，扶贫专项资金的统一管理。

【招商引资】 2022年，马营庄乡完成3000万元的项目招商引资任务。完成市场主体倍增任务，新增个体工商注册185户。以山阴县打造“长城文化公园”为契机，积极围绕胡峪口—沙家寺长城遗址和翠微山风景区，打造环旅游路线旅游精品建设，抓好乡村旅游培育。同时着力打造沙家寺民俗村，加快推进小柴棚枸杞，苏家场核桃，南口前大京杏采摘，大力发展有机林果特色乡村旅游项目。实施胡峪口村级农业专业合作社、云水庄村豆制品加工销售等项目，对何庄和荆家庄两村的林地养殖、新马营的蔬菜收购、东沙堆的农机合作社和高庄村小杂粮加工项目进行可行性研究。

【安全生产】 2022年，马营庄乡建立了网格化排查责任机制，实行乡干部包村、村干部包点，责任到人、到田间地头，逐村、逐沟、逐山头进行全面排查，与各村签订承诺书。同时各村每日书面报告摸排工作情况，形成乡级问题台账。各村将排查摸底情况分类登记造册，非法勘查开采、有证砂石违法开采矿问题台账，实行清单化管理。全乡范围内共安装11个高清摄像头。加强对非煤矿山、企业园区等重点行业日常监管，积极推动安全隐患排查治理，共检查企业园区30家，排查60余次，督促整改一般安全隐患25处。同时，加大安全生产宣传力度，进一步在全乡树立起了“人人懂安全、讲安全”的安全观念，全年未发生一起安全生产事故。

加强食品安全检查，联合食药站对全乡零售网点进行了摸底排查，检查农村商店发现隐患6条，现场整改4条，限期整改2条，已全部整改到位。发现问题及时整改，确保不发生食品安全事故，全力保障全乡百姓身体健康和生命安全。

抓好应急队伍建设。成立由乡机关干部和各村退伍军人组成的30人应急队伍。结合实际，有计划、有重点、有针对性地开展业务学习，教育培训和应急演练，全面提高应急处置能力，更好地保障安全生产。

【精神文明建设】 马营庄乡大力倡导精神文明创建活动，全乡群众性文体活动呈现出系列化、多样化、常规化的发展态势。随着疫情形势好转，该乡积极举办非遗剪纸进农村系列活动，并将形成长效机制，让优秀的传统文化传播出去，提升乡文化的影响力。以内容丰富、形式多元的方式举行每年一次的采风活动，让更多的摄影爱好者、绘画爱好者、户外运动爱好者参与其中，让更多人体验到马营庄乡得天独厚的生态环境。进一步打造乡特色文艺队，以大柴棚、吴家铺为代表，扩大文艺队的规模，丰富乡文化生活，传播健康向上的精神内容。

【基层治理】 2022年，马营庄乡创新工作思路方法，提升基层治理能力。自开展抓党建促基层治理能力提升专项行动以来，共计摸排问题合同83份，涉及金额163.2万元，其中存在问题合同9份，涉及金额26.25万元，已整改问题合同8份，涉及金额25.25万元，协调追回金额6.5万元。各村债权共计564.77万元，各村债务共计804.94万元。

马营庄乡在“清化收”工作中确定了“1360”工作法。“1”是定期召开专题会议；“3”是通过领导组、督导组、法律服务组确保集体资产“清化收”工作；“6”是通过6种表格排查登记，确保摸清我乡村集体资产“家底”；“0”是实现问题合同、债权债务化解清零总目标。坚持因地制宜进行网格合理划分，考虑到便于工作的实际，均成立了微网格党小组，全乡17个行政村共划分全科网格17个，微网格58个。

【行政执法】 2022年，马营庄乡积极推进乡镇综合行政执法改革，不断增强综合行政执法能力，为全乡创造安全稳定的环境。

及时成立以乡长为执法队长，党委委员、副乡长、派出所长为副队长的综合行政执法大队，同时以班子成员、机关干部共同执法的四级联动队伍。同时依托行政村合理划分网格单元，组建17名网格员队伍，科学配置网格员力量，统筹网格内党的建设、社会保障、综合治理、应急管理、社会救助等工作，推进网格化服务管理标准化建设，提高网格管理规范化精细化水平，强化对各行政村的日常监督，完善综合行政执法的队伍建设。积极鼓励全乡机关干部报名参加执法证考试学习，并且全部通过考试，机关干部全部完成了线上学习。每周四为综合行政执法例会，并制定了学习制度，使学习成为常态化。同时加强普法，化解矛盾。深入推进法律进乡村、进机关、进企业，共开展各类普法宣传活动30余次，发放各类宣传资料2000余份，受教育干部、群众3000余人次。加强人民调解工作，依托专业律师和乡村干部，妥善推进人民调解规范化专业化建设，妥善化解矛盾纠纷40余次，服务群众近百人。出台了马营庄乡综合执法队改革实施方案、管理办法、日常工作制度、日常考核办法等。同时全面执行行政执法公示制度、执法全过程记录制度、重大执法决定法制审核制度。承担涉及行政执法过程中发生的行政复议或行政诉讼案件的组织、协调和应诉工作，进一步加强行政执法的规范性。

山阴县经济技术开发区

【概况】 山阴经济技术开发区为朔州市人民政府派出机构，委托所在山阴县党委政府管理，开发区党工委由山阴县委派出，与管委会实行合署办公、一套机构，设立纪检监察工委，为县级纪委监委派出机构，由县级监察委员会赋予其检察权。不再独立设置综合执法机构。山阴经济技术开发区共有各类企业34家，其中规模以上企业16家，主要以碳基新材料、钙基新材料、现代煤化工、新型建材、新能源等为主导发展产业。

【经济指标】 2022年，区内规模以上工业企业总产值达到148.27亿元，同比增长10.2%；规模以上工业增加值完成60.5亿元，规模以上工业增加值增速为–10.3%。区内“四上”企业主营业务收入达到148.66亿元，截至2022年底，开发区已开发面积4506.6亩，产出强度达到329.87万元/亩。区内项目库在建项目共19个，当年完成固定资产投资7.61亿元，其中工业投资7.32亿元，同比增长21.1%；转型项目当年完成投资6.16亿元，占工业投资比重达到84.1%。

【项目建设】 2022年，经济技术开发区坚持

"一切围着项目转、一切扭住项目干"，始终把推进项目建设作为促进经济发展的重要抓手，创新实施"一个项目、一名领导、一套工作班子、一抓到底"的项目推进机制，持续滚动开展开发区"三个一批"项目建设活动。全年，在建重点项目12个，推进重点项目10个，涉及超临界火力发电、新能源、现代煤化工、新材料等多个产业，工业总产值超过200亿元。形成了大项目顶天立地，小项目铺天盖地，各类项目齐头并进、竞相发展的良好态势。

【营商环境】 2022年，开发区总体规划、总规环评、控制性详细规划、区域安全风险评估服务项目等规划类项目均已完成编制并报上级评审。东区基础设施建设工程包括路网、供热、供水、绿化、标准化厂房、装配式厂房、110千伏变电站电缆走廊工程均已结束或进入收尾阶段，东西区连接线项目在加紧推进。

"承诺制+标准地+全代办"改革取得积极进展。通过细化工作流程，建立工作机制，统筹协调、推进企业投资项目"标准地+承诺制+全代办"改革落到了实处。2022年出让"标准地"一宗，面积148.61亩，并和项目方签订了《"标准地"项目投资建设合同》和《企业投资工业项目"标准地"投资承诺书》。通过承诺制实现疫情期间审批不断档。疫情期间因为各项目单位的部分设计及审批需要的其他相关资料需高风险区单位提供，由此带来的不便，部分资料可以由项目单位暂时承诺先发证，后补资料。2022年严格按照《山西省自然资源厅关于印发山西省"标准地"改革工作指引的通知》文件精神，"标准地"区域评价实行"7+N"模式，其中"7"为区域环境影响评价、压覆重要矿产资源评估、洪水影响评价、水土保持区域评估、文物保护评估、地质灾害危险性评估、地震安全性评价，"N"设定为节能评价和水资源论证。基本完成了全区域"标准地"建设，解决了原来标准地不标准问题，实现由"项目等地"向"地等项目"的转变。进一步完善细化了"标准地"实施细则。在原有的"标准地"承诺制改革的基础上，进一步完善细化相关实施细则，优化审批流程，健全了"标准地"承诺事项，通过"标准地"建设实现固定资产投资强度、容积率、能耗指标、环境指标、亩均税收5项控制性指标进行承诺，开展了企业项目工程规划和施工许可承诺制，实现一般工业项目拿地即可开工。开发区秉承"作风正、能力强、服务好"的理念，围绕构建主动型政务服务模式，积极推进全代办改革，为企业提供"自愿委托、无偿服务、一企一员、一企一档"的精准化"保姆式"服务，实施了全员包联、全流程、全事项、全标准、全天候的"五全"帮办代办服务，通过推行"全代办"，由"企业跑腿审批"转变为"政府提供服务"，实行每个项目专人负责，全程跟踪服务，全力推动每个项目尽快开工建设、投产达效，构建起项目从招商到落地的全方位、全生命周期服务体系。2022年共有8家企业自愿委托全代办并建立了全代办台账。

为进一步深化行政审批制度改革，提升审批服务效能，针对开发区审批事项有限、专业人员少及承接赋权能力不足等工作实际，与县审批局建立了相应的联动审批工作机制，并在开发区审批大厅设立"联动审批窗口"，通过电话预约方式，县审批局指配专人赴开发区审批大厅进行业务指导和未赋权事项的审批工作。年内通过联动审批成功完成增量配电项目水保事项承诺。

【招商引资】 2022年，开发区开展专题招商。克服疫情困难，结合线上招商及项目服务活动，开展具有开发区特色的专题招商活动，在"走出去、请进来"的同时，常态化推进招商活动的开展，力争有效对接一批目标企业、组织签订一批产业项目、储备招引一批谋划项目。聚焦“新能源、新材料、新技术”，围绕核心产业链，主动出击、精准招商，克服疫情等困难，全年完成签约项目 14 个，签约投资额近 100 亿元，招商引资到位资金 7.53 亿元，对接项目 9 个，项目总投资超过 140 亿元。持续抓好“双招双引”工作，县领导带领招商小分队赴江苏开展招商活动 1 次，对接企业 14 家次，签约项目 5 个，签约投资额 22.61 亿元。

【改革创新】 2022 年，开发区优化省级双创平台建设。为进一步加快山阴开发区创新、创业环境建设，促进区域产业结构提档升级和经济发展，与山西博途文化传媒有限公司签订战略协议，通过资源共享、平台开发、专业培训等方式深入研究人才发展、科技创新等领域，加快人才引进、项目落地，以及推动科技成果迅速转化。

大力加强招商引才基地建设和高新技术企业培育工作。开发区与江苏理工学院化学化工学院签订校友招商引才基地建设战略合作协议。围绕山阴县主导产业，坚持招商引资和招才引智双驱动，开展项目对接，承载科研成果转化，推动产业合作，共建校友招商引才基地，有效实现人才、资源和产业的融合发展。培育高新技术企业 1 家——山阴县泰昌农业股份有限公司。

组织机构及负责人名单

县级机构

中共山阴县委员会

书　记：王世杰
副书记：高瑞龙
　　　　王国文（2022年4月离职）
　　　　张文平（2022年5月任职）
常　委：刘　宇（2022年5月离职）
　　　　杨德文
　　　　田心世
　　　　舒晓海
　　　　牛　森
　　　　常　青
　　　　赵　栋
　　　　贾大维
　　　　夏寒冰
　　　　曹世强
　　　　霍秉明（2022年8月任职）

山阴县十七届人大常委会

主　任：闫祖伟
副主任：郭东申　庞晓辉　闫志民　李晓明

山阴县十七届人大法制委员会

主任委员：庞晓辉
副主任委员：季宗海
委　员：冉　倩　白永平　程建军

山阴县十七届人大财政经济委员会

主任委员：闫志民
副主任委员：郭自权
委　员：吕志栋　华　英　高清贵

山阴县十七届人大社会建设委员会

主任委员：李晓明
副主任委员：王丽霞
委　员：王振宝　付玉峰　李红梅

山阴县人民政府

县　长：高瑞龙
常务副县长：杨德文
副县长：赵　栋　何兴斌　翟云丰
　　　　王建平　于介澜　张建国

政协山阴县委员会

党组书记、主席：郭兆文
县委常委、统战部部长、县政协党组副书记：
　　　　夏寒冰
党组成员、副主席：王登峰
副主席：吉　谦
党组成员、副主席：李志文
副主席、中医医院院长：殷占东

山阴县纪委监委

县委常委、纪委书记、监委主任：牛　森
县纪委副书记、监委副主任：白继龙　王春晖
县纪委常委：徐　震　李兴玉
县纪委常委、监委委员：
　　　　周世平（2022年11月任职）
监委委员：王冠中（2022年11月离职）
　　　　王晋宗（2022年3月离职）
　　　　温日来

武开元（2022 年 11 月任职）

山阴经济技术开发区管理委员会

党工委书记、主任：郭　瑞
党工委副书记、副主任：李可进
党工委委员、副主任：陈计珍　宋　军

乡镇及各系统机构

【乡镇】

玉井镇

党委书记：刘国栋
党委副书记、镇长：何兴雄
党委副书记：郭卫军
党委委员、人大主席：安玉
党委委员、纪委书记：李兴杰
党委委员、副镇长：刘振平
党委组织委员：勾　江
党委委员、武装部部长：解俊明
副镇长：郭凤鸣　杨志贤　李亚强

马营乡

党委书记：刘应飞
党委副书记、乡长：张文达
党委副书记：王振家
党委委员、人大主席：贺飞飞
党委委员、纪委书记：许　帅
党委委员、武装部部长：解培耿
党委组织委员：杨金爱
党委委员、副乡长：剧世东
党委委员、副乡长：王国政
副乡长：苑　元

吴马营乡

党委书记：徐晓圆
党委副书记、乡长：龙海鹰
党委副书记：白志安
人大主席：曹宝文
纪委书记：尹　富
党委委员、武装部部长：闫宏伟
党委组织委员：高永军
党委委员、副乡长：祝步翔
副乡长：孟　升　李逸翔

下喇叭乡

党委书记：孙建龙
党委副书记、乡长：杨春蕾
党委副书记：段天军
党委委员、人大主席：高小军
党委委员、纪检书记：霍鹏翥
党委委员、武装部部长：刘雁军
党委组织委员：王叶军
副乡长：解俊杰　韩　英　段　莉
宋鸿飞（挂职副乡长）

北周庄镇

党委书记：张　龙
党委副书记、镇长：陈晓东
党委委员人大主席：王　喜
党委副书记：樊慧敏
党委委员、纪委书记：张明成
党委委员、武装部部长：闫富儒
党委组织委员：陈书婷
党委宣传委员、副镇长：安丽霞
党委委员、副镇长：武　健
副镇长：杨慧慧

合盛堡乡

党委书记：王建家
党委副书记、乡长：刘　宇
党委副书记：张　宁
党委委员、人大主席：李　艳
党委委员、纪委书记：张晓源
党委委员、武装部部长：赵国军
党委组织委员：郭　举
党委委员、副乡长：刘丽芳　周文峰
副乡长：张丽伟　马　莉

岱岳镇

党委书记：魏玉彪
党委副书记、镇长：李智兴
党委副书记：王冠中
党委委员、人大主席：贺生伟
党委委员、纪委书记：王海霞
党委委员、武装部部长：赵　福
党委委员、副镇长：丁广厚　刘　源
副镇长：张科雄　李君枝

安荣乡

党委书记：贾大维
副书记：王继红　周文官
党委委员：赵　延　史有权　王桂花
　　　　　王明山　黄慧鲜
纪委书记：赵　延
人大主席：马培瑞
乡　长：王继红
副乡长：黄慧鲜　王明山　焦　阳　赵一方

薛圐圙乡

党委书记：李　峰
党委副书记、乡长：梅丽红
党委副书记：翟美霞
党委委员、人大主席：梅树元
党委委员、纪委书记：窦果香
党委组织委员：朱秀芳
党委委员、武装部部长：姚建国
党委委员、副乡长：马跃元　赵文官
副乡长：路世明　白继宇

广武镇

党委书记：李永胜
党委副书记、镇长：景建彬
党委副书记：刘志霞
人大主席：赵新力
纪委书记：崔晓玉
武装部部长：尚怀帅
组织委员：邢兴宇
宣传委员、副镇长：韩　宏
副镇长：柳瑞东
副镇长：闫芳瑜

古城镇

县委常委、古城镇党委书记：常　青
党委副书记、镇长：尤卫章
党委副书记：郭少华
党委委员、人大主席：高华伟
党委委员、纪委书记：郭维佳
党委组织委员：段景厚
党委委员、武装部部长：宋　毅
党委委员、副镇长：苑文华　赵青春
副镇长：杨春霞　郝义宁

马营庄乡

党委书记：李　雁
党委副书记、乡长：刘　澎
党委委员、人大主席：王海峰
党委副书记：李雁斌
党委委员、纪检书记：王　福
党委委员、武装部部长：黄　瑞
党委组织委员：王丽丽
党委委员、副乡长：白　洁　李宝发
副乡长：杨武荣　赵健梧

【党群】

中共山阴县委办公室

主　任：郭东申
副主任：朱志勇（2022 年 8 月离职）
　　　　辛志元
　　　　梁志伟（2022 年 8 月任职）

组织部

县委常委、组织部部长、县委党校校长：
　　　　舒晓海
主持日常工作副部长：高华兴（2022 年 9 月任职）
副部长、县委编办主任：王景龙
县委老干部局局长：卢　胜
副部长、县委党建工作领导小组办公室主任、县非公经济和社会组织工委书记：
　　　　戎建忠
副部长、县委人才办主任：卢文权

统战部

县委常委、县政协党组副书记、统战部长：
　　　　夏寒冰
常务副部长：刘　春
副部长、县工商联党组书记：温雪洁
副部长、民族宗教事务局局长：王昱罂

人民武装部
人武部党委

第一书记：王世杰
书　记：曹世强

人武部机关

部　长：吴　松（上校）
副部长：王守贵

县委巡察办

县委巡察办主任：徐　震
常务副主任：赵晓平
副主任：李彦婷
县委第一巡察组正科级巡察专员：李建忠
县委第一巡察组副科级巡察专员：高　明
县委第二巡察组正科级巡察专员：崔甫生
县委第二巡察组副科级巡察专员：马秉政
县委第三巡察组正科级巡察专员：刘培福
县委第三巡察组副科级巡察专员：李玉英

中共山阴县直属机关工作委员会

书　记：李晓鹏
副书记：夏珍萍

山阴县委机构编制委员会

主　任：王景龙
副主任：张守江　陆书领

机关事务服务中心

中心主任：辛志元
中心副主任：赵继高　安美丽　李晓宁

共青团山阴县委

书　记：马佳欣
副书记：李永东　苗　霖　王文学（挂职）
　　　　李　伟（兼职）胡明宇（兼职）

妇女联合会

党组书记、主席：赵晓君

科学技术协会

主　席：丰建国
副主席：牛翠茹　魏志旻　张　凯
　　　　李晓明　梁　健

工商联

主　席：丰卫忠
副主席：刘海章
党组书记：温雪洁

县委党校

常务副校长：张　连

总工会

党组书记、常务副主席：陈　续
党组成员、副主席：李宝强　杨玉清

档案馆

馆　长：王玉国

党史研究室

主　任：牛　跃
副主任：梁志伟（2022 年 8 月离职）
　　　　郗晓宇（2022 年 8 月任职）

【政府】

政府办

党组书记、主任：樊晋阳
副主任：任长宏　杨晓东

人力资源和社会保障局

党组书记、局长：落　军
党组成员、副局长：马占功
党组成员：温登谦
党总支书记：丰利平

审计局

党组书记、局长：徐殿仁
党组成员、副局长：刘培耀
党组成员：王平家
副局长：康培忠（2022 年 5 月退休）

民政局

党组书记、局长：刘福广
党组成员、副局长：刘培全　白文柱

行政审批服务管理局

党组书记、局长：赵育萍
党组成员、县营商环境促进中心主任：时亨

医疗保障局

党组书记、局长：王建永
党组成员、副局长：卢彦斌

应急管理局

党委书记、局长：梁日军
党委委员、副局长：班志福　朱英春
赵　兴　杜金刚

信访局

党组书记、局长：夏生军
党组成员、副局长：冯国良

【宣传】

宣传部

县委常委、部长：霍秉明
常务副部长：李德华
副部长：白喜厚　靳　涛

教育局

党组书记、局长：王日东
党组成员、副局长：李永章　祝启海
赵军义

文化和旅游局

党组书记、局长：韩承升
副局长：郭占臣　邸明盛

山阴县文物保护与利用服务中心

副主任：刘彩霞

卫生健康和体育局

党组书记、局长：吕志宇
副局长：杨智英　赵　平

疾病预防控制中心

中心主任：孟昭民
中心副主任：康丽华　孙淑琴

医疗集团人民医院

院　长：李晓明
书　记：高巍山
副院长：高树铭　孟昭民　蒋秀梅
王建忠　闫　阁　王志武
张益栋　刘仲斌　蔺雪峰

中医医院

院　长：殷占东

党支部书记：张文亮
纪检组长：陈春颖
副院长：张　勇　樊生凯　樊晓云

广武风景名胜区管理委员会

主　任：武皓月
副主任：林雪峰

融媒体中心

主　任：李德华
副主任：郑　文　李　东　安　刚
　　　　贾润悌
总编辑：闫文靖

文学艺术工作者联合会

主　席：郝建平
副主席：李　丽

山阴县第一幼儿园

园　长：韩丕梅

山阴县第二幼儿园

园　长：朱继文

第一中学校

校　长：王成元
副校长：闫利彬　贺泰云

第二中学校

校　长：牛兴盛
副校长：梁　峰　王进丞

第三中学校

校　长：尹晋疆
书　记：张利生
副校长：兰占春　任永军

第四中学校

校　长：梁　健
副校长：张文友　韩守义　张佐虎

山阴县第五中学校

校　长：何文东
党支部书记：柴秀宝
副校长：崔　兵　赵佳利

山阴县第一小学校

校　长：赵彩虹

山阴县第二小学校

校　长：刘原平

山阴县第三小学校

校　长：冀昌义
党支部书记：马丙官
副校长：梁巧兰　侯晓玲

山阴县第四小学校

校　长：张玉秀
副校长：刘广丽　李　飞

山阴县第五小学校

校　长：李　伟
副校长：郭培峰　王　凯

山阴县第六小学校

校　长：任翠虹
副校长兼党支部书记：郝素梅
副校长：李桂芬
副校长：贾萍艳

山阴县第七小学校

校　长：田向宏
副校长：白　文　朱继成　蒋海清

山阴县第八小学校

校　长：陈建文

山阴县新洋学校

校　长：杨保军

平泽苑学校

校　长：韩　翠

山阴县昱仁中学

校　长：高志刚

教师进修学校

校　长：白继斌
副校长：袁展平　季中伟

职业教育中心校

校　长：郭宏斌

山阴开放大学

主持工作：苑　平

【农业】

山阴县农业农村局

党组书记、局长：郭正大
副局长：赵生富　高贵林

山阴县林业局

党组书记、局长：祁生利
副局长：兰春叶

水利局

党组书记、局长：朱志斌
副局长：赵凤岐　王亮厚

山阴县自然资源局

党组书记、局长：李胤龙
副局长：王永义　郭培有

乡村振兴局

党组书记、局长：苗　壮
副局长：王明峰

山阴县草牧畜业发展中心

主　任：郑元春
副主任：胡建文　王俊芬

山阴农牧场

党委书记、场长：冯成義
党委副书记：王永卿
党委委员、纪委书记：蒋志平
党委委员、副场长：张汉斌　周文来

现代农业发展服务中心

主　任：李治国
副主任：赵丙祥　宋桂芳

古城乳业

董事长：郭　俊
副总经理：郭臻岳　解　策　乔九富
谭曲波　马维君　郭志强

【计划】

山阴县发展和改革局

党组书记、局长：叶　青
副局长：赵学树　白海明

住房保障和城乡建设管理局

党组书记、局长：赵晓滨
党组成员、副局长：季玉恒　郭培旺

朔州市生态环境局山阴分局

党组书记、局长：李宝强
党组成员、副局长：吕战文

交通运输局

党组书记、局长：赵　凯
党组成员、副局长：郭贵堂

统计局

党组书记、局长：张建斌

市场监督管理局

党组书记、局长：武建斌
党组成员、副局长：王运梦　马高荣

综合检验检测中心

党组书记、主任：崔金厚
副主任：王　梅　李新虎

山阴县桑干河湿地公园管护中心

主　任：胡建华

【经贸】

工业和信息化局

党组书记、局长：朱志勇（2022 年 9 月任职）
党组成员、副局长：
赵国栓（2022 年 8 月主持工作）
党组成员：梁昌文

财政局

党组书记、局长：麻鹏斗
副局长：赵　岗　王成栋
党组成员：李守新

商务局

局　长：蔚鹏程

山阴县能源局

党组书记、局长：赵永胜
党组成员、副局长：张春山

城镇集体工业联合社

主　任：樊晓雨
副主任：张智勇　郭增海

山阴县城市发展集团有限公司

党委书记、董事长：魏雁明
党委副书记：李兴唐
党委委员：李晋文　杨晓峰
党委委员、纪委书记：樊晓隆
总经理：敖　勇

山阴县智慧城市发展服务中心

主　任：任永吉
副主任：门建石　兰海清

供销合作社联合社

主　任：崔建新
副主任：冯丕峰

山阴县小微企业发展服务中心

党组书记、主任：丰　哲
党组成员、副主任：杨　威　白兴广

【政法】

政法委

书　记：田心世
常务副书记：白永平
副书记：吴海军　刘跃玲

人民法院

党组书记、院长：张春山
党组成员、副院长：刘彩霞　王晋宗　何　磊
党组成员、纪检组组长：冯雪梅
党组成员、专职委员：冯子丽

人民检察院

党组书记、检察长：宫子奇
党组成员、副检察长：马　洪
党组成员、副检察长：郭秀荣
党组成员、副检察长：王丽华
党组成员、纪检监察组长：刘　晔
党组成员、检委会委员：赵叶云

公安局

局　长：张建国
政　委：吴占玉
副局长：司江洪
党委委员、纪检组组长：王家增
党委委员：苏振东　苏永军
副局长：戴　府　吴建新　丰　辉

山阴县司法局

党组书记、局　长：高　海
党组成员、副局长：卢　跃
党组成员、纪检组组长：马　杰

山阴县退役军人事务局

局党组书记、局长：王家民
局党组成员、副局长：吴进录

公安局交通管理大队

指导员：武宏章
副大队长：王忠跃　张丙星　肖　勇

残疾人联合会

党组书记、理事长：赵晋虎
党组成员：李　勇　吕文祥　王大鹏

【条管】

公安消防大队

党支部书记、教导员：段建伟

山阴县税务局

党委书记、局　长：胡宝山
党委委员、副局长：张　君　张建树
王汉锋　曹来盛
党委委员、纪检组组长：张增全

朔州市技工学校

党总支书记、校　长：韩启亮
副校长：张宏斌　蔚志现

人民银行山阴县支行

党组书记、行长：兰志亮
党组成员、副行长：杨宝山　张　扬
党组成员、纪检组长：李佳洋

银保监局山阴监管组

组　长：雒　文

工商银行山阴县支行

行　长：张志强

农业银行山阴县支行

党委书记、行长：吴海青
党委副书记、纪委书记：武玉忠
党委委员、副行长：崔丽林　李金凤

中国银行山阴支行

党支部书记、行长：裴进斗

建设银行山阴支行

党支部书记、行长：陈　玮

农业发展银行山阴县支行

行　长：唐尚云

中国邮政储蓄银行山阴县支行

行　长：庞新兵

山阴农商行

党委书记、董事长：武冬山
党委副书记、行长：宋满堂
纪委书记、监事长：马　军
党委委员、副行长：何世春　李宏波
　　王永文

山阴太行村镇银行

董事长：张　俊
行　长：田　婷

山西银行山阴支行

行　长：李伟德

国网山阴县供电公司

经理：贾尚春
党总支部副书记：苏　甜

山阴县联通公司

总经理：温日林
副总经理：裴巍峰　李治锌　赵卓明

中国移动通信集团山西有限公司山阴分公司

总经理：张满毅
副经理：李德瑞
副总经理：田海花

中国电信股份有限公司山阴分公司

总经理：薛文利

微波站

站　长：赵秉祯
副站长：康朝晖　王　星

山阴县气象局

局　长：徐晋峰
副局长：杨雪峰

中国人寿保险股份有限公司山阴县支公司

经　理：马红兵
副经理：张永胜

山阴公路管理段

段　长：邢泽山
书　记：杨连斌
副段长：王占雄　沈德义

岱岳站

站　长：季日明
书　记：郭　瑞
副站长：冯建忠　沈宏远

公共汽车站

站　长：赵广义
副站长：马　强　赵国强

山阴站

站　长：林　杰
副站长：李振东

朔州市中医精神病医院

院　长：李世春
副院长：李志鹏　申月东

山西新华书店集团朔州有限公司山阴分公司

党支部书记兼经理：胡增丰
副经理：李建宝

烟草专卖局

局　长：康雁斌
副局长：韩永康　齐　琦

中煤华昱公司

董事长：高靖海
董　事：沈　勇　汪月伟　罗　江
　　　　张　锋　王鹏飞
党委书记、副董事长：刘兴法
党委副书记、总经理：汪月伟
党委副书记、纪委书记：刘建宇

山西昱光发电有限责任公司

党委书记、总经理：杨立旋

2022年受奖情况

集　体

省部级

2022 年 7 月，山阴县被省平安建设领导小组评为“省级平安县”。

2022 年 2 月，县委政法委被省人力资源和社会保障厅、山西省妇女联合会评为“维护妇女儿童权益先进集体”。

山阴县科协被中国科协评为 2022 年全国科普日优秀组织单位。

北周庄镇评为省乡村治理示范乡镇。

省农业农村厅评定山阴县北周庄村为 2022 年度村级集体经济发展“先进村”。

古城村荣获“省级民主法治示范村”。

2022 年 6 月合盛堡乡被省人社厅评为 2021 年度根治农民工欠薪先进集体。

山阴县气象局获得“山西省气象局重大气象服务优秀集体”荣誉称号。

山西省人力资源和社会保障厅、国家税务总局山西省税务局授予国家税务总局山阴县税务局“山西省税务系统先进集体”称号。

山阴县第五小学校获得省课题研究授予的科研成果奖。

市级

山阴县委统战部在“喜迎二十大　奋进新征程”全市统一战线主题演讲·朗读比赛中荣获二等奖。

北周庄镇被评为为朔州市精神文明乡镇。

山阴县人民法院被评为朔州市精神文明单位。

北盐池村荣获“市级党建引领一批”优秀村。

平泽苑学校被评为“朔州市平安校园”。

山阴县第二小学校 2022 年累计荣获“市级文明校园、市级平安校园、朔州市立德树人先进集体，县级先进集体”等荣誉称号。

山阴公路段党支部被中共山西省公路局朔州分局委员会授予先进基层党组织。

山西省公路局朔州分局授予山阴公路管理段 2021 年度完成工作目标优秀单位。

山西省公路局朔州分局授予山阴公路管理段机养中心 2021 年度先进班组。

2022 年 6 月合盛堡乡被朔州军分区评为 2022 年山阴县基干民兵基地化训练作风纪律先进单位。

2022 年 6 月合盛堡乡被朔州市精神文明建设指导委员会评为全市文明乡镇。

山阴县第七小学校在全市组织开展的“文明城市安全‘童’行”少年儿童绘画书法活动被授予“优秀组织单位”。

山阴县财政局被朔州市财政局授予年度行政事业性资产报表“优秀单位”。

山阴县税务局被朔州市精神文明建设指导委员会表彰授予朔州市文明单位标兵。

山阴县第四中学校在朔州市创建市文明学校活动中获得“先进学校”称号。

县级

山阴县基干民兵基地化训练授予山阴县北周庄镇内务卫生先进单位。

2022 年 7 月合盛堡乡被山阴县拥军办评为迎“八一”“双拥杯”象棋比赛优秀组织奖。

2022 年 9 月合盛堡乡被山阴县委、县政府授予尊师重教先进集体。

2022 年 10 月合盛堡乡被山阴县委政法委评为“平安杯”知识竞赛优秀组织奖。

山阴县第六小学校荣获义务教育阶段贡献奖；荣获先进集体奖；在“山阴县少儿魔方还原”大赛中荣获优秀组织奖。

平泽苑学校在庆祝建团100周年“坚定不移跟党走，建团百年青年说”竞演比赛中，被共青团山阴县委员会授予“优秀组织奖”。

2022年县妇联被县委县政府评为全县先进基层党组织。

2022年县妇联被县委县政府评为全县党建工作先进集体。

2022年县妇联被县委县政府评为疫情防控先进集体。

中共山阴县委、山阴县人民政府授予山阴县税务局2021年度目标责任考核优秀单位。

山阴县第七小学校被中共山阴县委山阴县人民政府授予优秀教学工作奖；义务教育阶段贡献奖。

山阴县第三小学校年荣获义务教育阶段贡献奖；优秀教学工作奖。

山阴县第四中学校被县委、县政府授予“先进集体”和“义务教育阶段贡献奖”。

山阴县第一小学校荣获山阴县关工委“中华魂主题教育活动优秀组织奖”。

山阴县第一小学校被中共山阴县委、县人民政府授予“教育教学先进集体”荣誉称号。

山阴县玉井镇荣获“喜迎二十大　奋进新征程”庆“八一”双拥杯中国象棋比赛优秀组织奖。

山阴县玉井镇荣获朔州市“文明乡镇”称号。

山阴县玉井镇荣获山阴县“尊师重教先进集体”称号。

个　人

省部级

山阴县人民法院立案庭庭长郝玉玥荣获“学习强国”山西学习平台2022年度“优秀学员”。

山阴县气象局徐晋峰获得山西省气象部门道德模范提名奖。

山阴县委常委、政法委书记田心世获全省信访系统先进工作者荣誉称号。

市级

山阴县人民法院立案庭庭长郝玉玥荣获朔州市委宣传部“学习强国”朔州学习平台“学习标兵”。

山阴县第七小学校魏桃被评为优秀教师。

山阴县气象局杨国利在朔州市气象局年度考核中被评为优秀个人。

山阴县财政局冯慧萍被授予年度资产管理工作“先进个人”称号。

县级

山阴县人民法院立案庭庭长郝玉玥荣获山阴县委宣传部“学习强国”山阴学习平台“学员标兵”。

山阴县第六小学校武珍霞、贡卫星被评为优秀教师。

山阴县第六小学校赵文芳、李桂芬、高丽锋被评为优秀班主任。

山阴县第六小学校解宏岁被评“师德标兵”荣誉称号。

山阴县第七小学校施爱花、李迎霞、薛秀珍、赵晓芬、张蓉被评为优秀教师。

山阴县税务局薛春晖同志在“学习强国”学习平台四人挑战赛名列前茅，被中共山阴县委宣传部评为“摘星高手”。

山阴县税务局高冬梅在“学习强国”学习平台年度积分名列前茅，被中共山阴县委宣传部评为“学员标兵”。

山阴县税务局王晋忠在“学习强国”学习平台年度积分名列前茅，被中共山阴县委宣传部评为“优秀学员”。